Sonja Buckel
Subjektivierung und Kohäsion

Sonja Buckel

Subjektivierung und Kohäsion

Zur Rekonstruktion einer materialistischen Theorie des Rechts

VELBRÜCK
WISSENSCHAFT

Zweite Auflage 2015

www.velbrueck-wissenschaft.de
Printed in Germany
ISBN 978-3-938808-29-0

Bibliografische Information Der Deutschen Bibliothek
Die Deutsche Bibliothek verzeichnet diese Publikation in der Deutschen Nationalbibliografie; detaillierte bibliografische Daten sind im Internet über http://dnb.ddb.de abrufbar.

Eine digitale Ausgabe dieses Titels in Form einer text- und seitenidentischen PDF-Datei ist im Verlag Humanities Online (www.humanities-online.de) erhältlich.

Inhalt

Für Alex & Christiane

Vorwort

Die Gespenster des Rechts leben unerkannt unter uns. Sie zeigen sich hin und wieder im Licht der Öffentlichkeit: in Entscheidungen wie derjenigen im Fall *Marbury gegen Madison* des Obersten Gerichtshofes der Vereinigten Staaten von Amerika aus dem Jahre 1803, als dieser sich selbst bemächtigte, Gesetze des politischen Souveräns auf ihre Verfassungsmäßigkeit hin überprüfen und verwerfen zu können; oder aber ein Jahrhundert später im Deutschland der Weimarer Republik, als das Reichsgericht in seinem *Aufwertungsurteil* 1923 in einem Zivilrechtsstreit die Aufwertung von Hypothekenschulden gegen den erklärten Willen des Gesetzebers vornahm; oder wiederum fünfzig Jahre später, 1973, als das Bundesverfassungsgericht im *Soraya-Beschluss* unterstellte, es gäbe gegenüber der politischen Verfassung ein »Mehr an Recht«, welches zu »finden« und zu verwirklichen die Aufgabe der Rechtsprechung sei; und schließlich in der Grundrechte-Rechtsprechung des Europäischen Gerichtshofes, die aus dem Nichts europäische Grundrechte schuf und dabei suggerierte, es habe sie immer schon gegeben.

Aber auch in der rechtlichen Alltagspraxis zeigen sich die Gespenster, wenn nämlich diejenigen, die als aufgeklärte BürgerInnen ihre Rechte kennen sollten, in Wirklichkeit in ihren Rechtsfragen einer Geheimwissenschaft gegenüberstehen. Es hat unzählige Versuche gegeben, die Gespenster methodisch zu exorzieren oder wenigstens als verkleidete Politik zu dechiffrieren. Doch das hat nichts geholfen. Wir sind die Untoten nicht losgeworden – weil sie sich im Spukschloss der kapitalistischen Vergesellschaftung gemütlich eingerichtet haben.

Von einer Rechtstheorie, die in der Tradition von *Karl Marx* argumentiert, wird nicht selten erwartet, dass sie das Recht in der einen oder anderen Weise als bloßen Reflex »der Ökonomie« demaskiert. Doch das genaue Gegenteil beabsichtigt die vorliegende Arbeit, indem sie davon ausgeht, dass das Recht sich seine eigene »Basis« ist.

Und genau diese gespenstige Eigenwelt des Rechts war es, die mich seit dem ersten Semester des rechtswissenschaftlichen Studiums fasziniert und inspiriert hat, die Tatsache also, dass das Recht einen »normativen Eigensinn« (Habermas) beziehungsweise eine »spezifische Eigengesetzlichkeit« (Kelsen) aufweist – dass also Recht bestimmt, was Recht ist (Luhmann).

Wie könnte eine materialistische Rechtstheorie dieser Tatsache gerecht werden, ohne zugleich den Anspruch aufzugeben, alle *gesellschaftlichen* Phänomene auch als solche auszuweisen und das heißt, aus den materiellen Lebensverhältnissen der Menschen heraus zu erklären? Wie also den Gespenstern des Rechts gerecht werden, ohne der »lebendigen Arbeit« unrecht zu tun?

Marx selbst hat mit seiner Fetischtheorie den Weg dafür vorgezeichnet. Man denke nur an den sich selbst auf dem Kopf stellenden Tisch, »der aus seinem Holzkopf Grillen [entwickelt], viel wunderlicher, als wenn er aus freien Stücken zu tanzen begänne« (MEW 23:85). Das Besondere einer materialistischen Theorie besteht nicht darin, diese »phantasmagorischen Prozesse« (Derrida 1995:250) zu leugnen, sondern sie auf die Verhältnisse zwischen den Menschen zurückzuführen (Adorno 1995a:12). Die avanciertesten Gesellschaftstheorien sind sich heute darin einig, dass das spezifisch Gesellschaftliche in dem Übergewicht von Verhältnissen über die Menschen besteht und deswegen die Vorstellung, dass die Gesellschaft eine von Menschen, dass sie menschlich sei, den Begriff der ›Gesellschaft‹ gerade verfehlt (ebd.:9) und zu einer Erkenntnisblockade in der Gesellschaftstheorie führt (Luhmann 1998:24).

Die Nichtverstehbarkeit zu verstehen, die Tatsache also, dass den Menschen ihre eigenen Verhältnisse entgleiten, heißt den Umstand, dass das Recht zu seiner eigenen Basis werden kann, selbst aus den gesellschaftlichen Verhältnissen heraus zu erklären. Dies ist die Motivation meines Versuchs der »Rekonstruktion einer materialistischen Theorie des Rechts«.

Um diesen Gespenstern auf die Spur zu kommen, habe ich mir Hilfe bei vielfältigen theoretischen Ansätzen sowie der Praxis des Rechts gesucht, vor allem aber in den Diskussionen mit Menschen, denen ich viel verdanke und deren Ideen und Kritiken sich in dieser Arbeit wiederfinden. Sie ist die überarbeitete Fassung meiner Dissertation, die im Jahr 2005 am traditionsreichen Fachbereich Gesellschaftswissenschaften der Frankfurter Johann Wolfgang Goethe-Universität angenommen wurde. Die gemeinsame Theoriepraxis mit anderen kritischen Intellektuellen konnte ein wenig von dem antizipieren, was ich mir unter einer anderen, emanzipativen Form gesellschaftlicher Arbeitsteilung vorstellte, nämlich eine solidarische und selbstorganisierte Form der Öffentlichkeit mit dem Ziel einer gemeinsamen Erkenntnis. Dass dies möglich war, verdanke ich nicht zuletzt den beiden Gutachtern der Promotion. *Josef Esser* hat mir einen Freiraum in den nach wie vor feudalen Strukturen des deutschen Wissenschaftsbetriebes ermöglicht und mir seine Unterstützung dafür zukommen lassen, dass unser gemeinsamer Ansatz der materialistischen Theorie auch auf dem Gebiet des Rechts seine Wirkung entfalten kann. *Gunther Teubner* wiederum verdanke ich einen präzisen Nachweis der blinden Flecken, die prädestiniert aus einer anderen – hier der systemtheoretischen – Perspektive wahrnehmbar sind. Beeindruckt hat mich dabei der faszinierende intellektuelle Habitus, der sich durch ein großes Interesse an anderen theoretischen Erklärungen auszeichnet – und der selbst »jugendliche Polemiken« gegen die Systemtheorie großmütig verzeihen konnte.

Genauso stringent wie humorvoll hat auch *Andreas Fischer-Lescano* mich in vielfältigen spannenden Diskussionen davon überzeugt, dass die Frankfurter Rechtssystemtheorie durchaus zu Recht den Anspruch erheben kann, einen gesellschaftskritischen, normativen Ansatz zu vertreten.

Hervorgegangen ist das Buch aus einem jenseits der akademischen Institutionen begonnenen staatstheoretischen Zusammenhang mit *Stephan Adolphs, John Kannankulam* und *Jens Wissel.* Die über Jahre hinweg geführten gemeinsamen Gespräche sowie ihre solidarische und originelle Kritik haben die Arbeit in der vorliegenden Form wesentlich geprägt.

Darüber hinaus schulde ich *Regina Dackweiler* Dank für ihre ausführlichen Anmerkungen sowie die klugen methodischen Einwände, die mich vor den schlimmsten Fehlschlüssen bewahrt haben. Besonderer Dank gebührt auch denjenigen, die das gesamte Manuskript unermüdlich auf inhaltliche und sprachliche Konsistenz hin gelesen haben, nämlich *Oliver Eberl*, aus der Perspektive der radikaldemokratischen Kantischen Rechtstheorie sowie *Julia König* und *Dietmar Flucke* vom »Institut für Kopf- und Handarbeit«.

Joachim Hirsch, von dem ich viel gelernt habe, verdanke ich zahlreiche Anregungen, *Peter Niesen* und *Eva Hartmann* überzeugende Kommentierungen einzelner Kapitel. *Bob Jessop, Ingeborg Maus, Marc Amstutz, Rudolf Wiethölter* und *Hauke Brunkhorst* sowie den Mitgliedern der *»Assoziation für kritische Gesellschaftsforschung«* konnte ich meine Thesen öffentlich vortragen und dabei von ihren kenntnisreichen Einwänden profitieren.

Schließlich war es *Henry Düx*, dessen engagierter und beeindruckender Rechtspraxis und den daraus entstehenden Diskussionen ich letztlich die Idee zu dieser Arbeit verdanke.

Friedhelm Herborth von Velbrück Wissenschaft möchte ich für seine Unterstützung sowie die sorgfältige Betreuung der Publikation danken.

Verantwortlich für die trotz aller Anstrengung nicht loszuwerdenden Gespenster des Irrtums bin selbstverständlich ausschließlich ich selbst.

Frankfurt am Main, im August 2006 S. B.

Einleitung

Im »Sachverhalt« einer Klausur des juristischen Staatsexamens, mit welcher die zukünftigen JuristInnen vorgeblich auf ihre Praxistauglichkeit hin geprüft werden sollen, kann es durchaus vorkommen, dass die »A« und der »B« die Geschäfte der »X-GmbH« führen. Eventuell sind sie aber auch ein Verhältnis »auf Lebenszeit« eingegangen. Wenn es nicht gut gelaufen ist, hat unter Umständen der »B« den »C« »an der Gesundheit beschädigt«. Wer sind A, B und C? Wir erfahren so gut wie nichts über sie. Sie müssen sich voneinander unterscheiden, sonst würden sie alle »A« heißen. Aber worin besteht die Differenz? Die Artikel zeigen zwar an, dass sie einem Geschlecht zugeordnet werden, aber das ist zugleich irrelevant, denn die Gesetzbücher sprechen nur von Geschäftsführern, Ehegatten und Tätern und sagen uns, dass sie vor allem anderen »natürliche Personen« sind. Dass auch die »X-GmbH« eine Person ist, nämlich eine »juristische«, verwirrt die Sache noch zusätzlich. Wenn »A« und »B« heiraten durften oder sich die Geschäftsführung teilen, sind sie sehr wahrscheinlich »volljährig«. Damit der »B« bestraft werden kann, muss er hingegen nur vierzehn Jahre alt sein, darf aber an keiner »krankhaften seelischen Störung«, »keiner tiefgreifenden Bewusstseinsstörung« oder gar an »Schwachsinn« leiden. Besaßen »A« und »B« das »Grundrecht«, ihren Beruf »frei zu wählen«, so waren sie wohl »Deutsche«.

In welchem Verhältnis stehen diese Personen zueinander? Als GeschäftsführerInnen haben sie »die Sorgfalt eines ordentlichen Geschäftsmannes« anzuwenden, als »Ehegatten« tragen sie »füreinander Verantwortung«, und als »Täter« kann der »B« schließlich mit einer »Freiheitsstrafe bis zu fünf Jahren« »bestraft« werden. Dadurch soll er »fähig werden, künftig in sozialer Verantwortung ein Leben ohne Straftaten zu führen«. Unter Umständen ist die »Allgemeinheit« vor ihm durch »Unterbringung in einem psychiatrischen Krankenhaus« zu schützen.

Wer auch immer die drei »natürlichen Personen« sein mögen, im modernen Recht sind sie autonome, zurechnungsfähige Einzelne, die zunächst so wenig miteinander zu tun haben, dass man sie getrost wie Buchstaben des Alphabets nebeneinander stellen kann. Zusammengefügt zur »Allgemeinheit« werden sie erst durch das Recht selbst, damit ihr Verhältnis eines von Sorgfalt und Verantwortung ist. Das Recht konstituiert sie demnach sowohl als spezifische vereinzelte Subjekte, als es sie auch im gleichen Atemzug zu dem abstrakten Allgemeinen zusammensetzt.

Was wären sie nur ohne dieses moderne Recht? Man kann es nicht wissen. Man kann nur analysieren, wie das Recht selbst arbeitet, und das möchte ich im folgenden tun. *Subjektivierung und Kohäsion* ist der

Titel dieser Arbeit, der bereits meine These zur Arbeitsweise des Rechts enthält. Ich werde sie auf den nächsten 300 Seiten entfalten. Sie ist das Ergebnis meiner Auseinandersetzung mit den unterschiedlichen Ansätzen materialistischer Rechtstheorie.

Unter »materialistischer« Rechtstheorie verstehe ich diejenigen Ansätze, die in der Tradition der kritischen Theorie von Karl Marx argumentieren und die real existierenden Gesellschaften auf die Strukturprinzipien kapitalistischer Vergesellschaftung hin analysieren. »Materialistisch« ist dabei selbstverständlich nicht im vormarxschen mechanisch-physischen Sinne einer abstrakten Materie gemeint. Vielmehr handelt es sich um eine gesellschaftliche Kategorie, um die Materialität der gesellschaftlichen Praxis, die »Gegenstand und Ausgangspunkt materialistischer Theorie« ist (Schmidt 1993:33).

Noch in den 1970er Jahren hätte man eine solche Theorie wahrscheinlich als »marxistisch« bezeichnet. Heute ist dies so umstandslos nicht mehr möglich. Zum einen haben die Neuen Sozialen Bewegungen deutlich gemacht, dass kapitalistische Gesellschaften zwar maßgeblich durch Warenproduktion gekennzeichnet sind, darauf jedoch nicht reduziert werden können. Die feministische Theorie hatte etwa darauf bestanden, dass die hierarchisierte Zweigeschlechtlichkeit ein weiteres Strukturprinzip darstellt, welches nicht als »Nebenwiderspruch« aus dem »Kapitalverhältnis« abzuleiten ist.

Nicht nur die realgesellschaftlichen Strukturprinzipien, auch die diversen Autorinnen oder Autoren, die sich auf Marx beziehen, lassen sich nicht einfach unter dessen Theorie subsumieren. Marx wollte bekanntermaßen selbst nicht als »Marxist« bezeichnet werden. »Materialismus« umfasst also vielfältigere Phänomene und Theorien, hybride Materialitäten.

»Materialismus« ist jedoch zugleich auch ein Gegenbegriff, einer der sich vom sogenannten »Idealismus« abgrenzt, von Ansätzen also, welche die Verhältnisse nicht auf die gesellschaftliche Praxis zurückführen, sondern behaupten, diese »Verhältnisse der Menschen, ihr ganzes Tun und Treiben, seien Produkte ihres Bewusstseins«. Das liefe auf die Forderung hinaus, das Bestehende lediglich anders zu interpretieren, »d. h. es vermittelst einer anderen Interpretation anzuerkennen« (MEW 3:20). Als Gegenbegriff haftet ihm daher immer schon das Problem der einfachen Negation an, nämlich die Gefahr, selbst zutiefst von dem definiert zu werden, wovon er sich gerade abgrenzen will. Deswegen strebt auch der Marxsche Materialismus »eine Weltverfassung« an, »und auch eine Verfassung des Gedankens, die überhaupt jenseits jener Dichotomie von Materialismus und Idealismus beheimatet ist« (Adorno 1974:277). Diese kann erst dann eintreten, »wenn die Reproduktion der Gattung Mensch und die Befriedigung der Bedürfnisse der Menschen von dem Tauschwert, von dem Profitmotiv endlich einmal befreit werden, dann wird die Menschheit aufhören, unter dem materiellen Zwang zu existieren; die Erfüllung des Materialismus wird zugleich das Ende des Materialismus sein« (ebd.).

Es soll also um eine materialistische Theorie des Rechts gehen. Damit verfolge ich die Absicht, die mittlerweile in der Rechtstheorie marginalisierten Ansätze in Erinnerung zu rufen und einer kritischen Würdigung zu unterziehen. Sowohl in den 1920er als auch in den 1960er und 70er Jahren waren sie ein – wenn auch nicht selbstverständlicher – Bestandteil des Rechtsdiskurses. Nachdem aber die StudentInnenbewegung langsam an Kraft verlor, geriet auch einer ihrer zentralen Theorieansätze ins Hintertreffen. Materialistische Theorie ist als genuin politische stärker als andere Theorien mit den sozialen Widerstandsbewegungen verbunden. Die akademisierten marxistischen Theoriearbeiten beschränkten sich immer mehr darauf, »Wahrheitspolitik« zu betreiben, sich an die »Kraft der Wahrheit« zu ketten (Foucault 2003d: 756).

Dabei ist es kein Zufall, dass materialistische Theorien der Gesellschaft die »Krise des Marxismus« (Althusser) überwinden konnten und die Diskussionen bis heute produktiv fortsetzen, während sie auf dem Terrain der Rechtstheorie marginalisiert sind. Zum einen, weil die Rechtswissenschaft mit ihrer *Erziehung zum Establishment* (Wassermann 1969) nicht nur Theorien, welche auf eine radikale Veränderung der Verhältnisse abzielen, sondern *Theorien* überhaupt nicht besonders freundlich gesonnen ist. Zum anderen aber war der eigentliche Gegenstand dieser Theorie, nämlich das Recht, einer, der unter einem missverstandenen Materialismusbegriff keiner besonderen Untersuchung bedurfte. Als sogenanntes »Überbau«-Phänomen hatte er keine eigene Berechtigung. Als dann auf dem Höhepunkt des interventionistischen Wohlfahrtstaates in den materialistischen Ansätzen der Staat ins Zentrum rückte, wurde das Recht selbst diesem noch untergeordnet.

Der Bezeichnung »materialistische Rechtstheorie« ist allerdings immanent, dass sie immer schon Gesellschaftstheorie ist. Wenn der Marxsche Materialismus bedeutet, dass Rechtsverhältnisse nicht aus sich selbst heraus zu erklären sind (MEW 13: 8), dann verbietet sich eine enge, nur auf das Recht fokussierende Theorie. Es geht demzufolge um »Gesellschafts-Rechts-Theorie« (Wiethölter 2003: 13), welche die Bedeutung des Rechts für eine Gesellschaftstheorie bzw. der Gesellschaft für die Rechtstheorie untersucht (19). Dabei geht es mir im folgenden nicht um *das* Recht als solches, sondern immer nur um dasjenige der kapitalistischen Gesellschaftsformationen.

Ich werde dabei so vorgehen, dass ich, nachdem ich mich anhand der beiden rechtstheoretischen Großentwürfe von System- und Diskurstheorie mit dem Stand der rechtstheoretischen Forschung auseinandergesetzt habe (Teil A), eine materialistische Theorie rekonstruiere. In den Worten von Jürgen Habermas bedeutet

> »*Rekonstruktion* […] in unserem Zusammenhang, dass man eine Theorie auseinandernimmt und in neuer Form wieder zusammensetzt, um das Ziel, das sie sich gesetzt, hat, besser zu erreichen« (Habermas 1976:9).

In einem ersten Schritt (der *Re*Konstruktion) werde ich daher exemplarische Theorien darstellen und kritisch auf ihren Beitrag für eine aktualisierte Theorie prüfen (Teil B). Im nächsten Schritt (der Re*Konstruktion)* will ich die verschiedenen Überlegungen für die Konstruktion von Elementen einer aktualisierten materialistischen Rechtstheorie nutzen (Teil C). Dabei wird die These der Arbeitsweise des Rechts als »Subjektivierung und Kohäsion« im Mittelpunkt stehen. Im Anschluss daran werde ich, um mich der Frage der Transnationalisierung des Rechts zuzuwenden, eine empirische Untersuchung eines Ausschnitts des europäischen Gemeinschaftsrechts vornehmen, die meine bis dahin gewonnenen Ergebnisse erweitern soll. Im übrigen wäre eine Gesellschafts-Rechts-Theorie unvollständig, die nicht am Material selbst vorführte, was mit dem Recht auf dem Spiel steht (Teil D).

Schließlich kann ein materialistischer Ansatz kaum bei der Analyse der Verhältnisse stehen bleiben. Eine zeitgemäße Theorie des Rechts muss gesellschaftskritische Rechtstheorie sein (Fischer-Lescano/Teubner 2006a: 80), die von der Forderung lebt, »Gesellschaften so einzurichten, dass den Menschen Geschichte nicht nur widerfährt, sondern von ihnen gemacht wird« (Becker-Schmidt 1990: 383). Im letzten Abschnitt der Arbeit (Teil E) werde ich mich daher dem Emanzipationspotential des Rechts zuwenden und die Frage aufwerfen, was es »A«, »B« und »C« zu bieten hat – oder wie eine Welt von AundBundCundAundBundC… ohne X-GmbH aussehen müsste.

A Selbstreproduktion oder Selbstorganisation?

Bevor ich mit der Rekonstruktion materialistischer Rechtstheorie beginne, werde ich zunächst das diskursive Terrain abstecken, in dem sie sich bewegt, nämlich die Kontroversen der rechtstheoretischen Großentwürfe. Auch wenn Rechtstheorie prinzipiell innerhalb der geschäftigen rechtswissenschaftlichen Teildisziplinen eher ein Schattendasein führt, so ist doch die Anzahl rechtstheoretischer Entwürfe in den letzten Jahrzehnten enorm gewachsen. Feministische Rechtstheorien verbinden sich mit dekonstruktivistischen Ansätzen; die US-amerikanische Critical Legal Studies-Bewegung ist mittlerweile fester Bestandteil des Kanons amerikanischer Law Schools und hat sich bis ins Völkerrecht hinein ausdifferenziert. Postpositivistische Rechtstheorien duellieren sich mit radikaldemokratischen oder ökonomischen Theorien des Rechts. Sprachtheoretische oder psychoanalytische Ansätze machen zentrale Erkenntnisse anderer Fachrichtungen für die Rechtswissenschaft fruchtbar.

Dieser Vielfältigkeit von Analyseperspektiven gilt es heute Rechnung zu tragen (Buckel/Christensen/Fischer-Lescano 2006). Wenn ich mich im folgenden auf zwei große Paradigmen beschränke, so ist damit in keiner Weise vollständig der »Stand der Forschung« wiedergegeben. Anstelle eines notwendig kursorischen Vergleichs diverser Ansätze, zielt meine Analyse darauf, durch Vertiefung die Prämissen dieser Theorien zu fokussieren und somit die beiden entgegengesetzten Pole der Rechtstheorie – und damit auch des Rechtsphänomens selbst – auszuloten: Selbstorganisation versus Systemreproduktion. Die Kontroverse zwischen beiden Ansätzen betrifft die Frage, ob das Recht die demokratische Selbstorganisation der Gesellschaft bewerkstelligt, oder ob es dies gar nicht zu leisten vermag, weil Recht ein verselbständigtes System darstellt. Diese beiden Pole, so die im folgenden vertretene These, kennzeichnen die zentrale Auseinandersetzung aktueller rechtstheoretischer Kontroversen. Exemplarisch kann dies an den rechtstheoretischen Hauptwerken von Niklas Luhmann bzw. Gunther Teubner und Jürgen Habermas nachvollzogen werden. Die beiden Theorien nehmen zueinander nicht nur eine antagonistische Position ein, sondern sie bilden zugleich in einem Dialog eine »autokatalytische Einheit, die sich selbst zu weiterer Theoriebildung und Profilierung herausfordert« (Demirović 2003:338).

Materialistische Rechtstheorie, der immer wieder vorgeworfen wurde, sie reduziere Recht ausschließlich auf ein Herrschaftssicherungsinstrument, muss in diesem Feld der hegemonialen diskursiven Auseinandersetzung, welche selbst zwischen Herrschaft und Freiheit changiert, ihre Aktualität zeigen können.

I. Selbstreproduktion des Rechtssystems: Luhmann/Teubner

Da es im folgenden darum gehen soll, die beiden paradigmatischen Perspektiven auf das Recht darzustellen, müssen zwangsläufig Weiterentwicklungen und Verzweigungen der beiden Ansätze ausgeblendet werden. Allerdings hat vor allem *Gunther Teubner* bereits vor Luhmanns systematischem Werk zum Recht durch einen »eigenständigen Beitrag zum Vollzug der kommunikativen Wende in der Rechtssoziologie« beigetragen (Calliess 2006: 57). Es ist daher heute nicht mehr möglich, wenn von der Systemtheorie des Rechts die Rede ist, diese ausschließlich auf Luhmann zurückzuführen, auch wenn er ihre Grundlegung geleistet hat. Die Aktualität Teubners besteht vor allem in seiner Fruchtbarmachung des Ansatzes für die Analyse der Transnationalisierung des Rechts (Teubner 1996, 1997, 2000a: 2002; Fischer-Lescano/Teubner 2006), die in diesem Kapitel allerdings nicht im Zentrum stehen wird, da zunächst prinzipielle rechtstheoretische Fragen geklärt werden sollen. Teubners Ansatz unterscheidet sich zudem von Luhmann dadurch, dass er bei »einer coolen systemtheoretischen Analyse nicht stehen bleibt, die gesellschaftlichen Problemdruck nur konstatiert und Plausibilitäten bloß registriert« (Teubner 2003: 35). Er stellt sich stattdessen von Anfang an der Herausforderung, wie eine derart dezentrierte Gesellschaftstheorie, die keinen Ort mehr kennt, »wo Probleme, die für die Reproduktion der Gesellschaft im ganzen relevant sind, wahrgenommen und bearbeitet werden könnten« (Habermas 1994: 417), dennoch demokratische Reflexion ermöglichen kann. Er nimmt trotz aller systemtheoretischen »Kälte« eine noch mögliche normativ-kritische Position ein. Ich werde im folgenden zunächst Luhmanns Beitrag darstellen, um im Anschluss daran die wesentlichen Veränderungen zu skizzieren, die Teubner in die Systemtheorie des Rechts einführt.

1. Niklas Luhmann: Recht als System

Der offensichtliche Unterschied zwischen systemtheoretischer und materialistischer Gesellschaftstheorie besteht darin, dass letztere das unterscheidende Merkmal moderner Gesellschaften in ihrem *kapitalistischen Charakter* erkennt, wohingegen Systemtheorie es in der Vorherrschaft *funktionaler Differenzierung* aufspüren will (Jessop 1990: 331). Die Komplexität moderner Gesellschaften überwinde die Stratifizierung als Strukturierungsprinzip von Gesellschaft und führe zur Ausdifferenzierung unterschiedlicher, spezialisierter Teilsysteme, die den Anforderungen an Komplexitätsreduktion auf einem höheren Niveau gewachsen seien. Das Rechtssystem gilt danach als ein solches Teilsystem.

1.1 Autopoiesis

Luhmann fragt nicht, was das Recht sei, sondern wie das Rechts*system* möglich ist. Als »autopoietisches« System produziere es alle Unterscheidungen und Bezeichnungen selbst. Denn nur dadurch könne es seine Einheit selbst herstellen (Luhmann 1995:35). Das bedeutet allerdings keine Autonomiekonzeption im strikten Sinne – auch wenn Luhmann das suggeriert (62f.). Denn von Anfang an wird das Rechtssystem als Teil des Gesellschaftssystems konzipiert, dessen »Problem« es löst. Das Rechtssystem vollzieht Gesellschaft und baut auf deren Leistungen, zum Beispiel auf Kommunikation, auf. Gesellschaft ist danach »das umfassende System aller Kommunikationen« (55). Die »Autonomie« des Systems ist keine strikte. Luhmann behauptet nicht, »es gebe Recht ohne Gesellschaft, ohne Menschen, ohne die physikalischen und chemischen Sonderbedingungen auf unserem Planeten« (76). Was zum Ausdruck gebracht werden soll, ist, dass das System Beziehungen zu dieser Umwelt nur aufgrund von Eigenleistungen herstellt, es ist daher »operativ geschlossen«: Das Rechtssystem erhalte seine Einheit nur dadurch, dass es sich durch seine eigenen Operationen reproduziert (34). Damit ist nicht mehr gemeint als die Tatsache, dass rechtliche Kommunikation an rechtliche Kommunikation anschließen können muss. Die Differenz von System und Umwelt wird also durch die Rekursivität der rechtlichen Operationen erzeugt, indem das autopoietische Operieren des Systems einen banalen Ausschluss von allem darstellt, was nicht anschließbar ist. »Das zentrale Theorieproblem wird damit von der Frage nach der Reproduktion von Strukturen auf *Anschlussfähigkeit* umgestellt« (Stäheli 2000b:33, 37), und der Kern des Autopoiesisbegriffs liegt in der Selbstreferenz des Rechts: dass das Recht bestimmt, was das Recht ist (Fischer-Lescano 2005:58).

Damit aber Kommunikationen aneinander anknüpfen können, müssen sie sich überhaupt als rechtliche erkennen können. Dafür seien vor allem zwei Errungenschaften wichtig: die funktionale Ausrichtung des Systems auf ein spezifisches gesellschaftliches Problem, sowie zweitens die »binäre Codierung« (Luhmann 1995:60). Nur über den Rechtscode (Recht/Unrecht) lasse sich klären, ob es sich bei der jeweiligen Kommunikation um Recht handelt. Dies könne nur beobachtend festgestellt werden, und zwar auf einer Ebene der »Beobachtung zweiter Ordnung« (61). Auf der ersten Ebene habe man es mit den unmittelbar Handelnden zu tun, während auf der zweiten Ebene die Zuordnung zum Rechtssystem erfolge. Ins Rechtssystem gehört also ausschließlich eine code-orientierte Kommunikation, denn nur sie kann eine rekurrente Vernetzung behaupten (67). Es schließt sich darüber, dass Entscheidungen nach dem Code Recht/Unrecht institutionalisiert sind und von Beobachtungen zweiter Ordnung entsprechend dieses Codes beobachtet werden. Luhmanns Auffassung von der Geschlossenheit des Rechtsystems geht nicht so weit zu behaupten, dass es ohne Anbindung und völlig selbstbezüglich existiere. Lediglich in Bezug auf seine Normen ist das System geschlossen, das heißt, es ist unzugänglich etwa für moralische Normen. Offen sei es jedoch kognitiv (79). Dadurch wird die Lernfähigkeit des Rechtssystems ermöglicht, zum Beispiel in Hinsicht auf die Rechtsfolgen, so dass man mit Dreier tatsächlich von einer »offenen Geschlossenheit« reden kann (Dreier 2002: 308).

Allerdings, und das ist die Prämisse von Luhmanns Systemtheorie, steht eine solche Öffnung immer unter der autopoietischen Bedingung der Einarbeitung des Einzelfalles in die laufende und weiterlaufende Entscheidungspraxis. Das heißt, das Rechtssystem kann externe Fakten zur Kenntnis nehmen, aber nur als intern erzeugte Information (Luhmann 1995: 84). Es erzeugt also in fremdreferentieller Einstellung die entsprechenden Informationen: »Das Recht setzt voraus, dass die Umwelt Komplexität strukturiert und reduziert hat und benutzt seinerseits dann das Resultat, ohne dessen Zustandekommen zu analysieren« (86). So jedenfalls funktioniere das Rechtssystem im Normalfall, der für Luhmann der entscheidende ist. Er grenzt sich damit ebenso wie *Franz Neumann*, was später zu zeigen sein wird, vom Ausnahmetheorem *Carl Schmitts* ab. Im Ausnahmefall befinde sich das Rechtssystem im »Zustand der Korruption« (82), es kommt nicht mehr zur systeminternen Einarbeitung, sondern zu bloßen Willkürakten, Machtsprüchen des politischen Systems, so dass es schließlich nur noch an Attrappen der Rechtlichkeit festhält. Dem Code ginge eine vorgeordnete Unterscheidung voraus, eine Vorprüfung, ob Recht angewandt werden soll. Dies ermögliche »die opportunistische Anpassung an durchsetzungsfähige Eliten« (81). Dieser Ausnahmezustand herrsche zu Zeiten großer Umbrüche und Gefährdungen sowie in Regionen, »in denen sich das Prinzip der Ausdifferenzierung eines Funktionssystems für Recht nicht oder nicht voll durchsetzen konnte« (83), in anderen Worten in der kapitalistischen Peripherie.[1]

Die »Härte« der autopoietischen Systemtheorie, auf der »unberührt bleibenden Autonomie« zu bestehen (90), lebt letztlich von der Auffassung, dass jedes gesellschaftliche Funktionssystem gesellschaftlichen

1 Vgl. zur systemtheoretischen Rechtstheorie der Peripherie vor allem (Neves 2001).

Wandel in seiner ihm eigenen Form umsetzt. So zeigt sich die brüske Formulierung »[z]um Glück kann keine soziale Bewegung [...] das Recht ändern« (94), schnell in harmloserem Licht, wenn hinzugefügt wird, dass eine Änderung eben nur durch die Formen des Rechtssystems selbst vorgenommen werden kann, in denen es einem Wandel etwa der öffentlichen Meinung Rechnung trage. So kann Luhmann schließlich schlussfolgern, dass die Autopoiesis keinen Auffassungswandel in der Gesellschaft blockiert, sondern lediglich einen Filter einbaut, »der darin besteht, dass ein Meinungswandel als Lernanlass, also kognitiv wahrgenommen wird, und nicht etwa als direkte Imposition neuer Normen« (97).

1.2 Rechtsgeltung als faktischer Vollzug

Die Einheit des Systems im Wechsel seiner Operationen werde durch das Symbol der Rechtsgeltung gewährleistet. Es ermögliche die Verknüpfung von Operationen unter Dauerirritation durch die Umwelt und damit eine Aussage darüber, ob eine Kommunikation Teil des Rechtssystems ist und daher als Recht gilt. Die Operationen nehmen darüber Bezug auf die Systemzugehörigkeit und ordnen sich dem Kontext anderer rechtlicher Operationen zu (103). Geltung bewirkt Anschlussfähigkeit, Nichtgeltung nicht. Der grundlegende Unterschied zu anderen Rechtstheorien besteht darin, dass die Rechtsgeltung nicht extern bestimmt, sondern als im System selbst hergestellt betrachtet wird (Fischer-Lescano 2005:56). Die traditionelle Begründung der Rechtsgeltung mit dem Verweis auf eine höhere (Grund-)Norm wird als bloßer Reflexionsstopp abgelehnt, denn jene verstricke sich in Widersprüche sobald gefragt wird, worin denn die Norm selbst begründet ist. Damit radikalisiert Luhmann *Hans Kelsen*, der die oberste Norm bereits rein logisch begründete. Der einzige Geltungstest, den Luhmann zulässt, ist der laufende Anschluss von Operationen: die gelingende Autopoiesis des Systems (Luhmann 1995:110), das heißt, das rein faktische Funktionieren (Bolsinger 2001:9). RechtstheoretikerInnen können mehr oder weniger produktiv auf der Suche nach *dem* Geltungsgrund des Rechts sein, doch sie vermögen keine gesellschaftsweit überzeugenden Angebote zu geben: »An Natur als Geltungsgrund glauben nur Naturrechtler, an ideale Diskurse nur Diskurstheoretiker, an die Hypothese der Grundnorm nur Kelsenianer, an die *ultimate rule of recognition* nur Hartianer [...] an *rational choice* nur Gutmenschen« (Fischer-Lescano 2005:60).

Geltung sei wie Geld in Wirklichkeit nur ein Symbol ohne intrinsischen Wert, welches die Akzeptanz der Kommunikation symbolisiert und das heißt, die Autopoiesis der Rechtskommunikationen (Luhmann

1995:99).[2] Luhmann verfolgt eine Strategie der Abstraktion, zu der er sich an einigen Stellen offensiv bekennt (126). Eine Analyse, *warum* der Anschluss gelingt und Operationen sich als geltend erkennen können, unterbleibt. Die Theorie begibt sich auf eine höhere Ebene und beobachtet von dort, von »oben«, nur noch, *dass* etwas funktioniert: »Ob eine Norm eine Rechtsnorm ist oder nicht, kann man deshalb nur durch eine Beobachtung des rekursiven Netzwerkes ihrer Erzeugung feststellen [...]« (137). Die »Rechtsquelle« ist demnach nichts weiter als eine Begründungsfigur im Rechtssystem selbst, eine Art und Weise, einen kommunikativen Akt in der Umwelt des Rechts mit einer rechtlichen Bedeutung zu überziehen. Letztlich könne daher die Metapher der Rechtsquelle die zirkuläre Struktur des Rechts genauso wenig aufbrechen, wie der Versuch, die Einheit des Rechts in Hierarchien und höchsten »Werten« zu suchen (Fischer-Lescano 2005:56).

1.3 Paradoxie und Entparadoxierung

Das Rechtssystem funktioniere demnach »als ein von sich selbst ausgehendes geschlossenes Universum« (Luhmann 1995:317). Diese Feststellung kann man als Luhmanns zentrale Botschaft bezeichnen. Auf unterschiedlichen Wegen kommt er immer wieder zu diesem Ausgangspunkt zurück und versucht, ihn mit diversen Argumenten zu erklären und abzusichern. Doch erst wenn er auf die Stellung der Gerichte zu sprechen kommt, zeigt sich sein wirklicher »Ausgangspunkt für die Konstruktion des juristischen Universums« (ebd.). Denn wie jedes Teilsystem basiere letztlich auch das Rechtssystem auf einer sogenannten »Paradoxie«, dem »Heiligtum des Systems, seine[r] Gottheit in vielerlei Gestalt« (320). Der Code des Rechtssystems ist die Unterscheidung zwischen Recht und Unrecht, die nach entsprechenden Programmierungen erfolgt, nach Gesetzen, Verordnungen etc. Doch in letzter Instanz sei diese Unterscheidung längst nicht eindeutig, wenn nicht gar willkürlich, denn die Welt biete keine Garantie für logische Ordnung und Ableitbarkeit (313). In der modernen komplexen Gesellschaft, ihrer »Beschleunigung von Strukturänderungen« (319), entstehe ein Komplexitätsbewusstsein, das erkennt, dass es die Probleme nicht theoretisch abarbeiten kann, dass es vielmehr auf Verkürzungen angewiesen ist. Man müsse wider besseres Wissen so tun, als ob es etwas gäbe, auf das man sich

2 In der diskurstheoretischen Sprache von Ernesto Laclau könnte man auch sagen, Geltung ist der leere Signifikant, welcher das Ensemble von Diskursmomenten vorübergehend fixieren kann, indem er ein Außen des Rechtssystems produziert und behelfsmäßig die Identität des Diskurses ausdrückt (Stäheli, 2001:201).

verlassen könne, denn der Handlungsdruck zwinge zur Abkürzung der Wissenssuche.

Für das Rechtssystem bedeute dies, eine Paradoxierung sowohl in der *Rechtsbegründung* als auch in der *Entscheidungssituation*: Systeme benutzten Leitunterscheidungen, die sie selbst produzierten, aber nicht in Frage stellen könnten, ohne ihre eigene Identität preiszugeben. In rechtlichen Kommunikationen könne daher nicht gefragt werden, ob der Unterschied zwischen Recht und Unrecht zu Recht oder zu Unrecht besteht. Zudem müssten Entscheidungen gefällt werden, obwohl es keine Eindeutigkeit gibt: Gesetze sind abstrakt formuliert und hinterlassen Lücken sowie unbestimmte Rechtsbegriffe bis hin zu Generalklauseln. Dennoch müssen Gerichte so entscheiden, *als ob* es eine eindeutige Lösung gäbe. Sie müssten dies, und das ist der Dreh- und Angelpunkt der Autopoiesis des Rechtssystems, weil sie dem Justizverweigerungsverbot unterstehen. »Verträge müssen nicht abgeschlossen, Gesetze müssen nicht erlassen werden [...], aber Gerichte müssen jeden ihnen vorgelegten Fall entscheiden« (310). In den »hard cases«, in denen die Rechtsnormen zu keinen eindeutigen Entscheidungen führen, müssten Gerichte also Recht schaffen und postulieren. Die Institution der Rechtskraft entlaste dann die Entscheidung, so fragwürdig sie auch sein möge, von einem dauernden Infragestellen (316). Diese Tatsache, die auch Phänomene wie den Zerfall dogmatischer Leitlinien, Abwägungsformeln oder die Unschärfe in der Abgrenzung von Gesetzgebung und Rechtsprechung erklären könne, sei der Grund, warum die Paradoxie, dass keine *eindeutigen* Entscheidungen existieren, »gemanagt« werde. So könne »auch unter extremen sozialen Spannungen das ›rein juristische Argumentieren‹ praktiziert werden« (317f.). Auch der Rückgriff auf die vermeintliche »Rechtsquelle« hat dabei nur den Sinn eines Reflexionsstopps: das Verbergen der Paradoxie.

Die »Schlösser des Weltrechts« sind also »auf Flugsand gebaut« (Fischer-Lescano 2005: 21). Die Grund-Paradoxie kann im operativen Alltag des Rechts nicht fokussiert werden, »weil eine solche Arbeit am Fundament die Operativität des Rechts lähmen und die Schlösser zum Einsturz bringen würde. Stattdessen geht es in den Operationen des Rechts um eine Invisibilisierung des instabilen Grundes [...]« (ebd.), eine Technik, die von Rechtsdogmatik und Rechtstheorie ausgeführt wird, indem diese sich so gerierten, als gäbe es einen letzten legitimen Grund für die jeweiligen Entscheidungen.

1.4 *Funktion des Rechts*

Nachdem Luhmann die Systemprämisse durchgearbeitet hat, fragt er danach, welches »Problem« des Gesellschaftssystems das Rechtssystem »löst« (1995:124). Die Ausdifferenzierung der Funktionssysteme erfolgt über ein Bezugsproblem der Gesellschaft, für das sie exklusiv und universell die Zuständigkeit reklamieren und das durch diese Ausdifferenzierung konstituiert wird. Dabei werden Funktionssysteme nicht als strukturelle Erfordernisse zur Bestandssicherung der Gesellschaft hergeleitet – also funktionalistisch. Vielmehr hätten sie sich »evolutionär« in der Kommunikation durchgesetzt und könnten empirisch als solche beschrieben werden (Bommes 1999:73 f.).

Luhmanns These bezüglich *des Rechtssystems* lautet, dass dessen Funktion keine soziale, sondern eine zeitliche sei: Wenn die Kommunikation sich nicht selbst genügt, sondern in zeitlicher Extension ihres Sinnes sich an Erwartungen orientiert, wenn Erwartungen kommuniziert werden, seien sie, da sie sich rekursiv vernetzen müssten, darauf angewiesen, sich in der Zeit zu bestimmen (Luhmann 1995:125 f.). Damit also die Operationen, die Erwartungen kommunizieren, nicht abbrechen, sondern aneinander anschließen können, seien »Zeitbindungen« notwendig (126). Der Zukunftsbezug erfordere daher ein »Gefüge symbolisch generalisierter Erwartungen« (130), das heißt ein Normensystem, eine Rechtsordnung. Diese stabilisiere die Kommunikation, indem man »sich wenigstens auf der Ebene der Erwartung auf eine noch unbekannte, genuin unsichere Zukunft« einstellen könne (ebd.). Das Recht ermöglicht also, wissen zu können, mit welchen Erwartungen man sozialen Rückhalt findet: »Man kann in einer komplexeren Gesellschaft leben, in der personale oder interaktionale Mechanismen der Vertrauenssicherung nicht mehr ausreichen« (132).

Normen stabilisierten Verhaltenserwartungen also kontrafaktisch. Es komme dabei weder auf die Motive der Normbefolgung noch auf Sanktionsandrohungen an und vor allem nicht darauf, dass das Verhalten sich *tatsächlich* an den Normen orientiert. Daher seien auch alle Theorien hoffnungslos überholt, die das Recht auf ein Steuerungsmedium reduzierten. »Die Norm verspricht nicht ein normgemäßes Verhalten, sie schützt aber den, der dies erwartet« (135). Auch liege die Funktion nicht in der Konfliktregulierung, dies wäre wiederum eine soziale Funktion und hätte zu viele funktionale Äquivalente. Das *Spezifische* des Rechts liege im normativen Bereich und nicht im Bereich tatsächlichen Handelns.

Indem Luhmann dem Recht die soziale Funktion abspricht, wendet er sich vor allem auch gegen das konkurrierende Paradigma von Habermas, für den das Recht die »Bürde der Sozialintegration« zu tragen hat. Dabei wird von Luhmann aber nicht die soziale Relevanz des Rechts bestritten, sondern lediglich die Vorstellung, das Recht könne die Gesellschaft integrieren. Vielmehr hätten Zeitbindungen soziale *Konsequenzen*. Die durch die Normierung erreichte willkürliche Einschränkung von Handlungsnormen werde damit »gebüßt«, dass »Unrecht« etabliert wird. Die Freiheit des Verhaltens werde auf der Ebene der Erwartungen im voraus eingeschränkt und man mute denjenigen, die dagegen verstoßen möchten, vorab Lernen und Anpassung zu. Man erwarte etwa, dass Mörder und Diebe sich anpassen, obwohl es nicht um ihr eigenes Leben oder Eigentum gehe. Das seien die sozialen Kosten dafür, dass man in Bezug auf die Zukunft, angesichts ihrer inhärenten Unsicherheit, sicher gehen will (129).

Da die Erwartungen durch das Recht nur auf einer normativen Ebene sichergestellt sind, stellt sich das Problem, dass die Normen auch gelten müssen, wenn sie nicht entsprechend realisiert werden. Dies wird von Luhmann wiederum über die Selbstbezüglichkeit des Systems gelöst. Dass »man« normativ zu erwarten habe, werde im Rechtssystem selbst normativ erwartet, das mache die Reflexivität des Rechts aus (144). Institutionell entstehe daher als Bedingung einer durchgängigen Beobachtung des Beobachtens einer verlässlich erwartbaren Codierung im Rechtssystem ein Teilsystem: das organisierte Entscheidungssystem, also Gerichte, Parlamente etc. (145). In diesem stellten die Gerichte wegen ihres Entscheidungszwangs das Zentrum dar, während alle anderen Rechtskommunikationen der Peripherie des Systems angehörten. In der Peripherie, die als »Kontaktzone zu anderen Funktionssystemen der Gesellschaft« konzipiert ist, kommt es zu Irritationen durch andere Funktionslogiken (321 f.).

Nachdem Verhaltenssteuerung und Konfliktlösung für die Funktionsbestimmung nicht in Frage kommen, ordnet Luhmann sie nun letztlich dem Begriff »Leistungen« des Systems zu (156). Nachdem also in stringenter Ableitung die Besonderheit des Rechts ausgearbeitet wurde, werden die nicht kompatiblen Momente, denen man den Zusammenhang mit dem Recht aber nicht absprechen kann, in einer Kategorie der »Leistung« untergebracht: Steuerung und Konfliktlösung (162).

2. Gunther Teubner: Hyperzyklus des Rechts

2.1 Gradualisierte Autonomie

Bei Luhmann selbst war bereits »Autopoiesis« nicht mit »Autarkie« im Sinne einer völligen Unabhängigkeit von der Umgebung identisch. Doch während Luhmann durch seine strikten Formulierungen zumindest eine bestimmte Interpretation ermöglicht, spricht Teubner deutliche Worte, um sich die Polemik aus »dem materialistischen oder dem bürgerlichen Lager« zu ersparen (Teubner 1989:47):

> »Gegenüber allen Autarkie-Verdächten sei klargestellt: Mit Selbstproduktion ist nicht gemeint, dass sämtliche Ursachen innerhalb des Systems gesetzt sein müssen, ja nicht einmal, dass die wesentlichen Ursachen [...] oder auch nur die meisten Ursachen interner Herkunft zu sein haben. Soziale, ökonomische, politische Determinierungen des Rechts werden – allen gegenteiligen Unterstellungen zum Trotz – in einem selbstproduzierenden Rechtssystem nicht ausgeschlossen, sondern sind vorausgesetzt. Allerdings ändert sich in einem selbstproduzierenden Recht die Art und Weise seiner Beeinflussung durch die Umwelt« (30).

Darüber hinaus konzipiert Teubner das Konzept der Rechtsautonomie voraussetzungsvoller als Luhmann (so auch Calliess 2006:61, Fn. 26). Sein Ziel ist ein differenzierter, weil gradualisierter Begriff von Autonomie und Autopoiesis, wohingegen Luhmann einen solchen explizit ablehnt: Operative Geschlossenheit bedeute Autonomie, und eine relative Autonomie könne es nicht geben. Hatte Luhmann vor der autopoietischen Wende selbst mit diesem Konzept gearbeitet, so widerrief er es im Anschluss ausdrücklich (Luhmann 1995:64, Fn. 47). Es sei mittlerweile nicht mehr als Ausdruck enttäuschter »radikal-marxistischer Ansätze«. »Wir bevorzugen deshalb einen Autonomiebegriff, der am Begriff der Autopoiesis gehärtet ist, also entweder gegeben ist oder nicht und keine Zwischentöne erlaubt« (65).

Teubner hingegen will sorgfältiger zwischen verschiedenen Dimensionen der Selbstreferenz differenzieren (Teubner 1989:25). Er macht in diesem Sinne sieben Momente von Selbstreferenz aus: die (1.) *Selbstbeobachtung* eines Systems, die er ab dem Moment als (2.) *Selbstbeschreibung* bezeichnet, da sie von relativer Dauer ist und zum Aufbau von Ordnung benutzt wird (Rechtsdogmatik) (28); sodann die (3.) *Selbstorganisation*, die erst dann existiert, wenn das System über »sekundäre Normen« (H. L. A. Hart), also Verfahrens- und Rechtsidentifizierungsnormen verfügt; die (4.) *Selbststeuerung* als dynamische Variante der Selbstorganisation, wenn das System nämlich nach eigenen Kriterien verändert werden kann, weil es über Normen und Verfahren zur Rechtsänderung verfügt. Wenn Selbststeuerung und Selbstbeschreibung so miteinander kombiniert werden, dass sich ein Argumentationszusammenhang über die systemeigene Identität herausbildet, handle es sich um die für Teubner besonders wichtige Form der (5.) *Selbstreflexion*, etwa der Rechtstheorie (29). Von (6.) *Selbstproduktion* könne dann gesprochen werden, wenn ein System seine Bestandteile selbst als emergente Einheiten herstellt, wobei die Eigenleistung darin bestehe, *»den Ereignisstrom im materiellen, energetischen und informationellen ›Unterbau‹ des*

Systems so zu organisieren, dass neue, im System benutzbare Einheiten konstruiert und miteinander verknüpft werden« (31, Herv. S. B.). Selbstproduktion ist also keine creatio ex nihilo, sondern das Herausziehen von Einheiten aus dem »materiellen Unterbau«, die es zum Systemaufbau benutzt. *(7.) Autopoiesis* schließlich verlangt noch mehr: nämlich, dass sämtliche Systemkomponenten (Elemente, Strukturen, Prozesse, Grenzen, Identität und Einheit des Systems) selbstproduziert sind *und* zur Selbstproduktion noch die Selbsterhaltung eben dieses selbstproduzierenden Kreislaufs hinzukomme. Das heißt, dieser wird mit einem zweiten Kreislauf verkoppelt, welcher der Ermöglichung der zyklischen Produktion durch Garantie seiner Produktionsbedingungen dient. Teubner nennt diesen Reproduktionskreislauf »Hyperzyklus« (33).

Luhmanns Konzeption ist vor diesem Hintergrund einfacher: Wenn es dem Rechtssystem gelingt, dass es sich durch die Operationen des Systems reproduziert, ist seine Einheit gewahrt. Entweder dies gelingt – oder nicht, Autopoiesis liegt vor – oder nicht. Teubner hingegen besteht auf der Gradualisierung, die er als kumulative Zunahme zirkulärer Verhältnisse versteht (43). Zunächst fingen Rechtskommunikationen an, sich über die Leitunterscheidung Recht/Unrecht auszudifferenzieren. Sie träfen dann unweigerlich irgendwann auch auf sich selbst, und seien gezwungen, sich in Rechtskategorien zu thematisieren. Das Recht sei also darauf angewiesen, seine Systemkomponenten mit seinen eigenen Kategorien zu beschreiben. Es verfügt selbst darüber, welche Voraussetzungen vorliegen müssen, damit man von einem rechtsrelevanten Ereignis sprechen kann. Seine Selbstreproduktion sei ab dem Augenblick möglich, da die selbstreferentiell organisierten Systemkomponenten so miteinander verkettet werden, dass Normen und Rechtshandlungen einander wechselseitig produzierten und dass Verfahren und Dogmatik diese Relationen ihrerseits relationierten. »Erst ein solches Ineinandergreifen der zyklisch reorganisierten Systemkomponenten ermöglicht den Hyperzyklus des Rechts« (45 f.). Auf diese Weise gelangt Teubner zu drei Phasen der Autonomisierung des Rechtssystems:

> »In der Phase eines ›gesellschaftlich diffusen Rechts‹ sind Elemente, Strukturen, Prozesse und Grenzen des Rechtsdiskurses mit denen der allgemeinen gesellschaftlichen Kommunikation identisch oder jedenfalls heteronom von gesellschaftlicher Kommunikation bestimmt; die Phase eines ›teilautonomen Rechts‹ setzt ein, wenn der Rechtsdiskurs beginnt, seine Systemkomponenten selbst zu definieren und operativ zu verwenden; von der Phase eines ›autopoietischen Rechts‹ kann man erst sprechen, wenn die Systemkomponenten des Rechtssystems hyperzyklisch miteinander verkettet werden« (49).

Autopoiesis tritt nach diesem Modell also erst auf, wenn die Selbstbeschreibungen des Rechts eine Rechtsquellenlehre entwickeln und praktizieren, die die Normgewinnung auf Prozesse *rechtsinterner* Rechtsbildung verweist, also im modernen positiven Recht: »Rechtsnormen können nur noch auf dem Weg über präzise definierte Rechtsakte, sei es Gesetz, sei es Urteil, sei es organisationsinterne Satzung, entstehen« (55). Es bilden sich also zirkuläre Verhältnisse heraus: Geltung erlangt das Gesetz erst durch den Richterakt, der seine Geltung wiederum aus dem Gesetz begründen muss. Teubner beschreibt demnach wesentlich detaillierter, *wie* Rechtskommunikationen an Rechtskommunikationen anknüpfen können.[3] Luhmann schließt sich dieser Interpretation nicht an und beansprucht die Erklärung der Evolution des Rechtssystems für sich (1995:71, Fn. 58), auch wenn er zugesteht, dass Teubners Kritik die »Dosierung der Argumentation« beeinflusst habe (8, Fn. 3).

2.2 *Paradoxie als »Dialektik ohne Synthese«*

Das Paradoxienmanagement kann als das Einfallstor für kritische Interventionen gelten – so auch für die Theorie von Teubner. Das Recht gründet auf fundamentalen Paradoxien. Immer wieder produziert die Hydra des Rechts neue Unentscheidbarkeiten. Im Gegensatz zur häufig unscharfen Rede von der *Unbestimmtheit* (so das zentrale Thema der Critical Legal Studies vgl. etwa Hutchinson/Monahan 1984; Joerges/Trubek 1989; Mangabeira Unger 1986; Frankenberg 2006: 110ff.) kann die Systemtheorie die Tiefe der Problematik verdeutlichen. Sie vermag zu zeigen, dass die Unentscheidbarkeit nicht nur Ergebnis einer zufälligen ungenügenden Formalisierung ist, sondern auf ein fundamentales Paradox (Teubner 1989: 13) zurückgeht, auf einen Realwiderspruch der gesellschaftlichen Systeme – wie Teubner in Anlehnung an (und in gleichzeitiger Distanzierung von) Marx formuliert. Die Paradoxie ist nicht bloßer Fehler im gedanklichen Rekonstruieren dieser Systeme.

Teubner ist daher der Auffassung, dass genau jenen zirkulären Beziehungen nachzuspüren ist, weshalb er Analysen unternimmt, die der Frage nachgehen, *wie* die Praxis des Rechts mit ihnen zurechtkommt, *wie* es ihr gelingt die totale Unbestimmtheit in relative Bestimmtheit und Stabilität zu transformieren (16f.). Nicht das unbestreitbar kritisch-destruktive Potential treibe das Erkenntnisinteresse an Paradoxien an; das eigentliche Faszinosum liege in den »produktiven Möglichkeiten des

3 Für eine Variation dieser Argumentation in Bezug auf die Transnationalisierung des Rechts siehe Teubner 1996 (255ff.). Gerade dem transnationalen Recht wird üblicherweise der Rechtscharakter abgesprochen, da zentral auf das Gewaltmonopol abgestellt wird, während Teubner Kriterien entwickelt, die stattdessen auf die hyperzyklische Selbstreproduktionsfähigkeit rekurrieren.

Umgangs mit ihnen«. Die durch Selbstreferenz entstehenden Paradoxien bildeten für die Systemtheorie nicht die Schlusspointe, sondern den Ausgangspunkt. Im Gegensatz zum Hegelschen Widerspruchsdenken sei die Paradoxie eine »Dialektik ohne Synthese«, ein experimentierendes, inkrementelles, herumirrendes Herstellen von Ordnungen, geradezu die »Dauerheimsuchung der Sinnwelten durch ihre Dekonstruktion«, welche die gesellschaftlichen Verhältnisse zum Tanzen brächte – und zugleich sei sie ein »Verblendungszusammenhang«. Die Entparadoxierung verspreche keine Lösung der Krise, »sondern allenfalls ihr zeitweiliges Aufscheinen, Verstecken, Invisibilisieren, Unterdrücken, Verdrängen. Dass sie wieder hervorbricht, ist nur eine Frage der Zeit« (Teubner 2003:29 ff.).

2.3 *Regulierte Selbstregulierung*

Teubners entscheidende »Korrektur« der Systemtheorie des Rechts besteht allerdings in dem Versuch, die Systeme – im Gegensatz zu Luhmann – so zu konzipieren, dass sie eine Offenheit für demokratietheoretische Überlegungen bewahren.

Weil Verhaltenssteuerung und Konfliktregulierung in der systemtheoretischen Perspektive im besten Fall Leistungen sind, für die es soziale Äquivalente in anderen Systemen gibt, waren steuernde Interventionen für Luhmann fragwürdig. Will man das Spezifische des Rechts erklären, so könnten sie nicht herangezogen werden, ohne den Funktionsbegriff so auszuweiten, dass er unpräzise werde. Deswegen hegt Luhmann eine grundsätzliche Skepsis gegen den Versuch, »heute die Vorstellung einer wenn auch beschränkten Steuerung der Gesellschaft durch Recht (statt nur: einer Selbststeuerung des Rechtssystems) zu retten« (Luhmann 1995:154). Damit grenzt er sich unter anderem auch von Teubners Konzept des *reflexiven Rechts* ab (ebd., Fn. 43). Teubner will sich nicht abfinden mit der bloßen Selbstbezüglichkeit der Systeme und sucht nach Auswegen aus diesem Dilemma systemischer Anarchie. Reflexives Recht hat bei ihm einen normativ-analytischen Doppelcharakter, da die Reflexion im Recht zweierlei bedeutet: »Realanalyse der historischen Lage des Rechts in Gesellschaft *plus* normative Bewertung und Strategiewahl« (Teubner 1989:86).

Teubner versucht, ein normatives Konzept in die rein beschreibende Systemtheorie zu implantieren, was als gerechtfertigt erscheint, da die dogmatische und rechtstheoretische Selbstreflexion im Rechtssystem für dessen Reproduktion wesentlich ist. Dabei schwebt ihm ein dezentrales Reflexionsmodell vor, welches die Perspektive auf die »Umwelt« nicht verloren gibt, sondern in die Teilsysteme hineinverlagert. Er übernimmt also insofern Luhmanns Position, als er zugesteht, dass es keine Steuerungszentrale geben könne. Stattdessen setzt Teubner zum einen auf das systeminterne Reflexionspotential und zum anderen auf die Vernetzung der Systeme. Die Versionen dieser Konzeption variieren im Laufe seines Werkes, doch das Prinzip bleibt erhalten. 1982 fasst er es in seiner Konzeption des *reflexiven Rechts* so, dass dieses Normierungen für Verfahren entwickeln muss, die anderen Sozialsystemen als Voraussetzung demokratischer Selbst-Organisation und Selbstregulierung dienen können. Es solle nicht die Funktion anderer Sozialsysteme autoritativ definieren, sondern »seine Aufmerksamkeit auf solche Mechanismen richten, *die systematisch ihrerseits Reflexionsstrukturen innerhalb anderer Subsysteme fördern*« (Teubner 1982: 50, Herv. i. O.).

In seinem grundlegenden rechtstheoretischen Werk macht sich Teubner 1989 auf die Suche nach jenen Prinzipien, die eine Verkoppelung der Systeme ermöglichen sollen. Dabei kritisiert er an Luhmanns Fassung, dass dieser blind sei für Sinnzusammenhänge, die mehrere Systeme übergreifen. Dadurch komme es zu einer Isolierung der Systeme, welche die Situation der Überdeterminierung eines Ereignisses nicht mehr denken könne (Fischer-Lescano/Christensen 2005: 231). Teubner tritt dem mit dem Konzept der *»Interferenz«* entgegen, welches Überlagerungen und Überlappungen betont. Das Rechtssystem sei dadurch real mit seinen gesellschaftlichen Umwelten verbunden. Über die Brücke der Interferenzen seien die Systeme über ein und dasselbe kommunikative Ereignis miteinander gekoppelt. Denn sie verwendeten den gleichen »Grundstoff«, nämlich Sinn, und benutzten alle, in welcher spezialisierten Form auch immer, Kommunikationen. Jede Spezialkommunikation in einem beliebigen gesellschaftlichen Teilsystem sei immer *zugleich* allgemeingesellschaftliche Kommunikation, so dass die Teilsysteme aus dem gesellschaftlichen Kommunikationsfluss in ihren Sonderkommunikationen ihre Elemente zögen: »Wenn dies so ist, dann folgt daraus die wichtige Einsicht, dass Elemente der Teilsysteme und Elemente der Gesellschaft in der Einzelkommunikation *uno actu* zusammenfallen und auf diese Weise Recht und Gesellschaft miteinander verknüpfbar bleiben« (Teubner 1989: 107 f.). Interferierende Systeme stellen einander nicht ungeordnete Komplexität zur Verfügung, sondern vorgeordnete Komplexität (110). Das Recht könne also in begrenztem Maße die Gesellschaft regulieren, indem es sich selbst reguliert (82), weil es in der Weise reflexiv wird, dass es seine Normen und Verfahren auf diese gesellschaftliche Lage einstellt und Ordnungsleistungen für die Beteiligten entwirft (116 ff.). Direktinterventionen seien tatsächlich nicht möglich, aber dafür indirekte Fremdsteuerung durch Selbststeuerung (83).

In Teubners aktuellsten auf die Transnationalisierung des Rechts bezogenen Analysen potenziert sich das Problem der systemischen Autonomisierung aufgrund der »Fragmentierung der Weltgesellschaft«. Denn nunmehr sei man nicht mehr nur mit den Systemen konfrontiert, sondern vielmehr mit sektoriell regulatorischen Rechtsregimes (Teubner 1996:256; 1998; Buckel 2003:52ff.). Die Überlagerung zweier unterschiedlicher Prinzipien, der territorial-segmentären und der thematisch-funktionalen Differenzierung, führten zu Regimes, die keiner eindeutigen Logik folgten. Die Funktionssysteme lösten durch historische Zufälle Konflikte, Skandale und Irritationen im Rechtssystem aus, die mit der Herausbildung eines nicht-bistaatlichen Rechtsregimes beantwortet werde, welches sich an der Konfliktstelle herauskristallisiert.

Trotz der vorangeschrittenen Fragmentierung sucht Teubner gemeinsam mit Fischer-Lescano nach Mechanismen der Verkoppelung der Regimes. Einen Ansatzpunkt finden sie in der Herausbildung eigenständiger sekundärer Normierung, also prozeduraler Normen über Rechtsbildung, Rechtserkenntnis und Rechtssanktionierungen. Damit habe sich ein Mechanismus gebildet, welcher reflexive Prozesse des Rechts mit reflexiven Prozessen anderer Sozialbereiche verknüpft, »auto-konstitutionelle Regimes« (Fischer-Lescano/Teubner 2006b: 53ff.). Diese »intersystemischen Kopplungsinstitutionen« vernetzten sich punktuell. Es reiche allerdings nicht aus, die faktischen Entwicklungen zu registrieren und zu akzeptieren: »Das hieße letztlich, die demokratietheoretischen Defizite der bestehenden Netzwerke [...] hinzunehmen« (62). Wolle man nicht zur »Rechtfertigung eines zweifelhaften Projektes« beitragen, so müsse diese Beschreibung um ein normatives Konzept der Vernetzung ergänzt werden. Dafür wird wieder auf den Ansatz der Selbst-Regulierung zurückgegriffen: die gesamtgesellschaftliche Rationalität, jetzt auf Weltebene, kann nur *in* den Regimes selbst verortet werden, welche auf andere Interessen und das Gemeinwohl reflektieren müssen.

3. Kritik

Luhmanns Systemtheorie wird auch heute noch von Vertretern der Kritischen Theorie massiv kritisiert. So hatte Jürgen Habermas Luhmanns Systemtheorie als »Hochform eines technokratischen Bewusstseins« angegriffen, »das heute praktische Fragen als technische von vornherein zu definieren und damit öffentlicher und ungezwungener Diskussion zu entziehen gestattet« (Habermas 1971:145). Ähnlich urteilt Alex Demirović, der Luhmann für einen Ordnungsdenker hält, dem es lediglich um Erhaltung des Systems und seiner Ordnung gehe (2001b:16). Seine Theorie stelle für die Tradition der Aufklärung und für die an sie anschließende Gesellschaftskritik eine große Herausforderung dar, »weil er gerade jenes begrenzte humanistische Emanzipationsmodell und die damit verbundene Kritik, ja Kritik und Emanzipation überhaupt, als obsolet verwirft« (ebd.: 18).

Es ist jedoch zu bemerken, dass die Systemtheorie des Rechts nicht nur gegenüber kritischen, sondern auch gegenüber traditionellen Rechtstheorien eine Provokation darstellt. Wie Habermas ist auch Luhmann vom linguistic turn beeinflusst; dies zeigt sich nicht zuletzt am Umstellen von Strukturen auf Prozesse und von Erkennen auf Konstruieren sowie schließlich am Umgang mit Paradoxien. Darüber hinaus kann man festhalten, dass auch im systemtheoretischen Paradigma avancierte und apologetische Ansätze und Momente miteinander konkurrieren. Insbesondere Teubners Variationen könnte man als »kritische Systemtheorie« bezeichnen, was sich in der Auseinandersetzung mit den Subjekten zeigen wird (vgl. 3.2).

Meine These lautet, dass der systemtheoretische Ansatz die Verselbständigung sozialer Verhältnisse zu »Systemen« – oder werttheoretisch ausgedrückt: zu sozialen Formen – durchaus zutreffend beschreibt. Die Faszination der Theorie besteht gerade darin, sich vom Alltagsverstand (der »Beobachtung erster Ordnung«) zu entfernen und die Verdinglichung sozialer Verhältnisse zu benennen. Systemtheorie »spricht«, könnte man überspitzt sagen, aus dem Inneren der Rechtsform, indem sie die verdinglichten Prozeduren theoretisch reformuliert. Dabei zeigen sich allerdings einige Schwierigkeiten:

3.1 Neueuropa oder die Umstellung des Beschreibungsmodus

Die (rechts-)systemtheoretische Beschreibung der modernen Gesellschaft steht in der soziologischen Tradition von Karl Marx, Max Weber, Emile Durkheim und Georg Simmel (Bommes 1999: 66 ff.) und schließt an diese relativ selbstverständlich an. Lediglich ihre Art von »Wahrheitspolitik« arbeitet mit der Suggestion, sie werfe alle sicher geglaubten Konventionen um. Diesen Eindruck zu erwecken, gelingt Luhmann vor allem dadurch, dass seine Theorie auf einer hohen Abstraktionsstufe ansetzt. Er potenziert die Problematik von Allgemeinbegriffen, die eine Vielzahl unterschiedlicher Momente unter sich subsumieren und damit identitätslogisch vereinheitlichen. Damit gelingt es ihm, prinzipielle Strukturprinzipien unter der besonderen Perspektive der Autonomie zu beleuchten. Auf dieser Abstraktionsstufe kann er den Beschreibungsmodus so »umstellen«, dass andere rechtstheoretische Konzepte verglichen damit »unterkomplex« erscheinen. Ein Risiko dieser Strategie ist es indessen, dass das Nicht-Identische, das Besondere, so »invisibilisiert« wird, dass es unter den Felsbrocken der Identität begraben wird.

Eine genauere Betrachtung zeigt, dass Luhmann weitaus weniger »neueuropäisch« argumentiert, als sein »Gestus einer überlegenen Analyseperspektive« (Bieling 2001: 149) glauben machen will. Es wäre also zu viel der Mühe, Luhmanns Konzeption von der Eigenständigkeit des

Rechts als Schein »entlarven« zu wollen (so aber Bolsinger 2001:10), da Luhmann im Prinzip alles in seinen Texten »gesteht«. Ein Beispiel ist die inhaltliche Bestimmung der Funktion: die kontrafaktische Erwartungssicherung, welche die Verknüpfung der Operationen in einer genuin unsicheren Zukunft ermögliche. Was macht Luhmanns Theorie dabei anderes, als die Theorie der »Rechtssicherheit« in neuen Begrifflichkeiten darzustellen? Indem er eine scheinbare Gegenposition zur »sozialen Funktion« des Rechts aufbaut, wird letztlich doch auf eine bekannte Vorstellung zurückgegriffen, nämlich – in den Worten Franz Neumanns – auf die Erkenntnis, dass das formale Recht notwendig ist für die »Befriedigung der Bedürfnisse der kapitalistischen Konkurrenz [...] nach Berechenbarkeit und Zuverlässigkeit des Rechtssystems [...]« (Neumann 1967:24).

Darüber hinaus: wenn bis zur Anwendung des Rechts, dieses hochgradig unbestimmt ist (*die* Paradoxie), worüber kann der oder die normativ Erwartende sich dann eigentlich so sicher sein?

Ähnlich verhält es sich mit der These der operativen Geschlossenheit des Rechtssystems, welche die zentrale Prämisse Luhmanns ist. Während Teubner von Anfang an zeigt, dass es ihm um die Eigendynamik des Rechtssystems geht, scheint Luhmanns Beschreibungsmodus einen autistischen Planeten zu skizzieren. Doch dieser wird bei genauerer Betrachtung auf ein Kommunikationssystem reduziert, welches Recht nur durch seine eigene Sprache reproduziert, so dass alle außerrechtlichen Momente übersetzt werden müssen. Es ist also, ähnlich wie in materialistischen Ansätzen, ein reflexiver Prozess, in welchem die praktizierten Verhältnisse zu Rechtsnormen einer Rechtsordnung ausgearbeitet werden (Maihofer 1992:180). So wird etwa die Praxis des Tausches als Vertragsverhältnis übersetzt, die Zuordnung und Sichtbarmachung von Grundeigentum als Hypothek etc.

Darüber hinaus gesteht Luhmann ganz nebenbei eine Art »relativer Autonomie« zu, indem er nämlich erklärt, dass das Recht hinreichende Aussicht auf Durchsetzung haben müsse, weil man sich andernfalls schließlich doch den Fakten und nicht den Normen beuge. Die Durchsetzung sei dabei nicht zuletzt auf den »Einsatz physischer Gewalt« des »politischen Systems« angewiesen (Luhmann 1995:122). Worin liegt der zentrale theoretische Unterschied zum »alteuropäischen« Max Weber und dessen Postulat des staatlichen Monopols legitimer Gewaltsamkeit?

3.2 Dualismus von Subjekt und Gesellschaft

»Man wende nicht ein, dass die Systemtheorie das menschliche Individuum jedenfalls für die Gesellschaft marginalisiere [...]«, schreibt

Teubner (1989: 59) angesichts des hartnäckigen Unverständnisses der KritikerInnen und der »erfolgreichen Narration vom ›mangelnden Akteursbezug‹ der Systemtheorie« (Nassehi 2003: 84).

Zunächst muss man festhalten, dass die Existenz von Individuen systemtheoretisch tatsächlich nicht bestritten wird: Menschen *sind* »eine notwendige Umweltbedingung des sozialen Geschehens« (Kneer/Nassehi 2000: 69), sie sind als solche für das System nicht weniger wichtig als das System selbst (70). Wichtig ist nun aber, *wie* »Menschen« in der Systemtheorie auftauchen, und genau an diesem Punkt schlagen systemtheoretische Überlegungen einen theoriestrategisch ungewöhnlichen Weg ein, indem sie das einheitliche Subjekt in drei Momente zergliedern: in eine »Leib-Seele-Einheit«, sowie in »organisches Leben und psychisches Erleben« (Teubner 2006: 171 ff.), das heißt in ein strukturell gekoppeltes Gesamt aus biologischem und psychischem System. Jenes wird in der gesellschaftlichen Kommunikation als Person nur intern konstruiert. Bewusstseine und Körper sind demnach »lebende pulsierende Einheiten in der Umwelt der Kommunikation«. Etwas »Außerkommunikatives«, wird »rechtsintern modelliert«. Artefakten der Kommunikation werden dann Handlungen zugerechnet (ebd.). Damit, und das ist Teubner gerade aus »humanistischen« Motiven wichtig, existiert ein *Dualismus* zwischen menschlichem Denken einerseits und gesellschaftlicher Kommunikation andererseits (Teubner 1989: 37). Denn eine naive Gleichsetzung von semantischen Artefakten und konkreten Menschen sei deswegen fatal, weil sie gerade letzteren Unrecht tue. Kommunikation ist immer gesellschaftliche Verfremdung und Zuschreibung.

Damit gelangt man zur weiterführenden Überlegung, nämlich zum Verhältnis von Kommunikation und Bewusstseinen bzw. psychischen Systemen. Das Kommunikations-Theorem selbst basiert auf der Annahme der radikalen Individualität der psychischen Systeme (Nassehi 2003b: 25). Weil Bewusstseine füreinander intransparent seien, entstehe die funktionale Notwendigkeit zur Emergenz von Kommunikation (ebd.). Kommunikation ist somit die elementare Einheit der Artikulation doppelter Kontingenz (Schneider 2003: 44). Doch diese Kommunikation verselbständige sich nun gegenüber den Einzelbewusstseinen – das ist auch der Grund, warum »konkrete Menschen« und kommunikativ konstruierte Personen nicht gleichgesetzt werden dürften. »Psychische Systeme« sind nur noch an Kommunikation beteiligt, ohne sie hervorzubringen, genau weil sich Kommunikation gegenüber diesen Einzelnen selbstreferentiell verselbständigt habe: in ihre »emergente Ordnung« geht das Psychische lediglich ein (Kneer/Nassehi 2000: 69):

> »Dass Menschen nicht Teile der Gesellschaft sind, sondern ihr in nicht überwindbarer Trennung gegenüberstehen, hat eine unerbittliche Konsequenz. Gesellschaft und Bewusstsein/Körper sind für-

einander nicht kommunikativ erreichbar. Letztere sind jeweils eigenständige, sich selbst erhaltende (psychische oder organische) Prozesse. Beide haben Kommunikation zwar hervorgebracht, können sie aber nicht beherrschen. Kommunikation verselbständigt sich gegenüber den Menschen, schafft gegenüber dem individuellen Bewusstsein ihre eigene Sinnwelt« (Teubner 2006: 170).

Obwohl Teubner mit Luhmann davon ausgeht, dass funktionale Differenzierung einen gesellschaftlichen Fortschritt darstellt, sieht er doch zugleich eine der Hauptgefahren moderner Gesellschaften in jenen verselbständigten Kommunikationsprozessen, die er, um die Problematik zu verdeutlichen, »anonyme Matrix« nennt. Die Matrix des ökonomischen Systems etwa könne die menschliche Existenz angreifen und sogar auslöschen: So seien etwa »sweat shops« eine Konsequenz »anonymer Marktkräfte«. Dagegen richte sich der Widerstand, der von einem aktualisierten Menschenrechtsverständnis adäquat begriffen werden müssen: »Dies ist der Ort, an dem Körper und Bewusstsein der Individuen [...] auf ihre ›vorrechtlichen‹, ›vorpolitischen‹, ja sogar ›vorgesellschaftlichen‹ (= außergesellschaftlichen) ›latenten Eigenrechte‹ pochen«. Körperliche Schmerzen und psychisches Leiden müssten aus ihrer Sprachlosigkeit herauskommen, indem die Gegenwehr der geschundenen Körper und Seelen, etwa in körperlicher Gewalt, stellvertretend Eingang in die Kommunikation findet (171).

Die Darstellung dieser avanciertesten Position der systemtheoretischen Rechtstheorie zeigt, dass AkteurInnen darin durchaus wahrgenommen werden, ähnlich wie im Poststrukturalismus mit der Absicht der Dezentrierung des autonomen Subjekts (vgl. etwa Stäheli 2000). Im Unterschied zu poststrukturalistischen Ansätzen beharrt die Dreiteilung des Subjekts jedoch auf etwas Außerkommunikativem, auf einer Trennung von Kommunikation und »Menschen«. Teubner vertritt keine realistische Position, weswegen etwa Körper in seinem Ansatz nicht die »eigentliche Wirklichkeit« sind. Allerdings erfolgt eine strikte Grenzziehung zwischen Gesellschaft einerseits und »Menschen« andererseits. Unterschiedliche Sinnzusammenhänge werden in ihren je eigenen Grenzen produziert. Auch wenn dieser Dualismus der Intention folgt, der jeweiligen Eigenlogik gerecht zu werden, bringt er zwei theoretische Probleme mit sich, die letztlich die Narration der Ausblendung der Subjekte erklären.

Zum einen verbleibt der Ansatz trotz postmoderner Dezentrierung in einem traditionellen Subjektparadigma. Foucault hatte einer solchen Vorstellung zu Recht entgegengehalten, dass erst mit dem Aufkommen der modernen Naturwissenschaften menschliche Körper als biologische Entitäten konstruiert wurden. Feministische Theoretikerinnen haben im Anschluss daran, um die gesellschaftliche Konstruiertheit von Zweigeschlechtlichkeit in Frage zu stellen, herausgearbeitet, dass etwa ein

Dualismus von biologischem Geschlechtskörper und gesellschaftlicher Geschlechtsidentität letztlich einer Naturalisierung gesellschaftlicher Verhältnisse gleichkommt. Das Körpergeschlecht dürfe nicht als »elementarer Kern oder träge Materie« begriffen werden, die der Macht (bzw. hier der Kommunikation) gegenüber stehe, sondern als eine der ersten materiellen Wirkungen des Geschlechterdispositivs (Bührmann 2004: 24).

> »Und was bedeutet der Begriff ›Geschlecht‹ (sex) überhaupt? Handelt es sich um eine natürliche, anatomische, durch Hormone oder Chromosomen bedingte Tatsache? [...] Werden die angeblich natürlichen Sachverhalte des Geschlechts nicht in Wirklichkeit diskursiv produziert, nämlich durch verschiedene wissenschaftliche Diskurse, die im Dienste anderer politischer und gesellschaftlicher Interessen stehen« (Butler 1991: 23 f.).

Der Körper ist danach kein passives Medium, dem die kulturellen Bedeutungen äußerlich bleiben, sondern selbst ein kulturell generiertes Produkt (ebd.: 24 ff.). Es gibt insofern weder einen vorgesellschaftlichen Körper noch eine ebensolche Psyche, systemtheoretisch reformuliert, nur ›Personen‹. Die systemischen Kommunikationen produzieren dasjenige erst, welches sie nur zu kommunizieren vorgeben. Die rechtliche Subjektivierung (wie ich später im Anschluss an Foucault zeigen werde) koproduziert das moderne Subjekt als real gelebte Praxis. Die isolierten Bewusstseine, deren Isolation gerade die Notwendigkeit von Kommunikation hervorbringt, erweisen sich dabei als historisch spezifische Formen des Menschen und verlieren ihren Charakter anthropologischer Fundamentalien.

Zum anderen überhöht der Dualismus zwischen Kommunikation und Bewusstsein die Verselbständigung der Systeme/Matrix. Es ist eine treffende Beobachtung, dass die kapitalistischen Gesellschaften dadurch gekennzeichnet sind, dass sich »Kommunikationszusammenhänge von ihren organischen und psychischen Infrastrukturen, von dem menschlichen Leben und Bewusstsein entfernen« (Neves 2000: 15). Aber daraus zu schlussfolgern, dass Menschen nicht mehr Teil der Gesellschaft seien, überdehnt die Argumentation. Es sind ihre gesellschaftlichen (kommunikativen) Praktiken, die jene Gesellschaft (Kommunikation) erst hervorbringen. Sie sind es – wie Marx gezeigt hat –, die sich ihnen gegenüber verselbständigen. Damit müssen selbst noch die Verselbständigungen tagtäglich in den Alltagshandlungen reproduziert werden, sie lösen sich also nicht von ihnen. So sind es keine anonymen Marktkräfte, welche die menschenverachtende Realität der »sweat shops« hervorbringen, sondern strategisch Handelnde, welche die kapitalistische Warenförmigkeit für sich in Anspruch nehmen. Sie müssen sich zwar auf ihre »Gesetzmäßigkeiten« einlassen, reproduzieren diese aber in ihren

Handlungen, indem sie sie für ihre Interessen in Anspruch nehmen oder gegenteilig, diese massiv in Frage stellen. Damit müssen die systemischen Verselbständigungen *durch die Praxis hindurchgehen*, können von dieser in Frage gestellt und verschoben werden. Es handelt sich daher, wie ich später argumentieren werde, nicht um einen Dualismus, sondern um eine Dualität[4] von Praxis und ihren Effekten.

Die Grenzziehung, der Dualismus, bringt zusammengefasst auf beiden Seiten Antinomien hervor, die erst in einem enormen Aufwand wieder aufgebrochen werden müssen. Dadurch, dass Gesellschaft aus den Einzelnen und die Einzelnen aus der Gesellschaft katapultiert werden, steht die strategische Praxis gesellschaftlicher Subjekte nicht im Fokus der Theorie. Rechtssystemtheorie analysiert sie auf dieser Ebene nicht mehr (ähnlich Weber 2005:32). Das erzeugt den Eindruck der Subjektlosigkeit der Systemtheorie. Eine Klassenanalyse etwa muss in dieser Perspektive als falsche Personifizierung systemischer Differenzierungen betrachtet und abgelehnt werden, anstatt zu zeigen wie Strategien von Klassen oder anderen sozialen AkteurInnen mit systemischen Prozessen vermittelt sind, sich auf diese stützen müssen und sie zugleich dabei hervorbringen oder verschieben. Genau diese Teilnahme wird auf der Systemebene immer schon vorausgesetzt. Wie konkret, in welchen diskursiven Auseinandersetzungen sich welche hegemonialen Kommunikationsprojekte durchsetzen, wird ausgeblendet: »Insofern die Systemtheorie hier auf Hypothesenbildung verzichtet, stellt sie konsequent auf soziale Fakten ab, lässt die müßige Frage nach den Intentionen offen und fokussiert stattdessen kommunikative Ereignisse« (Fischer-Lescano 2005:69, Fn. 149).

Die Grenzziehung produziert eine ähnliche Problematik wie im Althusserschen Strukturalismus, nämlich »von den Akteuren zu abstrahieren [...] so, als würden nur Gespenster die ›Stellungen‹ einnehmen« (Lipietz 1998:97). Aufwendige Untersuchungen konkreter Auseinandersetzungen, die Differenzierung nach Kräften, Fraktionen, Bündniskonstellationen werden überflüssig.

Letztlich kann die Abstraktion allerdings nicht konsequent durchgehalten werden. Denn: wer programmiert den Code? Wer treibt die Ausdifferenzierung auf Weltebene voran? Wie soll Kontingenz, wie Veränderung (»Evolution«) erklärt werden? Widersprüchlich bleibt daher auch die Begründung der »Funktion« des Rechtssystems: So hält Luhmann zwar zunächst fest, dass mit den »Erwartungen«, die stabilisiert werden sollen, nicht der aktuelle Bewussteinszustand eines bestimmten Individuums gemeint sei, sondern allein der Zeitaspekt des Sinnes von

4 Eine Dualität wohlgemerkt, keine »handlungstheoretische Ergänzung«, welche tatsächlich eine lehrbuchadäquate Rubrizierung der Soziologie in mikro- und makrotheoretische Felder wäre (Nassehi 2003a:84).

Kommunikationen (Luhmann 1995:125). Doch seine weiteren Ausführungen sind auf konkrete Subjekte ausgerichtet. »Man« könne so besser leben, »man« müsse sich anpassen, »man« versuche sich auf die Zukunft einzustellen etc. Zumindest zur Plausibilisierung muss er an dieser Stelle die strikte Trennung von Gesellschaft und »Menschen« kurzfristig aufheben. Hier macht sich offensichtlich die Sache selbst geltend – gegen die Intention des Autors, ähnlich wie in Kants Versuch, das transzendentale, jeder Empirie enthobene Subjekt empirielos zu begründen (Adorno 1995:220f.).

3.3 Die große Erzählung »System«

Die ungelöste Akteursproblematik schleicht sich hinterrücks wieder in die Theorie ein. So fällt auf, dass es zumindest *ein* systemtheoretisches Basis-Axiom gibt: »Es gibt Systeme«. Die Rede vom System wird gerade nicht selbst wieder im Vergleich mit anderen, nichtsystemischen Gegenständen eingeführt, sondern besetzt singulär die Spitze der Begriffspyramide (Weingarten 2001:303). Nachfolgend zielt die konstruktivistische Deduktion ausschließlich darauf ab darzulegen, was *theoretisch notwendig* ist, um von einem solchen System reden zu können, in der Weise: *wenn* operative Geschlossenheit – *dann* muss das System seine Reproduktion selbst gewährleisten – dann müssen Rechtsoperationen aneinander anknüpfen. Bewiesen wird letztlich eine Denknotwendigkeit. Das heißt, die »große Erzählung« der Systemtheorie lautet: »autopoietisches System«. Damit hat sich ironischerweise, wie Andreas Weber feststellt, »in der subjektlosen Systemtheorie ein subjektlogisches Denken in einer neuartigen, subtilen Form durchgehalten [...], nämlich im Absolutismus des autopoietischen Systems« (Weber 2005:18f.). Gerade jenes System sollte für Luhmann die Gewähr vor metaphysischen Letztbegründungen jenseits des Sozialen bieten. Indem die autopoietischen Systeme die Elemente, aus denen sie bestehen, durch die Elemente, aus denen sie bestehen, selbst produzieren und reproduzieren, sollte gerade die Verbindung zu biologistischen, ontologischen oder religiösen Prämissen abgeschnitten sein. Doch durch den Verzicht auf eine genealogische Herleitung und die Setzung des Systems wird dies konterkariert. Weber geht davon aus, dass Luhmann die Problematik absichtlich ignorierte, weil es ihm in erster Linie darum gegangen sei, das Subjekt aus der soziologischen Theoriebildung zu exkludieren (ebd.: 37).

Man muss allerdings davon ausgehen, dass es sich hierbei um seine versteckte normative Prämisse handelt. Vor der autopoietischen Wende war dies noch gut erkennbar: »Unsere Existenz hängt von funktional differenzierten Großsystemen der Informationsverarbeitung ab«, heißt es (Luhmann 1974:180). »In ihnen und durch sie müssen wir uns auf die Welt beziehen«. Sicherheit gebe es nur, wenn diese funktionsfähig blieben, und genau dies zu sichern, sei Aufgabe des Rechts »und dessen Ordnung ist das Gerechte« (ebd.: 181).

Interessanterweise teilen Habermas und die Systemtheoretiker des Rechts diesen Systembegriff, wie sich weiter unten zeigen wird. Darstellen lässt sich das aber bereits an dieser Stelle, nämlich an Habermas' Teubner-Kritik. Er wendet ein, das Konzept sei theorieimmanent inkonsequent, da das Gemeinsame, nämlich die gesamtgesellschaftliche Kommunikation, derer sich bei Teubner alle Systeme bedienten, nur objektiv identisch sei und gerade nicht aus der Sicht eines der beiden Systeme. Es gebe keine Beobachterposition nach Voraussetzungen der Systemtheorie, welche ein kommunikatives Ereignis als dasselbe identifizieren könnte (Habermas 1994:75). Teubners Vorschlag passe daher schlecht zur Konzeptualisierung des Rechts als eines autopoietischen Systems, er sei genau besehen eher ein Hinweis auf die Notwendigkeit einer Theorie des kommunikativen Handelns, »die eine ans Medium der Umgangssprache gebundene Lebenswelt von adaptiv umweltoffenen, über Spezialcodes gesteuerten Systemen unterscheidet« (76f.).

Habermas glaubt also, Teubner dabei zu »ertappen«, wie dieser unter der Hand bereits zugibt, dass die Notwendigkeit einer allgemeinen Sprache auf ein Medium verweist, welches nicht völlig systemisch ist, sondern die Systeme umgreift. Doch diese Argumentationsfigur ist bei Habermas wiederum nur deswegen notwendig, weil er die über Spezialcodes ausdifferenzierten Funktionssysteme ganz ähnlich (wenn auch umweltoffen) konzipiert, so nämlich, dass in ihnen Handeln ebenfalls stillgestellt wird. Alle Möglichkeit von kommunikativer Praxis muss daher in die »Lebenswelt« und ihre Umgangssprache verlagert werden (genauer s. u.).

Beide Theorien gestehen den Systemen einen problematischen Subjektcharakter zu. Denn die Verdinglichung sozialer Verhältnisse wird damit auf der operativen Ebene zwar durchaus plausibel beschrieben. Im Anschluss daran wird jedoch von jenen sozialen Verhältnissen und den AkteurInnen, zwischen welchen die Relationen bestehen, abstrahiert. Weil schließlich nur noch das *Produkt* menschlichen Handelns »beobachtet« wird, nicht mehr die Praxis selbst, verdinglicht sich auch der Beschreibungsmodus: das System handelt. Dadurch entsteht der Eindruck völliger Enthobenheit und Undurchdringlichkeit der Systeme.

3.4 »Que(e)rbeobachtung« – Gesellschaft ohne Geschlecht

Da die Theorie die subjektive Praxis aus der Gesellschaft eskamotiert, kann sie Vergeschlechtlichung auch nicht als gesellschaftsstrukturierenden Prozess konzipieren. Demgemäß überrascht es wenig, dass das Geschlechterverhältnis in den großen rechtstheoretischen Systemtheoriewerken irrelevant ist. Das Verhältnis von Systemtheorie und Geschlechterforschung ist nach Ulrike Teubner das einer gegenseitigen Ausschließung (Teubner 2001: 288 f.). Dass es als thematisierbar betracht wird, und das sogar in relativer Parallelität zu aktuellen diskurstheoretischen oder interaktionistischen feministischen Theorieansätzen, zeigt eine kleinere Anzahl neuerer Ansätze der Geschlechterforschung (vgl. nur Kampmann/Karentzos/Küpper 2004; Pasero/Weinbach 2003; 2004a) – umso auffälliger die Ausblendung in der Systemtheorie des Rechts.

Doch der blinde Fleck ist kein Unfall, sondern hat »System«. In einem Aufsatz von 1988 richtete Luhmann eine polemische Belehrung an »die Frauenforschung«, in welcher er sich ausdrücklich zum Geschlechterverhältnis äußerte: Nur vormoderne Gesellschaften, insbesondere die stratifizierten, hätten sich wesensmäßig an Unterscheidungen wie Alter, soziale Schicht oder eben Geschlecht orientiert, während diese Unterscheidungen nach der Umstellung auf funktionale Teilsysteme keinen »Funktionssinn« mehr aufwiesen (Luhmann 2003: 26 ff.):

> »Die moderne Gesellschaft bietet ein völlig verändertes Bild, und eben deshalb eignet sich die Unterscheidung von Männern und Frauen, soweit sie nicht funktionssystemspezifische Relevanz besitzt, nämlich Familienbildung ermöglicht, nur noch dazu, soziale Bewegungen zu stimulieren« (ebd.: 41).

Luhmann bestreitet die empirische Wirksamkeit der Differenzen nicht, allerdings seien sie nur noch »Querbeobachtungen«, deren sich die Funktionssysteme auf Programmebene bedienen könnten, wenn dies »sinnvoll« sei, zum Beispiel im ökonomischen System in Form von (sexistischer) Werbung (ebd.: 49). Die Geschlechtskategorie erleide einen gravierenden Funktionsverlust, wenn sich soziale Systeme einzig nach dem Formprinzip funktionaler Differenzierung herausbildeten (Hellmann 2004: 22). Individuen werden nunmehr in der Umwelt der Gesellschaft verortet »und nur noch von Moment zu Moment, nur im Moment ihrer Teilhabe an der funktionsspezifischen Kommunikation [...] in die verschiedenen Gesellschaftsbereiche inkludiert« (Weinbach 2004b: 50). Das heißt also, in dem Augenblick, da »nicht mehr Hierarchie, sondern Heterarchie, nicht mehr eine vertikale, sondern eine horizontale Ordnung die Sozialstruktur der modernen Gesellschaft bestimmt«, werde die Unterscheidung von Frauen und Männern »über kurz oder lang nicht mehr gebraucht« (Hellmann 2004: 21). Die funktionale Differenzierung bewirke also »*Symmetrie-Effekte*«, so dass der Determinismus der Geschlechtsstereotypen durch die Funktionssysteme der modernen Gesellschaft »nachhaltig irritiert und relativiert« werde. Jene überlagerten die Stereotypen und seien offener ausgerichtet, so dass sie »*in the long run* die besseren Anpassungsleistungen versprechen und deshalb erfolgreicher sind« (Pasero 2003: 104, 108, Herv. i. O.).

Der Versuch, die Geschlechterverhältnisse in die Systemtheorie zu integrieren, produziert aufgrund der Verschiebung der nur empirisch zu klärenden Frage in eine zeitdiagnostisch-historische Dimension (Knapp 2004: 46) eine überraschende Geschichtsteleologie: »in the long run, we all are dead«, hatte schon Keynes derartigen Konzeptionen ironisch entgegengehalten. Die Teleologie entsteht durch einen Kurzschluss, in welchem aus der Logik sozialer Konstruiertheit und Kontingenz eines Herrschaftsverhältnisses auf das nicht nur mögliche, sondern *notwendige* Verschwinden geschlossen wird. Alle sozialen Artefakte, auch die Funktionssysteme, sind kontingent. Warum gelten sie aber den SystemtheoretikerInnen als stabil, während das Geschlechterverhältnis verschwindet? Das folgt ganz offensichtlich aus der androzentrischen Perspektive Luhmanns. Diese teilte er an diesem Punkt durchaus mit den marxistischen Theoretikern vor der »Krise des Marxismus«. Denn dieser Argumentationstypus ist dort als die »*Nebenwiderspruchs*«-Problematik bekannt geworden. Das Nebenwiderspruchsdenken ist offensichtlich nicht auf die Marxsche Tradition beschränkt. Während jene feststellen musste, dass das Patriarchat nicht aus dem Kapitalismus abzuleiten, sondern nur mit jenem artikuliert ist, stellen die SystemtheoretikerInnen noch im Jahre 2004 fest, dass es auch nicht aus der funktionalen Differenzierung zu elaborieren ist. Immerhin gilt ersteren dieser Beschreibungsmodus inzwischen zumindest als problematisch, bestenfalls als geradezu alteuropäisch. Die nachholende Geschlechterdiskussion innerhalb der Systemtheorie fragt stattdessen, warum es gelingt, die Geschlechterunterscheidung unter Bedingungen stabil, also asymmetrisch zu halten, unter denen sie im Hinblick auf die *primäre* Differenzierungsform dysfunktional geworden sei (Nassehi 2003a: 89), bzw. ob es »›heimliche‹ Inklusionskriterien« gebe (Weinbach 2004b: 52). Dabei bleibt ihre Antwort dem Nebenwiderspruchsdenken verhaftet: Der Funktionsverlust finde auf der »Makroebene« der modernen Gesellschaft statt, während auf der Ebene der Organisation und vor allem der Interaktion die Geschlechterdifferenz nach wie vor ein »Sekundäreffekt« sei (Hellmann 2004 35):

> »Auf der gesellschaftsstrukturellen Ebene hat die Geschlechterdifferenz ihre strukturierende Funktion verloren. In der Interaktion dagegen ist sie nach wie vor unübersehbar am Werke [...]. Der Dreh- und Angelpunkt geschlechtlicher Ungleichheit ist in der Produktion und Reproduktion dieser Personenstereotype zu finden« (Weinbach 2004b: 75).[5]

5 Die Analyse von Christine Weinbach, welche zeigen kann, dass das Geschlecht der Person unterschiedliche, nämlich geschlechtsstereotypisierte

Und damit schließt sich der Kreis. Hat nämlich das Geschlechterverhältnis keine Relevanz auf Gesellschaftsebene, so ist seine Ausblendung etwa in der Rechtstheorie durch Luhmann völlig gerechtfertigt. So erklärt auch Hellmann das Desinteresse Luhmanns an der Frauen- und Geschlechterforschung: »Wenn Luhmann der Geschlechterproblematik gesellschaftstheoretisch keine größere Bedeutung zugesteht, hat dies vielleicht auch gesellschaftstheoretische Gründe« (2004: 33). Geschlecht sei nur eine Kategorie neben vielen anderen, während Luhmanns Forschungsinteresse primär auf Gesellschaftstheorie bezogen war, so dass »vieles, was damit in keiner direkten Verbindung stand, außer Acht gelassen werden konnte« (38). Damit bringt er die geschlechtsspezifische wissenschaftliche Arbeitsteilung und Exklusionstendenz auf den Punkt, welche Gudrun-Axeli Knapp und Angelika Wetterer treffend so formuliert haben:

> »Die Wissenschaft von der Gesellschaft befasst sich mit den großen Zusammenhängen und den Hauptwidersprüchen, sie ist Sache der Spezialisten fürs Allgemeine; Geschlechterfragen sind nachgeordnete Probleme, Gegenstand forscherischer Sonderinteressen, Spezialleidenschaften einer selbstreferenziell mäkelnden Minderheit« (Knapp/Wetterer 2003:7).

Es gibt kein »Paradoxiemanagement« der Nebenwidersprüche. Wenn Systemtheorie sich dem Geschlechterverhältnis theoretisch öffnen will, muss sie sich einer Erkenntnis stellen, der sich auch marxistische Theorie öffnen musste: nämlich dass ein monotheistisches Gesellschaftskonzept unhaltbar geworden ist. Gesellschaften schließen sich nicht primär über *ein einziges* Strukturprinzip zusammen, sei dies Warentausch oder funktionale Differenzierung. Die Vielgestaltigkeit des Sozialen kann nicht durch *ein* zugrundeliegendes, epocheprägendes Prinzip vereinheitlicht werden. »Es gibt keinen ›der Gesellschaft‹ eigentümlichen genähten Raum, weil das Soziale selbst kein Wesen hat« (Laclau/Mouffe 2000: 130). Funktionale Differenzierung kann *ein* Strukturprinzip von Vergesellschaftung abbilden, welches jedoch mit weiteren artikuliert ist, die auch nicht »in letzter Instanz« davon so determiniert würden, dass

Rollenbündel symbolisiert und damit die Vermittlung von Bewusstsein und Kommunikation leistet (Weinbach 2003:165), ist eine durchaus gelungene theorieimmanente Verortung der Geschlechterfrage. Unplausibel wird ihre Theorie nur dort, wo Interaktionen keine gesellschaftsstrukturierende Wirkung haben sollen, während die anderen sozialkonstruktivistischen feministischen Theorien völlig zu Recht vom Strukturprinzip der Zweigeschlechtlichkeit ausgehen: Butler etwa von der »heterosexuellen Matrix«, welche die Geschlechterkategorie sozialstrukturell reguliert (Butler 1991:219). Warum immer wieder die gleichen Stereotypisierungen stattfinden, bleibt so unbeantwortet.

sie ihre Eigenständigkeit entwicklungslogisch zwangsläufig verlieren müssten.

Historische Analysen haben gezeigt, dass im Übergang zur Moderne die Differenz der Geschlechter nicht nur vereindeutigt (in Ablösung von Ein-Geschlecht-Modellen zum Beispiel), sondern geradezu naturalisiert wurde (für einen Überblick vgl. Maihofer 1995: 22 ff.). Insofern ist die hierarchisierte Zweigeschlechtlichkeit weder als Bestand traditioneller Geschlechtersemantiken einfach gegeben noch das Produkt vormoderner Gesellschaften (U. Teubner 2001: 298). Die hierarchischen Differenzierungen entlang der Kategorien Geschlecht, Rasse, Nation, Sexualität sind daher eigenständig zu analysieren, als Strukturkategorien von Vergesellschaftung, und dann erst ist zu prüfen, inwiefern sie durch die Funktionssysteme »irritiert« werden. Dadurch würde auch die Tatsache in den Blick geraten, dass »hochkomplexe«, kapitalistische Gesellschaften neben einer heterarchischen Strukturierung auch gleichwertig über hierarchische Strukturprinzipien verfügen, oder dass funktional differenzierte Bereiche selbst stratifiziert sein können (Knapp 2004: 50). Für die Systemtheorie des Rechts hat dies eine wichtige Konsequenz: Recht kann nicht mehr ausschließlich auf die funktionale Ausdifferenzierung zurückgeführt und geschlechtsneutral definiert werden. Die Annahme, dass die Totalität der Gesellschaft pluraler zu konzeptualisieren ist, lässt sich allerdings wie ein roter Faden durch die gesamte Arbeit führen. Wie das Recht sich zur Totalität der Gesellschaft verhält, könnte man als das Grundproblem der unterschiedlichen Ansätze begreifen, welches sich am deutlichsten an der Ausblendung des Geschlechterverhältnisses zeigt.

3.5 Subversion im System

Es gibt eine ganz offensichtliche und bewusste Lücke in der Luhmannschen Rechtstheorie: durch die Strategie der Abstraktion wird nicht irgendetwas ausgeblendet, sondern Momente gesellschaftlicher Macht und Ohnmacht, so als litten Machttheorien per se an alteuropäischer Unterkomplexität. Mit ihnen verschwindet genau jener Ausschnitt sozialer Wirklichkeit, der von der Herrschaft von Menschen über Menschen handelt.[6] Die Systemtheorie Luhmanns blendet letztlich kapitalistische

6 So auch Bolsinger: »Für eine politische Theorie des Rechts ist der Begriff, die Geltung und die Funktionsweise des Rechts wie des Rechtssystems historisch und strukturell von politischen Herrschaftsstrukturen und den Kämpfen um Machtverteilungs-, Machterhaltungs- und Machtverschiebungsinteressen abhängig. Recht ist stets in das Kräftefeld der Gesellschaft einbeschrieben« (Bolsinger 2001: 4).

Vergesellschaftung, rassistische, postkoloniale und sexistische Verhältnisse unter dem Begriff der komplexen Gesellschaft aus. Dasjenige, was sich zu jeder Zeit und an jedem Ort der Welt als Widerständiges zeigt, muss durch Abstraktion auf höchstem Niveau zwangsweise ausgeschlossen werden.

Doch die Ironie theoriegeschichtlicher Ausblendungen besteht darin, dass sich das in ihnen Ausgeschlossene umso provokanter bemerkbar macht: als das »Dröhnen der Hegemonie« (Fischer-Lescano/Christensen 2005: 234). Luhmann versucht, sich des Politischen zu entledigen, indem er es auf das institutionalisierte politische System abschiebt und ihm überall sonst die Berechtigung verweigert, selbst Teubners Selbstregulationsmodelle sind ihm zuviel des Guten. Seine Konzeption der Paradoxien ruft jedoch ungewollt eine Politisierung der Systemtheorie auf den Plan. Selbst gutwillige Interpretationen kommen zu dem Schluss, dass Luhmann »vor der Radikalität seiner Analyse des Paradoxons im Ergebnis« zurückschrecke (225). Insbesondere Urs Stäheli hat mit einer Laclauschen diskursanalytischen Lesart der Systemtheorie gezeigt, dass alle Systeme als Metapher des Politischen fungieren, da sie auf einer unüberwindbaren Unentscheidbarkeit gegründet sind (Stäheli 2000b: 265).

Das Politische wird in solchen Momenten der Geschichte eines Systems offensichtlich, in denen es mit den unentscheidbaren Situationen einer Paradoxie konfrontiert wird. Situationen der Unentscheidbarkeit sind, wie auch Teubner festhält, keine logischen Widersprüche, sondern antagonistische Situationen. Diese sind deswegen unentscheidbar, weil »kein präkonstituiertes gesellschaftliches Signifikat für das, was rechtens ist, existiert« (Fischer-Lescano/Christensen 2005: 220), da jenes nämlich in gesellschaftlichen Kämpfen um Hegemonie permanent neu hergestellt werden muss (Buckel/Fischer-Lescano 2007b: 93 f.). In der Situation der Unentscheidbarkeit müssen *machtbasierte* Entscheidungen getroffen werden. Diese zeigen die Kontingenz des Codes an: »Das Fundament des Codes ist sein Erfolg und damit die unauslöschliche Gewalt seiner Instituierung« (Stäheli 2000b: 252 f.). Die Entparadoxierungstechnologie ist letztlich der prekäre Versuch, den Rechtsbetrieb für die Alltagstauglichkeit zu normalisieren (Fischer-Lescano/Christensen 2005: 220). Unentscheidbarkeit und Unbestimmtheit müssen für das Fortsetzen des systemischen Anschlusses in Bestimmtheit überführt werden und kommen nicht ohne regulierende Institutionen aus, die Stäheli im Anschluss an Derrida »Polizei« bzw. »Policing-Funktionen« nennt (2000: 236): Das zentrale Problem eines jeden Systems sei die Konstruktion seiner unmöglichen Identität, die prekär wird, sobald Unentscheidbarkeiten die Kontingenz ihres bisherigen hegemonialen Regimes offenbarten (241). »Das Recht könnte auch Unrecht sein. Vor dieser Frage bewahrt allein der bleibende Stand der Überzeugung

[...]. Die Frage nach dem Recht von Recht wird so ersetzt durch die Frage, was unter den gesellschaftlichen Verhältnissen plausibel ist« (Fischer-Lescano/Christensen 2005:234). Die Poenalisierung der »Softwarepiraterie« etwa würde – folgt man der entpolitisierten Version Luhmanns – nur deswegen als notwendig angesehen, weil die fehlende normative Regulierung die Zukunft des Erwartens unsicherer machte. Im Umkehrschluss heißt das, man könnte die Zukunft auch dadurch sicherer machen, dass man sie erlaubte, weil auch dann bekannt wäre, was berechtigterweise erwartet werden kann. Das verweist auf eine Unentscheidbarkeit, die in den real existierenden Gesellschaften allerdings stets heftig umkämpft ist und politisch entschieden wird.
Während Luhmann entparadoxierende Regulation als einen meist recht friedlichen, evolutionären Prozess entdramatisieren will, zeigt sich genau an diesem Punkt, dass sie immer Möglichkeiten in antagonistischen Kämpfen ausschließt und somit genuin antagonistisch ist (273). Gerade die Rechtsentscheidung zeigt dies:

> Unentscheidbarkeit »kann nicht durch dezisionistische Machtentscheidung aufgelöst werden. Sie durchzieht das Recht bis heute. Denn Rechtsentscheidungen sind ein Aufschub von Recht. Recht ist im Text allein nicht zu finden, deswegen muss über Recht gesprochen und gestritten werden. Doch weil das Sprechen über Recht nur selten in herrschaftsfreien Diskursen zu einem Konsens führt, muss entschieden werden. Aber weil auch anders entschieden werden könnte, braucht man eine Begründung. Und weil auch diese nicht ausreicht, braucht man dazu noch Rechtsmittel. Doch auch hier endet der Aufschub des Rechts nicht mit der Rechtskraft. Denn es gibt keine letzten Gründe, nur vorletzte« (Fischer-Lescano/Christensen 2005:241).

Paradoxien stellen für Luhmann letztlich keine Bedrohung dar, da sie nur von der Selbstbeobachtung eines Systems erzeugt werden, welches die Reproduktion des Systems unbeschadet lasse. Teubners ausführliche Begründung der Autopoiesis hatte aber gerade gezeigt, dass man von der Phase eines ›autopoietischen Rechts‹ erst sprechen kann, wenn die Systemkomponenten des Rechtssystems hyperzyklisch miteinander verkettet werden, dabei ist die Selbstbeobachtung/Selbstbeschreibung in Dogmatik und Theorie eine ganz wesentliche Voraussetzung. Die momentan gelingende Autopoiesis schafft daher eher eine »trügerisch stabile Basis«. Wenn nämlich die Selbstbeschreibung für die Systeme konstitutiv ist, dann beeinflusst sie immer schon die Reproduktion des Systems: »Das Vorkommen der Paradoxie bedeutet, dass das System kurzzeitig seinen Sinn für Konnektivität verliert bzw. daran erinnert wird, dass seine fragilen Modi der Komplexitätsreduktion zusammenbrechen können« (277f.). *Im Inneren des Rechtssystems lauert also die Subversion des Systems*, und das heißt: das Politische, verstanden als »eine Praxis des Erzeugens, der Reproduktion und Transformation sozialer Verhältnisse« (Laclau/Mouffe 2000: 193).

II. Gesellschaftliche Selbstorganisation: Habermas

1. Geld, Macht, Solidarität

Habermas ist mit seiner radikaldemokratischen Prämisse, wonach das »System der Rechte« das Medium der Selbstorganisation einer artifiziellen Rechtsgemeinschaft sein könne (Habermas 1994: 143), ein Antipode zu Luhmann. Er hält in der Tradition der Kritischen Theorie an der Möglichkeit einer vernünftig eingerichteten Welt fest, welche »die notwendigen Bedingungen für emanzipierte Lebensformen institutionalisiert hat, über die sich die Beteiligten selbst erst verständigen müssen«. Im Vorwort seines rechtstheoretischen Hauptwerkes, Faktizität und Geltung, hält er fest, dass eben diese demokratische Selbstorganisation den normativen Kern eines sozialistischen Projekts darstellt (12). Luhmanns Theorie muss ihm vor diesem Hintergrund besonders problematisch erscheinen, da sie es nicht erlaubt, die Herstellung eines diskursiv herbeigeführten rationalen Konsenses zu denken (so auch Demirović 2003: 340). Darüber hinaus kritisiert Habermas all jene Theorien, die in falsch verstandenem Realismus die normativen Implikationen von Rechtspraktiken unterschätzten und mit einer gewissen Rechtsskepsis deren normativen Eigensinn verkennen (1994: 9 f.). Unter dieses Verdikt fallen marxistische Ansätze nicht weniger als Derridas dekonstruktive Lesart des Rechts (Derrida 1991). Habermas' Kritik fällt deswegen so unerbittlich aus, weil er gerade in den rechtlichen Strukturen die in »hochkomplexen« Gesellschaften noch mögliche »regenerationsbedürftige gesellschaftliche Solidarität« verortet (12).[7] Wie kommt es nun, dass Habermas dem Recht dieses Potential zuspricht?

1.1 Kommunikative Vernunft

Habermas gelang bereits in seinen Vorstudien zur *Theorie des kommunikativen Handelns* eine dialektische Perspektive, die er nunmehr für die Analyse des Rechts nutzt: Er verlagerte in Rettungsabsicht die praktische Vernunft der Subjektphilosophie in das Medium der Sprache (vgl. bereits Habermas 1976). Dadurch konnte er zwei zentrale Defizite bisheriger Vernunftkonzepte überwinden. Zum einen verlässt er den Horizont individualistischer Moralvorstellungen, indem Sprache zum Medium der Vergesellschaftung wird (Horster 1990: 31; Habermas

7 Vgl. hierzu auch Brunkhorst (2002a).

1994: 18). Zum anderen siedelt er Rationalität und Ideen/Ideale in dem sprachlichen Telos der Verständigung selbst an. Wer immer sich der Sprache bedient, um sich über irgendetwas in der Welt zu verständigen, müsse sich auf pragmatische Voraussetzungen kontrafaktischer Art einlassen: »Er muss unter anderem davon ausgehen, dass die Beteiligten ihre illokutionären Ziele ohne Vorbehalte verfolgen, ihr Einverständnis an die intersubjektive Anerkennung von kritisierbaren Geltungsansprüchen binden und die Bereitschaft zeigen, interaktionsfolgenrelevante Verbindlichkeiten, die sich aus einem Konsens ergeben, zu übernehmen« (ebd.). Damit werden notwendig Idealisierungen vorgenommen. Auf einer ersten Stufe unterstellt der kommunikativ Handelnde, auch wenn er sich dessen nicht bewusst wäre, eine Begriffs- und Bedeutungsallgemeinheit. Auf einer zweiten Stufe unterstellen sich die InteraktionsteilnehmerInnen gegenseitig Zurechnungsfähigkeit sowie Orientierung an Geltungsansprüchen, die im Falle der Kritik mit der richtigen Sorte von Gründen belegt werden können (33 ff.). Ideen, bzw. kontrafaktische Unterstellungen werden somit detranszendentalisiert und im »Herzen der kommunikativen Alltagspraxis« angesiedelt, mit anderen Worten »vom transzendentalen Himmel auf den Boden der Lebenswelt herabgeholt« (35).

Damit überwindet Habermas den Gegensatz von Idee und erscheinender Wirklichkeit mit einer ganz ähnlichen Strategie wie Althusser. Hatte Althusser sich geweigert, Ideologie als bloßen Reflex einer ökonomischen Basis zu betrachten und sie stattdessen in der gesellschaftlichen Praxis und den Apparaten materialisiert gefunden (siehe dazu B), so konzipiert Habermas die Idee selbst als sprachlich verkörperte (53), also ebenfalls in der Praxis materialisierte. Normativität ist demnach kein über der »realen Welt« schwebendes Konstrukt, sondern eine »kontrafaktische Grundlage einer faktischen Verständigungspraxis« (18). Jenseits dieser Gemeinsamkeit unterscheiden sich Althusser und Habermas natürlich bereits dadurch, dass Althusser von »Ideologie« und Habermas von »Vernunft« spricht.

Vor diesem Hintergrund jedenfalls kritisiert Habermas die Politik- und Rechtstheorie, welche in Lager zerfällt, die zwischen Normativität und Faktizität hin- und hergerissen seien. Verlören erstere den Kontakt zur gesellschaftlichen Realität, so blendete letztere alle normativen Aspekte aus (21). Eine Analyse gesellschaftlicher Strukturen verlangt immer auch, so seine Schlussfolgerung, die Analyse normativer Praxis, eben als Teil dieser Strukturen. Soziale Interaktion kommt zustande, indem Handlungspläne mehrerer Aktoren ohne Ausübung manifester Gewalt so miteinander koordiniert werden, dass die Handlungen der einen an die der anderen Partei anschließen. Nur auf diese Weise komme soziale Ordnung überhaupt zustande: wenn nämlich die Sprache nicht nur als Informationsübertragung betrachtet werde, sondern zugleich die illokutionären Kräfte der Sprechhandlungen zur Kenntnis genommen werden. Dann zeige sich, dass sie selbst primäre Quelle der sozialen Integration sei (33 f.).

Nicht anders verhält es sich mit den Anforderungen an eine Rechtstheorie: sie muss davon ausgehen, dass das grundsätzliche Spannungsverhältnis von »Faktizität und Geltung« die Grundstruktur des modernen Rechts ausmacht (Maus 1995:507). Gerade in der Rechtsgeltung verschränkten sich beide Momente, nämlich die Faktizität der staatlichen Rechtsdurchsetzung mit der Legitimität begründenden Kraft eines dem Anspruch nach rationalen Verfahrens der Rechtssetzung (Habermas 1994:46). Die Analyse des Rechts müsse den *externen* Zugriff auf das Recht mit einer *intern* ansetzenden Rekonstruktion verbinden (89), das heißt, eine Analyse seiner sozialstrukturellen Funktion mit seinem eigenen Anspruch, legitimes Recht zu sein. Mit Weber geht Habermas davon aus, dass soziale Ordnungen nur als legitime auf Dauer gestellt werden können (92) und verkoppelt dies mit der Einsicht Durkheims, dass sie soziale Bindekraft von Normen auf die demokratische Willensbildung angewiesen ist. Diese beiden Erkenntnisse ergänzt er um die Analyse der besonderen Rolle von Kommunikation und Sprache in diesem Prozess (Hartmann 2006:2.1.1). Deswegen gelangt Habermas zu dem Ergebnis, dass die sozialstrukturelle Integrationsleistung des Rechts auf seine normative Legitimationsleistung angewiesen ist, nämlich auf seine Herkunft aus Verfahren, welche das Potential der in der Redepraxis eingelassenen kommunikativen Vernunft institutionell zur Geltung bringen.

Es gelingt Habermas, sein Ideal kommunikativer Vernunft, welches er als Maßstab an die bestehende Gesellschaft anlegt, als bereits bei Adorno und Horkheimer implizit vorhandenes zu entwickeln, obwohl er deren kritische Einschätzung einer instrumentellen Vernunft gerade nicht teilt. Adorno habe Versöhnung in Begriffen einer unversehrten Intersubjektivität verstanden, die sich allein in der Reziprozität der auf freier Anerkennung beruhenden Verständigung herstelle. Damit habe dieser selbst einen »implizit kommunikativen Begriff der Freiheit« entwickelt (Habermas 1995 {1981}-a:523 f.).

Habermas ist sich bewusst, dass dies vor allem ein kritischer Maßstab ist und dass daneben auch und vielleicht sogar vor allem strategisches Handeln existiert. Das kommunikative Handeln enthält ein Potential, welches sich nicht notwendig durchsetzen muss:

> »Für kommunikatives Handeln sind nur solche Sprechhandlungen konstitutiv, mit denen der Sprecher kritisierbare Geltungsansprüche verbindet. In den anderen Fällen, wenn ein Sprecher mit perlokutionären Akten nicht-deklarierte Ziele verfolgt, zu denen der Hörer überhaupt nicht Stellung nehmen kann, oder wenn er illokutionä-

> re Ziele verfolgt, zu denen der Hörer, wie gegenüber Imperativen, nicht begründet Stellung nehmen kann, bleibt das in sprachlicher Kommunikation stets enthaltene Potential für eine durch Einsicht in Gründe motivierte Bindung brachliegen« (410).

An ganz zentraler Position stellt also Habermas, dem linguistic turn folgend, genau wie Luhmann auf Kommunikation um. Aber – und das ist ein entscheidender Unterschied – es geht um kommunikatives Handeln und nicht um systemische Prozesse. Habermas will der Annahme Rechnung tragen, »dass sich die Menschengattung über die gesellschaftlich koordinierten Tätigkeiten ihrer Mitglieder erhält, und dass diese Koordinierung durch Kommunikation, und in zentralen Bereichen durch eine auf Einverständnis zielende Kommunikation hergestellt werden muss« (532). Deswegen nimmt Praxis, wenn auch vorrangig kommunikative, einen hohen Stellenwert in seiner Theorie ein: Gesellschaft erfordert die Koordination von Handlungen – und diese Koordination erfolgt über Sprache. Sprache enthält ein Vernunftpotential – und sie ist die Sprache konkreter SprecherInnen, so dass von diesen nicht abstrahiert werden kann.

In der Moderne sind also für Habermas entgegen der Auffassung der älteren Kritischen Theorie Anknüpfungspunkte für die Vernunft in der gesellschaftlichen Praxis ausgemacht. Sie sind allerdings aufgrund von Problemen, welche die Moderne aus sich selbst erzeugt, verstellt und können nicht ausgeschöpft werden (ähnlich, aber emphatischer Strecker/Schaal 2001:92).

1.2 *Integration*

Haben die »Systeme« für Luhmann den Status einer grundlegenden Prämisse, so könnte man bei Habermas der Vorstellung gesellschaftlicher *Integration* diesen Stellenwert einräumen. Beiden Theoretikern geht es im Prinzip um die Frage, wie die Reproduktion des gesellschaftlichen Ganzen möglich ist. Interessanterweise wird Recht in beiden Theorien vor diesem Hintergrund thematisiert, eine Prämisse, die auch eine materialistische Rechtstheorie zu prüfen hat. Da bei Habermas die handelnden »Aktoren« im Vordergrund stehen, beantwortet er die Frage konsequenter Weise aus der Perspektive, die auf die Reproduktion der Gattung gerichtet ist.

1.2.1 Duale Vergesellschaftung

Habermas lehnt die Vorstellung der Gesellschaft als einer – als holistisches Ganzes verstandenen – Totalität im Hegelschen Sinne ab, (Habermas 1994:107). Stattdessen konzipiert er drei Subsysteme, zwei

Systeme im eigentlichen Sinne sowie die »Lebenswelt«, von denen eines den Bestand des Gesellschaftsganzen definieren muss. Er folgt der von Adam Smith vorbereiteten, von Marx gesellschaftstheoretisch ausbuchstabierten und schließlich von Talcott Parsons soziologisch weiterentwickelten Vorstellung, dass moderne kapitalistische Gesellschaften institutionelle Komplexe entwickeln, die sich gegenüber ihren ProduzentInnen verselbständigen und als solche von ihnen nicht mehr unmittelbar zu durchschauen sind. In der Terminologie Parsons' konzipiert Habermas Systeme, die sich im Laufe der sozialen »Evolution« herausbildeten. Anders als Luhmann jedoch behält er einen engen Systembegriff bei (Neves 2000: 12), der lediglich zwei Systeme kennt, die beide die materielle Reproduktion prozessieren: Ökonomie und Staat.

In seinem Bestreben, die sich auseinander entwickelnden Begriffsstrategien von Handlungs- und Systemtheorie aufeinander zu beziehen und miteinander zu integrieren (Habermas 1995 {1981}-b: 173), koppelt er systemtheoretische Erkenntnisse mit Husserls Konzept der Lebenswelt und der Meadschen Interaktionstheorie. Daraus folgt, dass die Grundlage der Systeme immer noch die Lebenswelt bleibt, das heißt, der Horizont kommunikativen Handelns, bestehend »aus individuellen Fertigkeiten, dem intuitiven Wissen, *wie* man mit einer Situation fertig wird, und aus sozial eingeübten Praktiken, dem intuitiven Wissen, *worauf* man sich in einer Situation verlassen kann, nicht weniger als aus den trivialerweise gewussten Hintergrundüberzeugungen« (Habermas 1984: 593). Im Laufe der Evolution haben sich also Lebenswelt und Systeme ausdifferenziert, indem die materielle Reproduktion, inklusive der politischen Regulation, immer komplexer wurde, während die Rationalität der Lebenswelt anwuchs, das heißt, die Säkularisierung und die immer umfassendere Infragestellung sicher geglaubter Überzeugungen voranschritt. Der entscheidende Unterschied zwischen den beiden Systemen und der Lebenswelt besteht darin, dass erstere über entsprachlichte Kommunikationsmedien operieren und einen von Normen und Werten weitgehend abgekoppelten sozialen Verkehr steuern. Das von Habermas vermutete Vernunftpotential wohnt diesen versachlichten Lebenszusammenhängen,[8] nicht mehr inne, sie gerinnen vielmehr zu Hegels »zweiter Natur« und entziehen sich dem Vorverständnis der kommunikativen Alltagspraxis. Sie sind genau wie bei Marx und Adorno nur noch dem »kontraintuitiven Wissen der seit dem 18. Jahrhundert entstehenden Sozialwissenschaft zugänglich« (Habermas 1995 {1981}-b: 230f.).

8 Er spricht in Anlehnung an Sohn-Rethel sogar von »Realabstraktion«, vgl. dazu Teil C.

1.2.2 Lebenswelt

Sowohl Lebenswelt als auch die Systeme – und wie sich später zeigen wird auch das Recht – haben für Habermas die Funktion, das stets gegenwärtige Dissensrisiko zu verringern. Seine Theorie kommunikativen Handelns generiert ganz offensichtlich ein Grundproblem: Der Verständigungsmechanismus, auf dem alles Gewicht der Theorie liegt, erzeugt einen wachsenden Rationalitätsdruck, in welchem die »Zonen des Unproblematischen« (272) schrumpfen. Dies lässt das Dissensrisiko anwachsen. Die Lebenswelt fängt nun dieses Risiko darüber ab, dass sie das kommunikative Handeln in lebensweltliche Kontexte einbettet, »die für Rückendeckung durch einen massiven Hintergrundkonsens sorgen«. Dabei handelt es sich um einen »aus der Tiefe herausragenden Fels konsentierter Deutungsmuster, Loyalitäten und Fertigkeiten« bzw. um ein vorkategoriales, nicht-reflexives Alltagswissen (Habermas 1994: 37 ff.). Die Lebenswelt reproduziert sich über die drei Prozesse der kulturellen Reproduktion, also der Kontinuität der Überlieferungen, der sozialen Integration über legitim geregelte interpersonale Beziehungen und Gruppenidentitäten sowie der Sozialisation der Angehörigen der Lebenswelt, die jene mit generalisierten Handlungsfähigkeiten versorgt.

1.2.3 Systeme

Imperative der Bestandssicherung, das heißt der materiellen Reproduktion der Lebenswelt, führen bei gesteigerter Komplexität der modernen Gesellschaften zur Ausdifferenzierung spezialisierter Systeme. Deren Besonderheit besteht darin, dass kommunikatives Handeln hier stillgestellt wird. Statt durch Konsens erfolgt die Integration systemisch, durch eine über das Bewusstsein der Einzelnen hinausreichende nichtnormative Regelung (179), so dass die Handlungen nicht notwendig intentional, also mit kommunikativem Aufwand der Aktoren, sondern objektiv, »gleichsam hinter deren Rücken« koordiniert werden (59). Das ist also die Art und Weise, in welcher die Steuerungsmedien Macht und Geld der beiden Systeme das Dissensrisiko »abfangen«. Die Abkoppelung der Interaktion von lebensweltlichen Kontexten ermöglicht eine generalisierte strategische Einflussnahme unter Umgehung sprachlicher Konsensbildungsprozesse, so dass der lebensweltliche Kontext entwertet wird (Habermas 1995 [1981]-b: 272 f.).

Habermas bezeichnet diese Entwicklung in der Marxschen Terminologie als Verdinglichung: die losgelassene funktionalistische Vernunft der Systemerhaltung setze sich über den in der kommunikativen Vergesellschaftung angelegten Vernunftanspruch hinweg und lasse die Rationalisierung der Lebenswelt ins Leere laufen (Habermas 1995 {1981}-a: 533). Verdinglichung interpretiert er als »pathologische Verformung von kommunikativen Infrastrukturen der Lebenswelt«. Anders als bei Marx jedoch ist die Herausbildung von versachlichten Systemen noch nicht per se Ausdruck von Verdinglichung, sondern entstehe erst in dem Augenblick, wenn sich die Lebenswelt aus den betroffenen Funktionen nicht zurückziehe, weil es nicht möglich ist, diese Funktionen »schmerzlos« an die mediengesteuerten Handlungssysteme »abzugeben« (Habermas 1995 {1981}-b: 549). Die kapitalistische Eigendynamik des Wirtschaftssystems könne nur in dem Maße gewahrt bleiben, wie der Akkumulationsprozess von Gebrauchswertorientierungen abgekoppelt werde. Er müsse von »lebensweltlichen Restriktionen« möglichst freigehalten werden. Der systemische Eigensinn des Kapitalismus müsse erforderlichenfalls auch auf Kosten einer Technisierung der Lebenswelt erfüllt werden. Dies sei allerdings nur ein praktisches und kein theoretisches Postulat (507 f.).

Habermas steht der Verselbständigung sozialer Verhältnisse also weitaus positiver gegenüber als die ältere Kritische Theorie. Man könnte sogar sagen, dass dies genau jene Weggabelung ist, an der Habermas die auf Marx zurückgehende Tradition verlässt. Er hofft, die vernünftig eingerichtete Welt trotz und mithilfe dieser Verselbständigungen ins Werk setzen zu können. Denn die systemischen Zusammenhänge seien auch ein höheres und evolutionär vorteilhaftes Integrationsniveau, eine höhere Ebene der Systemdifferenzierung, die neue Steuerungsmöglichkeiten erschließe, die Aktoren entlaste und hochkomplexe, globale Gesellschaften vernetzen und mit wirtschaftlichem Wachstum versehen könne (499 f.). Genau an dieser Stelle kommt es zu einer Hinwendung zur systemtheoretischen Annahme, dass es als evolutionärer Fortschritt zu betrachten ist, wenn die Systeme sich ausdifferenzieren, da dies eine enorme Entlastung bewirke: »Die Funktionssysteme können systemfremde Gesichtspunkte ignorieren und sich auf den effizienten und effektiven Vollzug von Systemimperativen konzentrieren. In den Bereichen der Lebenswelt kann in wie immer konfliktreichen Diskussionen, aber entlastet von unmittelbar technischen Aufgaben, die nun von Funktionssystemen übernommen werden, über wirtschaftliche Allokation und politische Selbsteinwirkung der Gesellschaft diskutiert werden« (Demirović 2003: 341). Die Ergebnisse wiederum, und hier gelangt man zum zentralen Stellenwert des Rechts in dieser Analyse, werden durch das Recht in die Rationalität der Funktionssysteme übersetzt. Dies soll im folgenden dargestellt werden.

Dem Habermas'schen Gesellschaftskonzept zufolge reproduziert sich der »Lebenszusammenhang zugleich über die mediengesteuerten zweckrationalen Handlungen ihrer Mitglieder wie über deren gemeinsamen, in der kommunikativen Praxis aller Einzelnen verankerten Willen« (Habermas 1995 {1981}-a: 532). Somit lauten die drei Gestalten gesamtgesellschaftlicher Integration: Geld, administrative Macht und Solidarität (Habermas 1994: 187).

2. Das System der Rechte

Vor diesem Hintergrund betrachtet Habermas das Recht aus einer »Doppelperspektive«: von innen her, als Rekonstruktion seines normativen Gehalts, sowie von außen, als Bestandteil sozialer Realität (Habermas 1994: 62).

2.1 Die Außenperspektive: sozialstrukturelle Verortung des Rechts

Für die sozialstrukturelle Verortung des Rechts bei Habermas ist zunächst festzuhalten, dass es nicht als Rechtssystem wie bei Luhmann eingeführt wird. Vielmehr bleibt es ein Mechanismus der Lebenswelt, über welchen die beiden Systeme in der Lebenswelt »verankert«, das heißt, über privates und öffentliches Recht institutionalisiert werden. Das Argument, welches Habermas dazu veranlasst, das Recht der Lebenswelt zuzuordnen, besteht darin, dass es durch sein Legitimationspotential in der Moderne die Hauptlast der sozialen Integration tragen soll, welche die Lebenswelt im Gegensatz zur systemischen Integration leistet (59f.). Wiederum ist die Dissensproblematik der Auslöser für die »funktionelle« Notwendigkeit des Rechts. Der lebensweltliche Hintergrundkonsens reiche nämlich in komplexen Gesellschaften für eine gelingende Sozialintegration nicht mehr aus (42). Die Grundstruktur von Faktizität und Geltung macht sich darin bemerkbar, dass über das Recht konsensuell in Verfahren erzeugte und daher legitime Normen hervorgebracht werden, deren Ergebnisse zugleich mit dem Sanktionspotential verkoppelt sind. Dadurch könnten strategische Interaktionen mit Normen geregelt werden, auf die sich die Aktoren selbst verständigen. Wenn sowohl strategisch als auch kommunikativ gehandelt werde, müssten Normen die paradoxe Eigenschaft annehmen, einerseits faktische Beschränkungen aufzuerlegen aber andererseits dennoch sozialintegrative Kraft zu entfalten. Sie müssen gleichzeitig faktischen Zwang und durch legitime Geltung Folgebereitschaft bewirken.

Die Kantische Rechtsdefinition, wonach »die Willkür des einen mit der Willkür des andern nach einem allgemeinen Gesetze der Freiheit zusammen vereinigt« ist (Kant 1993 {1797}: 337), wird über eine prozeduralistische Wende in eine Integrationstheorie überführt: Kontrafaktische, in Legitimation erzeugenden Verfahren entstandene Normen haben eine sozialstrukturelle Wirkung – das ist erneut die Pointe von Habermas' Überlegungen. Die Destabilisierung durch begründeten Dissens werde dadurch vermieden, dass die Adressaten die Geltung der Normen, denen sie folgen, nicht in Frage stellen können. Über die Verfahren der Rechtserzeugung werde aber zugleich das »Dauerrisiko des Widerspruchs diskursiv auf Dauer gestellt« und »in die Produktivkraft einer präsumtiv vernünftigen politischen Meinungs- und Willensbildung umgewandelt« (Habermas 1994: 57). Gerade die bis zur Paradoxie gesteigerte Spannung zwischen subjektiven Freiheiten und Zwang erfordert, dass die Rationalitätsanforderungen an das Verfahren der Gesetzgebung entsprechend hoch sind (Maus 1995: 514).

Das normative Selbstverständnis des Rechts ist allerdings strukturell, wie alle Lebensweltkomponenten, durch Übergriffe der Systemimperative bedroht. Es muss auch diese Imperative verarbeiten, in denen sich oft genug »normativ ungefiltert Interessenlagen nur deshalb durch[setzen], weil sie die stärkeren sind und sich der legitimierenden Kraft des Rechts bedienen, um ihre bloß faktische Durchsetzungsfähigkeit zu bemänteln«. Recht bleibe daher letztlich »ein zutiefst zweideutiges Medium« (Habermas 1994: 59). Man könnte sagen, dass dem Rechtssystem bei Luhmann eine größere Eigensinnigkeit zugesprochen wird als in der diskurstheoretischen Begründung, obwohl Habermas gerade den fehlenden normativen Eigensinn bei Luhmann anprangert (12).

Der ambivalente Charakter des Rechts zeigt sich auch noch an seiner Konzeptualisierung als »Transmissionsriemen«: Weil das Recht das Institutionalisierungsmedium der Systeme in der Lebenswelt und dadurch mit allen Mechanismen der Integration verbunden ist, stellt es für Habermas zugleich eine Vermittlungssphäre dar. Das heißt, über das Recht vermittle sich Solidarität aus den konkreten Lebensverhältnissen in abstrakter Form auf die anonym gewordenen Beziehungen der hochkomplexen Gesellschaften (102 f.) bzw. sprachtheoretisch: der Rechtscode bringe die Botschaften aus der Alltagssprache in eine Form, in der sie für die Spezialcodes der Systeme verständlich bleiben: »Insofern kann die Sprache des Rechts [...] als Transformator im gesellschaftsweiten Kommunikationskreislauf zwischen System und Lebenswelt fungieren« (108). Dem Recht wird bei Habermas also eine viel weitergehende Bedeutung zugesprochen als bei Luhmann. Es bleibt nicht begrenzt auf seine Eigenwelt, sondern nimmt Universalfunktion ein, die sowohl die Bürde der Sozialintegration übernimmt, als auch in der Lage ist, zwischen unterschiedlichen Kommunikationsweisen zu changieren. Es ist demgemäß weitaus weniger geschlossen und selbstreferentiell als in der systemtheoretischen Fassung.

2.2 *Die Innenperspektive: Gleichursprünglichkeit von Volkssouveränität und Menschenrechten*

Für die Innenanalyse des Rechts wählt Habermas eine besondere Strategie, die in der Literatur zu diversen Missverständnissen geführt hat.[9] In demokratietheoretischer Absicht schlägt er zunächst kein normatives Konzept vor, sondern versucht, das paradigmatische Hintergrundverständnis des Rechts, bzw. das moralisch-praktische Selbstverständnis der Moderne zu rekonstruieren (12, 109). Allerdings schlägt er eine neue, diskurstheoretische »Lesart« der bisherigen demokratischen Praxis vor (13). Es geht also nicht darum, unvermittelt der Realität ein Gegenmodell vorzuhalten, sondern die bisherigen Demokratien als praktische Verwirklichungen eines bestimmten Demokratieselbstverständnisses zu interpretieren. Dieses Verständnis will er nun auf eine Weise rekonstruieren, dass es an seine eigene Konzeption kommunikativer Vernunft anknüpfen kann, um damit das noch unabgegoltene Potential des Demokratieprinzips sichtbar zu machen. Dieser typische Habermasianische Zugriff, Normativität im luftleeren Raum zu vermeiden, sie stattdessen in der gesellschaftlichen Praxis zu verorten, führt schnell zu dem Missverständnis, es ginge ihm dabei lediglich um die Rechtfertigung des Bestehenden (Narr 1994b: 94). Diese Vorgehensweise folgt, wie Ingeborg Maus treffend feststellt, im Gegenteil einer demokratischen Intention: er will nicht expertokratisch den BürgerInnen explizieren, was sie vernünftigerweise zu entscheiden hätten, sondern muss umgekehrt aus deren Verfassungspraxis das Vernünftige rekonstruieren (Maus 1995: 520f.).

Wie geht nun diese Rekonstruktion vonstatten? »Dabei gehe ich von den Rechten aus, die Bürger einander zuerkennen müssen, wenn sie ihr Zusammenleben mit Mitteln des positiven Rechts legitim regeln wollen« (Habermas 1994: 109). Die gesellschaftlich vorfindliche Rechtsform, bestehend aus subjektiven Rechten, die an die Zwangsbefugnis gekoppelt sind, sei das »Zerfallsprodukt traditionaler Sittlichkeit« und insofern kein normativ begründbares, sondern ein schlicht realexistierendes Prinzip (Günther 1994: 478). Es steht zunächst in keinem Zusammenhang mit dem Demokratieprinzip:

> Es gibt daher für die BürgerInnen »keine irgendwie geartete normative Notwendigkeit, sich zu einer Rechtsgemeinschaft zusammenzuschließen [...] Vielmehr ist der *Entschluss*, sich der historisch vorgefundenen Rechtsform zu bedienen, um das Zusammenleben mit Hilfe des positiven Rechts legitim zu regeln, *völlig kontingent*. Die Option, auf eine rechtsförmige Organisation des Zusammenlebens

9 Für einen Überblick siehe Günther (1994).

überhaupt zu verzichten, bleibt für jede Gesellschaft offen. Aber wenn sich eine Gesellschaft dazu entschließt, […] dann muss sie jene Eigenschaften des Rechts hinnehmen, die sich aus dem funktionalen Ergänzungsverhältnis zur postkonventionellen Moral ergeben […]. Dazu gehört an prominenter Stelle auch die Privatautonomie als Kehrseite der Zwangsbefugnis« (Habermas 1994: 109, Herv. i. O.).

Habermas entwickelt nun das »System der Rechte«[10] logisch in einem Kreisprozess, in welchem sich Rechtscode und Demokratieprinzip gleichursprünglich konstituieren sollen (Habermas 1994: 155). Der Kreisprozess soll gerade diese Gleichursprünglichkeit auch in der Darstellung ermöglichen. Er darf an keiner Stelle angehalten werden, so dass in der Konsequenz entweder die subjektiven Rechte oder das Demokratieprinzip Vorrang vor dem jeweils anderen erhielten. »Dass unter diesem Blick subjektive Rechte zugleich als ›Ergebnis‹ und ›Voraussetzung‹ der politisch autonomen Rechtssetzung auftreten, erscheint dann nicht als ›Widerspruch‹, sondern als Pointe des Arguments« (Günther, a. a. O.: 471).

Das zweite Moment neben der Rechtsform ist das abstrakte *Diskursprinzip*, welches die Demokratie begründen soll. Jenes habe lediglich den Sinn, postkonventionelle Begründungsforderungen zum Ausdruck zu bringen, das heißt den Gesichtspunkt, unter dem Handlungsnormen überhaupt unparteilich begründet werden können (Habermas 1994: 138). In ihm kulminieren im Prinzip seine Überlegungen zur kommunikativen Vernunft. Wenn der Dissens das Grundproblem moderner Vergesellschaftung ist, in welcher in der sprachlichen Verständigungspraxis zwangsläufig kritisierbare Geltungsansprüche erhoben werden, so folgt daraus notwendig die Institutionalisierung von konsensuellen Verfahren der Normerzeugung. Daher erhält das Diskursprinzip, welches bei Habermas sowohl moralische als auch rechtliche Normen begründen kann, folgende Fassung:

> »Gültig sind genau die Handlungsnormen, denen alle möglicherweise Betroffenen als Teilnehmer an rationalen Diskursen zustimmen könnten« (ebd.).

Rationaler Diskurs soll wiederum

> »*jeder* Versuch der Verständigung über problematische Geltungsansprüche heißen, sofern er unter Kommunikationsbedingungen stattfindet, die innerhalb eines durch illokutionäre Verpflichtungen konstituierten öffentlichen Raums das freie Prozessieren von Themen und Beiträgen, Informationen und Gründen ermöglichen« (138 f.).

10 Wobei »System« hier keinesfalls im Sinne eines funktionalen Handlungssystems verwendet wird, sondern lediglich logischen Zusammenhang und Vollständigkeit ausdrückt.

Habermas hat in *Faktizität und Geltung* das Diskursprinzip von seiner moralisch-ethischen Vereinseitigung befreit. Der Schwerpunkt liegt jetzt nicht mehr auf der Zulässigkeit bestimmter Argumentationstypen, sondern auf der Unparteilichkeit von Verfahren (Niesen/von Schomberg 2002: 5).

Verschränkt sich das Diskursprinzip mit der Rechtsform, so entsteht daraus das Demokratieprinzip (Habermas 1994: 154). Gekoppelt wird der Rechtscode als Sprache, in der die Rechtssubjekte ihre Autonomie verwirklichen können, mit der Anforderung rationaler Begründung. Das Ergebnis sind Verfahren, »die unter realen Bedingungen von Rechtsetzung, unter denen eben nicht die gesamte Menschheit auch nur gefragt werden kann, Entscheidungen ermöglichen, die den Anforderungen des idealen Diskurses standhalten ›könnten‹« (Maus 1995: 537). Das heißt, der Konjunktiv macht deutlich, dass die Kriterien des idealen Diskurses angesichts der begrenzten Möglichkeiten rechtlich institutionalisierter demokratischer Verfahren trotzdem nicht preisgegeben werden (ebd.).

Der Rechtscode selbst ist nicht zu verwechseln mit dem Code des Rechtssystems in der Systemtheorie (Recht/Unrecht), sondern er meint bei Habermas die egalitäre Ausstattung mit rechtlichen Ansprüchen. Er enthält demnach zunächst drei Kategorien von Rechten: das Recht auf gleiche subjektive Handlungsfreiheiten, Mitgliedschaftsrechte in einer freiwilligen Assoziation von Rechtsgenossen sowie Rechtsweggarantien (155). Doch bis hierher handelt es sich – in dem Gedankenspiel – erst um egalitäre Verrechtlichung. An dieser Verzweigung entscheide sich, ob die Rechtssubjekte mit dem folgenden Schritt ihre nur virtuelle Urheberschaft an eine höhere Gewalt abtreten oder ob sie sie im Gegenteil auch normativ einlösen, indem sie sich wechselseitig politische Teilnahmerechte an demokratischen Verfahren der Gesetzgebung einräumen, wodurch sie auch normativ zu Autoren ihrer subjektiven Freiheitsrechte werden. Dazu aber brauchen sie das Diskursprinzip, dessen Medium der Institutionalisierung wiederum die Rechtsform ist (156, Günther a.a.O.: 480). Diese Kategorien von Grundrechten bleiben ungesättigt, bis ein politischer Gesetzgeber sie je nach den Umständen interpretiert und ausgestaltet (1994: 159). Damit ist keine zweistufige Legalität begründet, dem Gesetzgeber ist nichts vorgegeben, er handelt sich lediglich in dem Moment, da er sich des Rechtscodes bedient, implizit Freiheitsrechte ein (161 f.).

Es gibt also einen dialektischen, internen Zusammenhang zwischen Volkssouveränität und Menschenrechten: er »liegt im normativen Gehalt eines *Modus der Ausübung politischer Autonomie*, der nicht schon durch die Form allgemeiner Gesetze, sondern erst durch die Kommunikationsform diskursiver Meinungs- und Willensbildung gesichert wird« (133: Herv. i. O.). So lautet die Weiterentwicklung der republikanischen Demokratietheorie von *Jean-Jacques Rousseau* und *Immanuel Kant* nach dem linguistic turn durch Habermas. Legitimes Recht, welches zugleich die sozialstrukturelle Bedingung einer auf Dauer gestellten Gesellschaftsformation ist, setzt legitime Verfahren voraus.

> »Eine Rechtsordnung *ist* in dem Maße legitim, wie sie die gleichursprüngliche private und staatsbürgerliche Autonomie ihrer Bürger gleichmäßig sichert; aber zugleich *verdankt* sie ihre Legitimität den Formen der Kommunikation, in denen sich diese Autonomie allein äußern und bewähren kann« (493: Herv. i. O.).

Das Diskursprinzip ist bei Habermas ein ebenso reines Apriori wie bei Kant das »einzige angeborene Menschenrecht«. Beide postulieren kontrafaktisch die Bedingungen von Legitimität. Bei Habermas ist es die ideale Sprechsituation als idealistische Voraussetzung einer jeden Verfassungspraxis, die Anspruch auf Vernunft erhebt. »Was immer auch die tatsächlichen strategischen und interessenvernetzten Motivationen in faktischen Prozessen der Verfassunggebung und in der späteren Verfassungspraxis sein mögen, so ist doch in diesen Prinzipien ein kritischer Maßstab gesetzt, ohne den die Beschreibung der Wirklichkeit zynisch würde« (Maus 1995: 524).
Schließlich formuliert Habermas die Voraussetzungen dafür, dass dieses System der Rechte vor den Systemimperativen des administrativen Systems weitgehend gesichert werden kann. Habermas argumentiert ganz in der Kantischen Tradition stehend, dass mit dem Rechtsmedium bereits eine politische Macht vorausgesetzt sei. Denn die gegenseitige Zuerkennung von Rechten bleibe ein metaphorisches Ergebnis und könne ohne die Errichtung einer staatlichen kasernierten Gewalt nicht auf Dauer gestellt werden (1994: 166). An entscheidender Stelle weicht er jedoch von Kants Rechtsbegriff ab: politische Macht differenziert sich nämlich aus in kommunikative und administrative Macht (171), und nur die letztere stellt ein rechtstaatliches Problem dar. Denn kommunikative Macht, wie Habermas in Anschluss an Hannah Arendt formuliert, ist nichts anderes als die rechtssetzende Macht, die aus dem freien Prozessieren von Themen und Beiträgen, Informationen und Gründen in rationalen Verfahren zustande kam, also dem Diskursprinzip entsprechend (183). Damit sei sie mit dem Recht verschwistert und Macht rückt auf die Seite des Rechts, ganz anders als im Naturrecht, wo beide einander entgegengesetzt waren. Recht ist also das Medium, über welches sich kommunikative Macht in administrative umsetzt – und die Idee des Rechtsstaates muss lauten, dass »[...] das über den Machtcode gesteuerte administrative System an die rechtsetzende kommunikative Macht zu binden und von den Einwirkungen sozialer Macht, also der faktischen Durchsetzungskraft privilegierter Interessen, freizuhalten« sei (185 f.).

3. Kritik

Habermas' Rechtstheorie verdankt ihre Überzeugungskraft der Vielschichtigkeit von normativer und sozialstruktureller Perspektive und ihrem freiheitlichen Telos. Der Versuch, Recht im Spannungsfeld zwischen kommunikativem Handeln und verselbständigten sozialen Systemen zu verorten, also in der Dialektik von handelnden Subjekten und gesellschaftlichem Objektivitätsüberhang, ist einsichtig. Die nachfolgende Untersuchung materialistischer Rechtstheorie wird zeigen, dass ihre Überschneidungen mit der Diskurstheorie des Rechts wegen der gemeinsamen Herkunft aus der kritischen Theorie hoch sind. Im folgenden konzentriere ich mich daher auf die Unterschiede. Dabei zielt meine Kritik hauptsächlich darauf ab, dass Habermas die Systeme zugleich über- und unterschätzt.

3.1 Die Weigerung, Recht als System zu denken

Zunächst zur Unterschätzung der Systeme: Habermas verlagert alle seine demokratischen Hoffnungen und Ansprüche auf Solidarität in das Medium des Rechts: Es soll die Selbstorganisation der Gesellschaft leisten, Erwartungen stabilisieren, die Legitimität der Herrschaftsordnung ermöglichen, zwischen System- und Lebenswelt vermitteln sowie die Bürde der Sozialintegration tragen. Die kommunikative Vernunft verkörpert sich zwar zunächst in der Sprache allgemein, nimmt aber dann vor allem in der Rechtssprache eine besondere Form an. Und genau deswegen kann das Recht selbst kein System sein, also kein verselbständigter Mechanismus gesellschaftlicher Integration, der sich hinter dem Rücken der kommunikativ Handelnden abspielt. Doch genauso wie Luhmann die Systeme setzt, setzt Habermas die Existenz von zwei – und nur zwei – Systemen und das Recht als Moment der Lebenswelt. Hatte er der Marxschen Werttheorie gerade noch vorgeworfen, in einen Monismus verfallen zu sein, die lediglich ein »System«, nämlich die Ökonomie, kenne und dagegen vorgebracht, dass diese auf die funktionale Ergänzung durch ein administratives Handlungssystem angewiesen ist, das über das Medium Macht ausdifferenziert werde (Habermas 1995 {1981}-b: 503 f.), so lässt sich nicht erkennen, warum nun das Recht, zumal angesichts seines »internen Zusammenhangs« mit der politischen Macht, nicht ebenfalls eine solche »funktionale Ergänzung« sein sollte.[11]

11 Daneben bleibt kritisch anzumerken, dass Habermas die Entwicklung materialistischer Staatstheorie nicht aufgreift, und somit nicht verdeut-

Gerade Luhmanns Darstellung hat die systemischen Mechanismen des Rechts plausibel nachgewiesen, doch Habermas folgt dieser Fassung nicht, weil er damit das Solidaritätspotential gefährdet sieht. Interessanterweise hat er in der *Theorie des kommunikativen Handelns* eine noch ambivalentere Bewertung des Rechts vorgenommen: durch die Unterscheidung zwischen Recht als anonymem quasi-systemischem Mechanismus, der sogar die Lebenswelt kolonisiere, und einem noch über Legitimitätsforderungen lebensweltlich angebundenen Recht (ebd.: 536). Ging Habermas also zunächst von einer zumindest deskriptiven Angemessenheit der systemtheoretischen Beschreibung des Rechtssystems aus (Niesen/Eberl 2006: 11), so führte sein demokratietheoretischer Ansatz in *Faktizität und Geltung* zum Verwerfen dieser Konzeption (Habermas 1994: 502, Fn. 47; Neves 2000: 90). Mit den Verfahren der Rechtssetzung scheint nun der Rechtscode über ein umfassendes Potential zu verfügen, welches in den Systemen nicht vorherrscht. Dort scheint es gar keine Mechanismen der Verständigung und keine normativen Rückwirkungen mehr zu geben. Doch nur eine derart starre Trennung, welche die systemischen Prozesse vollends losgelöst von kommunikativem Handeln beschreibt, muss dann zu der Schlussfolgerung gelangen, dass Rechtsverhältnisse nicht systemisch ablaufen können.

Schließlich fällt auf, dass die Verstricktheit des Rechts in gesellschaftliche Macht- und Herrschaftsmechanismen zu wenig beleuchtet wird und die Verbindung des Rechts zur Macht ganz wesentlich in der Verschwisterung mit der positiven Form der »kommunikativen Macht« bestehen soll. Noch grundsätzlicher formuliert: Da Macht und Herrschaft bei Habermas generell zwar nicht bestritten aber auch nicht thematisiert werden, höchstens noch politikzentriert im administrativen System, kann auch das Recht relativ harmonisch begründet werden (so auch Narr 1994a: 330). Darin besteht eine wesentliche Differenz zu materialistischen Ansätzen, die bestreiten, dass die Rechtsform in einer irrationalen und vermachteten Welt unbeschadet bleiben kann. Wie gravierend auch immer man die Differenz einschätzt, es ist augenfällig, dass das Recht als Teil der Lebenswelt mit keinerlei negativen Konnotationen belastet wird: »Das Schlechte scheint von außen zu kommen«, wandte Alex Demirović bereits gegen die Habermas'sche Gesellschaftstheorie ein, »nicht gefragt wird nach den herrschaftlichen Reproduktionsmustern der der Lebenswelt zugeschlagenen Praktiken, also der Familie und Sexualität, der Subjektform, der pathologischen Interaktionen, der bedeutungserzeugenden Prozesse, die im Bereich

lichen kann, dass deren Ergebnisse durchaus in eine ähnliche Richtung gehen und versuchen, diese Lücke in Marx' Konzept zu schließen (vgl. dazu Teil B).

der Sozialintegration schon so viel Verheerendes anrichten und [...] der Kolonialisierung durch die Systeme erst die Einflussmöglichkeiten verschaffen« (2003:342).

Zu fragen ist, wie das Potential des Rechts, das es gegenüber anderen unmittelbareren Formen von Herrschaft eindeutig aufzuweisen scheint, so gefasst werden könnte, dass es nicht von Anfang an »entherrschaftlicht« (Narr) und versöhnt wird, sondern durch seinen Systemcharakter hindurch zu retten ist. In der in Teil C rekonstruierten materialistischen Rechtstheorie wird sich zeigen, dass dieses Potential just in jener Verselbständigung des Rechts aufzufinden ist, die »gleichursprünglich« auch eine Verdinglichung menschlicher Verhältnisse ist.

3.2 Ghettoisierung der Subjekte

Die Unterschätzung der Ausbreitung der Systeme hängt zugleich mit ihrer Überschätzung zusammen, die darin besteht, dass diese so überhöht werden, dass (kommunikatives) Handeln völlig stillgestellt wird. Dies ist umso erstaunlicher als Habermas völlig zutreffend gegen Luhmann ins Feld führt, dass dessen Eliminierung von Praxis und Normativität ins Affirmative umschlage (1994:71). Bei genauerer Betrachtung zeigt sich dann aber, dass in Habermas' Konzeption, Handeln im eigentlichen Sinne nur in der Lebenswelt stattfindet. Deswegen muss das Recht als zentraler Koordinationsmechanismus auch Teil dieser Lebenswelt sein. Während Luhmann die handelnden Subjekte also irrelevantisiert, gettoisiert sie Habermas in der Lebenswelt. In den Systemen sind sie bloße Anhängsel der Steuerungsmedien, der sie sich höchstens in strategischer Absicht bedienen können, doch auch das unterwirft sie einer strikten Systemlogik. Das heißt, Systemoperationen werden selbst nicht wieder handlungstheoretisch aufgelöst (Demirović 2003:342).

In dieser Weise argumentiert Habermas genau besehen geradezu ökonomistisch: so nämlich, als folgten die »Aktoren« dem Wertgesetz oder gar der Kapitallogik. Wenn er auch zu Recht sagt, dass die Medien durch das bewusste Handeln zunächst »hindurchgreifen«, so wäre es doch ein »naturalistisches Vorurteil«, die Ökonomie als einen durch notwendige Gesetze vereinheitlichten Raum zu betrachten (Laclau/Mouffe 2000:105), da es nichts anderes bedeutete als die Ausblendung der immer schon anwesenden Politik. In diesem Sinne hatte auch schon Nancy Fraser gegen Habermas eingewendet, dass etwa das kapitalistische ökonomische System auch eine moralisch-kulturelle Dimension habe:

»However morally dubious the consensus and however problematic the content and status of the norms, virtually every human action context involves some form of both of them. In the capitalist marketplace, for example, strategic, utility-maximizing exchanges occurs against a horizon of intersubjectively shared meanings and norms; agents normally subscribe at least tacitly to some commonly held notions of reciprocity and to some shared conceptions about the social meanings of objects, including what sort of things are considered exchangeable. [...]«(Fraser 1989:117f.; ähnlich auch Maus 1986c:309).

Auch die Systeme müssen in jeder Sekunde von den handelnden Subjekten hergestellt werden. Sie sind ihrer reflexiven Infragestellung durchaus zugänglich, wenn auch unter erschwerten Bedingungen und besitzen keine letzte Buchstäblichkeit, sondern sind genuin politisch. Es ist eine politische Definitionsfrage, ob ein bestimmter Ablauf als systemisch behauptet wird oder nicht. Selbst Luhmanns Systemtheorie bringt dies in der Paradoxie-Problematik zur Sprache: Die Leitunterscheidung der Systeme ist höchst prekär, sie selbst darf nie in Frage gestellt werden, sondern muss »entparadoxiert« werden. Außerdem ist seine Abgeschlossenheit selbst permanent in Frage gestellt: so kann zum Beispiel das Mitbestimmungsgesetz von 1976 mit Ingeborg Maus als »›lebensweltliche‹ Schneise« interpretiert werden (ebd.: 310), weil es in die scheinbare ökonomische Selbstreflexivität eine politische Korrektur einführt. Unter dieser Prämisse wird auch die Gefahr abgemildert, die Habermas davon abhält, das Recht als System zu konzipieren.

3.3 Hegemonialer Konsens

Habermas' Theorie hat gegenüber Luhmanns Analyse einen besonderen Vorteil. Indem er (kommunikatives) Handeln in den Mittelpunkt stellt, untersteht er auch höheren Argumentationszwängen und benötigt mehr als nur *einen* Integrationsmechanismus. Wenn die »Aktoren« zumindest in der Lebenswelt mehr sind als bloße Konstruktionen der Systeme, muss er verdeutlichen, dass es gerade auf sie, und das heißt auf ihr Mitwirken am Zustandekommen von Gesellschaft, ankommt. Habermas legt Wert darauf, dass sie durch ihre Zustimmung hindurch in diese Gesellschaft »integriert« werden müssen und lehnt deswegen die Konzeption des Rechtssystems als einen sich selbst legitimierenden Kreisprozess ab: »Dem widerspricht schon die Evidenz, dass rechtliche Institutionen der Freiheit ohne die Initiativen einer an Freiheit gewöhnten Bevölkerung zerfallen« (1994:165).

Besonders instruktiv sind daher seine Erläuterungen zum geteilten, vorkategorialen Hintergrundkonsens sowie zu den intentionaleren

Konsensmechanismen. Damit gelingt es ihm nachzuweisen, dass es unrealistisch ist, jedes soziale Verhalten als strategisches Handeln im utilitaristischen Sinne zu konzeptualisieren (ebd.: 408). Jede Handlungskoordinierung hat eine intersubjektive Dimension, die sowohl auf einem gemeinsamen Wissen als auch auf einem Einverständnis beruht. Rein interessengeleitetes Handeln stößt an seine Grenzen, nämlich an die intersubjektiven Voraussetzungen (Hartmann 2006: 2.1.1). Konsens wird demnach zu einer wesentlichen Voraussetzung vergesellschafteten Handelns.

In der Fassung dieses Konsenses macht sich jedoch die Abwesenheit von Politik in seiner Konzeption bemerkbar, da die »guten Gründe« objektiv bestimmbar erscheinen. Zwar gibt er an, dass Gründe keine naturalistisch zu beschreibenden Dispositionen für das Haben von Meinungen sind, sondern vielmehr die »Währung eines diskursiven Austauschs« (54). Allerdings legt seine Definition des rationalen Diskurses nahe, dass es eine Möglichkeit gibt, Gründe so vor gesellschaftlichen Imprägnierungen zu schützen, dass sie eine eigene Dignität erhalten, nämlich über ihr Prozessieren in Verfahren:

> »Diese können als Arrangements betrachtet werden, die sich auf die Präferenzen der Beteiligten auswirken; sie sortieren die Themen und Beiträge, Informationen und Gründe so, dass idealerweise nur die ›gültigen‹ Eingaben den Filter fairer Verhandlungen und rationaler Diskurse passieren und für die Beschlussfassung ins Gewicht fallen« (414).

Damit hat er insofern Recht, als Interessen sich verallgemeinern müssen, um sich in modernen Gesellschaften durchzusetzen. Ausgeblendet wird jedoch, dass jene prozeduralen Filter, keine reine praktische Vernunft produzieren. »Die Vorstellung, dass es einen Zustand der Kommunikation geben kann, worin die Wahrheitsspiele ohne Hindernisse, Beschränkungen und Zwangseffekte zirkulieren können, scheint mir zur Ordnung der Utopie zu gehören« (zit. n. Lemke 1997: 261, Fn. 7), hatte bereits Foucault gegen Habermas eingewandt. An diesem Punkt zeigen sich die Zwangseffekte deutlich: es sind die Filter selbst. Sie sind durchlässig für bestimmte Argumente, die damit zugleich mit der Dignität der »Gültigkeit« versehen werden. Diese Filter sind selbst schon gesellschaftlich imprägniert: Sie lassen nur solche Argumente in die Verfahren vordringen, in denen es einem partikularen Interesse gelungen ist, sein eigenes Anliegen als allgemeines zu artikulieren. Darüber hinaus sind die Schleusen selbst herrschaftsförmig (Hartmann 2006: 2.1.1), da die impliziten Rationalitätsstandards der Kommunikationen selektiv und ausschließend wirken (Demirović 1997: 155).

Habermas ist zuzustimmen, wenn er den Konsens zu einer zentralen Kategorie der Gesellschaftstheorie macht und auf die Notwendigkeit der Verallgemeinerung von Interessen abstellt. Mit Gramsci kommt es jedoch darauf an, diesen Konsens als »hegemonialen« zu begreifen (siehe dazu Teil B). Eine solche gramscianische Hegemonietheorie kann wiederum von Habermas lernen, welche unterschiedlichen Technologien der Konsensproduktion denkbar sind.

3.4 Ausblendung des Geschlechterverhältnisses

Sind Klassenbeziehungen bei Habermas zumindest ansatzweise noch präsent, beteiligt er sich wie Luhmann an der Ausblendung der Geschlechterfrage. Anders als dieser versuchte er in *Faktizität und Geltung* immerhin, der feministischen Kritik entgegenzukommen, die sich im Kontext der *Theorie des kommunikativen Handelns* zu Wort gemeldet hatte. Damals hatte vor allem *Nancy Fraser* (1989: 114) scharfe Kritik geübt: »Habermas says virtually nothing about gender« und produziere einen »unthematized gender subtext«. Dadurch werde seine Theorie »in important respects androcentric and ideological« (122). Sie hatte diese Kritik vor allem an dem dualistischen Konzept von System- und Lebenswelt festgemacht, da es die gesellschaftlich Frauen zugewiesenen Tätigkeiten wie Kindererziehung und Pflege von Angehörigen der Lebenswelt zuordne, während die offizielle Ökonomie als ausdifferenziertes, nach rein systemischen Mechanismen funktionierendes System beschrieben werde. Er übertreibe die Differenzen, welche die gesellschaftlich notwendigen Tätigkeiten in den beiden Bereichen trennten und ignoriere »the fact, that in both spheres women are subordinated to men«. So sei er nicht in der Lage, die Dimensionen von männlicher Herrschaft in modernen Gesellschaften zu thematisieren (119 f.). Dies zeige sich auch daran, dass die Rollen der »Aktoren« sowohl in der Lebenswelt als auch in den Systemen keine neutralen, sondern vergeschlechtlichte Rollen sind. Geschlechtsidentität als zentrale Kategorie sei Habermas fremd (123 f.). Diese »gender blindness« zeige sich letztlich darin, dass Habermas Geschlecht als askripitives Merkmal benutze und somit ein zentrales Strukturierungsprinzip kapitalistischer Vergesellschaftung nicht angemessen in den Blick nehmen könne (Dackweiler 1995: 66).

Wie reagiert Habermas nun in *Faktizität und Geltung* auf diese Kritik? Jean L. Cohen gelangt zu der Auffassung, dass »he has not only corrected for his earlier ›gender blindness‹, but he as also made what I take to be an extremely important contribution to the ›equality/difference« debate [...]« (Cohen 1995: 81, Fn. 1). Wie also korrigiert Habermas sein Konzept und worin besteht sein besonderer Beitrag zur feministischen Debatte?

In seinem letzten Kapitel wendet er sich den politischen Schlussfolgerungen zu und fordert ein neues Rechtsparadigma, das heißt, eine neue Vorstellung der Rechtsgemeinschaften hinsichtlich der Frage, wie das System der Rechte im Kontext der jeweils gegebenen Gesellschaft verwirklicht werden könnte (1994:238). Er entwickelt dabei im Gegensatz zum liberalen Paradigma des bürgerlichen Formalrechts und dessen Nachfolger dem sozialstaatlich materialisierten Recht einen dritten Weg: ein prozeduralistisches Rechtsparadigma, bei welchem wiederum die Formen der Kommunikation, in denen die private und politische Autonomie sich äußern kann, im Vordergrund stehen. In diesem Zusammenhang wendet er sich der Kritik von feministischen Rechtstheoretikerinnen zu, insbesondere derjenigen von Iris Marion Young (1990) und Catharine MacKinnon (1989). Habermas macht sich ihre Kritik zueigen, dass jede unmittelbare rechtliche Regelung, die die Benachteiligung von Frauen ausgleichen soll, auf einer Interpretation von Unterschieden beruhe. Und soweit sich Gesetzgebung und Justiz dabei an tradierten Deutungsmustern orientierten, befestige das regulative Recht geradezu die bestehenden Stereotype der Geschlechtsidentität (1994:510). Er schlägt stattdessen vor, die Differenz zwischen den Geschlechtern als interpretationsbedürftige Beziehung zwischen zwei gleichermaßen problematischen Bezugsgrößen zu begreifen. Damit würde die Orientierung an normaler Männlichkeit vermieden (512).

Da nun aber alle seine Hoffnungen, wie gezeigt, auf dem Recht ruhen, teilt er eine weitergehende Rechtskritik nicht, die nämlich die »Idee der Verwirklichung von Rechten überhaupt verabschiedet« – so interpretiert Habermas den feministischen Ansatz. Vielmehr bietet er sein Diskursmodell des Rechts an und ist der Ansicht, dass auch die Geschlechterauseinandersetzungen im prozeduralistischen Paradigma gut aufgehoben seien, indem nämlich »die Hinsichten, unter denen Differenzen [...] relevant werden, *erst in öffentlichen Diskussionen geklärt werden*« müssen. Geschlechtsidentitäten begreift er nun als soziale Konstrukte, die auch bewusst gebildet werden sollten. Zweigeschlechtlichkeit als solche wird allerdings nicht in Frage gestellt, weil sich die Konstruktionen »um biologische Unterschiede kristallisieren« (513). Er verlangt stattdessen Verfahren, welche vorab die Hinsichten für Gleich- und Ungleichbehandlung begründeten. Habermas' zentrales Anliegen ist es, dass keine verbindliche Geschlechtsidentität gesellschaftlich vorgegeben wird: weder eine essentialistische noch eine »androgyne«. Und den feministischen Theoretikerinnen wird mit auf den Weg gegeben, dass sich »konkurrierende Auffassungen über die Identität der Geschlechter und deren Verhältnis zueinander der öffentlichen Diskussion stellen. Auch die feministischen Avantgarden verfügen nicht über ein Definitionsmonopol« (514). Alle gesellschaftlichen Konflikte, auch die zwischen den Geschlechtern, so seine Utopie, müssen in rationalen rechtsförmigen Verfahren ausgetragen werden.

Prinzipiell ist Cohen zuzustimmen, dass Habermas hier tatsächlich einen demokratietheoretisch anspruchsvollen Beitrag zur Differenz-Debatte liefert: nämlich den Vorschlag, alle Essentialismen zu verflüssigen, indem sie der öffentlichen Auseinandersetzung zugeführt werden. Dieser Vorschlag leidet allerdings erneut an einer Überhöhung des Rechts. Denn nur dann, wenn das Recht nicht auf der Seite der Machttechnologien steht, nur dann, wenn es die Verfahrensgarantie dafür übernehmen kann, dass das Potential verständigungsorientierten Handelns auch unter gesellschaftlich vermachteten Bedingungen zur Geltung kommen kann, weil das bessere Argument, welches zudem tatsächlich bestimmbar wäre, institutionalisierbar ist, nur dann wäre es möglich, die »dem Kapitalismus immanente männliche Herrschaft« (Fraser 1989:128) über den Weg rechtsförmiger Verfahren aufzubrechen. Nur dann würde ein hegemonialer Diskurs in diesen Verfahren ausgeschaltet, der sich andernfalls die Definitionshoheit auch dort sichern könnte. Genau diese Möglichkeit bestreitet MacKinnon jedoch aufgrund ihres *machttheoretischen* Ansatzes: Entscheidend sei nicht die Differenz, sondern deren Hierarchisierung. Hierarchie sei ein Produkt von Machtverhältnissen und diese gelte es anzugreifen, statt der Hoffnung zu unterliegen, sie könnten aus einer rechtlichen Diskursarena einfach verbannt werden (vgl. Elsuni 2006).

Doch während diese Problematik unter Umständen noch durch bestimmte Verfahrensarrangements zumindest teilweise zu lösen wäre, stellt sich eine grundlegendere Frage, nämlich die, ob Habermas mit diesem Einsatz tatsächlich seine Geschlechtsblindheit überwunden hat. Denn seine Grundsatzüberlegungen zur Rechtstheorie behandeln die »Aktoren«, die »Adressaten« und die »Autoren« des Rechts nach wie vor als geschlechtsneutrale Wesen. Gegenüber einem zentralen Kritikpunkt feministischer Theorie bleibt Habermas indifferent: dass nämlich das »neutrale und universale Subjekt der Vernunft« in den gesellschaftlichen Auseinandersetzungen verortet werden und darin als männliches Subjekt entmystifiziert werden muss (Benhabib 1993:11). Auch wenn Habermas keine Subjektphilosophie betreibt, sondern die Vernunft in den Kommunikationsprozessen verortet, so setzen diese bei ihm jedoch nach wie vor auf jene geschlechtslosen Sprecher (Narr 1994b:94). Die Subjekte werden auch deshalb geschlechtsneutralisiert, weil ihre Herstellung in gesellschaftlichen – und das heißt immer auch in patriarchalen – Verhältnissen nicht thematisch ist. Der Diskurs wird als Instrument der Reflexion und Handlungskoordination dieser Subjekte gefasst und erscheint ihnen gegenüber äußerlich, anstatt zu reflektieren, wie die Macht- und Diskursmatrix, in dem Fall das Recht, jenes sprachhandlungsfähige Subjekt erst hervorbringt (Butler 1993:37ff.).

Diese Ausblendungen sind das Resultat einer Theoriestrategie, die nach wie vor an einer Konzeption festhält, die Geschlecht als Strukturkategorie nicht kennt. Seine Auseinandersetzung mit den feministischen Rechtstheoretikerinnen behandelt wie Luhmann das Geschlechterverhältnis als eine Subthematik unter anderen. Während es in der Großtheorie des Rechts als solchem nach wie vor nur um das »Männermenschlich-Allgemeine« (Dackweiler 2003: 88) geht, wird das Geschlechterverhältnis entsprechend der herrschenden wissenschaftlichen Arbeitsteilung als Spezialfall der Anwendung jener Großtheorie entdramatisiert, nicht ohne noch die sogenannte »feministische Avantgarde« darüber zu belehren, dass sie kein Vorrecht auf die Kritik an diesen Verhältnissen besitze. Die Forderung Nancy Frasers, Habermas' Theorie um »gender-sensitive categories« zu erweitern (Fraser 1989: 128), wartet weiterhin auf ihre Einlösung.

3.5 Radikaldemokratie

Was Habermas Luhmann vor allem voraus hat, ist eine normative Perspektive, die sich nicht mit der Selbstreproduktion der Systeme begnügt, sondern nach einem Ausweg sucht, der angesichts der Systeme gesellschaftliche Selbstorganisation ermöglicht. Es stellt sich jedoch die Frage, ob sich Habermas an dieser Stelle nicht zu früh mit sozialstrukturellen Voraussetzungen zufrieden gibt – vor dem Hintergrund eines nichtsystemisch analysierten Rechts, welches die Friktionen der Systeme ausgleichen soll.

Entscheidend für diese Bestimmung scheint mir das Bestehen auf der Unvermeidbarkeit systemischer Ausdifferenzierung zu sein. Die Marxsche Utopie einer weitergehenden Selbstorganisation, nämlich einer künftigen Assoziation der ProduzentInnen, die die Bedingungen des materiellen Lebensprozesses ihrer gemeinschaftlichen Kontrolle unterwerfen (Habermas 1994: 65 f.), wird als »futurischer Zustand« denunziert, »in dem der objektive Schein des Kapitals zerronnen und der unter dem Diktat des Wertgesetzes gefangengehaltenen Lebenswelt ihre Spontaneität zurückgegeben worden ist« (Habermas 1995 {1981}-b: 500).

Habermas hat diese Utopie »abgehakt« (Narr 1994b: 96) und versucht stattdessen, die Systeme einzuhegen und zu entdramatisieren. Dadurch erhält seine Theorie einen »rein defensiven Charakter«, weil er die Bereiche, die sie als ohnehin systemisch verselbständigte definiert, »resignativ« sich selbst überlässt (Maus 1986c: 313). Im Ergebnis geht dadurch nicht nur eine weitergehende Utopie gesellschaftlicher Freiheit verloren, sondern zugleich werden, wie Ingeborg Maus anhand des politischen Systems zeigen kann, die Gefahren, welche die Systeme bedeuten, zu gering angesetzt. Den Freiheitstheorien von Kant und Rousseau, die ähnlich wie diejenige von Marx noch von der Möglichkeit einer freiwilligen Assoziation ausgingen (Habermas 1994: 63), waren systemische Verselbständigungen dieser Art suspekt. Sie thematisierten sie daher auch als Asymmetrien, die sich auf das Verhältnis von »gesellschaftlicher Basis und Staatsapparaten, von ›Volk‹ und politischen Funktionären« bezogen. Dagegen, so Maus' Kritik, seien »die diskurstheoretischen Kriterien auf jene *Symmetrien* hin angelegt, die mit den Konnotationen der ›idealen Sprechsituation‹ verbunden sind« (Maus 1995: 551).

Dies zeigt sich deutlich, wenn Habermas glaubt, er könne sein Festhalten am modernen Staat und dessen kasernierter Gewalt dadurch ausgleichen, dass er »alle physische Gewalt des Staates in symmetrische Beziehungen« auflöst, »indem alle politische Macht sich aus der kommunikativ erzeugten Macht der Staatsbürger herleitet« (553). Damit wird das Problem aber keinesfalls gelöst, höchstens verdeckt, »wie das Restrisiko der zur Macht kontrastierten Gewalt zu lösen sei – zumal die Staatsapparate das Gewaltmonopol unbestritten innehaben, während kommunikative Macht dadurch charakterisiert ist, dass ›sie niemand eigentlich besitzen‹ kann« (554). Die Asymmetrien, also die Engegegensetzung von einem »Volk« von Nicht-Funktionären zum staatlichen Gewaltmonopol, müssen aber die Ausgangsbasis radikaldemokratischer Überlegungen bilden, weil andernfalls die Trennung von kommunikativer und administrativer Macht »mit den harten Widerständen einer spröden Wirklichkeit konfrontiert« wird, insofern nämlich die Ergebnisse öffentlicher Diskurse an den Grenzen verselbständigter administrativer Systeme abgewehrt werden können und es zu getrennten Kreisläufen von kommunikativer Macht »und der im 18. Jahrhundert noch so genannten staatlichen ›Gewalt‹ andererseits« kommt (557). Aus diesem Grund besteht Maus auch auf einem »empirischen Konsens« (Maus 1992b: 129), weil nicht demokratisch festgestellt werden kann, wer darüber entscheiden sollte, ob die diskursiven Voraussetzungen erfüllt sind, und dies wiederum der administrativen Macht in die Hände fiele. Sie hält eine im engen Sinn eigeninteressierte Orientierung der Teilnehmer für hinreichend, setzt auf faire Verfahren – nicht auf praktische Diskurse (Niesen/Eberl 2006: 19).

Habermas glaubt, dass Marx an dem systemischen Zustand lediglich die verschleierte Klassenvergesellschaftung zu kritisieren habe, und übersieht vollkommen den wesentlichen Aspekt, die »sozialphilosophische« Kritik, nämlich dass die Menschen ihrer eigenen Verhältnisse entmächtigt werden, dass ihnen ihre eigene Praxis zu einer zweiten Natur gerinnt, die sie nicht mehr durchschauen können. Das ist der maßgebliche Grund, warum sich eine materialistische Theorie nicht mit einer wie immer auch pragmatischen, evolutionären Systemausdifferenzierung zufrieden geben kann: weil das demokratietheoretische Ziel *tatsächlicher gesellschaftlicher Selbstorganisation* nur bedeuten kann, dass die Beteiligten sich über *alle* gesellschaftlichen Bereiche selbst verständigen können müssen, etwa auch darüber, ob sie bestimmte Prozesse vorübergehend von kommunikativem Handeln »entlasten« wollen. Es kann nicht sein, dass lediglich wissenschaftliche »Avantgarden« die Systeme überhaupt erkennen und analysieren können, um dann expertokratisch zu entscheiden, dass es damit sein Bewenden haben soll.

Das heißt, Habermas' Demokratiekonzeption muss ausgedehnt werden, indem das Verfahrenskonzept auch auf die Systeme angewendet wird (so auch Maus 1986c:316; Rödel/Frankenberg/Dubiel 1989). Selbst Luhmanns Rechtstheorie führt mit ihrem Theorem der Paradoxie gegen die Absicht des Autors ein Moment von Subversion mit sich, welches aufscheinen lässt, dass der Fortbestand der Systeme a priori prekär ist. Es ist daher notwendig, einen Modus zu finden, der zunächst einmal ein *gesellschaftliches* Wissen der Nicht-FunktionärInnen über die Mechanismen der Verselbständigung prozedural hervorbringen und auf Dauer stellen könnte, so dass jene allererst die Chance hätten, sich die Frage zu stellen, ob Systeme ein evolutorischer Fortschritt sind. Demokratie darf also nicht nur auf den Meinungsbildungs- und Entscheidungsprozess reduziert werden, sondern muss all jene gesellschaftlichen Prozesse umfassen, welche andernfalls die Ergebnisse konterkarieren könnten.

III. Ende und Anfang

Es sollte verdeutlicht werden, dass die beiden diskutierten Ansätze sich durch komplexe, feinverästelte Analysen auszeichnen, denen die Rechtstheorie wesentliche Erkenntnisse verdankt. Beide unterwerfen sich nicht der positivistischen Selbstbeschränkung der Mikrosoziologie oder »Middlerange«-Theorie, sondern sie gehen beide »aufs Ganze« (Adorno 2003:143) – obwohl gerade die Systemtheorie den Eindruck erwecken könnte, die Gesellschaft in Teilsysteme aufzulösen. Aber Luhmann beharrt zu Recht darauf, »eine Theorie der Gesellschaft und nicht eine der auf bestimmte Ausschnitte beschränkten speziellen Soziologie« betreiben zu wollen (Luhmann 1995:7). Daraus folgt auch, dass es beiden zum Problem wird, wie diese Gesellschaft sich reproduzieren kann. Sie stellen sich daher in ihren Rechtstheorien auf unterschiedliche Weise der Problematik, dass kapitalistische Gesellschaften ihre Einheit nicht mehr a priori gewährleisten können. Während Luhmann dies unter der Kategorie des »Systems« lösen will, verhandelt Habermas die Thematik in dem klassischeren Begriff der »Integration«.

Zugleich bilden die Ansätze die beiden paradigmatischen Perspektiven auf das Recht. So findet die Rechtssystemtheorie einen bemerkenswerten Weg, die Autonomisierung sozialer Verhältnisse darzustellen. Die aneinander anschließenden Rechtskommunikationen bilden das Netzwerk des Rechtsdiskurses, welcher nur rechtsimmanente Argumente zulässt und sich gegen die nichtrechtliche Umwelt abschottet. Damit ist instrumentalistischen Argumenten Einhalt geboten, die das Recht als bloßen Reflex einer wie auch immer gearteten Basis betrachten oder als unmittelbar verfügbares Objekt für politische AkteurInnen. Ist dies doch einmal der Fall, kann man mit Luhmann zeigen, dass bereits der Ausnahmefall im Recht eingetreten ist, und das heißt seine Erosion, die nur noch Attrappen der Rechtlichkeit zurücklässt. Im Normalmodus aber abstrahiert das Recht gerade von all dem, was sich nicht in rechtliche Kommunikation transformieren lässt und entwickelt eine gewisse »Eigenlogik«, die sich den Einzelnen zunächst einmal entzieht und auch nicht mehr unmittelbar von ihnen verstehbar ist. »Luhmanns Systemtheorie kann aus dieser Sicht vielleicht als eine zwar affirmative, aber durchaus auch angemessene Beschreibung des Zustands absoluter Verdinglichung der gesellschaftlichen Verhältnisse betrachtet werden« (Demirović 2001b:26; ebenso Maus 1986a:59).

Gegenüber dieser Verdinglichung des Rechts macht Habermas die Notwendigkeit gesellschaftlicher Konsensmechanismen deutlich: moderne kapitalistische Gesellschaften, die sich durch die Existenz entwickelter Zivilgesellschaften auszeichnen, sind sehr wohl auf demokratische »Selbstmissverständnisse« angewiesen, und Legitimation im Sinne eines gesellschaftlichen Konsenses selbst noch der Beherrschten ist eine notwendige Bedingung für das Gelingen des Anschlusses der kommunikativen Operationen aneinander. Auch wenn sein System-Lebenswelt-Konzept zu dualistisch bleibt, ist Habermas doch eine ganz wesentliche Einsicht zu verdanken: die Existenz unterschiedlicher Konsenstechnologien, die entweder auf kommunikatives Einverständnis oder auf das Umgehen von Kommunikation ausgerichtet sind. Er analysiert in dieser Hinsicht das Recht in seinem normativen Gehalt einer demokratietheoretischen Utopie der selbstorganisierenden Gesellschaft.

Beide Ansätze behalten gegeneinander Recht: Weder ist das Recht ein rein systemisch ablaufender Prozess, der auf den gesellschaftlichen hegemonialen Konsens verzichten könnte, noch kann es normativ überhöht werden, wie es bei Habermas der Fall ist. Es *sollte* das Medium der Selbstorganisation sein; es kann dies aber gerade wegen der von Luhmann aufgezeigten Verselbständigung nicht leisten.

Eine materialistische Rechtstheorie, die von diesem Ausgangspunkt und mit diesem »Gepäck« startet, muss sich also auf die Suche nach der »Entparadoxierung« dieser Paradoxie machen: Wie nämlich das Recht *zugleich* sich verselbständigt, sich systemisch abschottet *und* dennoch über ein begrenztes Emanzipationspotential verfügt. Wie es *zugleich* eine »Technologie der Macht« *und* ein Moment von Herrschaftsbegrenzung ist. Wie es *zugleich* auf Konsens *und* auf Stillstellung dieses Konsenses beruht. Auf diesem mühevollen und widersprüchlichen Weg muss es zugleich gelingen, die aufgeworfenen Kritiken mitzutransportieren und die dahinterstehenden Probleme mit einem anderen »Beschreibungsmodus« zu bearbeiten. Das gilt vor allem für die Eliminierung oder Ghettoisierung der Subjekte, die Ausblendung des Geschlechterverhältnisses, sowie die Dethematisierung von Machtverhältnissen insgesamt. Im Gegensatz zu den beiden großen Paradigmen, »die auf der Basis eines starken Begriffsarsenals konsolidiert sind« (Neves 2000:9), muss sich der/die LeserIn aber nun auf die mühevolle Reise in das Gewirr der Re- und Konstruktion dessen gefasst machen, was seit etwa einhundert Jahren in der Tradition von Marx zum Recht erarbeitet wurde.

B *Re*Konstruktion materialistischer Rechtstheorie

1. Einleitung

> »Die marxistische Rechtstheorie muss sich schließlich in der Auseinandersetzung mit konkurrierenden bürgerlichen Theorien bewähren. Inwieweit dies der Fall ist, vermag in der Gegenwart noch nicht gesagt zu werden. Dazu ist die Kenntnis von dieser Wissenschaft, die Untersuchung der bisher vorgenommenen Versuche noch zu gering.«
>
> *(Paschukanis 1972 {1931}: 18)*

Beginnen wir also mit der *Re*konstruktion der materialistischen Theorie des Rechts. Im ersten Schritt wird es darum gehen, die bisherigen Theorien analytisch ›auseinanderzunehmen‹, um der Habermas'schen Definition zu folgen. Das heißt, es werden ihre Prämissen dargestellt und einer Kritik unterzogen, die prüft, welche Einsichten und welche Grenzen sie für eine aktualisierte Rechtstheorie liefern, immer im Rahmen der in Teil A aufgeworfenen Problematik. Dabei sollen sie sich zugleich gegenseitig konfrontieren. Die Ergebnisse werden sodann im nächsten Kapitel reflektiert und zu einer neuen ›Konstruktion‹ zusammengefügt. In der Darstellung der Theorien folge ich einer chronologischen Reihenfolge, welche es ermöglicht, das Entstehen von Fragestellungen und Problemen sowie deren Reaktualisierung zu verfolgen. Dabei werde ich mich nur auf exemplarische Ansätze beschränken, da Vollständigkeit aufgrund des Umfanges nicht zu erreichen ist. Die Auswahl beansprucht aber, die Spannbreite der Diskussion wiederzugeben.

Beginnen wird die Darstellung mit den 1920er Jahren, als erstmals in Deutschland eine breite Debatte um das Verhältnis von Recht und Sozialstruktur in kapitalistischen Gesellschaften stattfand. Man könnte allerdings erwarten, dass eine materialistische Rechtstheorie mit *Karl Marx* zu beginnen habe. Doch wenn dies möglich wäre, wären wahrscheinlich viele ›Ableitungsversuche‹ gar nicht erst unternommen, viele Auslegungsstreitigkeiten niemals ausgefochten worden. Marx besaß keine explizite, geschlossene Rechtstheorie wie etwa Kant oder Hegel, genauso wenig wie eine Theorie des Staates, dessen Funktion er eine gesonderte Untersuchung zu widmen gedachte (vgl. MEW 42: Vorwort

X, Korsch 1970 {1930}:If.; Negt 1975:31; Harms 2000:168; Reich 1973:7:15; Balbus 1977:575). Es lassen sich zwar viele Stellen finden, an denen er sich zum Recht äußert, wie in der *Kritik der Hegelschen Rechtsphilosophie* oder *Zur Judenfrage* oder der *Kritik des Gothaer Programms*, doch unterliegt ihnen keine systematisch ausgearbeitete Rechtstheorie.

Konsequenterweise haben in der Folge marxistisch orientierte Jurist(innen) und Staatstheoretiker(innen)[1] angefangen, nicht auf Marx' Worte, sondern auf seine Methode, seine politisch-ökonomischen Analysen oder seine historischen Untersuchungen zurückzugreifen, um sich der Perspektive des Rechts zu nähern. Das heißt, sie waren es, die den Weg zu einer materialistischen Rechtstheorie eingeschlagen haben. Dieser Weg soll nachgezeichnet und erneut beschritten werden.

Die nächste Etappe stellen die 1970er Jahre dar, eine historische Periode, welche erneut von gesellschaftlichen Kämpfen und Diskussionen, hier nun hauptsächlich um die Rolle des Staates, geprägt war. Erneut kommt es zu einer Hochphase der marxistischen Rechtstheorie. Dieses Mal jedoch kristallisieren sich zwei unterschiedliche Richtungen heraus: die an Althussers Strukturalismus und Gramscis Hegemoniekonzept orientierte italienisch-französische Linie einerseits, sowie die ›hegelmarxistisch‹ ausgerichtete Tradition der Kritischen Theorie andererseits. Ihr Verhältnis bleibt einigermaßen unversöhnt bis zum heutigen Tag. Da ich dies, wie noch näher zu zeigen sein wird, für eine mittlerweile unproduktive Streitigkeit halte, werde ich versuchen, die beiden Stränge zwar getrennt in ihrer Differenz darzustellen, bei der Re*konstruktion* im nächsten Kapitel jedoch wieder zusammenzuführen. Noch entscheidender machte sich für die Rechtstheorie jedoch die sogenannte ›Krise des Marxismus‹ Anfang der 1980er Jahre bemerkbar, die Althusser auch als solche benannte (Althusser 1978). Damit forderte er vor allen Dingen die Auseinandersetzung des Marxismus mit einer seit der russischen Oktoberrevolution in seinem Namen gemachten Geschichte sowie zweitens die Beachtung der neuen sozialen Bewegungen, deren Politiken sich nicht mehr einfach unter die Marxsche Matrix subsumieren ließen. Schließlich wies er auf die Defizite des bisherigen Marxismus in Bezug auf jene Sphäre hin, die Marx ›Überbau‹ genannte hatte, also der von der ›ökonomischen Basis‹ scheinbar nur abgeleitete Bereich des Staates, des Rechts und der Ideologie. Dabei schätzte Althusser die Krise nicht als Endpunkt, sondern gerade als Chance ein, die Theorie durch die Herausforderungen der neuen sozialen Kämpfe zu beleben und von den dogmatischen Verengungen zu befreien (vgl. auch Laclau/Mouffe 2000:31f.). Sowohl der (Post)Strukturalismus in

1 Die mangelnde Repräsentanz von Theoretikerinnen ist besonders auffällig.

Frankreich als auch die Kritische Theorie in Deutschland stehen für einen undogmatischen und fruchtbaren Umgang mit dieser Problematik. Die Rechtstheorie aber hat sich trotz allem von dieser Krise nicht erholt, was die vorliegende Arbeit im wesentlichen anleitet. Die Dialektik von ›Faktizität und Geltung‹ lässt das Recht vielleicht tatsächlich zu einem »noch vertrackteren Ding als die Ware« (Maus 1995:511) werden. Die Versuchung war groß, ihm eine zu geringe eigenständige Bedeutung neben der Politischen Ökonomie und dem Staat zuzuweisen. Die Faktizität von Normativität zu begreifen, stellt an jede Rechtstheorie hohe Anforderungen. Zudem ist es ein prekärer Gegenstand für jede Gesellschaftsordnung, die den Anspruch auf Überwindung der in ihr steckenden Gewalt erhebt, zu begreifen, »dass das Recht im Schnittpunkt von Emanzipation und Gewalt liegt« (Negt 1975:31). Die marxistische Rechtstheorie, die sich in ihren Anfängen der Dekonstruktion einer idealistischen Rechtstheorie verschrieben hatte, und vor allem die Idee einer sozialen Eigenständigkeit, Neutralität und Herrschaftsfreiheit des Rechts bekämpfte, hatte allerdings mit besonderen Hürden zu rechnen:

> »Die Rechtswissenschaft scheint traditionell allem sich mit dem Ruch des Revolutionären umgebenden skeptisch gegenüberzustehen. Andererseits haben auch die Marxisten zu diesem (Miss-)Verhältnis nicht unwesentlich beigetragen, wenn sie die Rechtswissenschaft [...] nur als Herrschaftsideologie verstanden und deshalb brandmarkten« (Harms 2000:11).

Bereits Paschukanis hatte daher festgestellt, »dass die marxistische Literatur über die allgemeine Rechtslehre sehr spärlich ist«, der Marxismus »folglich erst im Begriff [ist], ein neues Gebiet zu erobern« (Paschukanis 1970 {1924}:8f.). Und auch noch in den 1970er Jahren verkündeten die damaligen Protagonisten, dass Paschukanis' Aussage mit gewissen Modifikationen auf die damalige Wirklichkeit zutraf: »Das Erbe von Marx und Engels auf rechtstheoretischem Gebiet harrt noch immer seiner wissenschaftlichen Erschließung« (Reich 1972b:154; 1973:3), oder weniger optimistisch: marxistische Rechtstheorie sei »das Stiefkind der marxistischen Theorieentwicklung« (Negt 1975:31). Selbst noch 1992 hegt Andrea Maihofer »ein Unbehagen« an der bisherigen marxistischen Rechtstheorie. Sie sei nicht nur in eine theoretische Sackgasse geraten, sondern auch zunehmend bedeutungslos geworden. Dies sei umso tragischer, als sie »in der gegenwärtigen rechtstheoretischen Diskussion eine produktive Alternative und ein wichtiges kritisches Korrektiv sein könnte« (Maihofer 1992:9). Dies geht so weit, dass keiner der dargestellten AutorInnen heute noch materialistische Rechtstheorie betreibt. Entweder haben sie sich aus dem Gebiet der Rechtstheorie oder vom materialistischen Ansatz verabschiedet – eine Entwicklung, die verglichen mit anderen Themenfeldern durchaus untypisch ist. Es scheint ein heikles Unterfangen zu sein, diese beiden Momente zusammenfügen zu wollen. Doch genau darin besteht das Ziel dieser Arbeit. Dazu müssen aber zentrale Defizite überwunden werden. Es handelt sich dabei um die folgenden:

- Marxistische Rechtstheorie hat häufig funktionalistisch argumentiert und das Recht auf die Reproduktion des Kapitalismus reduziert.
- Dies war nicht selten verbunden mit dem Scheitern, das materialistische »Primat des Seins« (Charim), also den Vorrang des materiellen Reproduktionszusammenhangs, in nicht ökonomistischer Weise zu konzeptualisieren.
- Daraus folgte fast immer auch die Nichtberücksichtigung anderer Strukturprinzipien für die Rechtstheorie, wie etwa die hierarchisch strukturierten Differenzen (gender, race, sexuality), was sich in einem Klassenreduktionismus äußerte.
- Ganz ähnlich wie die systemtheoretische oder demokratisch-normative Rechtstheorie von Habermas haben materialistische Theorien, bis hin zu Foucault, eine Ausblendung von Praxis und deren AkteurInnen betrieben.
- Darüber hinaus wurde die Rolle des Nationalstaates im Verhältnis zum Recht so überschätzt, dass die Rechtstheorie zu einer Unterabteilung der Staatstheorie verkommen ist.
- Sodann sind fast alle Theorien daran gescheitert, ein zentrales Mysterium des Rechts zu fassen, nämlich seine relationale Autonomie, das heißt, seine kontrafaktische Faktizität.
- Und schließlich hatten sie nur sehr selten eine Antwort auf die grundlegende Frage zu bieten, welche Rolle das Recht für eine emanzipative Strategie spielt.

Das Hauptdefizit des materialistischen rechtstheoretischen Ansatzes besteht zusammengefasst darin, gesellschaftstheoretisch der Komplexität von Herrschaftsverhältnissen (Engel/Schulz/Wedl 2005: 12; Knapp 2005: 75) nicht gerecht zu werden. Diese Schwierigkeit teilt der Ansatz, wie der erste Teil gezeigt hat, mit anderen Rechtstheorien. Die »relative Autonomie von Herrschaftsverhältnissen« zu denken, sich von einem Ursprungsort der Macht zu verabschieden und stattdessen von einem Durchkreuzen von Machtverhältnissen auszugehen (Engel/Schulz/Wedl 2005: ebd.), wird daher ein zentrales Anliegen dieser Rekonstruktion sein. Diese Kritik wird an den darzustellenden Ansätzen, wie bereits in Teil A, durch die Frage nach der Konzeptualisierung/Ausblendung des Geschlechterverhältnisses *markiert*, da die Kritik der Frauen- und Geschlechterforschung an der androzentrischen Perspektive der Großtheorien umfangreich ist und außerdem ihre eigene Beschränktheit in Bezug auf andere Herrschaftsverhältnisse thematisiert hat. Mir ist diese methodische Einschränkung bewusst. Eine multidimensionaleintersektionelle Kritik ist im Kontext der vorliegenden Arbeit nicht leistbar. Sie setzte ein umfassenderes Forschungsdesign voraus, eines nämlich, welches in der Tradition feministischer Theorie auf »Phantasien gemeinsamer Arbeit, Kooperation, Austausch von Wissen in vielen Gegenstandsbereichen« angewiesen ist (Knapp 2005: 77).

Die folgende *Re*konstruktion wird die oben genannten Defizite herausarbeiten und prüfen, inwiefern sie zu überwinden sind. Es wird sich zeigen, dass in dem Erbe dieser Theorien ein unabgegoltenes Potential fortlebt, welches sich durch die Krise des Marxismus nicht entfalten konnte.

II. Grundlagen: Die 20er und 30er Jahre des 20. Jahrhunderts

Die Zeit zwischen den beiden Weltkriegen, der Russischen Revolution, der Weltwirtschaftskrise, dem aufkommenden Nationalsozialismus und den damit einhergehenden Verfassungswechseln hat in Deutschland Methodendiskussionen und allgemeine Überlegungen zum Recht in vielfältiger Weise hervorgebracht, in die auch marxistische Theoretiker involviert waren.

1. Rechtsstaatstheorien von Neumann und Kirchheimer

Unter sozialdemokratischen Juristen (*Otto Kirchheimer, Ernst Fraenkel, Franz Neumann, Otto Kahn-Freund, Martin Drath, Hans Mayer, Hugo Sinzheimer, Hermann Heller*) wurde zum damaligen Zeitpunkt vor allem eine Debatte um die Weimarer Verfassung geführt – gegen die Theorie *Carl Schmitts* (Luthardt 1976: 11). Sie mündete in die generelle These, dass die Weimarer Verfassung der juristische Ausdruck eines Klassenkompromisses zwischen Arbeiterklasse und Bürgertum sei (Perels 1973: 36), der als legale Transformationsstrategie (Bast 1999: 59) weitergetrieben werden müsse zugunsten einer weitgehenden Beschränkung des Privateigentums und der Vergesellschaftung von Produktionsmitteln (so etwa Hermann Heller, siehe dazu Maus 1986b: 175). Im folgenden sollen die beiden *marxistischen* Autoren und ihr Beitrag zu dieser Diskussion dargestellt werden.

Franz Neumann und *Otto Kirchheimer* waren Mitarbeiter am Institut für Sozialforschung, wenn auch niemals wirklich integriert in den Zirkel der alten Frankfurter Schule. Die Juristen wurden dort hauptsächlich für advokatorische Dienste in Anspruch genommen (Söllner 1978; Wiggershaus 1993: 263). Die Beziehung des Horkheimerkreises zu Kirchheimer und Neumann wird von Wiggershaus als »ein höflich distanziertes Provisorium« (265) beschrieben. Dies ist sicher nicht hauptsächlich durch den Umstand zu erklären, dass beide Autoren teilweise sozialdemokratisch reformistische Positionen bezogen, sondern vor allem mit der Tatsache, dass die Frage des Rechts – typisch für die undogmatische Linke in Deutschland – eine Leerstelle bildete (Maus 1995: 507), so dass man mit Maus gar von einem »Rechtsnihilismus« der alten Frankfurter Schule (ebd.: 508) sprechen kann. Dieses Verhältnis der alten Kritischen Theorie zu Neumann und Kirchheimer reproduziert sich noch heute (auch außerhalb Deutschlands[2]), indem sie etwa mit der Argumentation, dass ihre Theorien »do not necessarily represent an application of the larger Frankfurt School approach to critical theory« (Whitehead 1999: 721, Fn. 96), in die Fußnote eines Artikels über Kritische Theorie und Recht verdammt werden. Aber auch im bürgerlichen Mainstream blieb ihnen die Anerkennung verwehrt: »Dass derjenige, der in der Emigration die wichtigste [...] Analyse des NS-Systems geschrieben hat [Neumann, S. B.], in der Bundesrepublik als Theoretiker nahezu unbekannt und in der Wissenschaft kaum rezipiert worden ist, ist ein Schandfleck dieser Republik und zugleich symptomatisch für den Geist der Bundesrepublik«, schlussfolgert Jürgen Seifert noch 1984 (9 f.).

Auf eine materialistische *Rechts*theorie konnten weder Neumann noch Kirchheimer zurückgreifen: »Die deutsche marxistische Bewegung hat irgendwie bedeutsame Leistungen auf dem Gebiete der Rechts- und Staatstheorie nicht produziert [...]«, schrieb Neumann 1935 (1978: 134). Sie waren daher beide, was die Rechtstheorie angeht, maßgeblich von bürgerlichen Theoretikern beeinflusst, Neumann von der Tradition eines Max Webers, Kirchheimer von Carl Schmitt. Diese unterschiedlichen Ausgangspunkte führten sie zu teilweise erheblich abweichenden Positionen.

Ihre gemeinsame Fragestellung war eine historisch spezifische, nämlich eine rechts*staats*theoretische. Die Frage nach einer adäquaten Demokratietheorie und einem neuen Rechtsstaatsbegriff stand mit der Entstehung der Weimarer Republik auf der Tagesordnung (Staff 1985: 7 f.), während die Frage nach der Form des Rechts selbst nicht thematisiert wurde. *Eugen Paschukanis* ist der erste Theoretiker, der diese Fragestellung mit dem Erscheinen der *Allgemeinen Rechtslehre* aufwirft (so auch Neumann 1938: 135). Dies hat Konsequenzen für ihre Theoriebildung: während die bürgerliche Theorie und Philosophie etwa mit Kant, Hegel oder mit Kelsen und Ehrlich auf lange Diskurse über die Frage, was das Recht sei, verweisen konnte, waren die materialistischen Theoretiker auf sich selbst gestellt.

Die Thematik des Rechtsstaates ist unter einer rechtstheoretischen Perspektive die Beschäftigung mit dem Teilaspekt der Bindung staatlicher Gewalt an rechtliche Normen. Um dies hinreichend beantworten zu können, müsste prinzipiell zunächst geklärt sein, welche Bedeutung dem Recht, insbesondere welche Materialität ihm zukommt. Wird es als bloße Ideologie oder gar als reines Überbauphänomen betrachtet, so ist die Frage, nach seiner Bindungswirkung obsolet. Nur dann, wenn unterstellt wird, dass das kapitalistische Recht eine eigene Materialität besitzt, kann es auch eigenständige, nicht abgeleitete Auswirkungen

2 Eine Ausnahme stellt Scheuerman (1997) dar.

auf andere Bereiche haben. Um eine Formulierung von Luhmann in Bezug auf die »übliche sozialwissenschaftlichen Analyse des Rechts« aufzugreifen, setzt die Untersuchung des Einflusses der Gesellschaft auf das Recht oder umgekehrt voraus, »dass das Recht bereits konstituiert ist als etwas, was gesellschaftlichen Einflüssen mehr oder weniger unterliegen kann. *Die Vorfrage, wie Recht in der Gesellschaft überhaupt möglich ist*, wird dabei weder gestellt noch beantwortet« (Luhmann 1995:34, Herv. S.B.). Das heißt, zunächst einmal müsste die *Rechtsform* selbst analysiert werden. Doch solche Erörterungen stehen nicht im Zentrum der Theorien von Neumann und Kirchheimer, sondern bleiben eher implizit.

1.1 Franz Neumann

Der moderne Staat ist für Neumann per se Rechtsstaat, das heißt, seine konstitutiven Elemente sind staatliche Souveränität *und* Freiheit (Neumann 1980 {1936}:15) bzw. Gewalt und Gesetz, wie er später formuliert (1967 {1937}:7). Im Gegensatz zu liberalen Rechtsstaatsvorstellungen oder aber zu Habermas' These, administrative Macht könne kommunikativer Macht untergeordnet werden, streitet Neumann jedwede mögliche Versöhnung der beiden Prinzipien ab. Sie stünden in einem unauflösbaren Widerspruch (8), so dass die liberale Vorstellung, Macht könne in Rechtsbeziehungen aufgelöst werden, illusorisch sei. Es verwundert daher nicht, dass Habermas »aus einleuchtenden Gründen« nicht an Franz Neumann anknüpfen kann (so Ingeborg Maus zustimmend 1995:508). In *Faktizität und Geltung* kommt daher der Rechtstheoretiker der Frankfurter Schule nicht mehr vor.[3]

Dieser prinzipiell in der bürgerlichen Staatlichkeit angelegte Widerspruch, dass sowohl das Gewaltmonopol als auch das allgemeine Gesetz ursprüngliche Daten des bürgerlichen Rechtssystems sind (Neumann 1967 {1937}:8), ist der Ausgangspunkt einer Verfallsgeschichte des Rechtsstaates, für die Franz Neumann bekannt geworden ist. Am Ende dieser Geschichte steht der nationalsozialistische deutsche »Staat«, welchem er den Staatscharakter schlichtweg abspricht und ihn stattdessen als »Regime« bezeichnet. Statt einem »Reich von Recht und Gesetz« und einem einheitlichen Zwangsapparat besäße er lediglich individuelle Maßnahmen und diverse konkurrierende Machtapparate (Neumann 1977 {1942}:541).

3 Im Gegensatz zum »frühen« Habermas, der in Strukturwandel der Öffentlichkeit Neumanns Analyse der Degeneration des Rechtsstaates im Rahmen der damaligen Neumann-Renaissance in Teilen in seine Theorie aufnahm (Fisahn 1993:189).

Den Rechtsbegriff definiert Neumann im Rückgriff auf die in der liberalen Tradition entwickelte Definition[4] (vgl. etwa Kelsen 1981: 87), wonach Recht sich von anderen sozialen Normen (insbesondere der Moral) vor allem durch seine Zwangsbefugnis unterscheidet, das heißt, letztlich durch seine gewaltmonopolförmige Absicherung (Neumann 1980 {1936}: 27). Demgemäß ist »Staat« eine souveräne Institution, welche die höchste rechtliche Gewalt ausübt, das heißt, das angestammte Recht besitzt, Gesetze und individuelle Normen zu erlassen (ebd.: 42 f.), und auch die Macht, jene durchzusetzen (ebd.: 45). Er legt Wert darauf, dass es sich um eine »rechtliche Macht« handelt, nicht um eine naturalistische, wie dies Carl Schmitt mit seiner Konzeption des Ausnahmefalles konzipierte. Wenn das Abnorme zum einzigen und wesentlichen Element werde, könne daraus nicht die rechtliche Realität des Normalzustandes erklärt werden (46 f.).

Rechtsstaatlichkeit bzw. Rule of Law bedeute vor allem die Vorherrschaft des allgemeinen Gesetzes, die Legalität von Verwaltung und Justiz, die Existenz formal-rationalen Rechts. Das Eingreifen des Staates müsse vorhersehbar und kalkulierbar und durch unabhängige Richter kontrollierbar sein (207). Die skizzierte Widersprüchlichkeit des modernen Rechtsstaates zeigt sich für Neumann genau in der Ambivalenz, die er in drei Gesichtspunkten des bürgerlichen Rechts (246) aufzeigen will. Denn neben der beschützenden Funktion, die durch die Legalität sichergestellt werden soll, habe es auch eine verhüllende Funktion, da es in einer Klassengesellschaft die »wirklichen Verhältnisse« zudecke (ebd.: 246), soll heißen: die Herrschaft des Bürgertums. Die Beschwörung der Gesetzesherrschaft mache es überflüssig, diese tatsächliche Herrschaft direkt zu bekennen (ebd.: 300). Außerdem diene der Rechtsstaat drittens dazu, die Austauschprozesse in einer Konkurrenzökonomie berechenbar zu machen und damit vor allem der herrschenden Klasse (ebd.: 246). Der ambivalente Bezug auf den Rechtsstaat, der die materialistische Rechtstheorie wie kein zweites Problem verfolgt, entspringt letztlich für den Klassentheoretiker Neumann aus der Tatsache, dass er eine Schöpfung der Bourgeoisie ist (Neumann 1967 {1937}: 27), die die Souveränität benötige, um lokale und partikulare Gewalten zu vernichten und eine einheitliche Verwaltung und Rechtsprechung herzustellen sowie andererseits die Freiheitsrechte, um ihre ökonomische Freiheit zu sichern (8). Das überzeitliche Element, das auch der Arbeiterklasse ein gewisses Maß an Freiheit und Sicherheit garantiere (Neumann 1980 {1936}: 311), die erste Funktion also, ist eher eine unbeabsichtigte Nebenfolge. Neumann nennt sie in seinem *Funktionswandelaufsatz* eine »ethische«, da sie ein Minimum an persönlicher und politischer Freiheit

4 Das Definieren verweist wiederum auf Max Weber »Wir wollen den Begriff des Rechts definieren [...]« (Neumann 1980 {1936}: 27).

garantiere, die zwar bloß formal ist, die aber immerhin eine negative Freiheitssicherung enthalte. Bereits Hegel, der die Unzulänglichkeit der bloß formal-negativen Bestimmung des Freiheitsbegriffes am klarsten erkannt habe, habe schon davor gewarnt, diese Bestimmung zu gering zu bewerten (Neumann 1967 {1937}: 26): »Die Generalität des Gesetzes und die Unabhängigkeit der Richter enthielten Elemente, welche die Funktion der Machtverhüllung und der Schaffung von kapitalistischer Kalkulierbarkeit transzendierten«. Die Rationalität des Rechts sei auch in hohem Maße den Armen und den Arbeitern zugute gekommen (30). Genau diese Möglichkeit der Transzendierung des bürgerlichen Rechts war der theoretische Ausgangspunkt der sozialdemokratischen Rechtstheoretiker: Wenn das Bürgertum zur Absicherung seiner ökonomischen Freiheit (und in England auch seiner politischen Freiheit) sich des Rechts bediene, könne es nicht verhindern, dass sich auch andere Klassen darauf beziehen, das eben ist in der *Allgemeinheit* des Gesetzes angelegt (so auch Fisahn 1993: 71). Hierauf ruhten die Hoffnungen auf einen friedlichen Übergang zum Sozialismus: die bloß negative formale Freiheit halte immerhin die uneingelöste Utopie positiver Freiheit und Gleichheit im Bewusstsein (211). Aber just dieses »ethische« Moment ist es nach Neumann, welches die Bourgeoisie – und darin folgt er der Marxschen Bonapartismusanalyse – zu opfern bereit ist, wenn ihre ökonomische Herrschaft dadurch gefährdet wird. Dies ist der springende Punkt der Verfallsgeschichte. Wiggershaus kommt daher zu dem Schluss: »Neumanns Buch schien so zu besagen: Hoffnung gab es nur, wenn noch einmal so etwas wie ein liberaler Rechtsstaat zustande kam mit einer herrschenden Schicht, die von der faschistischen Lösung zurückschreckte« (Wiggershaus 1993: 254).

1.2 Otto Kirchheimer

Ganz anders Otto Kirchheimer: Bei ihm gelangt der bürgerliche Rechtsstaat über den Status eines bloßen Instruments der Bourgeoisie kaum hinaus. Seine Beeinflussung durch Carl Schmitt macht den Unterschied aus. Die 1928 bei Schmitt eingereichte Promotion (Kirchheimer 1976 {1928}) stellt, wie Wiggershaus treffend feststellt, »eine Art linksradikales Gegenstück zu Schmitts Kritik der Weimarer parlamentarischen Demokratie dar« (Wiggershaus 1993: 258). Die bloß formale Demokratie, der formale Rechtsstaat, das bloß technische Recht, werden durch die realen gesellschaftlichen Klassenkämpfe geprägt: Sie sind allesamt Ausdruck eines Kräftegleichgewichtes (Kirchheimer 1976 {1928}: 34). Dies ist offensichtlich eine Anwendung von Marx' historischer Analyse der Verhältnisse von 1848 in Frankreich, die zu dem Schluss gekommen war, dass die demokratischen Institutionen Mittel seien, »nicht um zwei

Extreme, Kapital und Lohnarbeit, beide aufzuheben, sondern um ihren Gegensatz abzuschwächen und in Harmonie zu verwandeln« (Marx 1989 {1852}: 297). Die einstigen Waffen des Bürgertums gegen das Feudalsystem (Kirchheimer 1976 {1928}: 32) unterliegen in dieser Situation einem Funktionswandel (ebd.: 36). Wenn nämlich der Verfassung keine prinzipiell geteilten »Werte« zugrunde liegen, der Staat lediglich Form zur Austragung von Klassengegensätzen werde (ebd.: 37), stelle der Rechtsstaatsmechanismus sicher, dass die Regierungsgewalt möglichst wenig tatsächliche Entscheidungsgewalt beinhalte. Entscheidungen würden der jeweiligen sozialen Kräfteverteilung entrissen und in die »Sphäre des Rechts« entrückt. Jeder »Macht-Entscheidung« werde dadurch ausgewichen, dass die Streitfrage »juristisch formalisiert« werde. Das sei die »wahre Epoche des Rechtsstaats«:

> »Denn dieser Staat beruht nur auf seinem Recht. Dadurch, daß die Entscheidung, die gefällt wird, möglichst farblos und wenig autoritativ wirkt, daß durch sie der Glaube hervorgerufen wird, daß sie von unabhängigen, nach freier Überzeugung entscheidenden Richtern gefällt sei, wird sie überhaupt erst tragbar. Das Paradoxe ist Tatsache geworden; der Wert der Entscheidung liegt darin, dass sie eine rechtliche Entscheidung ist, daß sie von einer allgemein anerkannten Instanz ausgesprochen wird, aber daß sie trotzdem möglichst wenig Sachentscheidung enthält. Der Staat lebt vom Recht, aber es ist kein Recht mehr, es ist ein Rechtsmechanismus, und jeder, der die Führung der Staatsgeschäfte zu erlangen glaubt, bekommt stattdessen eine Rechtsmaschinerie in die Hand [...]« (ebd.: 36f.)

Kirchheimer unterscheidet also zu diesem Zeitpunkt Recht vom bloßen »Rechtsmechanismus«. Recht wäre danach eine inhaltliche Entscheidung, während der Rechtsmechanismus, die Technik ist, Entscheidungen nicht autoritativ wirken zu lassen, mit dem Anschein der Neutralität zu versehen und scheinbar unabhängigen Dritten zu überlassen, die den politischen Kämpfen entrückt zu sein scheinen. Es geht um die »Transponierung der Dinge vom Tatsächlichen ins Rechtsmechanistische« (ebd.: 37), der politischen Konflikte in das Institutionengefüge und in die Begrifflichkeit eines eigendynamischen Rechtsprozesses, in welchem sie nach der Eigengesetzlichkeit der Rechtsmaschinerie bearbeitet werden (Teubner 1993: 510). Kirchheimer lehnt den »Rechtsmechanismus« aus zwei Gründen ab. Zum einen suggeriere er Neutralität, die faktisch aber nicht gegeben sei, zum anderen falle dadurch keine inhaltliche Entscheidung mehr, die Staatsmaschinerie sei zum Verwaltungsapparat verkommen.

Diese Auffassung lässt sich noch einmal an Kirchheimers positiver Beschreibung des damaligen russischen Rechts illustrieren. Hier sei die Justiz das Organ der Arbeiter. Gebrochen werde mit der Auffassung der

Justiz als einem über den Streitenden stehenden, unabhängigen Dritten. Es zeige sich offen, dass Recht im Namen bestimmter Wertvorstellungen gesprochen wird. Die russischen Richter sind eingeübt im »revolutionären Rechtsempfinden« (Kirchheimer 1976 {1928}: 47). Das Recht sei zudem kein Ewigkeitsrecht, sondern zeitlich begrenzt: »Das russische Recht braucht keine besondere ›clausula rebus sic stantibus‹,[5] denn es ist selbst das Recht der ›clausula rebus sic stantibus« (ebd.: 48).

1.3 Das Verhältnis von Recht und Sozialstruktur

Der zentrale Unterschied zwischen Neumann und Kirchheimer liegt in ihrer jeweiligen Konzeption des Verhältnisses von Sozialstruktur und Recht. Beide gehen von Klassenkonstellationen als den determinierenden sozialen Verhältnissen aus. Für Kirchheimer können politische und rechtliche Strukturen jene im besten Falle prozessierbar machen. Daher enthält der bürgerliche Rechtsstaat auch kein wirkliches Freiheitsmoment. Die von Neumann thematisierte »Verhüllungsfunktion« scheint für Kirchheimer die einzige Funktion zu sein. Eine Ambivalenz gibt es für ihn nicht, während Neumann eine größere Eigenständigkeit des Rechtlichen zugrundelegt. Im folgenden soll daher noch einmal dieser Zusammenhang näher beleuchtet werden:

Neumann geht von einer »Totalität aller Beziehungen« aus. »Politische, religiöse und geistige Strukturen, aber auch Familienbeziehungen sind Realitäten, denen die Rechtsnormen nicht weniger unterworfen sind als der Ökonomie« (Neumann 1980 {1936}: 33). Recht sei ein abhängiges Moment einer Totalität, aber »relativ unabhängig« von der sozialen Realität (ebd.: 34). Demgemäß fielen Rechtsnorm und Realität nicht immer in eins. Eines könne sich ohne das andere verändern – dann sei von einem »Funktionswandel von Normen« zu sprechen (ebd.: 35). Nur so ist auch letztlich der Zwangscharakter des Rechts erklärbar, der notwendig sei aufgrund der prinzipiellen Nichtübereinstimmung »aller Bürger« in einer Gesellschaft (selbst in einer sozialistischen) (ebd.: 36).

Neben diesen allgemeinen Überlegungen zeigt sich Neumanns materialistische Perspektive in seinem methodischen Vorgehen: dem Konzept der Totalität versucht er durch die Parallelisierung von rechtlichen, ökonomischen und politischen Beschreibungen gerecht zu werden. Sowohl

5 »Bei unveränderter Sachlage«. Zivilrechtliches allgemeines Rechtsprinzip seit dem römischen Recht, wonach die Rechtsfolge davon abhängig ist, dass sich die wesentlichen Verhältnisse nicht ändern. Diese Klausel ist in der BRD erst mit der Zivilrechtsreform 2002 positiviert worden (§ 313 BGB), zuvor wurde sie durch Richterrecht als »Wegfall der Geschäftsgrundlage« etabliert. Besonders in der Rechtsprechung des Reichsgerichts zu Kirchheimers Zeiten hat sie eine prominente Rolle gespielt.

in der *Herrschaft des Gesetzes* als auch im *Behemoth* nimmt er diese Aufteilung vor. Darin wird deutlich, dass keine der Sphären unabhängig voneinander gedacht werden kann. Während sich Kirchheimer hauptsächlich auf Marx' politische Schriften bezieht, offenbart der durch Weber weitaus mehr als durch Marx[6] geprägte Neumann seinen Marxbezug maßgeblich durch die Anerkennung der Zentralität der Ökonomie. Auch an seiner historischen Analyse lässt sich dies zeigen. So kann das Recht auch vollständig beseitigt werden, wenn sich die sozialen Machtverhältnisse ändern. In Bezug auf den Nationalsozialismus endet sein Rechtsstaatsbuch mit der Schlussfolgerung: »Es gibt heute in Deutschland kein Recht mehr. Was Recht genannt wird, ist ausschließlich eine Technik, um den politischen Willen des Führers in Verfassungswirklichkeit zu transformieren« (Neumann 1980 {1936}: 355). In seiner Untersuchung des Nationalsozialismus radikalisiert er dieses Ergebnis mit der These eines Verfalls des rationalen Rechts. Letzteres sei zugeschnitten auf die liberale Ära, das heißt auf freie Konkurrenz, die Existenz einer großen Zahl von Wettbewerbern mit ungefähr gleicher Stärke und der Freiheit des Warenmarktes. Hier seien Vertragsfreiheit und Berechenbarkeit der Justiz wesentliche Bedingungen (Neumann 1977 {1942}: 512). Mit der Beseitigung dieser Elemente zugunsten eines »organisierten Staatskapitalismus« und einer Monopolwirtschaft[7] verschwinde auch das allgemeine Gesetz zugunsten von Führerbefehl und Generalklausel (ebd.: 514). Generelle Normen seien sinnlos:

> »Die individuelle, irrationale Norm ist für den Monopolisten berechenbar, da er stark genug ist, der formalen Rationalität zu entbehren. Der Monopolist kann nicht nur ohne rationales Recht auskommen, es ist sogar oft eine Fessel [...]; denn das rationale Recht vermag ja nicht zuletzt auch die Schwachen zu schützen. Der Monopolist kann auf die Hilfe der Gerichte verzichten, da seine Befehlsgewalt ein ausreichender Ersatz ist« (ebd.: 517).

Der Übergang vom Wettbewerbs- zum Monopolkapitalismus unterminiert also in Neumanns Sichtweise die ökonomische Basis einer Rechtsordnung, die auf dem allgemeinen Gesetz basiert (so auch Scheuerman 2002: 80).

6 Eher vielleicht noch durch Harold Laski und Karl Renner (Söllner 1980: 371).

7 Neumann thematisiert hier ähnlich wie zeitgleich *Richard Löwenthal* oder die sozialdemokratische und kommunistische Imperialismustheorie des 19. und frühen 20. Jahrhunderts (*Hilferding, Kautsky, Bernstein, Luxemburg, Renner, Bucharin, Lenin*) den kapitalismusimmanenten Übergang vom »reinen Kapitalismus« zum Monopolkapitalismus (Löwenthal 1977: 26ff.).

Recht ist demnach eine spezifische Erscheinung des bürgerlichen, rationalen Staates, es unterscheidet sich von einer »bloßen Technik« oder »bloßen Ideologie« durch seine relative Eigenständigkeit. Ist jene aufgelöst, kann man die Herrschaftsverhältnisse nicht mehr als rechtliche bezeichnen (Neumann 1977 {1942}: 530). Da soziale Macht nicht in Rechtsbeziehungen aufgelöst werden könne, sei diese Suspendierung des Rechts zugunsten nackter Gewalt tendenziell immer möglich (Neumann 1967 {1937}: 110). Der Widerspruch zwischen Gewalt und Freiheit wird dann zugunsten der ersteren aufgelöst.

Kirchheimers Perspektive gilt den »Spannungen zwischen politischer und sozialer Wirklichkeit und dem Normtext der Verfassung« (Luthardt 1976: 12). Unter dem Eindruck des Schwindens des Kräftegleichgewichtes verändert sich Kirchheimers Perspektive auf den Rechtstaat. Er kritisiert nicht mehr seine Formalität, sondern versucht vielmehr, seine Abhängigkeit von den zugrundeliegenden sozialen Verhältnissen aufzuzeigen, die in der Weimarer Republik zu seinem Niedergang führten: Das Bürgertum habe sich 1930 zur einheitlichen Klasse konstituiert und damit die Grundlagen des Verfassungssystems vollständig verändert. Seine Machtstellung sei beständig gewachsen, so dass es nicht mehr darauf angewiesen war, Kompromisse herbeizuführen (Kirchheimer 1976 {1930}, 92). Da die Weimarer Verfassung ein Nebeneinander von verschiedensten Wertesystemen gewesen sei (bürgerlich-liberale Prinzipien aber auch soziale Grundrechte) fehlte von Anfang an ein das ganze Volk zusammenfassendes Programm. Dies wirke sich unter den veränderten Umständen aus, da die Verwirklichungschance von der Stärke der einzelnen Interessengruppe abhinge (Kirchheimer 1964 {1930}: 32f.). Hinzu kam die prekäre politisch-ökonomische Situation der Weltwirtschaftskrise, die für Kirchheimer eine »objektive Problematik« darstellte, die »selbst eine demokratische Staatsführung fast zum Erliegen zu bringen droht« (Kirchheimer 1976 {1932}: 101). Er wandte sich damit gegen die »begriffsrealistische« Sicht Carl Schmitts, der behauptet hatte, die Schwierigkeiten entstammten konkreten Unstimmigkeiten innerhalb der Weimarer Verfassung (ebd.). Hier zeigt sich Kirchheimers Materialismus: Die Änderung der organisatorischen Bestimmungen einer Verfassung könne an den sozialen Strukturverhältnissen nichts Entscheidendes ändern:

> »Die Demokratie als Rechtsordnung, die als Schatten der Wirklichkeit folgt, würde bei der nächsten Etappe der Ineinssetzung von Recht und Wirklichkeit nur noch ein Schatten der Demokratie sein« (ebd.: 106).

Recht und politisch-ökonomische »Wirklichkeit« werden auch hier als voneinander abhängig vorgestellt (Kirchheimer 1964 {1930}: 56).

Vor allem durch seine Auffassung von der Wichtigkeit von Klassenkämpfen hatte Kirchheimer eine pessimistische Perspektive auf die Weimarer Verfassung. So hat er viel Mühe darauf verwendet, Sozialdemokratie und Gewerkschaften vor der Vorstellung zu warnen, sie könnten über die bürgerlichen Institutionen zu einer sozialistischen Gesellschaft gelangen. Er warf ihnen vor, sie glaubten an den friedlichen Übergang, anstatt zu kämpfen (Kirchheimer 1976 {1928}: 39). Diese Vorstellung ginge von falschen Tatsachen aus. Denn: »Für Marx selbst war die politische Welt nie mehr als ein Reflex der wirtschaftlichen Entwicklung« (ebd.: 40). Und eben jene »wirtschaftliche Entwicklung«, die vom Klassengegensatz dominiert werde, laufe quer zu den rechtlichen Prinzipien der Volkssouveränität und der Suprematie des parlamentarischen Gesetzgebers. In dem Moment, da das Legalitätsprinzip der herrschenden Klasse zum Problem geworden sei, werde auch die parlamentarische Demokratie »mit den sozialen Status-quo-Bedingungen synchronisiert« (Blanke 1984: 166) und zwar über den Mechanismus der »zweistufigen Legalität«.[8] So maßte sich etwa das Reichsgericht die richterliche Prüfungskompetenz gegenüber den ordnungsgemäß verabschiedeten Gesetzen an und stellte sich damit außerhalb der Rechtsbindung. »Die Zerstörung der Weimarer Demokratie beruht demnach – dies ist die zentrale These von Otto Kirchheimer – auf der *strukturellen Unvereinbarkeit von Kapitalismus und Demokratie* [...]« (167, Herv. i. O.).

In der Nachkriegszeit knüpfen vor allem *Wolfgang Abendroth, Jürgen Seifert und Joachim Perels* an die Konzepte von Neumann und Kirchheimer an (ebd.). Abendroth reformulierte die Unvereinbarkeitsthese in der Weise, dass »die Trennung des politischen und ökonomischen Kommandos einen Spannungszustand erzeugt, der im nur formaldemokratischen organisierten Staat auf die Dauer nicht aufrecht erhalten werden kann« (Abendroth 1968: 129). Das Sozialstaatsprinzip des Grundgesetzes interpretierte er vor diesem Hintergrund – gegen die konservative Verfassungslehre – als Anerkennung der historischen Erkenntnis, dass »der Glaube an die immanente Gerechtigkeit der bestehenden Wirtschafts- und Gesellschaftsordnung aufgehoben ist« (119), dass diese Rechtsrodung vielmehr zur »Disposition der Gesellschaft gestellt ist« (121, 127).

1.4 *Kritik*

Die Arbeiten Kirchheimers und Neumanns müssen »primär im historischen Zusammenhang der damaligen verfassungstheoretischen

8 Die Begrifflichkeit Carl Schmitts wird gegen jenen gewendet (C. Schmitt 1993).

und politisch-strategischen Diskussionen wahrgenommen werden« (Luthardt 1976: 10). Während Paschukanis und Stučka in einer Zeit unmittelbar nach der Russischen Revolution ihre Werke verfassten – so war Paschukanis 1917 kurzzeitig als »Volksrichter« tätig, sein 1924 erschienenes Hauptwerk wurde sogar als Lehrmittel der sowjetischen Rechtswissenschaft verwendet (Harms 2000: 14f.) – mussten sich die sozialdemokratischen Juristen in Deutschland mit einem bürgerlichen Verfassungskompromiss zwischen Arbeiterklasse und Bourgeoisie auseinandersetzen und vor allem mit dem aufkommenden Nationalsozialismus. Kirchheimer und Neumann mussten Aussagen über rechtliche Themen machen, ohne dass zuvor die Frage nach dem »Rechtsbegriff« erörtert werden konnte, ohne dass die eingangs erwähnten methodischen Probleme aufgeworfen wurden. Karl Korsch erkannte darin (1930) ein typisches Phänomen marxistischer Rechtstheorie. So sei jene[9] »an diesem Hauptproblem einer marxistischen Rechtskritik glatt vorbeigegangen und hat [...] die in der heutigen Wirklichkeit des kapitalistischen Staates als unmittelbare Erscheinung vorliegende Form des Rechts als Gesetz (Gesamtwille, Rechtsnorm) auch logisch einfach vorausgesetzt« (Korsch 1970 {1930}: IV). So wie die bürgerlichen Ökonomen der vormarxschen Periode ihre Aufmerksamkeit auf die Analyse der Wertgröße konzentriert und darüber das Spezifische der Wertform übersehen hätten, so habe auch die marxistische Rechtstheorie noch ein volles Jahrhundert später bewusst und grundsätzlich jede Analyse der Rechtsform selbst unterlassen (ebd.).

1.4.1 Kirchheimers Schmittianismus

Die vorgenannte Auslassung führt jedoch ganz offensichtlich zu theoretischen Schwierigkeiten. Besonders bei Kirchheimer fällt die Idealisierung eines quasi proletarischen Gefühlsrechts auf. Die positive Bezugnahme auf das »revolutionäre Rechtsempfinden« mit seinem deutlichen Anklang an das »gesunde Volksempfinden« sowie die positive Bezugnahme auf die clausula rebus sic stantibus, also auf die Willkürlichkeitsformel,[10] dass morgen schon *nachträglich* Unrecht sein kann, was gestern noch Recht war, stellt die kritiklose Bezugnahme auf eine totalitäre Staatsauffassung dar. Denn schließlich waren es die russischen Staatsapparate, die jenseits der vermittelnden Rechtsform, an nichts gebunden, außer an ihr »Empfinden«, von jedweder Bindung gelöst werden sollten. Auch seine Kritik des bloßen »Rechtsmecha-

9 Exemplarisch Karl Renner.
10 Zur rechtsmethodischen Problematik vgl. (Rüthers 2005) sowie für einen klassischen »Anwendungsfall« der Gefahren der clausula (Kaufmann 1911).

nismus« basiert auf einer Tradition obrigkeitsstaatlicher Gerechtigkeitsexpertokratie, in welcher der Staatsapparat für die Einzelnen in materialen Vorgaben definiert, was Glück und Gerechtigkeit ist, durch eben jene von Kirchheimer bevorzugten »Werte«.[11] Ganz offensichtlich will Kirchheimer damit seine Auffassung verdeutlichen, wonach eine sozialistische Gesellschaft nur durch Klassenkämpfe und nicht durch das Vertrauen aufs Recht, auf Juristensozialismus (Engels), erreichbar ist. Doch sitzt er mit dieser Darstellung einem schlechten Unmittelbarkeitsverständnis auf. Es gelingt ihm nicht, die schwierige Dialektik, zwischen den Errungenschaften der bürgerlichen Rechtsordnung und ihren gleichzeitigen Herrschafts- und Unterdrückungsmomenten darzustellen. Franz Neumann hatte von Anfang an eine wesentlich tiefere Einsicht in diesen Sachverhalt.[12]

Auch die Bezeichnung des Politischen als »Relflex«verhältnis ist fragwürdig. Als Marxist geht Kirchheimer von einem Zusammenhang von Politik und Ökonomie aus. Dieser wird jedoch eher nebenbei vorausgesetzt als erläutert.

Ganz deutlich zeigt sich hier der Nachteil einer rechtlichen Thematisierung ohne Rechtsformanalyse. Gerade seine Beobachtung, dass Machtentscheidungen den Kräfteverhältnissen entrissen und in die juristische Sphäre »transponiert« werden, böte bereits Hinweise für eine Rechtsformanalyse. Teubner vertritt etwa die These, dass Kirchheimer als erster in der Marxschen Tradition eine Parallelisierung von Rechtsform und Warenform erkannt habe: »Die Eigendynamik eines gesellschaftlichen Teilbereichs in ihrer Expansion auf die gesamte Gesellschaft ist der Aspekt der *Marx*schen Theorie, den *Kirchheimer* im Verhältnis von Politik und Recht kreativ weiterdenkt « (Teubner 1993: 509, Herv. i. O.). Man muss allerdings hinzufügen, dass das bei Kirchheimer im Unterschied zu Paschukanis eher unbewusst geschieht, was sich daran zeigt, dass er dem Rechtsmechanismus gerade den *Rechtscharakter* abspricht. Die relative Eigenständigkeit des Rechtlichen durch das Transponieren ins Rechtliche kann er nicht konsequent würdigen, denn Recht und Macht sind in seiner Konzeption nicht mehr unterscheidbar: Recht wird per se zur clausula rebus sic stantibus: zum unmittelbaren Durchschlagen sozialstruktureller Verhältnisse. Die relative Autonomie wird erst von Neumann anerkannt.

11 Eine im übrigen für einen Marxisten erstaunlich selbstverständliche Verwendung eines traditionell besetzten Begriffes, der – wie Adorno (1993) richtig feststellt, »nicht umsonst an die Ökonomie und an den Markt« erinnert und selber Ausdruck einer Verdinglichung ist.

12 Siehe zur Kritik Neumanns an Kirchheimer auch (Neumann 1977 {1942}).

1.4.2 Neumann: Relative Unabhängigkeit

Franz Neumann hat die »relative Unabhängigkeit« des Rechts eigenständig theoretisiert. Seiner komplexeren Totalitätsauffassung gelingt es durch das Einlassen auf den bürgerlichen Diskurs, Recht eben nicht als bloßen Reflex der »ökonomischen Basis« abzutun.[13] Insofern muss Ingeborg Maus ausdrücklich widersprochen werden, die Neumann vorwirft, er habe genau jenes »Eigeninteresse dieser Apparate als selbständigen Faktor zu wenig« berücksichtigt, so dass die freiheitssichernde Dimension das Rechts »ein seltsam fremdes, theoretisch unausgewiesenes Moment« in seiner Theorie bleibe (Maus 1995: 509). Neumann bestand darauf, dass die beiden Elemente, Zwang und Freiheit, nicht zu versöhnen seien. Er betont die herrschaftliche Seite des Rechts stärker als etwa die Ansätze von Habermas oder Maus.

Warum die »ethische Funktion« dennoch als unausgewiesenes Element erscheinen kann, liegt in ihrer Herleitung begründet. Neumanns Ausführung zur Totalität und zur relativen Unabhängigkeit benötigt gerade einmal eine halbe Seite. Der Totalitätsbegriff wird zu einem Drei-Sphären-Modell operationalisiert, welches die Sphären der Politik, der Ökonomie und des Rechts nicht nur analytisch, sondern auch real isoliert behandelt und *nebeneinander* stellt. Neumann bezieht sich zwar formal auf Marx und Hegel und deren Totalitätsbegriff (ebd.: 33 f.), ohne jedoch diesen tatsächlich auf seine eigene Arbeit anzuwenden. Letztlich bleibt er einem abstrakten Totalitätsbegriff, das heißt einem summarischen, verhaftet. Die drei Funktionen des bürgerlichen Rechts deduziert er daher aus der liberalen Ideengeschichte, und nicht aus einer Analyse der kapitalistischen Gesellschaftsstruktur.

Auch das Verhältnis von Struktur und Handlung bleibt ungeklärt, so bindet er die Rechtsform an »ökonomische *Interessen*« (die »freie Konkurrenz« bedarf des allgemeinen Rechts, der »Monopolkapitalismus« beseitigt den Rechtsstaat), ohne diese wieder an eine strategische Bezugnahme auf Strukturen zurückzubinden. Es wird sich in der weiteren Darstellung zeigen, dass die Totalitätskonzeptionen zentral sind für die Rechtstheorie, weil die Rolle des Rechts in diesem Gesamtzusammenhang erläutert werden muss.

Auch wenn Neumann also die Darstellung des Artikulationsverhältnisses nicht wirklich gelungen ist, so kann doch festgehalten werden, dass er die zentrale Bedeutung jenes »eigenständigen Moments« des

13 So auch (Scheuerman 2002). Das heute übliche Vorurteil, Neumanns Theorie sei ökonomistisch gewesen, etwa in Form eines monokausalen Determinismus Monopolkapitalismus – Nationalsozialismus – Rechtsstaatsverfall, ist daher unverständlich.

bürgerlichen Rechts herausgearbeitet hat. Dies ist eine Errungenschaft für die materialistische Theorie, die noch häufig ökonomistischen Verkürzungen entgegenzuhalten sein wird. Gerade in der Diskussion um die Internationalisierung des Rechts etwa bleibt seine Erkenntnis zentral, um zwischen rechtlichen und nicht-rechtlichen Momenten unterscheiden zu können. Nur wenn diese »relative Unabhängigkeit« gegenüber sozialen Machtverhältnissen vorliegt, kann von Recht gesprochen werden. Wer faktisches Handeln bereits mit Recht gleichsetzt, wie etwa *Michael Hardt* und *Antonio Negri*, unterschlägt jene Besonderheit. Es ist kein Zufall, dass dazu auf Carl Schmitt zurückgegriffen werden muss (Hardt/Negri 2002: 24 f.). Kapitalistische Herrschaftsverhältnisse, die sich noch nicht einmal der Form des Rechts bedienen, sind solche der nackten Gewalt. Diese Differenz geht bei einer zu allgemeinen Auffassung des Rechts verloren (vgl. Buckel 2003). Neumann sprach daher im Zusammenhang mit dem Nationalsozialismus von einer Gesellschaftsform, »in der die herrschenden Gruppen die übrige Bevölkerung direkt kontrollieren ohne die Vermittlung durch den wenigstens rationalen, bisher als Staat bekannten Zwangsapparat« (Neumann 1977 {1942}: 543).

Schließlich, es ist müßig, darauf hinzuweisen, war es bis zu diesem historischen Zeitpunkt in keiner Weise üblich, Herrschaftsverhältnisse jenseits des Klassenantagonismus auch nur zur Kenntnis zu nehmen. *Marxistische* Rechtstheorie bedeutete vor allem die Analyse des Klassenkampfs und des Feldes der »Ökonomie«. Dabei wurde vollständig ausgeblendet, wie die bürgerliche Klasse in ihrer Staatswerdung (Gramsci) ein altes Herrschaftsverhältnis übernahm und die dort stattfindenden Kämpfe zwischen den Geschlechtern unterminierte. Die androzentrische Blindheit für das Geschlechterverhältnis teilen Neumann und Kirchheimer nicht nur mit Luhmann und Habermas, sondern auch mit allen folgenden marxistischen Theoretikern.

1.4.3 Fazit

Die beiden Rechtstheoretiker der Frankfurter Schule haben einen schwierigen Weg beschritten und ihn damit zugleich für ihre Nachfolger überhaupt erst eröffnet. Beide betonten die Notwendigkeit, das Recht immer im Verhältnis zur Sozialstruktur zu betrachten und hier insbesondere zu den Kräfteverhältnissen (»Klassenkompromiss«). Im Gegensatz zur Systemtheorie werden von Anfang an strategisch handelnde Akteure in Bezug zur Rechtsentwicklung gesetzt. Es ist die neue bürgerliche Klasse, die historisch das spezifische kapitalistische Recht für ihre Lebens- und Produktionsweise durchsetzt. Auch wenn diese Komponente nicht ausreichend strukturell vermittelt ist, so hinterlässt sie doch einen wichtigen Ansatzpunkt für die Weiterentwicklung der

Theorie. Neumann und Kirchheimer heben auf unterschiedliche Weise außerdem hervor, dass von Recht nur geredet werden kann, wenn es eine relative Eigenständigkeit, die »relative Autonomie« zu diesen Kräfteverhältnissen aufweist, wenn jene ins Rechtliche »transponiert« werden. Dabei beharren sie darauf, dass gesellschaftliche Machtverhältnisse nicht endgültig im Recht auflöst werden, sondern zu jenem sogar in Widerspruch geraten können. Ihre Fassung des »Primat des Seins« kommt zu dem Schluss, dass ein solcher Widerspruch die Rechtsverhältnisse determiniert oder auflöst. Deswegen können in ihrer Perspektive Kapitalismus und Demokratie nicht versöhnt werden. Man sieht, auch Neumann und Kirchheimer changieren zwischen den Polen der Dialektik von Zwang und Freiheit. Sie haben die Fragen, die auch später immer wieder im Zentrum der materialistischen Rechtstheorie stehen werden, in radikaler Weise gestellt, wenn auch nicht immer zufriedenstellend beantwortet. Doch ihre Fragestellungen sollen im folgenden als Leitfaden der weiteren Diskussion dienen:

1. Wie muss das Verhältnis von Recht und Gesellschaft konzipiert werden, insbesondere zur politischen Ökonomie?
2. Wodurch ist die »relative Unabhängigkeit« des Rechts zu erklären, die es erlaubt, ihm eine »ethische Funktion« zuzuweisen, die *auch* die Schwachen schützt?
3. Wie materialisieren sich die Kräfteverhältnisse im Recht, und wodurch gelingt es der Rechtstechnik, politische Entscheidungen diesem unmittelbaren Verhältnis zu »entreißen«?
4. Kommt dem Recht ein gesellschaftstranszendierendes Emanzipationspotential zu, oder ist dies deswegen unmöglich, weil die gesellschaftlichen Verhältnisse den AkteurInnen darin entgleiten?

2. Eugen Paschukanis

Erst *Eugen Paschukanis* vollzieht einen methodischen Bruch in der materialistischen Rechtstheorie. Es geht ihm nicht mehr um die unmittelbaren Interessen, deren Analyse lediglich eine Theorie produziert, »die uns das Entstehen einer rechtlichen Regelung aus den materiellen Bedürfnissen der Gesellschaft und folglich die Tatsache erklärt, dass die Rechtsnormen den materiellen Interessen der einen oder anderen gesellschaftlichen Klasse entsprechen. Aber die rechtliche Regelung selbst bleibt trotz des Reichtums an geschichtlichem Inhalt, den wir in diesen Begriff hineinlegen, als Norm unanalysiert« (1970 {1924}:26). Wenn sich mit dem Recht immer nur Interessen durchsetzten, so bliebe ungeklärt, warum dies überhaupt in der *Form* des Rechts geschehen muss? Eine materialistische *Allgemeine Rechtslehre* soll die »Rechtsform als solche« (25) analysieren – und zwar angelehnt an die Marxsche Analyse der Warenform im *Kapital*. Die Beschäftigung mit der »Rechtsform als solcher« meint im Gegensatz zu einer bloßen Geschichte der Institutionen oder einer inhaltlichen Analyse der Normierungen eine allgemeine Rechtstheorie. Paschukanis betrachtete dabei sein eigenes Werk lediglich als »bescheidenen Beitrag« (7), »im besten Fall als Anregung und Material der weiteren Diskussion« (8). Diese Anregung fiel tatsächlich auf fruchtbaren Boden. Wer auch immer in der Zukunft über marxistische Rechtstheorie sich äußerte, musste sich mit Paschukanis' Rechtsformanalyse auseinandersetzen. Paschukanis wurde so zu einem schillernden Autor, an dessen Theorie sich über Jahrzehnte hinweg kritische Auseinandersetzungen über das Recht abarbeiteten. Die Widersprüche, die er hinterließ, stellen paradigmatisch die Widersprüche materialistischer Rechtstheorie dar. Sie sollen daher ausführlich erläutert werden.

Die *Allgemeine Rechtslehre* verstand sich als Entwicklung der grundlegendsten juristischen Begriffe (Rechtsnorm, Rechtsverhältnis, Rechtssubjekt). Deren »soziologische Wurzeln« sowie ihre historische Bedingtheit und Relativität sollten bloßgelegt werden (6). Die allgemeinste, abstrakteste Bestimmung des Rechts ist dabei das »Recht als Form« (41). Diese sei weder bloße Ideologie, denn sie »spiegele« ein objektives gesellschaftliches Verhältnis »wider«, sei dessen Abstraktion bzw. eine ins Mystische gewendete Vorstellungsform (46). Noch sei sie eine ewiggültige Voraussetzung menschlichen Daseins, wie es Vertreter des Naturrechts behaupteten (41 f.). Das juristische Moment komme erst in der bürgerlich-kapitalistischen Gesellschaft vollständig zu seiner Bestimmung (30). Die Rechtsform sei »ein besonderes System von Verhältnissen, die die Menschen eingehen, nicht aus bewusster Wahl, sondern weil sie dazu durch die Produktionsverhältnisse gezwungen werden. Der Mensch wird zum Rechtssubjekt kraft derselben Notwendigkeit, die das Naturprodukt in die mit der rätselhaften Eigenschaft des Wertes ausgestattete Ware verwandelt« (41). Erst wenn also jene abstrakte Form, die in ihrer reinsten Gestalt in der bürgerlichen, warenproduzierenden Gesellschaft vorliege, enträtselt ist, könne zum »historisch Konkreten« vorgedrungen werden (45), beschreibt Paschukanis sein Programm.[14]

14 Der von Peteris Iwanowitsch Stučka und Paschukanis gesetzte Anfang marxistischer Formanalyse wurde durch den Stalinismus jäh beendet (Reich 1972a: 10). So wird Stučka zunächst zur Persona non grata, verliert Ämter und Ansehen, während Paschukanis 1930/31 eine selbstverleugnende Umkehr unternimmt, die Reich vom »anderen Paschukanis« sprechen lässt. Im Mittelpunkt seiner Analyse steht nicht mehr die Rechtsform als solche, stattdessen beginnt er bürgerliches von sozialistischem Recht zu trennen, um letzteres »als besonderes Recht der Übergangzeit«,

Paschukanis' Darstellung des Rechts erfolgt nicht in einer logisch linearen Weise, sondern fragmentarisch – dies ist bisher selten wirklich beachtet worden. Es soll daher im folgenden versucht werden, die Argumentation systematisch nachzuvollziehen, um im Anschluss die vorgetragene Kritik darzustellen.

2.1 Streit

Relativ unvermittelt wird die erste »Antwort« auf die Frage nach der Rechtsform »vorweggenommen« (57). Nach der Behauptung, dass Recht im Privatrecht seine vollendetste Gestalt, seinen »festesten Kern« gefunden habe (54), wird ohne einen weiteren Vermittlungsschritt geschlussfolgert, dass »somit« eine grundlegende Voraussetzung der rechtlichen Regelung »die Gegensätzlichkeit privater Interessen« sei: »Dies ist sowohl die logische Voraussetzung der Rechtsform als auch die reale Ursache der Entwicklung des juristischen Überbaus. Das Verhalten der Menschen kann durch die kompliziertesten Regeln bestimmt werden, aber das juristische Moment in dieser Regelung fängt dort an, wo die Differenzierung und Gegensätzlichkeit der Interessen anfängt« (55). Das Privatrecht ist also deswegen »Fleisch und Blut« gewordenes juristisches Denken, weil sein Dogma nichts anderes sei, als »eine unendliche Kette von Erwägungen pro und contra imaginäre Ansprüche und potentielle Klagen« (54). Liest man genauer, stellt man fest, dass Paschukanis dabei den Streit (vor Gericht) als typischen und unproduktiven Ausdruck einer individualistischen, nicht kollektiv organisierten Gesellschaftlichkeit[15] vor Augen hat (55). Es stehen sich dabei zwangsläufig »gesonderte Subjekte« gegenüber, »von denen jeder der Träger der eigenen Privatinteressen ist«. So verwandelten sich etwa Arzt und Patient in Subjekte von Rechten und Pflichten, und die Regeln, die sie binden, in juristische Normen (56). Gesellschaftliche Verhältnisse nehmen also unter bestimmten Bedingungen rechtlichen Charakter an (53). Dies ist die vorläufige Antwort auf die Frage, »wo denn jenes gesellschaftliche Verhältnis sui generis zu suchen sei, dessen unausbleiblicher Reflex die Rechtsform ist. Wir werden im weiteren ausführlich

welches sich »grundlegend vom Recht der bürgerlich-kapitalistischen Gesellschaft unterscheidet« (Paschukanis 1972: 111), zu legitimieren. Doch trotz alledem wird er verhaftet und verschwindet schließlich 1937 auf ungeklärte Weise – wahrscheinlich wurde er ermordet (Harms 2000: 18; Reich 1972b: 155). Es wird im folgenden daher lediglich die Allgemeine Rechtslehre berücksichtigt, die nicht bereits von wissenschaftlichem Opportunismus gekennzeichnet ist.

15 Paschukanis nennt dies die »atomisierte Wirtschaft« (60).

zu beweisen versuchen, dass dieses Verhältnis das Verhältnis der Warenbesitzer zueinander ist« (57).

2.2 *Primat des Rechtsverhältnisses*

Das gesuchte gesellschaftliche Verhältnis, wird also zunächst als »das ökonomische Verhältnis des Austausches« bezeichnet (68), »das heißt die Zusammenfassung der Arbeitsleistungen nach dem Prinzip des äquivalenten Austauschs« und nicht nach Bedürfnissen und Fähigkeiten (36). Es müsse vorhanden sein, damit das *Rechts*verhältnis des Kaufvertrages entstehen könne (68). Es sei die »grundlegende, in der ökonomischen Gestaltung der Gesellschaft selbst wurzelnde Bedingung der Existenz der Rechtsform« (36), die Quelle des Rechtsverhältnisses, welches erst im Augenblick des Streits geboren werde. »Durch den gerichtlichen Prozess sondert sich das Rechtliche vom Ökonomischen ab und tritt als selbständiges Moment auf« (69). Recht wird demnach als »Reflex« auf eine materielle gesellschaftliche Realität begriffen. Auf einer noch abstrakteren Stufe steht für Paschukanis nun die juristische Norm. Er widerspricht der klassischen Vorstellung, der normative »Überbau« erzeuge die Rechtsverhältnisse. Vielmehr sei das im Streit entstandene juristische Verhältnis die Keimzelle des Rechtsgewebes (60): »Die Kette durch gegenseitige Forderungen miteinander verbundener Subjekte ist das grundlegende juristische Gewebe, das dem ökonomischen Gewebe, das heißt den Produktionsverhältnissen der auf Arbeitsteilung und Austausch beruhenden Gesellschaft entspricht« (75). Es habe das Primat über die Norm (62): Das objektive Recht oder Recht als Inbegriff der Normen garantiere das Verhältnis, stelle es sicher, erzeuge es aber keineswegs (64).

Paschukanis hat damit ein bis dato unübliches und außergewöhnliches Basis-Überbau-Schema konstruiert: Die Basis bilden materielle Tauschverhältnisse. Geraten die so verwobenen Subjekte in Streit, entsteht naturwüchsig ein Rechtsverhältnis, welches den Widerspruch, der im Streit zum Ausdruck kommt, prozessierbar macht. Es ist jedoch als Privatrecht noch unmittelbar an die Basis angekoppelt, quasi nur ein Zweites aber nicht wirklich Abstraktes. Der politische Überbau hingegen, der eine nachträgliche *bewusste* gesellschaftliche Gestaltung darstelle, die das Allgemeininteresse durchsetzen wolle, sei demgegenüber etwas Künstliches (84). Das zeige sich auch darin, dass das Privatrecht einfach und klar sei, das Staatsrecht aber von »an den Haaren herbeigezogenen, gekünstelten, bis zur Groteske einseitigen Konstruktionen« wimmele. »Das Staatsrecht kann nur als Abglanz der privatrechtlichen Form in der Sphäre der politische Organisation existieren oder aber es hört überhaupt auf, Recht zu sein«. »Abglanz« ist es, weil es sich ebenso mit Streitigkeiten – administrativer oder parlamentarischer Art – beschäftigt (81 f.).

2.3 *Warenhüter*

Nachdem nun sowohl der Streit als konstituierendes Moment des Rechts als auch das daraus resultierende Rechtsverhältnis dargestellt wurden, beendet Paschukanis seine »Ableitung« mit der Spezifizierung dieses Verhältnisses als eines von Warenbesitzern (90). Die Rechtsform entstehe mit Beginn des Warenaustausches, der seine volle Entfaltung mit der Entwicklung der kapitalistischen Produktionsweise erhalte, da er erst hier »universelle Bedeutung« erlange (17). Der verdinglichte gesellschaftliche Zusammenhang im Produktionsprozess erfordere zu seiner Realisierung ein besonderes Verhältnis der Menschen als Verfüger über Produkte (90). Damit lehnt er sich an Marx' Formulierung im Kapital an:

> »Die Waren können nicht selbst zu Markte gehen und sich nicht selbst austauschen. Wir müssen uns also nach ihren Hütern umsehen, den Warenbesitzern. [...] Um diese Dinge als Waren aufeinander zu beziehen, müssen die Warenhüter sich zueinander als Personen verhalten, deren Willen in jenen Dingen haust, so daß der eine nur mit dem Willen des anderen, also jeder nur vermittels eines, beiden gemeinsamen Willenaktes sich die fremde Waren aneignet, indem er die eigene veräußert. Sie müssen sich daher wechselseitig als Privateigentümer anerkennen« (MEW 23:99).

Paschukanis' zentrales Argument lautet, dass der gesellschaftliche Zusammenhang der Menschen, also ihre gemeinsame Produktion und Reproduktion, sich ihnen gegenüber verselbständigt. Diese unbewusste Vergesellschaftung muss sich daher »absurderweise dar[stellen] als Fähigkeit des Menschen«, Subjekt des Rechts zu sein[16] (91). Weil die einzelnen Subjekte sich nicht gegenseitig als gesellschaftliche anerkennen[17] können, und die wechselseitigen Bedürfnisse befriedigen, sondern stattdessen Waren austauschen, das reziproke menschliche Bedürfnis nur als Warenkörper des Tauschwertes dient, verselbständigt sich ihr gemeinsames Verhältnis zu einer Warenökonomie, in welcher

16 Und im Produktionsprozess als »Warenwert« (ebd.).

17 Im Sinne der Hegelschen »sich selbst bestimmenden Allgemeinheit«: »Indem er [der Wille] die Allgemeinheit, sich selbst, als die unendliche Form zu seinem Inhalte, Gegenstande und Zweck hat, ist er nicht nur der an sich, sondern ebenso der für sich frei Wille – die wahrhafte Idee« (Hegel 1995 {1821}:§ 21, S. 71 f.).

die Einzelnen zu Rechtssubjekten mutieren. Ihnen kommt die Funktion zu, eben jene Waren auszutauschen. In der warenproduzierenden Gesellschaft verdinglichen sich also nicht nur die sozialen Verhältnisse, sondern die Subjekte werden in der Folge gleichzeitig auf Charaktermasken, das heißt auf die bloße »Personifikation der ökonomischen Verhältnisse«, auf deren Träger, reduziert (Marx ebd.). Das Rechtssubjekt, sei die »unerlässliche und unvermeidliche Ergänzung der Ware« (Paschukanis 1970 {1924}: 14). Die Transformation vom biologischen zum abstrakten, juristischen Subjekt gehe damit vor dem Hintergrund materieller Verhältnisse vor sich, und entspringe keineswegs als menschliche Erfindung der Vernunft: »In Wirklichkeit wird die Kategorie des Rechtssubjekts selbstverständlich aus dem auf dem Markte vor sich gehenden Tauschakt abstrahiert« (95). Genauso, wie sich unter Bedingungen der Warenproduktion die konkrete menschliche Arbeit in abstrakte verwandle, »lösen sich alle konkreten Besonderheiten, die den einen Vertreter der Gattung homo sapiens von dem anderen unterscheiden, in der Abstraktion des Menschen überhaupt, des Menschen als juristischen Subjektes auf« (91). Dem abstrakten Zirkulationsagenten »Rechtssubjekt« werde nunmehr die Fähigkeit eines Willens unterstellt, der ihn absolut frei und gleich mache (92). Das sei die Geburtsstunde des Rechtsfetischismus (96). Das Argument lautet zusammengefasst, dass die Möglichkeit des Streits zwischen souveränen, formal gleichen Individuen, welche dem Warentausch inhärent ist, einer spezifische Form der sozialen Regulation bedarf. Diese müsse die Methode der Streitschlichtung formalisieren, ohne die Souveränität und Gleichheit der Warenhüter abzuschwächen: »*that form is law* « (Miéville 2005: 79, Herv. i. O.). Paschukanis' zentrale Entdeckung war demnach die *Existenz einer weiteren Form* neben der Warenform. Aus diesem Grund ist die Bezeichnung »commodity form of law« (Cutler 2005: 531 f.) an diesem entscheidenden Punkt missverständlich.

Paschukanis bestreitet die Ewiggültigkeit des Rechts, denn wenn die Form des Äquivalenzverhältnisses überwunden wäre, müsste auch das juristische Moment aus den menschlichen Beziehungen verschwinden, ein proletarisches Recht könne es so nicht geben (33). Paschukanis teilt also mit Marx und Lenin die sogenannte »Absterbethese« des Rechts (Harms 2000: 56; Negri 2000: 238).

Die Warentausch-Konzeption ist von Harms zu Recht als Paschukanis' »Kerntheorem« bezeichnet worden (60). Es wird daher auch zugleich als Erläuterung des vom Privatrecht so unterschiedenen Strafrechts herangezogen: Auch der Umgang mit dem »Verbrechen« wird als Äquivalententausch interpretiert, und zwar in der Form, dass das Vertragsverhältnis nachträglich und unfreiwillig in einer bestimmten Proportion zwischen Verbrechen und Vergeltung festgesetzt wird. Die Angemessenheit einer Strafe ist so eine Frage des Äquivalentes, der abstrakten, durch Zeit messbaren Arbeit, nicht eine von Strafzwecken (62).

2.4 *Staat*

Wie in der klassischen Rechtstheorie spielt auch bei Paschukanis die Funktion des Staates eine zentrale Rolle, nämlich ganz traditionell in Bezug auf die Rechtsgeltung. »Der politische Überbau und namentlich die offizielle Staatlichkeit ist«, wie wir bereits beim Rechtsverhältnis erfahren haben, »ein sekundäres, abgeleitetes Moment« (66), lediglich »Spiegelung und Korrelat der Berechtigung« (77). Demgemäß ist auch das öffentliche Recht, das Recht des Staates, insofern etwas Ephemeres, da die Rechtsform aus den isolierten Privatinteressen entstehe. Dieser ›Vorrang des Privatrechts‹, wie man Paschukanis' Position benennen könnte, steht in einem ungeklärten, wenn nicht gar widersprüchlichen Verhältnis zu seiner gleichzeitigen Behauptung, dass der Staat »als Garant des Friedens« notwendig sei, denn der Rechtsverkehr setze ›seiner Natur nach‹ einen Zustand des Friedens keineswegs voraus. Dieser sei aber notwendig, wenn der Tausch zur regelmäßigen Erscheinung werde (114f.). Trotz seiner fast schon liberalen Verachtung des Staates weist Paschukanis mit seinem Ansatz gleich mehreren späteren materialistischen Staatstheoretikern offenkundig den Weg (vgl. B III).

Paschukanis beginnt seine Erklärung mit der inzwischen berühmt gewordenen Fragestellung:

> »Warum bleibt die Klassenherrschaft nicht das, was sie ist, d.h. die faktische Unterwerfung eines Teils der Bevölkerung unter die andere? Warum nimmt sie die Form einer offiziellen staatlichen Herrschaft an, oder – was dasselbe ist – warum wird der Apparat des staatlichen Zwanges nicht als privater Apparat der herrschenden Klasse geschaffen, warum spaltet er sich von der letzteren ab und nimmt die Form eines unpersönlichen, von der Gesellschaft losgelösten Apparats der öffentlichen Macht an?« (119f.).

Die Antwort besteht darin, dass auch die Staats*form* im Austauschverhältnis begründet liege. Der Warentausch setzt formale Gleichheit und Freiheit, Äquivalententausch und Konkurrenz voraus. Würde die Zwangsgewalt bei einem Kapitalisten monopolisiert, so wären jene Prinzipien aufgrund seiner besonderen Marktposition aufgehoben: »Der Tauschwert hört auf, Tauschwert zu sein, die Ware hört auf, Ware zu sein, wenn die Tauschproportionen von einer außerhalb der immanenten Gesetze des Marktes stehenden Autorität bestimmt werden« (123). Die Funktion des Zwanges kann daher nicht als gesellschaftliche Funktion auftreten, da sie nicht abstrakt und unpersönlich ist. Vielmehr muss sie als der von einer abstrakten Kollektivperson ausgehende Zwang erscheinen, der nicht im Interesse des Individuums ausgeübt wird, sondern im Interesse aller am Rechtsverkehr Beteiligten (123 f.). Das Leben des Staates setze sich aber aus dem Kampf verschiedener politischer Kräfte, Klassen, Parteien etc. zusammen. Sie seien die wirklichen Triebfedern des Staatsmechanismus' (128).

2.5 *Kritik*

Paschukanis interpretiert die Marxsche Theorie als Versuch, »in die Geheimnisse der gesellschaftlichen Form einzudringen und alle Beziehungen der Menschen auf den Menschen selbst zu reduzieren« (59, Herv. S.B.). Das zeigt sich nicht zuletzt darin, dass er das abstrakte Recht auf Rechtsverhältnisse herunterbricht. Er bleibt der Marxschen Methode treu, indem er die menschliche Geschichte nicht als eine von Dingen oder Individuen, sondern von Verhältnissen zwischen Personen oder Klassen interpretiert (MEW 13:472).

Schon Antonio Negri hatte 1972 angemerkt, dass Paschukanis zu den »ersten und letzten marxistischen Theoretikern des Rechts« gehöre, die die Marxsche Perspektive ausgearbeitet hätten (Negri 2000:205). Ähnlich argumentiert Andrea Maihofer: Paschukanis sei einer der wenigen gewesen, »der kritisch nach den Bedingungen fragt, unter denen gesellschaftliche Verhältnisse rechtlich geregelt werden und nicht etwa politisch-gewaltmäßig oder technisch« (Maihofer 1992:26). Bei aller Schwierigkeit, den Begriff der Rechtsform zu fassen, sei klar, dass er vor allem ein Begriff ist für das Recht als einer spezifischen Form der Regelung gesellschaftlicher Verhältnisse (ebd.). Paschukanis hat damit das bloß ideologiekritische Feld verlassen, welches auch heute noch nicht selten das einzige Terrain kritischer Rechtstheorie ist, indem er nicht der ideologischen Rolle des Rechts – die er als selbstverständlich annahm – nachging, sondern dem »objektiven gesellschaftlichen Verhältnis«, welches das Recht darstellt (47).

Trotz alledem ist die Kritik an Paschukanis über die Jahrzehnte hinweg vielfältig. Ich werde sie im folgenden nach den vier Hauptkritiken strukturieren: der Reduktion auf die Zirkulationssphäre, dem Privatrechtsfetischismus, dem Ökonomismus und der Kritik an der Absterbethese.

2.5.1 Reduktion auf die Zirkulationssphäre

Die Hauptkritik an Paschukanis entzündete sich an seinem »Kerntheorem«, der »Ableitung« des Rechts aus dem Warentausch. Die Warenförmigkeit der kapitalistischen Gesellschaften erfordere Rechtssubjekte als

Verfüger über diese Waren, lautete sein Argument. Damit – so die Kritik – werde jedoch das Recht aus der Zirkulationssphäre abgeleitet. Dies sei eine »für einen ›Marxisten‹ äußerst merkwürdige Überschätzung der ›Zirkulation‹«, eröffnete *Karl Korsch* 1930 diesen Strang der Kritik (1970 {1930}: XI). Korsch war es auch, dessen Rezension Paschukanis' Werk unter Marxisten im deutschsprachigen Raum bekannt machte (Harms 2000: 71). 1975 griff *Oskar Negt* die Kritik wieder auf und präzisierte sie: Paschukanis verkenne den Stellenwert der Marxschen Zirkulationssphärenanalyse innerhalb der Gesamtargumentation des ersten Bandes des *Kapitals*: »Es ist nicht die allgemeine Tatsache, dass alle Warenbesitzer sich in ihren ökonomischen Transaktionen als gleich betrachten und gegenseitig anerkennen müssen, worauf sich das bürgerliche Recht gründet«, wendete er ein, sondern das zugrundeliegende spezielle Austauschverhältnis zwischen Lohnarbeiter und Kapitalisten. Die Sphäre des Tausches sei daher immer schon durch die Produktion vermittelt. Negt wurde innerhalb dieser Thematik bekannt für seinen sogenannten »produktionsvermittelten Austausch«, in welchem das Recht entstehe (1975: 48). Diese Kritik wurde 1976 von *Burkhard Tuschling* noch vehementer vorgetragen (Tuschling 1976: 12 f.; 1977: 269). Und auch im angelsächsischen Raum war dieser Einwand der vorherrschende (für einen Überblick siehe Miéville 2005: 91 ff.).

Der Zirkulationssphären-Einwand ist ein klassisches marxistisches Argument, das vor allem *bürgerlichen* Theoretikern vorgehalten wird. Es besagt, dass die bürgerliche Theorie ihre Kategorien aus der Oberfläche der gesellschaftlichen Realität entwickle, die gerade das »Wesen«, nämlich die in der »verborgenen Stätte der Produktion« (Marx, MEW 23: 136) vor sich gehende Ausbeutung verhülle. Diesen Fundamentaleinwand nun aber einem Marxisten vorzuhalten, wiegt schwer, weswegen es gerade diese Auseinandersetzung ist, welche sich über Jahrzehnte in der Paschukanisrezeption durchhielt.

Genauer betrachtet geht es um folgendes: Die Zirkulationssphäre des reinen Warentausches produziert die bürgerlichen Freiheits- und Gleichheitsvorstellungen *notwendig*, denn ihre Praxis ist tatsächlich die des Äquivalententausches: »Die Sphäre der Zirkulation [...] war in der Tat ein wahres Eden der angebornen Menschenrechte. Was allein hier herrscht, ist Freiheit, Gleichheit, Eigentum und Bentham« schreibt Marx polemisch (MEW 23: 189). Die Oberfläche der Gesellschaft ist dabei keine falsche, verschleiernde, sondern ihre notwendige Ausdrucksform. Ohne den Austausch der Waren wäre die Realisierung des Mehrwertes unmöglich. Seine Isolierung aber lässt ihn unwahr werden. Dass Wesen und Erscheinung in der kapitalistischen Gesellschaft auseinandertreten, ist kein mystischer Vorgang, sondern das Ergebnis gesellschaftlicher Praxis, des, wie Paschukanis es nennt, »verdinglichten gesellschaftlichen Zusammenhanges«, der die Einsicht in die gesellschaftlichen Verhältnisse strukturell verdunkelt. Unmittelbar ist Gesellschaft daher nicht erkennbar, der erste Eindruck – das, was der »gesunde Menschenverstand« wahrnimmt – ist nicht das Ganze. Fielen Wesen und Erscheinung in eins, so Marx, wäre jede Wissenschaft überflüssig (MEW 25:825). Was aber geht vor hinter dem Rücken der Zirkulation, »das in ihr selbst unsichtbar ist« (MEW 23:179)? Die Entstehung des Mehrwertes in der Produktion. Der Konsum der Ware Arbeitskraft vollzieht sich wie der jeder anderen Ware, *außerhalb* der Zirkulation (189). Dieses dialektische Verhältnis hat Marx so formuliert, dass das Kapital nicht aus der Zirkulation entspringen kann, aber ebensowenig aus der Zirkulation *nicht* entspringen kann (180). Diese »Paradoxie« zeigt sich bei dialektischer Betrachtung als realer gesellschaftlicher Prozess: »Durch die Vermittlung der Zirkulation, weil bedingt durch den *Kauf der Arbeitskraft auf dem Warenmarkt*. Nicht in der Zirkulation, denn sie leitet nur den Verwertungsprozess ein, der sich *in der Produktionssphäre* zuträgt« (209, Herv. i. O.).

An diesem Punkt wird deutlich, was der Einwand der Ableitung aus der »bloßen« Zirkulation besagen soll: »Die Zirkulation, die also als das unmittelbar Vorhandene an der Oberfläche der bürgerlichen Gesellschaft erscheint, ist nur, sofern sie beständig vermittelt ist« (MEW 42:180). Nur durch Abstrahieren von dieser Vermitteltheit werden die Menschen zu gleichen und freien Individuen. »Ihr unmittelbares Sein ist daher reiner Schein. *Sie ist das Phänomen eines hinter ihr vorgehenden Prozesses*« (ebd.):

> »Der wirkliche Aneignungsprozeß geht erst im wirklichen Produktionsprozeß vor, der jene erste formelle Transaktion – worin Kapitalist und Arbeiter sich als *bloße Warenbesitzer* gegenüber, als Käufer und Verkäufer zueinander verhalten – als vergangne hinter sich liegen hat. Weswegen alle Vulgärökonomen bei jener ersten formellen Transaktion stehnbleiben [...], gerade um das spezifische Verhältnis wegzuschwindeln« (MEW 26.1:382).

Vor diesem Hintergrund wollen also Korsch, Negt und Tuschling darauf hinweisen, dass, wenn das Recht aus der Warenform abgeleitet werden soll, diese Ableitung dann nicht aus der reinen Zirkulation vorgenommen werden könne. Antonio Negri weist 1973 auf solche »Verflachungen« in Paschukanis' Schrift hin (Negri 2000). Paschukanis schließe einen ganz bestimmten Tausch aus: den spezifischen Tausch zwischen den Waren Arbeitskraft und Kapital (208). Negri betont allerdings mehr den ambivalenten Charakter von Paschukanis' Hauptwerk, den dieser bereits selbst als fragmentarisch beschrieben hatte. Letztlich trete aber trotz aller Zweideutigkeit hervor, dass Paschukanis der Auffassung sei, dass die vollendete Gestalt des kapitalistischen Marktes einen qualitativen Sprung der Rechtsform erzwinge: »Es ist das Ganze, das die Teile bestimmt; das Phänomen des Tausches existiert trotz allem nur als Ableitung der Dynamik der Ausbeutung und kann nicht von dieser abgelöst werden« (211).

Was aber bedeuten diese Ambivalenzen? Hat Paschukanis nun die Produktionssphäre, den heiligen Gral des Marxismus, übersehen? Welche Auswirkungen auf das Recht hat es, dass die Zirkulation durch die Produktion vermittelt ist bzw. das Ganze die Teile bestimmt? Und: Warum eigentlich muss systematisch nicht nur der Mehrwert, sondern auch das Recht aus der Produktionssphäre entspringen?

Andreas Harms wendet ein, dass das über den äquivalenten Tausch hinausschießende Moment der Vermittlung dem Recht fremd bleibe (2000: 121): »Der Mehrwert mag durchaus der Produktionssphäre entspringen, dem widerspricht auch Paschukanis nicht. Das Recht jedoch wird nur durch die Zirkulation seinem Begriff gemäß, gerade weil es die Produktion ausspart« (122). Man müsse erkennen, dass die Rechtsform auf den Austausch beschränkt bleibe, dass sie eine faktische Abstraktion vom gesellschaftlichen Verhältnis des Kapitals sei (164). Er vertritt die Auffassung, dass die Totalität der kapitalistischen Gesellschaft Paschukanis durchaus bewusst gewesen sei und dass er ebenso bewusst das Recht gerade auf den Tausch bezogen habe, weil es mit dem Tauschprozess die Realabstraktion teile. Welche Konsequenz aber hat die Realabstraktion? Nach *Josef Esser* ist es das Spezifikum der kapitalistischen Warenproduktion, dass der Fetisch des Rechtssubjektes das darunterliegende Klassenverhältnis mystifiziert, der Antagonismus der Produktionssphäre, die faktische Ungleichheit und Unfreiheit sei im Recht nicht mehr erkennbar (1975: 155). In der Einleitung der englischen Ausgabe von Paschukanis' Hauptwerk bestärkt *Chris Arthur* diese Auffassung: der Zirkulationssphäreneinwand sei irreführend,

> »for it is precisely one of the interesting features of bourgeois exploitation that it inheres an economic relation that *do not* achieve formal legal expression. Formally speaking, Pashukanis is *correct* to refer law only to social relationships based on commodity exchange [...]. The monopolisation of the means of production by the capitalist class is an *extra*-legal fact« [...] (Arthur 1978: 30, Herv. i. O.).

Auch *Bernhard Blanke* ist der Auffassung, dass die Kategorien von Freiheit und Gleichheit, die der einfachen Warenzirkulation geschuldet sind, konstitutiv auch zum Begriff des Kapitals gehören: »Sie beinhalten bereits den Widerspruch zwischen *formeller* Gleichheit der Warenbesitzer und ihrer *inhaltlichen* Ungleichheit im Kontext der Produktion« (Blanke 1975: 428).

Der ausführliche und langanhaltende Streit um die vermeintliche Zirkulationssphärenableitung von Paschukanis ist ein klassisches Anzeichen einer dogmatischen Verengung der gesamten Thematik, die für die Sackgasse, in welche die marxistische Rechtstheorie geraten war, exemplarisch ist. Denn anstatt sich die Frage zu stellen, wie das Recht mit der Vielheit sozialer Verhältnisse (und nicht nur ökonomischer) verbunden ist, tobt eine Auseinandersetzung um das Verhältnis von Produktion und Zirkulation. Dies ist insbesondere deswegen fruchtlos, da Zirkulation und Produktion nur Teilmomente des gesellschaftlichen *Reproduktionsprozesses* sind; dieser »schließt ein sowohl den eigentlichen Zirkulationsprozess, wie den eigentlichen Produktionsprozess. Sie bilden die zwei großen Abschnitte seiner Bewegung, die als Totalität dieser zwei Prozesse erscheint« (MEW 42: 513). Die Produktionsfixierung der marxistischen Theorie im letzten Jahrhundert hat die merkwürdigsten Stilblüten getrieben, nicht zuletzt die Ausklammerung der generativen Reproduktionsarbeit, die in patriarchalen Gesellschaften vorrangig von Frauen verübt wird (vgl. dazu Beer 1990).

Das Problem, welches sich gerade in dieser Diskussion herauskristallisiert, liegt in der Schwierigkeit, die antagonistische Gesellschaft des Kapitalismus in ihrer *Totalität* zu erfassen und dabei ein Teilmoment wie das Recht so zu konzipieren, dass es als solches die Bestimmungen jener Totalität und nicht nur die eines Momentes enthält. Dass diese Problematik mit dem bisher Dargestellten zufriedenstellend gelöst ist, darf bezweifelt werden. So mag das Verhältnis Zirkulation/Produktion in ein rechtes Licht gerückt worden sein. Ist aber die Rechts*formanalyse* wirklich ausgeschöpft worden, wie Karl Korsch dies gefordert hatte (1970 {1930}: II)? Dagegen spricht schon die schlichte Tatsache, dass weder Paschukanis, noch seine Nachfolger sich die Mühe machten, zunächst einmal zu entwickeln, was unter einer solchen Formanalyse zu verstehen ist, bevor sie die »Funktion« für bzw. den »Reflex« des Rechts aus der Warenform darstellen. Paschukanis' Vorgehensweise selbst bleibt viel eher schematisch, indem er der Warenform lediglich eine Rechtsform zur Seite stellt (ebd.: 10). Wie sich an den folgenden Kritiken zeigen wird, produziert die fehlende Formanalyse weitere Missverständnisse und Verkürzungen.

2.5.2 Zivilrecht als Ursprungsrecht

Eng mit dem »Zirkulations-Vorwurf« zusammenhängend ist die Kritik, die bereits *Hans Kelsen* vorbrachte: nämlich dass für Paschukanis »alles Recht Privatrecht ist«, dass das »öffentliche Recht einfach nur die Ideologie der bürgerlichen Juristen« (Kelsen 1967) bleibt. Das gilt nicht minder für das Strafrecht, dessen differentia specifia in keiner Weise herausgearbeitet wird. Diesen möglichen Einwand hat Paschukanis nicht etwa übersehen. Ganz im Gegenteil, er legte Wert darauf, festzuhalten, dass das Privatrecht die »ratio scripta jeder warenproduzierenden Gesellschaft« sei (1970 {1924}: 57). Er ging davon aus, dass es im Keim das

»Recht als solches« darstellt, von dem die anderen Rechtsgebiete nur Variationen sind, denn in der warenproduzierenden Gesellschaft glichen sich die verschiedensten Verhältnisse »dem Typus der Verhältnisse des Handelsumsatzes« an (56). Insbesondere das Äquivalenzprinzip verallgemeinere sich, wie er am Strafrecht zeigen wollte. Doch damit konnte er nicht recht überzeugen. So schrieb *Norbert Reich* 1972: »Will man das rechtstheoretische Werk Paschukanis' richtig verstehen, so darf man nicht vergessen, dass Paschukanis hier eigentlich keine allgemeine Rechtstheorie, sondern eine *Zivilrechtstheorie* vorlegt« (Reich 1972b:155). Dies liege daran, dass Paschukanis das Verhältnis der Warenbesitzer zueinander als das grundlegende und das Recht generierende Verhältnis verstehe. Die Ursache für die Zivilrechtstheorie liege demgemäß in der Verkürzung des Rechtsbegriffs auf die Warenform (Harms 2000:110). *Antonio Negri* kritisierte ungefähr zur gleichen Zeit die »Privatrechtsmythologie« in Paschukanis' Werk. Sie sei das enttäuschendste Moment seines Konzeptes (»ist denn das die Möglichkeit!«). Die Behauptung, dass die Idee der Unterwerfung unter eine äußere normsetzende Autorität mit der Rechtsform nichts zu tun habe, verkenne, dass die »kapitalistische Entwicklung in ihrem höchsten Stadium« gerade ein Staatsrecht entstehen lasse, welches dem bürgerlichen Recht eine nur dialektische Selbständigkeit zugestehe (Negri 2000:215). Seine »Polemik gegen die etatistische Gesetzgebungsmaschine« schieße über das Ziel hinaus, da sie die antagonistische Zerrissenheit der bürgerlichen Gesellschaft unter dem organisatorischen Element des Zivilrechts verschwinden lasse: «Das Privatrecht maßt sich so in einer Radikalität die Funktion an, der letzte Grund der Rechtsordnung zu sein, die durch und durch illusorisch ist« (207f.). Hier wird die Verbindung der beiden Kritikpunkte deutlich. Die Staatsform ist für Negri Ausdruck des grundlegenden gesellschaftlichen Antagonismus. Eine auf Ausbeutung basierende Gesellschaft kann sich nicht nur nach Marktgesetzen reproduzieren und lässt sich demgemäß auch nicht auf das Privatrecht reduzieren. Insofern ist die Ausblendung des Staatsrechts (im Sinne des öffentlichen und des Strafrechts) illusorisch.

Wie kommt es zu diesem Zivilrechtsüberhang bei Paschukanis? Was sich darin zu Wort meldet, ist zunächst einmal die marxistische Vorstellung, dass das Zivilrecht eine größere Nähe zur Produktion aufweise, als das öffentliche Recht, da »in ihm die Beziehungen und gegenseitigen Ansprüche der materiell produzierenden Subjekte niedergelegt sind« (Negt 1975:38). Sodann darf man in diesem Zusammenhang den geschichtlichen Kontext nicht vergessen. Denn eine ähnliche Vorstellung, wenn auch keine marxistische, hatte 1913 der als Begründer der Rechtssoziologie geltende *Eugen Ehrlich* artikuliert, indem er Kelsen und dem Rechtspositivismus entgegnet hatte, dass staatlich gesetzte Rechtsnormen unwesentlich sind im Vergleich zum »lebenden Recht«, den praktizierten Rechtsverhältnissen der Menschen, und dem Juristenrecht (Ehrlich 1913; vgl. auch Kelsen 1915; Teubner 1996). Und in der zivilrechtlichen Methodik war die Freirechtsschule dabei, Terrain zu erobern für ihre Auslegungslehre, die darauf abzielte, Richter von der Gesetzesbindung zu befreien. Dahinter stand die Auffassung, dass das Gesetzesrecht per se unvollkommen bleibe.

Wogegen sich Paschukanis schließlich weiterhin wandte, war die rationalistische Illusion der durch die Aufklärung geprägten Theorien, kapitalistische Gesellschaften könnten sich durch bewusste Normsetzung durchaus autonom selbst regulieren. Allerdings muss man letztlich festhalten, dass er in seiner Überhöhung der Gegenposition einem verbreiteten Klischee aufsaß, nämlich der nicht nur analytischen Trennbarkeit der öffentlichen von der privaten Sphäre, des Staates vom Markt; insofern ist Negri zuzustimmen. Nur in dieser Verabsolutierung, die eine Selbstregulierbarkeit des Marktes unterstellen muss, kann das eine Rechtsgebiet einen Vorrang vor dem anderen einnehmen. Mit dem historischen Auseinandertreten von Privatrecht und öffentlichem Recht in unterschiedliche Rechtsmaterien, die zuvor etwa unter dem Allgemeinen Preußischen Landrecht noch Seite an Seite koexistierten, liegt die Gefahr, ihren gemeinsamen Kontext auszublenden. So verkünden etwa neoliberale Theorien bereits die »Privatrechtsgesellschaft« (Mestmäcker 1991). *Klaus Günther* wies in diesem Zusammenhang darauf hin, dass es gewiss gute Gründe geben mag, die neuzeitlichen Theorien des Natur- und Vernunftrechts so zu lesen, »als sei das Privatrecht ›zuerst‹ da, das heißt, sachlich und zeitlich vor dem öffentlichen Recht als dem Recht der bürgerlichen Gesellschaft«. Allerdings verschweigen jene Lesarten, dass Privatautonomie etwa bei Kant oder Locke stets mit der Befugnis zu zwingen auftrete (Günther 1992:474 f.). Die Abstraktion von der Totalität der Gesellschaft führt daher nicht nur hier, sondern auch bei Paschukanis zu einer »Zivilrechtsmythologie«. Hinzu kommt, dass die Ignoranz gegenüber dem öffentlichen Recht gerade im Zeitalter des Sozialstaates ihre Schwachstellen zeigt. Gerade seine Etablierung hat zu einer – für Paschukanis historisch bedingt unvorstellbaren – enormen öffentlichen Verrechtlichung der scheinbar privaten Sphären geführt.

Die Kritik macht aber vor allem eines deutlich: ähnlich wie in der Zirkulationssphärenproblematik (Privatrecht ist bezeichnenderweise *das* idealtypische Recht der Zirkulationssphäre) rächt sich auch an dieser Stelle die nicht ausgeführte Formanalyse. Dies zeigt auch der nächste Kritikpunkt.

2.5.3 Ökonomismus

Wird die Formanalyse unterlassen, so kann leicht der Eindruck entstehen, als ginge es um eine Ableitung des Rechts aus der Ware, im Sinne einer Ableitung der sogenannten »Überbauten« aus »der Ökonomie«. Das Recht scheint dann zu einem bloßen »Reflex«, zu einer Ideologie der »wahren« Realität zu verkommen, ohne Eigendynamik, ohne die relative Unabhängigkeit, von der Franz Neumann sprach. Damit scheint sich Paschukanis selbst in Widersprüche zu verstricken, da das Recht schlechterdings nicht eine notwendige reale »Funktion« des Warentausches sein kann und zugleich ein bloßer Reflex, eine bloße Mystifikation der Marktvorgänge. Die Interpretation der Warenhüter-Theorie als einer ökonomischen wurde vor allem von Kelsen vorgenommen, der unterstellte, dass »Paschukanis imitates Marx' economic interpretation of political phenomena by reducing, in the field of jurisprudence, legal phenomena to economic phenomena [...]« (Kelsen 1955: 89).

Diese Kritik wird bezeichnender Weise vor allem von einer anderen Theorietradition aufgegriffen, die ich im zweiten Teil des nächsten Kapitels darstellen werde. Der auf Louis Althusser zurückgehende Ansatz lehnt die Warenformanalyse aus prinzipiellen Erwägungen ab. So übernimmt *Nicos Poulantzas* die klassische Einteilung von Althusser in einen »jungen« und einen »reifen« Marx, die nur letzteren anerkennt und ersteren als noch von Hegel und Feuerbach bestimmt ablehnt (Althusser 1968: 31 ff.). Der zentrale Einwand lautet, die verschiedenen Schichten der Gesellschaft würden konzipiert, als seien sie erzeugt durch ein kreatives Subjekt der Gesellschaft, ein Zentrum bzw. eine essentielle Wesenheit – und das eben ginge auf Hegel zurück. Jede Schicht sei nur ein simpler Ausdruck des zentralen Subjekts, welches ihr den Sinn zuweise. Es werde bei den Marxisten lediglich der »absolute Geist« Hegels durch die »Ökonomie« oder die »soziale Klasse« ersetzt – das Prinzip bleibe jedoch erhalten, so dass man von einer bloßen »Umkehrung« reden könne (Poulantzas 1972: 184; Althusser 1968: 68).

Dieses prinzipielle Hegel-Dilemma sei der Grund dafür, dass auch Paschukanis das Recht nur als unmittelbaren Reflex der ökonomischen Basis begreifen könne (Poulantzas 1972: 181) und damit einer rein instrumentalistischen Konzeption des Überbaus unterliege: »Wie ein bloßes Anhängsel begnüge sich das Recht, den Wegen und Windungen der ökonomischen Basis mehr oder weniger treu zu folgen« (182). Da das Recht eigentlich nichts anderes sei als die Spiegelung der Basis, könne Paschukanis im Prinzip auch keine eigene Rechtstheorie begründen, denn Recht als spezifisches Objekt wissenschaftlicher Forschung kann es danach gar nicht geben (ebd.). Weder könnten die einzelnen gesellschaftlichen Schichten in ihrer Eigenheit analysiert werden noch ihre Beziehungen untereinander, denn: »Von Beziehungen zwischen zwei Begriffen kann man nur sprechen, wenn beide als solche durch ihre Beziehung und in ihr *bestehen* und *ihre Beziehung in ihrer Spezifität und Autonomie begründen*« (185, Herv. i. O.). In Äußerungen Paschukanis' wie »Mystifikation« und »Illusion« erkennt Poulantzas die Theorie des jungen Marx, für den die Schichten des Überbaus (so auch das Recht) nach dem Modell der »Entfremdung« begriffen worden seien: also als falsche und verlogene Phänomene, »deren einzige Funktion es ist, das Wesen der sozialen Realität zu vertuschen, die aus dem Menschen an sich – den konkreten Individuen – bestünden«. Sie sind mit anderen Worten nichts als bloße Ideologie. »Das ist die ›humanistische‹ Konzeption des Marxismus, die auch noch heute unter marxistischen Forschern Unheil anrichtet« (186). *Jens Christian Müller-Tuckfeld* und *Andrea Maihofer* schließen sich Mitte der 1990er Jahre dieser These vom »Paschukanis'schen Ökonomismus« (Müller-Tuckfeld 1994: 188) bzw. der »*Rechtstheorie ohne Analyse des Rechts*« (Maihofer 1992: 28 f., Herv. i. O.) an.

Diese Kritik an Paschukanis verweist tatsächlich auf eine unterkomplexe und unproblematisierte Konzeption des Verhältnisses von »Basis und Überbau«. Die funktionalistische Reduktion des Rechts auf die Ermöglichung des Warentausches über die Rechtsubjekte, die Privatrechtsmythologie und die partielle Rede vom »Reflex« sind einer eindimensionalen Determinationslogik verhaftet. Allerdings fällt bei den KritikerInnen auf, dass sie sich nicht wirklich die Mühe machen, die Ambivalenzen in Paschukanis' Ansatz zur Kenntnis zu nehmen und sich ausführlich mit dem von ihm angestrebten Ziel auseinanderzusetzen (so auch Harms 2000: 138). Poulantzas und Müller-Tuckfeld kommen gänzlich ohne die Darstellung seiner Theorie aus, während Maihofer Paschukanis einer Art Abrechnungshermeneutik unterwirft, die dem Anspruch nicht gerecht wird, die doch allenthalben konstatierte »theoretische Bedeutung eines Autors wie Paschukanis« (Poulantzas 1972: 181) ernst zu nehmen. Sobald »Hegelmarxismus« ausgemacht ist, wird das Althusser-Verdikt verhängt.

Dass Paschukanis sich beispielsweise selbst vom »aussichtslosen Subjektivismus« (1970 {1924}: 50) abgrenzte, der meint, Recht oder Staat existierten nur in der Vorstellung der Menschen, und auf der Materialität bestand (»Schade nur, dass die Praxis des politischen Machtkampfes dieser psychologischen Auffassung des Staates radikal widerspricht und uns auf Schritt und Tritt objektiven und materiellen Faktoren gegenüberstellt« (ebd)), wird ignoriert. Man macht es sich hier zu einfach mit Paschukanis. Poulantzas nennt ihn in einem Kontext mit seinem Kollegen Stučka, ohne die bedeutsame Differenz zwischen beiden herauszuarbeiten, nämlich die spezifische Innovation Paschukanis', dass Recht über eine Formanalyse zu entschlüsseln sei. Warenförmigkeit überhaupt wird, und das ist die problematischste Verkürzung, die Kelsen bereits in die Welt gesetzt hatte, mit »Ökonomie« gleichgesetzt. Nur auf diese Weise lässt sich die starke These des »Ökonomismus« und des Essentialismus gegenüber Paschukanis halten. Denn mit seiner Vorstellung, die Analyse der Warenform sei zum Studium des »rechtlichen Überbaus«

überhaupt nicht genutzt worden (Paschukanis 1970: 11), ging es ihm vielmehr um den »verdinglichten gesellschaftlichen Zusammenhang«, um die fetischisierte Art und Weise, in der Menschen ihre gesellschaftlichen Verhältnisse regeln. Dass Poulantzas und seine NachfolgerInnen Paschukanis als ökonomistisch missverstehen können, hängt mit der ausgebliebenen Formanalyse zusammen.

2.5.4 Absterbethese

Schließlich wurde sein Entwurf angegriffen, wonach das Recht »absterben« müsse. Hierbei geht es um die bedeutsame, schon von Neumann behandelte Frage, welches Emanzipationspotential dem Recht zukommt. Paschukanis steht einer Hoffnung, wie wir sie bei Habermas kennengelernt hatten, noch skeptischer gegenüber als Neumann. Mit seiner Konzeption eines Absterbens des Rechts knüpft Paschukanis unmittelbar an Marx und Lenin an.

In Marx' Auseinandersetzung mit dem Gothaer Programm der Sozialdemokratie ist der Grundstein für die »Absterbethese« gelegt: Er wirft den SozialdemokratInnen vor, sie blieben in ihrem Programm mit der Formulierung eines »gleichen Rechts« dem bürgerlichen Rechtsbegriff verhaftet, dem das Äquivalenzprinzip der warentauschenden Gesellschaft zugrunde liegt (MEW 19: 20). Dies sei kein Wunder, weil das Recht nie höher sein könne, als das Entwicklungsniveau einer Gesellschaft. Eine Vorstellung, die zu einer bestimmten Zeit einen Sinn hat, könne zu einer anderen zu »veraltetem Phrasenkram« werden (22). In einer höheren Phase der kommunistischen Gesellschaft sei es sinnlos, in diesen Kategorien zu denken, denn

> »nachdem die knechtende Unterordnung der Individuen unter die Teilung der Arbeit, damit auch der Gegensatz geistiger und körperlicher Arbeit verschwunden ist; nachdem die Arbeit nicht nur Mittel zum Leben, sondern selbst das erste Lebensbedürfnis geworden; nachdem mit der allseitigen Entwicklung der Individuen auch ihre Produktivkräfte gewachsen und alle Springquellen des genossenschaftlichen Reichtums voller fließen – erst dann kann der enge bürgerliche Rechtshorizont ganz überschritten werden und die Gesellschaft auf ihre Fahne schreiben: Jeder nach seinen Fähigkeiten, jedem nach seinen Bedürfnissen!« (21).

Nur in der bürgerlichen Gesellschaft ist es sinnvoll, vom »gleichen Recht« zu reden, während die kommunistische ein anderes Prinzip als das des Warentausches zugrunde legt und damit auch das bürgerliche Recht seine Bedeutung verliert.

Der Begriff des »*Absterbens*« wiederum stammt von *Friedrich Engels*, der im *Anti-Dühring* vom Absterben des *Staates* spricht: In dem

Moment, da der Staat tatsächlich Repräsentant der ganzen Gesellschaft werde, mache er sich überflüssig: »Das Eingreifen einer Staatsgewalt in gesellschaftliche Verhältnisse wird auf einem Gebiete nach dem andern überflüssig und schläft dann von selbst ein. An die Stelle der Regierung über Personen tritt die Verwaltung von Sachen und die Leitung von Produktionsprozessen. Der Staat wird nicht ›abgeschafft‹, er *stirbt ab*« (MEW 20:262).

Lenin ist es vorbehalten, 1917 diese Vorstellungen politisch-praktisch wie theoretisch zu verbinden. In seiner Schrift *Staat und Revolution*, die das Programm der Oktoberrevolution enthält, stellt er sich vor allem die Frage, wie der *Übergang* von den kapitalistischen Verhältnissen in kommunistische möglich sei. Wenn bereits bei Engels der Staat nicht einfach abgeschafft werden kann, unterstellt auch Lenin die Unmöglichkeit, gesellschaftliche Praxen einfach abzuschaffen. Die Menschen müssten sich vielmehr erst nach und nach an neue Verhaltensweisen »gewöhnen« (Lenin 1976 {1917}: 111). Der Zwangsapparat des Staates, der in der bürgerlichen Gesellschaft notwendig sei, um den ausgebeuteten Teil der Bevölkerung niederzuhalten, werde in einer kommunistischen Gesellschaft, die nicht mehr auf Ausbeutung und Not basiere, überflüssig. »Mit der Beseitigung dieser Hauptursache werden die Ausschreitungen unvermeidlich ›*abzusterben*‹ beginnen« (113). Die Metapher des »Absterbens« ist an eine bestimmte Entwicklungsvorstellung gebunden. So ging Lenin davon aus, dass die »Maschine zur Unterdrückung einer Klasse« (112) beim Übergang *noch* notwendig sei, nämlich in der »niederen Phase des Kommunismus« (des Sozialismus), als »Übergangsstaat«, da »die von der kapitalistischen Sklaverei, von den ungezählten Greueln, Brutalitäten, Widersinnigkeiten, den Gemeinheiten der kapitalistischen Ausbeutung befreiten Menschen« (111) nicht von heute auf morgen andere Subjekte würden, insbesondere die alte herrschende Klasse nicht. Das Ziel ist aber die »höhere Stufe des Kommunismus«, von der Marx im oben angeführten Zitat spricht, in welcher die Menschen gelernt haben, »die elementaren, von alters her bekannten und seit Jahrtausenden in allen Vorschriften gepredigten Regeln des gesellschaftlichen Zusammenlebens einzuhalten, sie ohne Gewalt, ohne Zwang [...] einzuhalten« (ebd.).

Auch das »bürgerliche Recht« höre in der ersten Phase nicht auf. Bedeutsam ist, dass schon für Lenin und Marx in dieser Übergangsphase keineswegs von proletarischem Recht die Rede sein kann, das es genauso wenig geben kann wie einen kommunistischen Staat. Staat und Recht sind in dieser Auffassung kapitalistische Formen und als solche nur noch während des Überganges von Bedeutung (vgl. auch Reich 1972b: 156). Dem bürgerlichen Recht kommt also die Aufgabe zu, als »Regulator (Ordner)« bei der Verteilung der Produkte und der Arbeit unter den Mitgliedern der Gesellschaft zu wirken (Lenin 1976

{1917}: 117), da dies ohne Zwang noch nicht funktionieren könne (und das sei ein Misstand): »Will man nicht in Utopien verfallen, so darf man nicht annehmen, dass die Menschen sofort nach dem Sturz des Kapitalismus lernen werden, *ohne alle Rechtsnormen* für die Allgemeinheit zu arbeiten, sind doch die ökonomischen Voraussetzungen für eine *solche* Änderung durch die Abschaffung des Kapitalismus *nicht sofort gegeben*« (118, Herv. i. O.). Mit dem bürgerlichen Recht, welches die Verteilung von Arbeit und Produkten regeln soll, ist auch der Staat gesetzt, »denn Recht ist nichts ohne einen Apparat, der imstande wäre, die Einhaltung der Rechtsnormen zu *erzwingen*« (123, Herv. i. O.). Die ökonomischen Voraussetzungen für das Absterben hatte Marx aufgeführt: allseitige Entwicklung der Individuen, ihrer Produktivkräfte, genossenschaftlicher Reichtum, »d. h. wenn die Menschen sich so an das Befolgen der Grundregeln des gesellschaftlichen Zusammenlebens gewöhnt haben werden und ihre Arbeit so produktiv sein wird, dass sie freiwillig *nach ihren Fähigkeiten* arbeiten werden [...]. Die Verteilung der Produkte wird dann von der Gesellschaft keine Normierung der jedem einzelnen zukommenden Menge erfordern; jeder wird frei ›nach seinen Bedürfnissen‹ nehmen«, »ohne Kontrolle über die Arbeitsleistung des einzelnen Bürgers eine beliebige Menge Trüffel, Autos, Klaviere u. dgl. m.« (120).

Eine ähnliche Vorstellung scheint Paschukanis mit der Ersetzung des Rechts durch lediglich »technische Regeln« vorzuschweben, also solchen, die nicht den Streit prozeduralisieren müssen, sondern lediglich organisatorische Fragen lösen. Im Gegensatz zu Neumann knüpft Paschukanis also an eine marxistische Tradition an, die den *historischen* Charakter gesellschaftlicher Formen betont und daher bestreitet, dass »Recht« eine ewiggültige Kategorie ist, und sei es, um – wie Franz Neumann meinte – die ewig existenten Streitigkeiten unter Menschen zu regulieren. Recht überhaupt ist für Paschukanis mit der bürgerlich-kapitalistischen Gesellschaft verbunden. Das Recht der Antike und des Feudalismus seien nur embryonale Vorformen des Rechts gewesen, das seinen Höhepunkt im Kapitalismus erreicht habe. Herrscht also in einer vorgeblich sozialistischen Gesellschaft Recht noch vor, so ist es ein Rudiment (Reich 1972b: 157) bzw. Residuum (Düx 1972: 352 f.) der nach wie vor warenproduzierenden Gesellschaft.

Paschukanis' Absterbethese ist von unterschiedlichen Perspektiven aus kritisiert worden. So wirft Norbert Reich Paschukanis vor, diese »Fundamentalkritik des Rechts« habe einzig durch die Reduktion des Rechtsbegriffes auf die Warentauschgesellschaft gewonnen werden können (1972b: 157). Im Prinzip wiederholt er hier seine Kritik am scheinbar engen, nur auf das Zivilrecht zugeschnittenen Rechtsbegriff: »Damit ist aber wenig gewonnen, denn es bleiben andere Bereiche des Gesellschaftslebens, die ebenfalls durch Normen, wenn auch nicht durch Rechtsnormen geregelt werden müssen« (158). Reichs Kritik zielt allerdings an seinem Objekt vorbei, da Paschukanis – wie gezeigt – nur den Ansatz von Marx, Engels und Lenin fortführt und gerade Lenin Recht und Staat nicht nur auf die Zivilrechtsgarantie begrenzt, sondern als Formen begriffen hatte, die in einer historischen Situation von kapitalistischer Ausbeutung und Not die Subalternen »niederhalten« sollten.

Andreas Harms hingegen problematisiert die darin zum Ausdruck kommende »Geschichtsteleologie des Marxismus« (Harms 2000: 144): »Paschukanis scheint ebenso an eine immanente Geschichtsvernunft zu glauben, welche das Recht erst zur vollen Reife gelangen lässt, bevor es abstirbt [...]« (145). Antonio Negri hingegen weist darauf hin, dass auch für Paschukanis die Frage des Übergangs zentral gewesen sei. Nicht eine Vernunft der Geschichte, sondern allein der Kampf der Klassen, werde das Absterben bewirken. Paschukanis habe eine Vorstellung von der Öffnung eines Weges zum Übergang (Negri 2000: 239). Dieser sei »ein Prozess der Entfremdung, der sich darstellt als der Kampf gegen jede institutionelle Vergegenständlichung des Kräfteverhältnisses der sich konfrontierenden Klassen. Es gibt keinen alternativen Gebrauch des Rechts, der diese Kämpfe ersetzen könnte« (245).

Harms wendet zudem ein (147), dass die Konzeption der technischen Regel das Problem des Zwanges nicht abschaffe: »In diesem Fall jedoch ist auch die Nichtbefolgung einer technischen Regeln wie die Nichtbefolgung der Rechtsnorm Bedingung für das Einschreiten des Staates« – es sei denn, es herrsche ein Konsens in der Gesellschaft. Letztlich scheine sich Paschukanis nicht gänzlich von der Vorstellung freimachen zu können, dass selbst in fernerer Zukunft eine durchsetzbare und allgemeine Regelung notwendig ist. »Paschukanis gelingt es somit nicht, von einer kritischen Rekonstruktion der Rechtsform zu einer gedanklich schlüssigen Antizipation einer Gesellschaftsformation ohne abstrakte formalisierte Regeln überzuleiten« (149). Abgesehen davon, dass es ein erstaunlicher Anspruch ist, von einem Autor zu verlangen, er möge eine zukünftige Gesellschaft antizipieren, die die heutigen Widersprüche löst, scheint mir auch diese Kritik Paschukanis zu verfehlen. Der Einwand träfe auf Franz Neumann zu, der den Streit als regulierungsbedürftige Grundvoraussetzung jeder Gesellschaft perpetuierte. Paschukanis hingegen geht aber gerade davon aus, dass die gesellschaftlichen Verhältnisse sich so verändern, dass die Menschen in der Lage wären, ihre Verhältnisse selbst zu regeln, ohne rechtliche Normierungen. Dass sie, um mit Lenin zu sprechen, in der Lage wären, für die Allgemeinheit zu arbeiten, die Allgemeinheit als Bedingung ihrer Freiheit anzuerkennen. Vielleicht ist Lenins Begriff der »Gewöhnung« passender als derjenige der »technischen Regel«, aber beide laufen darauf hinaus, dass eine Durchsetzungsinstanz nicht mehr notwendig sein darf.

Jens Christian Müller-Tuckfeld schließlich spricht im Zusammenhang mit der Absterbethese von »orthodoxem Marxismus« (1994: 187), um die Vorstellung zu kritisieren, dass Recht lediglich eine äußerliche Zwangsgewalt sei. Wenn aber die Rechtsnormen den Subjekten nicht äußerlich, sondern in ihre Praktiken eingeschrieben sind, wäre die Vorstellung naiv, das Recht könne in einer anderen Gesellschaft durch den Wegfall des Staates absterben. Recht und Staat hätten danach einzig repressive Komponenten. Überlegungen über ideologische Machtmechanismen, wie sie Althusser und Gramsci angestellt haben, oder über disziplinäre und biopolitische im Sinne Foucaults (dazu weiter unten) waren den Marxisten noch fremd. Wie das politische Subjekt, die Arbeiterklasse, hegemonial werden, das heißt, ihre Ziele universalisieren könnte, wurde ausgeblendet zugunsten der Vorstellung, es müssten schlichtweg die repressiven Apparate verschwinden.

Man darf allerdings nicht verkennen, dass solche Konzeptionen theoriegeschichtlich erst später entstanden sind und die Absterbethese durchaus *auch* ein undogmatisches Moment in Paschukanis' Theorie war, weil sie immerhin die Vorstellung artikulierte, dass es keine gesellschaftlichen Verhältnisse gibt, die ewiggültig sind. Absterben ist gerade nicht identisch mit »zerstören«, sondern enthält die Komponente des allmählichen Überflüssigwerdens. Bezeichnenderweise musste Paschukanis exakt die Absterbethese unter der stalinistischen Verfolgung zurücknehmen, und schrieb nun über seine frühere Unvereinbarkeitsannahme von Kommunismus und Recht:

> »Dies ist zweifelsohne auch ein schwerer formaler Fehler [...]. Schließlich verhindert [dies], daß die Frage nach dem Sowjetrecht als besonderes Recht der Übergangszeit, welches sich grundlegend vom Recht der bürgerlich-kapitalistischen Gesellschaft unterscheidet, gestellt wurde« (Paschukanis 1972 {1931}: 111).

Seine frühe Einsicht, dass Rechts- und Warenförmigkeit zusammengehören, musste politisch aufgegeben werden zu einem Zeitpunkt, da der Staatsmarxismus der Sowjetunion nichts mehr davon wissen wollte, da er zwar das Privateigentum, nicht jedoch die Warenform beseitigt hatte (vgl. auch Düx 1972).

Die Absterbethese enthält zugleich ein Übergangsmodell zu einer anderen Gesellschaft. Sie ist von ihren prinzipiellen Überlegungen her durchaus emanzipativ ausgerichtet. Problematisch bleibt jedoch das Übergangsmodell, das für einen bestimmten Moment an den widersprüchlichen Institutionen Staat und Recht festhalten will und damit an Herrschaft, Zwang und Unterdrückung. Dass die Praxis des Realsozialismus die Übergangsthese widerlegt hat, ist fast schon banal. Welche theoretischen Alternativen allerdings denkbar gewesen wären, weitaus weniger.

2.5.5 Zusammenfassung

Mit dem zweiten marxistischen rechtstheoretischen Ansatz wurde der Analyse der Kräfteverhältnisse eine weitere Komponente hinzugefügt. Während Neumann und Kirchheimer sich eher auf die politischen Schriften von Marx sowie auf seine Mehrwert- und Klassentheorie bezogen, knüpfte Paschukanis an das erste Kapitel des ersten Bandes des *Kapitals* und damit an die Warenformanalyse und die Fetischtheorie an. Marx selbst, der beide Momente in *einer* Theorie verbunden hatte, ging davon aus, dass *Klassenkämpfe vermittelt über die Warenform* ausgetragen werden, dass also die beiden Momente zusammenhängen (ausführlicher Buckel 2006: 119 ff.). Diesen Zusammenhang stellen aber weder die kritischen Theoretiker noch Paschukanis her. Die offen gebliebenen Fragen im letzten Kapitel insbesondere nach der Totalität kapitalistischer Gesellschaften sowie der »relativen Unabhängigkeit« des Rechts stellen auch für Paschukanis Leerstellen dar. Allerdings gibt er eine andere Antwort auf die Frage nach dem Emanzipationspotential des Rechts. Statt auf dessen mögliche »ethische Funktion« abzustellen, ordnet er das Recht insgesamt einer repressiven Machtstrategie zu, die zu überwinden sei. Die Absterbethese ist die letzte Konsequenz der Formanalyse. Eben jener Analyse, die, so die hier vertretene Auffassung, grundsätzlich von Paschukanis nur gefordert, aber nicht eingelöst wurde. Der »verdinglichte gesellschaftliche Zusammenhang« wird im Warentausch aufgezeigt, ohne dass prinzipiellere Überlegungen angestellt werden, die deutlich machen könnten, dass es sich um ein gesellschaftliches Strukturprinzip und nicht nur um einen »ökonomischen« Fakt handelt. Paschukanis hatte dies vor Augen; insofern ist der Vorwurf des Ökonomismus, wie auch derjenige der Zirkulationssphären- und Privatrechtsreduktion unzutreffend. In seiner Durchführung, die aufgrund der historischen Umstände fragmentarisch blieb, konnte er dies allerdings nicht verwirklichen, so dass die geäußerte Kritik an dem, was er tatsächlich leistete, trotz allem richtige Punkte herausgegriffen hat.

Das unabgegoltene Potential von Paschukanis liegt also darin, seine Arbeit an diesem Punkt über ihn hinaus fortzuführen. Es soll daher im nächsten Schritt untersucht werden, wie die marxistischen Rechtstheoretiker der 1970er Jahre versuchten, diese Aufgabe zu lösen. Danach komme ich auf den alternativen Ansatz in der Tradition von Althusser und Gramsci zurück, der ebenfalls in den 1970er Jahren seinen Ausgang fand.

III. Renaissance und Krise des Marxismus: 1970ff.

Im Kontext der StudentInnenbewegung und der Reformeuphorie des »sozialdemokratischen Zeitalters« kam in den 1970er Jahren wieder Leben in die jäh abgebrochene Rechtstheorie der undogmatischen marxistischen Tradition. Insbesondere in den beiden Sammelbänden, herausgegeben von *Hubert Rottleuthner* (1975) und *Norbert Reich* (1972c), sowie in den 1971-73 erschienenen Ausgaben der *Kritischen Justiz* kam es in der westdeutschen, aber auch in der französischen, italienischen oder US-amerikanischen Diskussion zu einer vorübergehenden Renaissance der (damals noch marxistisch genannten) linken Rechtstheorie. Autoren wie Joachim Perels, Norbert Reich, Wolfgang Abendroth, Thomas Blanke, Wolf Paul, Oskar Negt, Ulrich K. Preuß, Nicos Poulantzas, Burkhard Tuschling, Umberto Cerroni und Toni Negri oder Monique Chemillier-Gendreau, Isaac D. Balbus und Sol Picciotto setzten sich darin mit den Problemen, die Paschukanis oder Franz Neumann und Otto Kirchheimer aufgeworfen hatten, auseinander. Dabei bestand ein großes Interesse an den Aktivitäten des Staates, seinen Spielräumen und Steuerungspotentialen (Rottleuthner 1975:7; Picciotto 1982:169). Dies geht auf den expandierenden keynesianischen Wohlfahrtsstaat und damit einhergehende »Sozialstaatsillusionen« (Müller/Neusüß), aber auch auf die beginnende Krise der fordistischen Formation zurück. Die Konzentration auf den »kapitalistischen Staat« zeigte sich nicht zuletzt an dem Ausmaß der »Staatsableitungsdebatte« (vgl. auch Kannankulam 2000). Das war auch der Zeitpunkt, als die eigenständige Bedeutung des Rechts in den Hintergrund geriet: wurde es doch nicht selten als Moment des Staates diesem untergeordnet. Aus dieser Umklammerung ist es bis heute nicht mehr herausgekommen.

Die damaligen Auseinandersetzungen waren zunächst Versuche, »fragmentarische Ansätze« (Redaktionsbemerkung der *KJ*-Redaktion, Heft 2/1971:239) einer »systematischen Beschäftigung mit den Fragen der Entstehung und der Wirkungsweise von rechtlichen Normierungen oder mit rechtspolitischen Strategien« (Rottleuthner ebd.) zuzuführen.

Ich greife zwei Theoriestränge dieser Debatte mit jeweils unterschiedlichen Ausgangsprämissen exemplarisch heraus. Sie bieten sich vor allem deswegen an, weil der erste Strang den Ansatz von Paschukanis weiterentwickelt, so dass diese Vorstellungen daraufhin untersucht werden können, ob es ihnen gelingt, den oben entwickelten »blinden Fleck« der Rechtsformanalyse auszufüllen. Der zweite Strang hingegen (Nicos Poulantzas und Michel Foucault) ist deswegen von Interesse, weil er diesen Ausgangspunkt explizit ablehnt und stattdessen an Louis Althusser und Antonio Gramsci anschließt.

Nach dem Aufbruch der 1960er Jahre kam es zu Beginn des nächsten Jahrzehnts zur sogenannten »Krise des Marxismus« (Althusser 1978). Mit der Krise des fordistischen Wohlfahrstaates und dem Aufkommen vielfältiger sozialer Kämpfe, vor allem der neuen Frauenbewegung, aber auch der Umweltbewegung und der atypischen Formen des sozialen Kampfes an der kapitalistischen Peripherie weiteten sich die sozialen Konflikte auf ein breites Feld von Gegenständen aus. Dieser »große Reichtum und die Vielfalt der zeitgenössischen sozialen Kämpfe [haben] eine theoretische Krise hervorgerufen«, die sowohl die Zentralität der Arbeiterklasse, die Rolle *der* Revolution als dem Übergang von einem Gesellschaftstyp zu einem anderen als auch die Vorstellung von einem vollkommen einheitlichen kollektiven Willen (Laclau/Mouffe 2000: 31f.), sowie die Vorrangstellung der »ökonomischen Gesetze« in den marxistischen Konzepten in Frage stellte. War die an Marx anschließende Theorie insgesamt herausgefordert, sich einer kontinuierlichen Selbstüberprüfung zu stellen, und ist dies auch in vielen Bereichen gelungen, so muss man für die Rechtstheorie feststellen, dass sie diese Krise nicht überlebte: denn an ihrem Ende gab es keine lebendige marxistische Rechtstheorie mehr. Die folgende Diskussion wird zeigen, an welchen Punkten sich diese Krise theoretisch festmachen lässt.

Eine besondere Bedeutung erhält in diesem Zusammenhang das Werk von Michel Foucault. Zum einen ist es durch eine kritische Auseinandersetzung mit dem Marxismus geprägt, zum anderen bezog sich sein Erkenntnisinteresse auf gesellschaftliche Phänomene, welche die Erweiterung des theoretischen Feldes ermöglichten: den »Wahnsinn«, die »Devianz« und die »Sexualität«. Seine Einwände und theoretischen Verschiebungen bieten sich daher für eine Reformulierung der marxistischen Rechtstheorie an.

1. Die Tradition der Rechtsformanalyse

1.1 Produktionsvermittelter Tausch

1.1.1 Darstellung

Den Auftakt zur erneuten marxistischen Debatte um Funktion und Wesen des Rechtsbegriffs bildeten die Diskussionen in der *Kritischen Justiz*. Der prominenteste Beitrag kam vom »akademischen Wortführer der neomarxistischen Linken in den siebziger Jahren« (Harms 2000: 115), *Oskar Negt*. Harms zufolge ist es hauptsächlich Negt zu verdanken, den Begriff der »marxistischen Rechtstheorie« bekannt gemacht zu haben. Sein Konzept lag bereits seit 1972 vor und stimulierte seither die Debatte, die sich in Rottleuthners Sammelband (1975) als Rede und

Gegenrede niederschlug. Dabei war auch Negts Ansatz wiederum keineswegs ein systematischer Beitrag, sondern seine *10 Thesen* spiegelten eher den Neubeginn wider.

Wie bereits anlässlich der Paschukanis-Kritik erörtert, lag seine eigene Intervention in der Einführung der Produktionssphäre in die Diskussion. Dabei war es für ihn zentral, dass der Begriff der »Produktion« nicht ökonomistisch verengt verstanden wird. Produktion sollte nicht aufgehen in dem instrumentellen Umgang mit Arbeitsmaterial, Arbeitsinstrumenten und Arbeitsorganisation, sondern identisch sein mit der Produktion und Reproduktion des wirklichen Lebens auf einer historisch bestimmten Entwicklungsstufe der Produktivkräfte und Produktionsverhältnisse, der Ideen, Vorstellungen, des Bewusstseins, also von Lebenszusammenhängen, die sich auf die materielle Tätigkeit der Menschen gründen: »Mit der Produktion materieller Güter produzieren und reproduzieren die Menschen zugleich die Verhältnisse, welche die Regeln und Grenzen ihres Handelns und Verhaltens bestimmen [...]« (Negt 1975:45).

Aus diesem Zusammenhang sei die Rechtsform zu erklären. Das grundlegende Theorem lautet also: Das bürgerliche Recht gründet sich nicht auf die allgemeine Tatsache, dass alle Warenbesitzer sich in ihren ökonomischen Transaktionen als gleich betrachten und gegenseitig anerkennen müssen, sondern vielmehr auf das zugrunde liegende spezielle Austauschverhältnis zwischen Lohnarbeitern und Kapitalisten. Der Tauschprozess, in welchem das Recht entstehe, sei der »produktionsvermittelte Austausch« (48): »*Nicht alle Waren, auch nicht der durch Verträge vermittelte Warenverkehr, sondern ausschließlich die Ware Arbeitskraft ist deshalb Bezugspunkt der Ableitung und der Erklärung des Rechts*« (52, Herv. i. O.). Die Konsequenz aus der Neudefinition des Ortes der Ableitung, blieb allerdings unklar.

Erst Burkhard Tuschlings *Rechtsform und Produktionsverhältnisse* (1976) will diesen offenen Zusammenhang erläutern. Er setzt an der These Negts an, um sie weiterzuführen. Denn bei Negt sei es bei der »bloßen methodischen Forderung« geblieben (13). Im Kapitalismus breite sich das Recht von einem gesellschaftlichen Teilbereich zu einem System aus, welches alle gesellschaftlichen Beziehungen reguliere. Daraus folge, dass der Entstehungs- und Regelungsbereich des Rechts nicht die Zirkulation sein könne (das gelte nur für vorkapitalistische Gesellschaften) sondern der »kapitalistische Produktionsprozess« (9). Dieser sei dadurch gekennzeichnet, dass die Arbeitskraft selbst zur Ware werde. Die zentrale These Tuschlings lautet daher, dass der kapitalistische Warentausch die entscheidende Funktion dieser Produktionsweise erfülle, nämlich »die Kombination von Produzenten und Produktionsmitteln« (15). Der zentrale Widerspruch des Kapitalismus muss also Prozessform annehmen, das heißt, vermittelbar und eben dadurch reproduzierbar sein, damit kapitalistische Produktion ermöglicht werde (16). Aus dieser »Totalität« müsse das Recht abgeleitet werden, nicht aus einem Teilmoment (Tuschling 1977:271). Die spezifische Leistung des Rechts liege darin, zu regulieren und zu garantieren, dass die Leistungen, die sich Verkäufer und Käufer der Ware Arbeitskraft versprochen haben, auch in der Tat erbracht werden: Verwirklichung der Produktionsmittel, Ersetzung des Gegenwertes der Ware Arbeitskraft sowie eines darüber hinausgehenden Mehrwertes. Die Resultate des Produktionsprozesses werden also rechtlich zugeordnet: »Das Recht garantiert, dass die Machtmittel des Rechtsstaats im Konfliktfall in Anspruch genommen werden können, um das am Ende des kapitalistischen Produktionsprozess reproduzierte und damit neu gesetzte Verhältnis der Trennung der Produzenten von ihren Produktionsmitteln [...] durch Sanktionen zu sichern« (1976:37).

Unter »Totalität« versteht Tuschling die widersprüchlichen Beziehungen der kapitalistischen Gesellschaft, die als Produktionsverhältnisse, als Klassenverhältnisse oder eben als Rechtsverhältnisse betrachtet werden können. Recht ist demgemäß nur »eine rechtliche Seite dieser Totalität« bzw. nichts anderes, »als *dieselben Beziehungen der Individuen zueinander und zu den Produktionsmitteln*, nur unter einem anderen Aspekt betrachtet [...]« (32). Die Produktionsverhältnisse seien die Totalität, welche sich differenziert in »Produktionsverhältnis und Recht« (1977:274). In Bezug auf die Formanalyse bedeutet das, dass Tuschling die Produktion als den Inhalt begreift und das Recht als dessen Form (1976:27, 88, 99). Dieser Inhalt sei die Grundstruktur der kapitalistischen Gesellschaft, die den überpositiven Kern jeden positiv gesetzten Rechts darstelle (94).

1.1.2 Fundierungswahn

Maihofer kritisierte an der Intervention Negts, dass seine Thesen auch nur eine ›genauere‹ Bestimmung des Orts seien, aus dem die Entstehung des Rechts abzuleiten sei. Die Art der Entstehung sei dadurch keineswegs näher bestimmt (Maihofer 1992:33). Ähnlich argumentiert Harms: »Trotz seiner Abgrenzung von Paschukanis argumentiert Negt in diesem Zusammenhang ähnlich wie Paschukanis« (Harms 2000:117). Der zentrale Einwand Maihofers richtet sich darauf, dass Negt mit der besonderen Betonung der Produktion die Vorstellung transportiere, dass die Produktion alle gesellschaftlichen Verhältnisse aus sich heraus erzeuge, sozusagen eine gottähnliche Quelle allen gesellschaftlichen Seins darstelle (Maihofer 1992:35). Stattdessen müsse die Produktion als gesellschaftlich bestimmte immer schon innerhalb von bestimmten Produktionsweisen, Praxen und Bewusstseinsformen gedacht werden (ebd.). Die Kritik erscheint in Bezug auf Negt nicht überzeugend, da dieser mit anderer Ausdrucksweise die gleiche Vorstellung vertritt. Maihofer kritisiert ihn für genau jenes Missverständnis, das Negt gerade aufklären will. Auf Burkhard Tuschling jedoch übertragen, trifft die Kritik ins Schwarze. Denn das Spezifische an der Theorie Tuschlings besteht darin, dass sie die von Anfang an virulente Kritik an Paschukanis auf die Spitze treibt, was aber auch bedeutet, dass die immanente Problematik dieser Kritik sich daher in aller Deutlichkeit zeigt: Als das Entscheidende im Kapitalismus wird die Erzeugung und Aneignung von Mehrwert in der Produktion betrachtet; daher müsse auch das Recht darauf bezogen sein, darin gründen. Nicht nur das Recht, *alle* gesellschaftlichen Verhältnisse, gründen in dieser Basisproblematik, sind Ausdruck des Subjekts »Kapital«. Gesellschaft kann so nicht als mehrdimensionale, von diversen Widersprüchen überdeterminierte erkannt werden, sondern muss auf einen »Grundwiderspruch« (15) reduziert werden, aus dem heraus sich alles »ableiten« lässt. Neben der Tatsache, dass diese Argumentation ökonomistisch ist, verweist sie zugleich auf ein vorgelagertes methodisches Problem, dessen Ausdruck der Ökonomismus schließlich ist: auf eine ontologisierende Vorstellung von Gesellschaft: »die Annahme der möglichen Reduktibilität alles erdenklichen Seienden« auf das Fundamentale (Adorno 1995b: 30; 2002: 32). Das, was Poulantzas und Maihofer als hegelianisches Denken des einfachen Widerspruches kennzeichnen, wird von dem an Hegel orientierten Adorno nicht weniger kritisiert. Er bezeichnet eine solche Vorstellung als »Fundierungswahn« (1995: 30) und meint damit den »Glauben, dass alles, was es überhaupt gibt, aus irgendeinem anderen, Ursprünglicheren, Älteren herausgezogen werden müsse« (ebd.). In diesem »Kultus des Begriffs der Ursprünglichkeit« sei der Anspruch enthalten, dass das Erste und Anfängliche wahrer, besser, tiefer sei (2002: 32). Dieses Ursprüngliche ist bei Tuschling das »Kapital als Subjekt der Herrschaft« (1976: 47). Woraus aber ist es letztlich »ableitbar«, dass das Recht den »Kern« des Kapitalismus regelt? Warum nicht nur Nebenaspekte? Warum überhaupt »Regulierung« und »Garantie«? Diese Prämissen sind offensichtliche Setzungen, die nur dadurch kaschiert werden, dass sie auf das scheinbar Fundamentale zurückzuführen sind. Doch das Soziale ist ein unendlicher Raum, »der auf kein ihm zugrundeliegendes einheitliches Prinzip reduziert werden kann [...]«. Die Vorstellung eines ursprünglichen Zentrums des Sozialen ergibt daher keinen Sinn mehr (Laclau/Mouffe 2000: 175). Insbesondere wenn Tuschling selbst zugesteht, dass das Recht gerade von den Verhältnissen der Ungleichheit abstrahiert, wird die Argumentation widersprüchlich, wenn es *zugleich* aus diesem Besonderen abgeleitet werden soll (Bader 1977: 292). Das über den äquivalenten Tausch hinausschießende Moment kann dem Recht ebenso gut fremd bleiben, wie Harms dies vertritt (2000: 121). Darüber verkennt Tuschling die Doppelbedeutung der einfachen Zirkulation (Reichelt 2002:165); sie ist nicht lediglich *historische* Voraussetzung des Kapitals, »vorkapitalistisch«, sondern ebenso innerhalb der bürgerlichen Produktionsweise Voraussetzung des Kapitals.

1.1.3 Totalität

Mit dem Fundierungswahn treffen wir erneut auf einen fragwürdigen Totalitätsbegriff. Es bleibt Tuschlings Geheimnis, »wie man diese Totalität auf einen Schlag begreifen soll, ohne ihre Momente auseinander zu entwickeln« (Bader 1977:290). Dies konnte nur gelingen, weil Tuschling unter Totalität nicht die Vielfalt und Eigendynamik ihrer Momente begreift, sondern ein einziges Verhältnis, das lediglich nach allen Seiten zu betrachten sei. Alles ist im Prinzip »Kapital«. Die »konkrete Totalität« zeigt sich jedoch vielmehr in den Abhängigkeitsverhältnissen der einzelnen Teile voneinander, die bis zur Gegensätzlichkeit verschieden sein können (Adorno 1993:77, 106f.). Recht besitzt eine eigene Dichte, ist nicht nur Ausdruck oder Erscheinungsform der Produktion. Diesem Anspruch kann Tuschling gerade nicht gerecht werden. Während er also die Eigenständigkeit der Momente unterschlägt, hatte Neumann mit dem Gegenteil, der bloß abstrakten Totalität, nämlich der Addition dieser Momente zu kämpfen. Gesellschaft als Ganze zu begreifen und das Recht zu ihr in Beziehung zu setzen, scheint sich immer deutlicher als die Hauptschwierigkeit der unterschiedlichen Theoriestränge herauszukristallisieren.

1.2 Zum Verhältnis von Recht und Staat

Neben den »Rechtsableitern« werde ich mich nun der »Staatsbleitungsschule« zuwenden. »Pashukanis' status as a patron saint of this school is widely accepted, whatever one thinks of the school itself [...]« (Miéville 2005:122).

1.2.1 Wertform

Die materialistischen Staatstheoretiker, die sich auf Paschukanis bezogen, verfielen nicht dem Fundierungswahn. Anstatt Paschukanis an dieser Stelle vermeintlich zu radikalisieren, versuchten sie, seine Erkenntnisse auf die Staatstheorie anzuwenden. Die inneren Funktionsänderungen, die mit der Herausbildung des Kapitals entstehen, änderten an der Rechtsform nichts, da diese ein funktionales Erfordernis des Kapitalismus sei, das nicht einfach verschwinde, wenn die Klassenstrukturen sich entwickelten. Das Prinzip des Äquivalententausches werde durchbrochen, aber die Tauschbeziehungen blieben der Form nach Äquivalenzbeziehungen (Blanke et al. 1974:74ff; 1975:422f.).

Durch die symbiotische Thematisierung von Recht und Staat kann die Darstellung auf diese Autoren nicht verzichten, die »eigentlich« die politische Form erklären wollten, und eher en passant sich auch zur Rechtsform äußerten. Dies beinhaltet zwar immer schon die Problematik, die gegenseitige Abhängigkeit nicht als historisch variabel, sondern als a priori gegeben zur Prämisse zu machen, dennoch – wenn man dies nicht aus den Augen verliert – haben sie eine Reihe von wichtigen Erkenntnissen auch für die Rechtsformanalyse beizutragen. Aus der »Staatsableitungsdebatte«, die mit dem Text von Müller/Neusüß 1970 begann und unter anderem über Autoren wie Elmar Altvater, Joachim Hirsch, Flatow/Huisken oder das »Projekt Klassenanalyse« angestoßen und entwickelt wurde, sollen hier mit Blanke et al. und Esser diejenigen Autoren herausgegriffen werden, bei denen das Recht sowie insbesondere die Analyse von Paschukanis besondere Bedeutung erhalten haben (vgl. Esser 1975:Anm. 91).

Ihre Ausgangsthese lautet, dass Paschukanis bisher als einziger erkannt habe, dass die »Grundfunktion« des Staates sich in der Warenform verberge (ebd.: 69). Die Trennung von Politik und Ökonomie (und damit die Herausbildung des eigenen Bereiches der Politik) habe ihren Ursprung in der Ware (Blanke 1975:419). Die Warenform sei die »spezifische kapitalistische Vergesellschaftungsform« (Esser 1975:151). Sowohl Blanke/Jürgens/Kastendiek als auch Esser gehen methodisch in der Weise vor, dass sie die drei zentralen Formen: Wertform, Rechtsform und Staatsform nacheinander und aufeinander aufbauend entwickeln. Als Grundform dient dabei die von Marx entwickelte Wertform, während die Rechtsformanalyse von Paschukanis übernommen wird. Beide Ansätze wollen dadurch zeigen, wie der Staat »aus bestimmten Erfordernissen der kapitalistischen Gesellschaft« begründet werden muss« (Blanke et al. 1975:417).

Die von Marx dargestellte Wertform sei durch die »Herrschaft des rein sachlichen Zusammenhangs« und die Abwesenheit physischer Gewalt gekennzeichnet (1974:70; 1975:420). Die Entstehung der bürgerlichen Gesellschaft sei verbunden mit einem Prozess der »Entpolitisierung« der Ökonomie (Aufgabe des Faustrechts, der Räuberei etc.). *Zugleich* jedoch erfordere sie eine Instanz, welche diesen Prozess garantiere (1974:70).[18]

18 An diesem Punkt stimmen die beiden genannten unterschiedlichen marxistischen Richtungen der Staatstheorie überein. Poulantzas stellte ebenfalls fest, dass der kapitalistische Staat mit seinem Gewaltmonopol die Pazifizierung der von den Feudalkriegen zerrissenen Territorien konstituierte. Die Trennung von Staat und Ökonomie sei mit einer Zentralisierung

Die Wertform werde zur notwendigen Form, weil die allgemein-abstrakte Arbeit, die einen gesellschaftlichen Austausch von Waren erst möglich mache, sich als solche nicht darstellen könne. Gerade die abstrakte Arbeit, die »Arbeit sans phrase«, die nach Marx die Grundlage des Wertes ist, produziert einen Widerspruch: Da der Wert etwas rein Gesellschaftliches ist, kann ein Arbeitsergebnis nicht auf den in ihm enthaltenen Tauschwert hinweisen. Damit wäre es nicht austauschbar. Es benötige also eine Entäußerung, eine selbständige Darstellung. Die Geldform hat nach Esser daher die »notwendige Funktion«, den Tauschwert auszudrücken (Esser 1975:151 f.). Marx entdeckte also, dass die warenproduzierende Gesellschaft eine bestimmte Funktion notwendig mache, die sich in der Form des Geldes darstelle. Doch damit ist nach Esser die Ableitung der Geldform noch nicht geleistet. Er geht auf die Kritik der bloßen Zirkulationsableitung ein, indem er die Funktionen danach unterscheidet, ob es sich um die einfache oder um die kapitalistische Warenproduktion handelt. In dem Moment, da die menschliche Arbeitskraft selbst Warenform annehme, erzeuge sie im Produktionsprozess einen Mehrwert. Die Geldform verwandele sich dabei in die Kapitalform. In ihr drücke sich das spezifische kapitalistische Herrschaftsverhältnis aus: die »Herrschaft des vergegenständlichten Kapitals über die Werte produzierende, lebendige Arbeit« (152).

1.2.2 Rechtsform

Beide Ansätze übernehmen nun für die Rechtsform Paschukanis' Warenhüter-Theorem: die zweite notwendige Funktion stelle sich als juristisches Subjekt dar (Esser, 1975:154). Der rein sachliche Zusammenhang verselbständige sich in zwei verschiedenen Weisen gegeneinander: einmal als Beziehung der Dinge (der Waren) aufeinander, ausgedrückt im Wert als verdinglichter Form der Gesellschaftlichkeit der menschlichen Arbeit (Blanke et al. 1974:70), und einmal als Beziehung der Personen (zur *Realisierung* des Wertes). Und eben jenes letzte Verhältnis konstituiere nun wie bei Paschukanis die Rechtsform. Damit der Wert sich realisieren kann, seien bewusste Handlungen von Menschen erforderlich – da, wie oben erwähnt – die Waren nicht selbst zum Markt gehen können. Aus diesen Willensverhältnissen werde ein System von Rechtsbeziehungen in dem Moment, wo sie vereinbart und geregelt seien. Die Person werde so zum Rechtssubjekt (Blanke et al. 1975:421). Diese Handlungen seien selbstredend keine freien Vernunfttätigkeiten, sondern rein funktionale Handlungen, exekutiert durch Charaktermasken bzw. Zirkulationsagenten. Recht ist dabei die wesentliche Form, in

der physischen Gewalt im Staat einhergegangen (Poulantzas 1978:72), ebenso Foucault (Foucault 1998 [1983]).

der sie dazu gebracht würden, sich funktional zu verhalten. Der gesellschaftliche Zusammenhang setze sich als verdinglichter Zwang durch, der jedoch individueller Handlungen bedürfe (Blanke et al. 1974: 55). Der von Esser konstatierte Formwandel der Rechtsform in der erweiterten kapitalistischen Produktion geschieht bei der Rechtsform anders als bei der Transformation Geldform/Kapitalform. Handelte es sich dort um den Übergang von einer Ausdrucksform des Tauschwertes zu einer anderen, besteht der Wandel nunmehr in einer Mystifizierung: Die spezifischen Rechtssubjekte des Kapitalismus, Lohnarbeiter und Kapitalist, stehen in einem Klassenverhältnis zueinander und eben jenes werde in der Rechtsform, in der beide als gleiche und freie Rechtsubjekte erscheinen, mystifiziert (Esser 1975: 155).

1.2.3 Politische Form

Der nächste Argumentationsschritt besteht darin, aus dieser Rechtsfunktion nun die Staatsform abzuleiten. An diesem Punkt, der für beide Ansätze der entscheidende und neue war, gehen die Autoren zwar unterschiedliche Wege, kommen aber prinzipiell zum gleichen Ergebnis: die politische Form entwickle sich aus der Notwendigkeit, über die Durchsetzung der Rechtsform durch eine außerökonomische Zwangsgewalt die kontinuierliche Warenproduktion abzusichern.

Blanke et al. betonen, dass der Warenaustausch auf der Basis des Vertrages stattfindet. Dieser könne ohne Zwang nicht existieren (1975: 421), so dass die »*Durchsetzung des Wertgesetzes [...] die Durchsetzung des Rechtsgesetzes konstituiert*« (ebd.; 1974: 72 Herv. i. O.). Im Äquivalententausch sei die Notwendigkeit gesetzt, dass die Gleichheit der Tauschbedingungen gewährleistet sein müsse (71). Die Sicherheit des Rechts (sowohl inhaltliche Rechtsgewissheit als auch Vollstreckungsgewissheit) erzeugt bei Blanke et al. notwendig den »außerökonomischen Zwang« (Blanke et al. 1975: 421). Esser betont in Anlehnung an Paschukanis, »dass der Rechtsverkehr zwischen den Rechtssubjekten einer warenproduzierenden Gesellschaftsformation ›seiner Natur nach‹ einen Zustand des Friedens keineswegs voraussetze. Gleichwohl wird dieser Friedenszustand zu einer Notwendigkeit, wenn der Warentausch seinen immanenten Gesetzen nach reibungslos verlaufen soll« (Esser 1975: 155). Die Politikform habe also die notwendige Funktion, die Aufrechterhaltung der Warenproduktion zu garantieren. Um dies gewährleisten zu können, muss sie eine »besondere«, das heißt, eine von den unmittelbaren Klassenverhältnissen getrennte Form annehmen, denn

> »[d]iese Warenproduktion kann nur dann funktionieren, wenn auf dem Markt alle Warenbesitzer sich als freie und gleiche, mit einem autonomen freien Willen ausgestattete gegenübertreten. Diese

> Funktionsfähigkeit jedoch würde erheblich beeinträchtigt, wenn einer oder mehrere dieser Warenbesitzer die Gewalt zur Aufrechterhaltung der Warenproduktion bei sich monopolisiert hätten. Die Freiheit und Gleichheit aller wäre zugunsten der Besitzer des Gewaltmonopols aufgehoben; die Gleichwertigkeit der Waren-Äquivalente wäre zerstört. Damit ist die Notwendigkeit bewiesen, dass diese Gewaltfunktion monopolisiert sein muss von einer nicht am Warentausch beteiligten Einrichtung« (156f.).

Die Modifikation der Politikform auf der Ebene der kapitalistischen Warenproduktion bestehe darin, dass jene Aufrechterhaltung des Tauschverkehrs anders als auf der einfachen Ebene nicht im Namen aller geschieht, sondern das klassenspezifische Herrschaftsverhältnis reproduziert. Wie bei der Rechtsform finde auch durch die politische Form ein Mystifizierungsprozess statt: aufgrund des Äquivalententauschs in der Zirkulationssphäre erscheine sie als klassenneutrale Einrichtung (158).

Wie ist nun, kann man schließlich fragen, das Verhältnis von Staat und Recht konzipiert, wenn jener zur Absicherung des Rechts notwendig ist. Dazu äußern sich nur Blanke/Jürgens/Kastendiek: Sie gehen davon aus, dass die außerökonomische Zwangsgewalt in ihren Aktionen nun jeweils an den beiden zentralen Formen der gesellschaftlichen Beziehungen ansetzen muss, an der Geld- und an der Rechtsform. Die Einwirkungsversuche finden danach also nicht direkt und unmittelbar statt, sondern über die Grundformen vermittelt. Die »außerökonomische Gewalt ›reguliert‹ so äußerlich, über das Durchsetzen normadäquaten Verhaltens, die sachlichen Beziehung der Reproduktion« (1975:430). Das Verhältnis von Staat/Politik und Recht ist also ein wesenverwandtes und enges. Die Grundform von Politik wird sogar als »die Auseinandersetzung um und die Festlegung von Rechtsbeziehungen [...]« definiert (1974:52). Politik ist »Kampf um Recht und um die Instanz, welche das Recht garantiert«, die Form, in welcher sich der Klassenkampf im Rahmen des bürgerlichen Staates ausdrücke (74). Demgemäß bürgen auch die rein formalen Freiheits- und Gleichheitsrechte eine Gefahr für das bürgerliche System: nämlich als Einbruchstellen des Klassenkampfs in die Politik. Ähnlich wie Negt und Neumann gehen Blanke et al. von einer doppelten Wirkung des bürgerlichen Rechtsstaats aus: Rechte als rein funktionale Erfordernisse *und* als jene transzendierende Verhältnisse (78). Allerdings bleibt auch hierbei unklar, warum sie diesen Doppelcharakter besitzen sollten.

An dieser Stelle lässt sich noch eine Überlegung Tuschlings einfügen, die im Gegensatz zu seinem Ableitungsvorschlag gut an Blanke et al. anschließen kann. So betont er, dass die Verbindung zwischen Staat und Recht keine feste sei; es bestünden keine effektiven Bindungen. Der Staat könne sich vorübergehend vom Formalsystem lösen – darin stimmt er mit Neumann und Kirchheimers Rechtsstaatsanalyse überein. Der Grund bestehe darin, dass das Verhältnis des Einzelnen zur Allgemeinheit (des Staates) nicht noch einmal rechtlich konstituiert ist: »Das Verhältnis zwischen der Garantiemacht und denen, deren Rechte sie systematisch garantieren soll, ist nicht nochmals rechtlich regel- und garantierbar; es bleibt ein Gewaltverhältnis [...]« (Tuschling 1976: 81). In anderen Worten, eine den Staat an das Recht wiederum bindende Zwangsgewalt fehlt (79). Tuschling nennt dieses Dilemma in Abgrenzung gegenüber normativen Ansätzen »nicht-reflexiv« (81). Diese Tatsache zeige sich empirisch an Justizirrtümern, an planmäßigen Rechtsbrüchen totalitärer Systeme, aber auch in Normalzeiten an den letzten Entscheidungen der höchsten Gerichte. Mindermeinungen werden zu »Unrecht« erklärt. Durch die Institutionalisierung der höchsten Gerichte, über die niemand mehr wachen kann, werden ihre Entscheidungen, mögen sie inhaltlich ausfallen, wie sie wollen, zu »Recht« (81), in den Worten Luhmanns: Gerichte sind die Entparadoxierungsinstitutionen.

1.2.4 Kritik

Der formanalytischen »Fraktion« der Staatsableitungsdebatte, der die fortgeschrittenste Position innerhalb dieser Staatsdiskussion zugestanden wird (Holloway/Picciotto 1978: 20; Kannankulam 2000: 128), merkt man im Vergleich zu den rechtstheoretischen Debatten an, dass sie von der breiteren Auseinandersetzung profitierte. Sie kam zwar, was die Rechtsform selbst angeht, nicht über Paschukanis hinaus, abgesehen vielleicht von der Klarstellung des Verhältnisses von Zirkulation und Produktion. Was ihr jedoch gelingt, und das ist der weiterführende Gedanke dieses Ansatzes, ist *methodisch* das Verhältnis der unterschiedlichen Formen präziser als Paschukanis selbst zu fassen. Ihm muss eine ähnliche Konzeption vorgeschwebt haben, doch sein fragmentarischer Ansatz, der eher eine permanente Auseinandersetzung mit und eine Abgrenzung von den bürgerlichen Rechtstheorien darstellte, konnte dies nicht leisten. Die Wertform kann nach dieser Erkenntnis als die methodische Vorgabe gewertet werden, die den verdinglichten gesellschaftlichen Prozess operationalisiert. Die Rechtsform muss in einer ähnlichen Weise rekonstruiert werden.

Reduktionismus und Funktionalismus

Wie dies allerdings zu geschehen hat, bleibt nach wie vor ungeklärt, denn auch die staatstheoretischen Ansätze geben hierfür kaum weiterführende Hinweise und dies vor allen Dingen deswegen, weil sie reduktionistisch und funktionalistisch argumentieren. Die Hauptschwäche von Paschukanis wird prolongiert, nämlich die Reduktion des Rechts auf den reibungslosen Warentausch. »Die Rechtsform ist daher nichts anderes«, so kritisierte Reich bereits Paschukanis, »als die juristische

Vermittlung des Warenbesitzerverhältnisses. [...] Rechtsform bedeutet die Vertragsform; die Komplexität des Rechtsbegriffes wird nicht gesehen« (Reich 1973:16). *Die* grundlegendste metaphysische Annahme der bisher dargestellten Theorien[19] besteht in der Vorstellung, dass bestimmte »Funktionen« in der warenproduzierenden Gesellschaft notwendig würden, die sich dann bestimmter Formen bedienten. »Reibungsloser« Warentausch erfordere sowohl die Subjekte, die die Waren zu Markte tragen, als auch den Friedenszustand. Das heißt, eine ideale kapitalistische Welt wird logisch vorausgesetzt, in der die »notwendige« Lösung immer schon gefunden ist. Kontingenz, gesellschaftliche Kämpfe und Misslingen von funktionalen Lösungen können nicht gedacht werden. Doch vor allem liegt diesem Theorem die Vorstellung zugrunde, wie *Alain Lipietz* treffend zeigt,[20] dass »alles für etwas gemacht ist«, wobei die Reproduktion als finaler Grund aller Funktionen gilt. Nur ein Subjekt kann sich ein Ziel setzen, doch die Gesellschaft ist keines (Lipietz 1998:80), sondern eine Vielzahl widersprüchlicher Verhältnisse. Wenn überhaupt, könnte man höchstens von einem Ex-Post-Funktionalismus sprechen und damit nachträglich den logischen Zusammenhang verschiedener Formen betonen. Mir erscheint jedoch die Strategie erfolgversrechender, sich vom Funktionalismus insgesamt zu verabschieden und stattdessen von »Effekten« zu sprechen. Für eine solche Verschiebung bietet die Theorie von Michel Foucault Anregungen.

Ausblendung der Strukturkategorie Geschlecht

Die funktionalistische Zugangsweise macht noch eine weitere Leerstelle offensichtlich, die, wie im vorangegangenen Kapitel gezeigt, die marxistische Theorie sowohl mit der Systemtheorie als auch der Habermas'schen Diskurstheorie teilte: nämlich die Ausblendung der Strukturkategorie »Geschlecht«. »Strukturkategorie« bedeutet, dass das hierarchische Geschlechterverhältnis weder zufällig noch partikular, sondern strukturell angelegt und als institutionell verankertes ein systematischer Faktor sozialer Formation ist (Becker-Schmidt 1990:392). Diese Ausblendung ist entscheidend für die Krise des Marxismus. Wenn die Wert- oder Warenform *die* Vergesellschaftungsform der bürgerlichen Gesellschaft sein soll, alles aus ihr extrahiert werden muss, dann bleiben

19 Und auch Poulantzas bedient sich, wie wir später sehen werden, dieses Zirkels. Zudem bleibt auch die »Funktionsbestimmung« der Systemtheorie ähnlich funktionalistisch. Die funktionalistische Argumentationsweise ist ein typisches Phänomen der 1960er und 70er Jahre, als die Steuerungseuphorie von der Machbarkeit der Verhältnisse über staatliche Interventionen überzeugt war.

20 Ursprünglich als Kritik am Strukturalismus Althussers.

alle sozialen Verhältnisse jenseits der Organisierung von Bedürfnisbefriedigung durch die gesellschaftliche Tätigkeit der Arbeit unsichtbar. Die Rechtsform, die auf diese Weise entwickelt wird, dient der Garantie des Austausches der Waren und bleibt in ihrer Wirkungsweise darauf beschränkt – das heißt, sie wird nicht in Bezug zur Totalität sozialer Verhältnisse gesetzt. Selbst wenn man unterstellen könnte, dass die Rechtsform sich als Moment der Warenproduktion entwickelt, so müsste zumindest die Frage beantwortet werden, wie diese spezifische Vergesellschaftung mit anderen, zum Teil auch älteren Herrschaftsformen verbunden ist. Die feministische Kritik hat hinlänglich daran erinnert, dass Warenproduktion nicht nur Produktion und Distribution beinhaltet, sondern ebenso die Reproduktion voraussetzt (Beer 1990: 266), das heißt, dass zur Möglichkeit einer gesellschaftlichen Reproduktion ebenso zwingend die Prozesse gehören, die das Leben der Individuen sichern (Becker-Schmidt 1990: 391).

> »Die Besonderheiten des Kapitalismus, für die Reproduktion der Arbeitskraft auf unbezahlte Arbeit angewiesen zu sein und eine Trennung von Heim und Arbeitsplatz zu erzeugen, bewirkten, dass das patriarchale Geschlechterverhältnis mit der kapitalistischen Struktur eine Verbindung einging. Als historische Strukturen standen hier die Familienhaushalte, die durch die vorkapitalistischen patriarchalen Strukturen und die Geschlechtersegregation bewirkte Zuständigkeit der Frauen für die Reproduktionstätigkeiten sowie die damit zusammenhängende Minderbewertung von Frauenarbeit zur Verfügung« (Kohlmorgen 2004: 40).

Die Ausblendung des Geschlechterverhältnisses konnte auch dadurch entstehen, dass das Kapitalverhältnis *logisch* geschlechtsneutral konzipiert ist, es dies aber *historisch* nicht ist. Ähnlich wie in der Systemtheorie wurde in diesem Ansatz, allerdings dreißig Jahre früher, der Kurzschluss gezogen, Vergesellschaftung basiere auf einem einzigen Prinzip, aus welchem alles, auch alle Herrschaftsverhältnisse, abzuleiten sind. Dabei zeigt sich gerade im Geschlechterverhältnis, dass Formen von Herrschaft existieren, wie etwa sexuelle Ausbeutung und Gewalt, welche in keiner Weise aus der Warenproduktion abzuleiten sind bzw. nur um den Preis eines kruden Ökonomismus'. Wegen dieses Monismus' wurde bei der Frage der Mystifizierung der Klassenverhältnisse im Recht von den Staatstheoretikern nicht einmal die Überlegung angestellt, ob nicht noch andere Herrschaftsverhältnisse unter der formalen Freiheit und Gleichheit zum Verschwinden gebracht werden.

Symbiose von Staat und Recht

Problematisch ist auch die Tatsache, dass die Beschäftigung mit der Rechtsform, deren »Ableitung« im Prinzip von Paschukanis komplett übernommen wird, Alibicharakter erhält. Denn weitere Überlegungen schienen für die Rechtsform nicht angebracht zu sein, da sie nur die Folie ist, vor der sich der Staat entfalten kann, sowie die Form, der er sich zu seiner Äußerung bedienen muss. Recht ist nichts ohne die Zwangsgewalt, die es garantiert. Das Wertgesetz führt »mit Notwendigkeit« zum Rechtsgesetz und dieses erfordert zu seiner eigenen Verwirklichung den Staat, so die finale Logik. *Joachim Hirsch* wandte zu Recht ein, dass nicht die Rechtsform die Staatsform erzeugt, »sondern die Eigentümlichkeit der kapitalistischen Reproduktion der Klassenverhältnisse [...] eine spezifische Formbestimmung der Klassengewalt und die besondere Form des bürgerlichen Rechts«, so dass beide nicht wechselseitig voneinander ableitbar sind (Hirsch 1976: 146, Fn. 11). Es zeigt sich daran, dass die *Rechts*theorie von den Staatstheoretikern nicht als eigenes Gebiet erkannt wurde. Man bediente sich des Rechts als eines Vehikels, um dann zum Eigentlichen zu kommen: dem Staat. Daher scheint es so, als reiche es aus, für das Recht auf Paschukanis zurückzugreifen.

Illusion der Rechtsförmigkeit staatlichen Handelns
Schließlich ist die Behauptung von Blanke et al. zu kritisieren, neben der Geldform sei die zentrale staatliche Handlungsweise das Recht. Diese Autoren treffen zwar durchaus den richtigen Punkt, dass selbst das größte Unrechtsregime sich immer noch den Anschein des Rechtlichen gibt. Prinzipiell ist aber der Kritik von Hirsch zuzustimmen, dass dies in die unhaltbare These von der durchgängigen Rechtsförmigkeit staatlicher Gewaltausübung mündet (147, Fn. 11). Hiergegen kann die von Tuschling beschriebene Nicht-Reflexivität zeigen, dass Legalität nur ein Moment ist, deren gleichursprüngliches Komplement die maßlose Regel ist (Hirsch ebd., in Paraphrasierung von Preuß). In der Tat erhält die nicht aus dem Tauschverhältnis ableitbare Gewalt des öffentlichen Rechts bei Blanke et al. notwendig den Charakter eines deus ex machina, der nirgends systematisch begründet werden kann (ebd.). Aber auch diese Kritik geht nicht weit genug. Denn der Rechtsfetischismus dieser Auffassung endet nicht mit der Addition der extralegalen Gewalt. Er besteht vielmehr gerade darin, staatliches Handeln überhaupt auf die Dualität von Recht/Nichtrecht zu reduzieren. Dies verbleibt noch in dem gleichen Paradigma – in Foucaults Worten, im juridischen Diskurs (Foucault 2000: 46) –, nach welchem Herrschaft durch den Staat äußerlich-repressiv ausgeübt wird. So als genüge es, eine Rechtsnorm zu setzen, diese mit Sanktionsgewalt auszustatten, um die Tauschagenten mechanisch zum »normadäquaten« Verhalten zu zwingen. »Objektiver Zwang« und individuelle Handlungen werden zu einseitig konzipiert. Zwar seien die individuellen Handlungen notwendig, die »Gesetzmäßigkeiten« setzten sich nicht von selbst durch, doch haben die Handlungen dabei keinerlei Eigenständigkeit mehr. Macht ist den Subjekten

äußerlich und staatliche Handlungsweisen demgemäß allein repressiv. An diesem Punkt setzt der französisch-italienische Ansatz, der weiter unten behandelt wird, mit den Kategorien des »integralen Staates«, der »Hegemonie«, der »ideologischen Staatsapparate«, der »Regierung« sowie der »Disziplin« und »Biopolitik« an.

Verhältnis von Form und Geschichte

Abschließend soll an die Hauptkritik an der formanalytischen Ableitungsdebatte insgesamt erinnert werden. Man könnte sie die Kritik des abstrakten Akademismus nennen. Der gesamte Ansatz ist ein fundamental a-historischer, in dem die Geschichte immer nur als äußerliches Moment erscheint und auf die spätere empirische Überprüfung vertagt wird. Darauf haben insbesondere John Holloway und Sol Picciotto und auch Bob Jessop hingewiesen (Holloway/Picciotto 1978: 22; Jessop 1990: 58). Statt »konzeptuell informiertem Verstehen« empirischer Realität findet eine logische Deduktion statt (Holloway/Picciotto 1978: 26). Joachim Hirsch führt die Konzentration auf abstrakt-kategoriale Probleme und die damit einhergehende Akademisierung in den 1970er Jahren auf die besondere gesellschaftlich-politische Situation in der BRD zurück, das heißt, auf eine Periode relativ »störungsfreier« Kapitalakkumulation in der fordistischen Formation und die ideologische Integration der Arbeiterklasse (Hirsch 1976). Diese spezifische Situation habe dazu geführt, dass die Theorie sich auf rein objektive »Strukturgesetze« beschränkte, weil die Praxis des (Klassen)Kampfes in der Realität zu fehlen schien.

Der Vorteil dieser Vorgehensweise ist es, kurzschlüssige Instrumentalisierungsthesen (Recht als Instrument der herrschenden Klasse) zu vermeiden und eine theoretisch stringente Begründung zu liefern. Eine kategoriale Staatsableitung ist daher nicht falsch oder überflüssig, sondern wesentliche Voraussetzung jeder Analyse (102). »Die theoretische Fragwürdigkeit der ›Staatsableitung‹ beginnt dort, wo die in der spezifischen Abstraktionsebene liegende erkenntnistheoretische Reichweite des Ansatze nicht richtig eingeschätzt wird« (101). Denn danach lässt sich nicht bestimmen, wie sich der Zwang zur Form konkret umsetzt. »In ihrer Abstraktheit bleibt der Staatsableitungsdebatte oftmals nur der Verweis auf die scheinbar blind wirkenden ›ökonomischen Gesetzmäßigkeiten‹, die dafür sorgen, dass die ›richtige‹ Politik gemacht wird« (Kannankulam 2000: 128). Kämpfe können jedoch nicht als äußerliche Reaktionen auf rein technische Gesetzmäßigkeiten verstanden werden, sondern der historische Prozess der kapitalistischen Entwicklung muss als Bewegung von (Klassen)Kämpfen entschlüsselt werden (Hirsch 1976: 128). Jene sozialen Kämpfe beinhalten immer einen bestimmten Grad autonomer Bewegung (130), sind nicht die bloß subjektive Umsetzungen objektiver Zwänge, die ein metaphysischer Weltgeist zusammenführt. Es käme also auf eine »kategorial angeleitete Untersuchung des konkreten Vermittlungszusammenhangs von objektiven Struktur- und Bewegungsgesetzlichkeiten der Gesellschaftsformation und den den historischen Prozess vorantreibenden Auseinandersetzungen der Klassen« (103) an. Picciotto legt Wert auf eine Perspektive, in der Klassenbeziehungen ins Recht selbst eingelassen sind (Picciotto 1982:170). Klassen dürfen nicht als externe Momente konzeptualisiert werden (171). Dies führe zu einer ahistorischen, abstrakten Strukturanalyse, die die geschichtliche Untersuchung immer auf einen späteren Zeitpunkt verschiebt.

Es kommt also entscheidend darauf an, sowohl zwischen Abstraktionsebenen präzise zu unterscheiden, als auch im Wege der Konkretisierung das Verhältnis von prinzipiellen Strukturprinzipien und konkreten Gesellschaftsformationen mit ihren Institutionen und Kräfteverhältnissen plausibel zu begründen (so auch Jessop 1990:58). Materialistische Rechtstheorie heute muss diesen Anforderungen entsprechen. Denn es reicht nicht aus, wie Moishe Postone noch in seinem 2003 auf deutsch erschienen Werk, hervorzuheben, dass die formanalytischen Überlegungen selbstverständlich nur abstrakte Ausgangsbestimmungen des modernen Kapitalismus darstellen und sich keinesfalls »eine konkretere Ebene der gesellschaftlichen Realität direkt und ohne jede Vermittlung schon auf der Basis der abstraktesten Kategorien analysieren« lasse (Postone 2003:48). Wenn diese Schlussfolgerung nämlich richtig ist, muss sie auch Konsequenzen haben. Andernfalls wird die durchaus richtige Erkenntnis, dass die »unpersönliche und augenfällige Objektivität« der kapitalistischen Herrschaft diese Vergesellschaftung von vorhergegangenen maßgeblich unterscheidet (22), in der Weise problematisch zugespitzt, dass sie »im Kern nicht in der Herrschaft von Menschen über Menschen, sondern in der Beherrschung von Menschen durch abstrakte gesellschaftliche Strukturen« bestehe (61 f.), also in der »Form abstrakter, struktureller Herrschaft« (62). Damit schlüge sich Formanalyse systemtheorieanalog in einer falschen Vereinseitigung auf die undialektische Seite bloßer systemischer Herrschaft. Nach Marx sind es jedoch die Menschen, die ihre Geschichte machen – wenn auch nicht unter selbstgewählten Bedingungen (Marx 1989 {1852}:267). Menschen herrschen dabei sehr wohl über Menschen – nur eben nicht in der unmittelbaren klassenreduktionistischen Weise, von der Postone sich zu Recht abgrenzen will.

1.3 Zum Begriff der »Formanalyse«

Auffällig an den Rechtsform-Ansätzen ist, dass sie auf die grundlegende Frage, was eigentlich unter dem Formbegriff zu verstehen ist, kaum eingehen. Unter »Formanalyse« kann, je nach theoretischem Ansatz, durchaus Verschiedenes, sogar völlig Abweichendes verstanden werden. Die Warenförmigkeit der kapitalistischen Gesellschaft mag noch gemeinsamer Ausgangspunkt sein, was damit gemeint ist, ist allerdings interpretationsbedürftig. Das zeigt sich spätestens bei Tuschling, für den Form gleichbedeutend ist mit »bloßer Form«, mit abstrakter Hülle, mit Ausdrucksform. Das Wesentliche ist der Inhalt (vgl. auch Maihofer 1995: 244, Fn. 19). Darin zeigt sich wieder die Vorstellung von einer wesenhaften Realität, die wie im »Höhlengleichnis«, nur schemenhafte Schatten an die Oberfläche projiziert.

Der staatstheoretische Ansatz wollte sich hingegen explizit einer »Formanalyse« widmen. Das heißt, die Autoren wollten einerseits an die *Gesellschafts*theoretiker anknüpfen, die prinzipiell (also unabhängig von Staats- oder Rechtsfragen) mit der Marxschen Formanalyse arbeiteten (wie etwa Backhaus, Reichelt oder Rosdolsky) (Blanke/Jürgens/Kastendiek 1974: 63, Fn. 31), um diese andererseits mit Paschukanis und dessen Kategorie der »Form« in Richtung Staatsanalyse weiterzuführen (63). Unter *Formen* verstanden sie die fixen, den Menschen entfremdeten, scheinbar sachlich bedingten und ahistorischen Verhältnisse, die die Subjekte der kapitalistischen Gesellschaft notwendig eingehen müssen (Ware, Geld, Kapital, Lohnarbeit, Profit etc.). Diese sollten durch die Analyse ihres ahistorischen Charakters entkleidet und als Ergebnisse menschlicher Tätigkeiten dechiffriert werden: »Wir nennen dieses Vorgehen im folgenden abgekürzt *Formanalyse*« (64 f.). Damit wird zwar endlich die Richtung eingeschlagen, in die Paschukanis weiterzuentwickeln wäre, um sein zentrales Defizit zu beheben – mehr allerdings auch nicht. Denn, *warum* sich diese »fixen Verhältnisse« entwickeln, und wie der Verdinglichungsprozess vor sich geht, wird nicht erläutert. Stattdessen besteht die Fortführung des Projekts von Paschukanis hauptsächlich darin, jene Analyse als Strukturanalyse der »notwendigen Erfordernisse« der kapitalistischen Warenproduktion zu betreiben. Heute sind die formanalytischen Ansätze weitgehend marginalisiert und »aus der Mode« gekommen, was sicherlich *auch* ihrer schlechten Abstraktheit zu verdanken ist. Da ihr Grundgedanke, den Joachim Hirsch später »soziale Formen« nennen wird, noch völlig brach liegt (vgl. auch Esser/Hirsch/Görg 1994), lohnt sich eine erneute Auseinandersetzung (ähnlich auch Harms 2000: 173), die prinzipieller ansetzen müsste.

Der Aufsatz von *Isaac Balbus* ist der erste wirkliche Versuch, Rechtsformanalyse jenseits der Warenhüter-These zu betreiben. Dies gelang ihm wahrscheinlich deshalb, weil er den Text von Paschukanis erst nach Fertigstellung seines eigenen »entdeckte« (Balbus 1977: 577, Fn. 5), so dass es ihm gelingen konnte, den Blickwinkel von der funktionalistischen Frage nach der *Funktion* des Rechts für den Warentausch hin zur Frage nach der Art und Weise des *Funktionierens* der Rechtsform zu verändern. Balbus fragte als erster nicht danach, welche Defizite im Masterplan der Warenproduktion das Recht vermittelt, sondern, welche Form menschliche Beziehungen annehmen, wenn sie als rechtliche auftreten. Bezeichnenderweise ist Balbus auch vorsichtiger, was das Verhältnis der Formen zueinander betrifft, welches er als homolog konzipiert (573). Homologie bedeutet eine Ähnlichkeit zwischen zwei Sachverhalten, im Gegensatz zur Analogie aber nur hinsichtlich der Entwicklungsgeschichte, nicht hinsichtlich der »Funktion«. Beide Formen weisen danach also wesentlich ähnliche Merkmale auf, ohne dass sie aber auseinander abzuleiten wären. Vielmehr gehen beide auf eine gesellschaftliche Entwicklung zurück.

1.3.1 Homologie von Waren- und Rechtsform

Die Ähnlichkeit zwischen Waren- und Rechtsform bestehe in der »Bewegung vom Konkreten zum Abstrakten«, das heißt, von der konkreten zur abstrakten Arbeit, von der Ungleichheit zur Gleichheit. So entspringe die Warenform den konkreten menschlichen Bedürfnissen und der kreativen Arbeit, verhülle dieses Wesen jedoch in der Weise, dass die Menschen diese Herkunft notwendig vergessen:

> »The commodity form, in other words, is an economic form that necessarily functions independently of, or autonomously from, the will of the subjects who set it in motion. Thus the fetishism of commodities: the masking of the link between commodities and their human origin gives rise to the appearance, the ideological inversion, that commodities have living, human powers. Products appear to take on a life of their own, dominating the very human subjects who in fact bring them into existence but who no longer ›know‹ this. Commodity fetishism thus entails a profound reversal of the real causal relationship between humans and their products: humans, the subjects who create or cause the objects, become the object [...]« (574).

Diese Verselbständigung der gesellschaftlichen Arbeit gegenüber den Arbeitenden finde ihre *Parallele* in der Rechtsform. Während die Produkte gesellschaftlicher Arbeit die Form der Ware annehmen, nehmen Menschen in der kapitalistischen Produktionsweise die Form von einzelnen StaatsbürgerInnen an. Das konkrete Subjekt mit seinen qualitativ verschiedenen menschlichen Bedürfnissen oder Interessen, das keinem anderen gleicht, ist zugleich Objekt des Tausches, existiert nur, um zu repräsentieren und durch andere repräsentiert zu werden. So werden die qualitativ differenten Subjekte das, was sie nicht sind: gleich. Dieses Äquivalenzverhältnis werde durch das Recht ermöglicht (575). Die

Rechtsform ist also eine Abstraktion von den qualitativ unterschiedlichen Bedürfnissen der Subjekte und deren Tätigkeiten: »The ›blindness‹ of the legal form to substantive human interests and characteristics thus parallels the blindness of the commodity form to use-value and concrete labor, and if the commodity-form functions to ›extinguish‹ the ›memory‹ of use-value and concrete labor, so too the legal form functions to extinguish the memory of different interests and social origins« (576). Dieses homologe Prinzip nennt Balbus den »allgemeinen Modus des Ersetzens« (»the common mode of substitution«) (576).

1.3.2 Abstrakte Allgemeinheit

Die gemeinsame Entstehungsgeschichte der Formen verortet Balbus in der Art und Weise der Gesellschaftlichkeit kapitalistischer Verhältnisse: (Rechts-)Individualität bedeutet im Kapitalismus die Abstraktion von jedweder qualitativen Bestimmtheit und Differenz, das heißt letztlich nichts anderes als Individualismus und Egoismus des Warentauschers. Die individuellen TauschagentInnen sind notwendig gleichgültig gegenüber den reziproken Bedürfnissen der anderen, jene dienen lediglich als Mittel der eignen ›privaten‹ Interessen. Das Individuum ist nicht in der Lage, als *soziales* Individuum zu handeln, das sich des untrennbaren Zusammenhangs zwischen seiner Entwicklung und der Entwicklung jedes anderen bewusst wäre (578). Die hier vorherrschende »hegelmarxistische« Auffassung, nach welcher Menschen immer schon vergesellschaftet und als solche die Bedingung (eben nicht wie bei Kant die »Grenze«) der Freiheit des jeweils anderen sind, wird kontrastiert mit der realexistierenden partikularistischen Vergesellschaftung, in der eben jener »untrennbare Zusammenhang« geleugnet, von dem de facto (real) abstrahiert wird. Unter diesen Bedingungen muss auch die Gesellschaft einen illusorischen Charakter annehmen. Der »konkrete Partikularismus« der kapitalistischen Gesellschaft, also der des egoistischen homo oeconomicus, bedingt eine bloß »abstrakte Allgemeinheit«, das heißt eine solche, die zwar gesellschaftlich ist, allerdings extern (durch Gesetze, Verpflichtungen, durch den Staat) aufgezwungen werden muss, während erst die »konkrete Allgemeinheit« ermöglichen würde »that individuals act as social individuals who are bound by neither interest nor obligation but rather by the *concrete universal of social need*« (580). Für Balbus ist eine solche Gesellschaftlichkeit nur durch Transzendierung der kapitalistischen Gesellschaft denkbar, gemäß der Vorstellung von Marx einer »höheren Phase der kommunistischen Gesellschaft« (vgl. oben).

1.3.3 Rechtsfetischismus

Die Konsequenz der Rechtsform, und das macht das spezifisch *Formhafte* dieser Entwicklung aus, ist ein Rechtsfetischismus:

> »The legal form is normally not called into question, I would argue, because the form itself ordinarily precludes the possibility of performing this critical operation. The calling into question of the legal order presupposes individuals who conceive themselves as subjects evaluating an object which they have created and over which they have control. It is just this presupposition, however, which is nullified by the perverse logic of the legal form; this form creates a fetishized relationship between individuals and the Law in which individuals attribute subjectivity to the Law and conceive themselves as its objects or creations« (582f.).

Die Verdinglichung sozialer Verhältnisse zu Formen, ist demgemäß der wesentliche Grund für die Autonomisierung jener Verhältnisse bis hin zur Verunmöglichung der Erkenntnis dieses Vorganges. Dies drückt sich etwa aus in Theorien der absoluten Autonomie des Rechts oder in alltagspraktischen Vorstellungen von der Unverzichtbarkeit des Rechts für jede Art menschlicher Gesellschaft – Anschauungen, die Balbus als »homage to the God-Law« bezeichnet (583). Wenn die Gesellschaft als Resultat des Rechts und nicht umgekehrt, das Recht als Resultat einer spezifischen Art von Gesellschaft aufgefasst wird, wird es entproblematisiert und die Illusion erzeugt, das Recht hätte ein reales Eigenleben: »Commodity fetishism and legal fetishism are thus two inseparably related aspects of an inverted ›topsy-turvy‹ existence under a capitalist mode of production in which *humans are first reduced to abstractions, and then dominated by their own creations*« (584: Herv. i.O.). Das Verständnis der Formen sei nur durch ein Dekodieren möglich (584f.).

1.4 Fazit

Die bisherige Untersuchung hat deutlich gemacht, dass der von Paschukanis begonnene Weg, die Formanalyse für die Rechtstheorie fruchtbar zu machen, offene Fragen zurückgelassen hat. Unabhängig davon, dass eine Theorie notwendig immer Lücken produziert, wurde jedoch hier die These vertreten, dass eine wesentliche Ursache dafür in der nur behaupteten Formanalyse zu sehen ist. Der Weg zur Formanalyse blieb in den 1970er Jahren vor allem wegen der Idee der Ableitung der Formen auseinander verstellt. Erst Balbus gelingt es, inspiriert von der auffallenden Ähnlichkeit des Abstraktions- und Ersetzensvorganges zwischen beiden Formen, diesen Weg zu beschreiten. Das *Gemeinsame*, auf das dieser »allgemeine Modus des Ersetzens« verweist, ist die Art und Weise der *Vergesellschaftung*. In Anlehnung an Balbus werde ich in meiner eigenen Analyse versuchen, diesen Ansatz weiter zu entwickeln. Allerdings bedarf es dazu zunächst noch einer wesentlichen Korrektur: Die Subjekte, von deren Besonderheit abstrahiert wird, erscheinen bei Balbus als präexistente Einheiten der ersten Natur, welche über die sozialen Formen in ihrer Natürlichkeit deformiert werden. Auch bei Paschukanis war ein solches Subjekt das Atom der Rechtstheorie gewesen. Diese Konzeption bedarf einer Korrektur durch Ansätze, die stattdessen von der Produktion dieser Subjekte ausgehen. Gerade die Differenzen müssen als gesellschaftlich produzierte herausgearbeitet werden. Darin besteht vor allem die Originalität von Michel Foucault. Das ist der Punkt, an welchem die Formanalyse mit der (post-)strukturalistischen Rechtstheorie fruchtbar vermittelt werden kann.

2. Der französisch-italienische Theoriestrang

2.1 *Einleitung*

Die bisher dargestellten Theoretiker argumentieren im Großen und Ganzen im Kontext einer Marxinterpretation, die Marx in der Tradition von Hegel sieht. Es wurde bereits anlässlich der Kritik an Paschukanis angedeutet, dass die zweite Linie der materialistischen Rechtstheorie davon ausgeht, dass Marx so radikal mit Hegel gebrochen habe, dass eine solche Interpretation nicht mehr haltbar sei. Der Unterschied der beiden Theoriestränge liegt nun genau in dieser unterschiedlichen Interpretation begründet, so dass an dieser Stelle, vor der Darstellung des französisch-italienischen Stranges jene Differenz verdeutlicht werden soll. Dies ist insbesondere deswegen notwendig, weil dabei eine theoriepolitische Entscheidung gefällt wurde, die gerade für die Frage, welche Bedeutung dem Recht im Ganzen der Gesellschaft zukommen kann, eine wichtige Rolle spielt.

2.1.1 Kritische Theorie versus Poststrukturalismus

Das unterschiedliche Konzept beider Theorien geht aus den jeweils historischen und politischen Umständen der 1960er und 70er Jahre hervor. Louis Althussers Hegel-Intervention fand vor dem Hintergrund der damaligen Situation der Kommunistischen Parteien statt (Kannankulam 2000). Er proklamierte die oben dargestellte »Demarkationslinie«, über welche er die »liberal-moralische Tendenz«, die sich auf die Frühschriften von Marx bezog und die Themen der »Freiheit«, »des

Menschen« und der »Entfremdung« wiederentdeckte, in den Bereich der Unwissenschaftlichkeit verbannen wollte (Althusser 1968: 8 ff.). Die so ausgemachten »humanistischen Marxisten«, und diese umfassten auch die realsozialistischen Theoretiker und Politiker, waren der eigentliche intellektuelle und politische Gegner Althussers. Doch darauf aufbauend entwickelte sich ein bis zum heutigen Tag anhaltender Dualismus zwischen Kritischer Theorie und Poststrukturalismus, der mit der Ausgangssituation nur noch wenig zu tun hat. Obwohl beide Richtungen in Deutschland wie in Frankreich gegen eine bestimmte Staatsvorstellung der herrschenden parlamentarischen Sozialdemokratie bzw. Sozialisten/Kommunisten polemisierten (Kannankulam ebd.) und dabei zwar jeweils andere theoretische Bezüge verwendeten, aber zu ähnlichen Ergebnissen gelangten, kam es zu einer »Ausdifferenzierung« zweier Theorielager.

So ist es unbestritten, dass Marx in seinen Frühschriften Hegel anders verwendete als im *Kapital* oder den *Grundrissen*. Auch Alfred Schmidt vertritt die Auffassung, dass in Marx' früher Auseinandersetzung mit Hegel noch keine eindeutige materialistische Position zum absoluten Idealismus fixiert worden sei, sondern jener sich in reiferem Alter einem zweiten Hegelstudium unterworfen habe (vgl. Reichelt 1973: 75). Erst in den weiteren Schlussfolgerungen, er sei aus dem »Schatten Hegels« (Althusser 1968: 85) derart herausgetreten, dass damit nicht nur der »humanistische Marxismus«, sondern jeder Hegelmarxismus untragbar geworden sei, markiert das Ende der Gemeinsamkeiten.

So setzt dem etwa Hans Georg Backhaus die These entgegen, dass man nicht umhin komme, »eine frappierende Kontinuität des Marxschen Denkens von der Dissertation bis hin zu seiner letzten ökonomischen Arbeit« zu konstatieren (Backhaus 1997: 11). Was wiederum unter der Philosophie Hegels verstanden wird, und somit Prämisse der Aussagen über Kontinuität oder Diskontinuität ist, hängt auch davon ab, ob die Rezeption in der Form der Kritischen Theorie etwa Adornos, Horkheimers oder Marcuses stattfand oder aber in derjenigen Kojèves. Während die an Althusser anschließenden RechtstheoretikerInnen scheinbar der Auffassung sind, die bloße Erwähnung des Hegel-Problems genüge zur Abwicklung etwa von Paschukanis, ist auf der Gegenseite eine Art Marxmythologie entbrannt, die suggeriert, dass die Marxsche Methode nach wie vor ein dunkles Geheimnis sei, so dass die Werttheorie bis heute unverstanden ist (Backhaus 1997: 16), und die »einzig authentische Gestalt der Marxschen Werttheorie« niemals von Marx veröffentlicht wurde (ebd.: 13). Ausgerechnet der politisch umtriebige Marx wird hier in die Sphäre der esoterischen Geheimniskrämerei und Wahrheitspolitik verbannt.

Die Vereinseitigungen beider Richtungen sind eher Ausdruck gesellschaftlicher Marginalisierung als Kennzeichen eines produktiven Streits.

Ich schließe mich deshalb der Position an, die einen Dialog zwischen den Theorien für unumgänglich hält, »der sich nicht in Einebnungen gewiss wichtiger Differenzen zwischen beiden ergeht, der aber auch sieht, dass beide verschieden ausgeprägte gesellschaftskritische Potentiale bergen, die sich produktiv gegenseitig befruchten und ergänzen können, sobald konkrete Gesellschaftskritik betrieben wird« (jour-fixe-initiative-berlin 1999: 11). Dies lässt sich insbesondere für die Rechtstheorie zeigen. Ich werde daher im folgenden auf die zentrale Differenz eingehen.

2.1.2 Totalität...

Alle bisher dargestellten Theorien hatten ein implizites Totalitäts-Konzept und haben jeweils unterschiedlich gezeigt, dass die Vorstellung, *wie* die unterschiedlichen gesellschaftlichen Sphären miteinander vermittelt sind, ganz entscheidend ist für eine materialistische Rechtstheorie; sie weist nämlich dem Recht seine Stellung zu. Beiden Theoriesträngen ist zunächst gemeinsam, dass sie in der Tradition von Marx davon ausgehen, dass das Recht keine eigene Geschichte haben kann (MEW 3: 26), sondern immer im Kontext des gesellschaftlichen Ganzen gesehen werden muss. Die Differenz besteht nun darin, *wie* dieses Ganze konzipiert wird.

Konkrete Totalität in einer von Hegel inspirierten Marxlektüre bedeutet, dass von jener alles Einzelne abhängt, das heißt, dass sie eine Struktur jenseits der Addition der Einzelmomente ist, ohne dass sie sich jedoch logisch davon abstrahieren ließe, sondern als Bedingung ihrer eigenen Möglichkeit alle konkreten Einzelmomente in sich enthält (Adorno 1993: 103). Das lässt sich in einem Kreismodell ausdrücken: Der Gesamtkreislauf kann nur funktionieren, wenn es eigenständige Momente gibt. Etwas kann sich nur mit sich selbst zusammenschließen, wenn es durch anderes geht. Dieses andere kann bis zum Gegensatz anders sein. Trotzdem enthält ein jedes der Momente Bestimmungen der Ausgangsstelle (Daniel 1983: 121). »Der totale Zusammenhang«, so Adorno, »hat die Gestalt, dass alle dem Tauschgesetz sich unterwerfen müssen, wenn sie nicht zugrunde gehen wollen« (Adorno 1995a: 14). In diesem Tauschverhältnis werde der Antagonismus gesetzt, der die Gesellschaft »jeden Tag mit der totalen Katastrophe auslöschen könnte. Einzig durch das Profitinteresse hindurch und den immanent-gesamtgesellschaftlichen Bruch erhält sich, knirschend, stöhnend, mit unsäglichen Opfern, bis heute das Getriebe« (ebd.: 15). Gesellschaft ist hiernach ein prekäres Ganzes, welches sich über ein bestimmtes Moment zusammenschließt. Vergesellschaftung folgt einer grundlegenden Dynamik, nämlich der Akkumulationsdynamik, welche über den Tausch sich »knirschend und stöhnend« durchsetzen muss. Das heißt, alle gesellschaftlichen Macht- und Herrschaftsverhältnisse, welche eigenständige Bedeutung sie auch haben mögen, sind immer vermittelt und zusammengeschlossen von dieser Dynamik. So schreibt Joachim Hirsch etwa für die Begründung, warum von der *kapitalistischen* Vergesellschaftungsform auszugehen sei:

> »In Wirklichkeit gibt es eine ganze Reihe weiterer sozialer Gegensätze von Herrschafts-, Ausbeutungs- und Unterordnungsverhältnissen: geschlechtliche, religiöse, kulturelle, regionale. Diese sind weder aus dem kapitalistischen Klassenverhältnis einfach ›ableitbar‹, noch würden sie mit diesem verschwinden. Tatsächlich sind sie meist älter als die kapitalistische Gesellschaft selbst. [...] Der Grund dafür, die kapitalistische Vergesellschaftungsform zum Ausgangspunkt einer Analyse des Staates zu machen, liegt deshalb nicht darin, dass diese Gegensätze unwesentliche oder gar untergeordnete ›Nebenwidersprüche‹ darstellten. Im Gegenteil: Das Natur- und Geschlechterverhältnis, sexuelle oder rassistische Unterdrückung sind mit dem Kapitalverhältnis untrennbar verwoben, und es könnte ohne diese gar nicht existieren. *Entscheidend ist aber, dass die kapitalistische Vergesellschaftungsform als materieller Reproduktionszusammenhang in der Weise bestimmend ist, dass sie die gesellschaftlichen Strukturen und Institutionen prägt, in denen alle diese gesellschaftlichen Antagonismen zum Ausdruck kommen und sich miteinander verbinden*« (Hirsch 1995: 25, Herv. S. B.).

Vergesellschaftung in der Tradition der Kritischen Theorie begriffen, impliziert die »Tendenz des sich entfaltenden Kapitalismus, alle denkbaren Lebensbereiche und Lebensformen gesellschaftlicher Reproduktion zu durchdringen« (Becker-Schmidt 1990: 384) und alle Momente der Totalität in ihr Licht zu tauchen. Recht müsste in dieser Tradition daher aus dem materiellen Reproduktionszusammenhang der kapitalistischen Vergesellschaftung heraus entwickelt werden. Genau dies versuchen Paschukanis und auch seine Nachfolger, indem sie das Recht aus dem von ihnen zentral ausgemachten Moment, der Warenproduktion, ableiten.

Auch Regina Becker-Schmidt übernimmt für eine feministische kritische Theorie dieses Vergesellschaftungskonzept, korrigiert es aber hinsichtlich der Konzeption des Geschlechterverhältnisses in der Weise, dass von einer »doppelten Vergesellschaftung« (ebd.: 390) auszugehen sei. Damit verlässt sie allerdings genau gesehen, bereits die dargestellte Totalitäts-Konzeption, da nunmehr zumindest zwei Dynamiken ausgemacht sind, die allen Momenten ihren Stempel aufdrücken: die Akkumulationsdynamik und das Geschlechterverhältnis. Für das Recht müsste das heißen, dass es nicht genügen kann, das Recht nur auf die Warenproduktion zu beziehen. Dies ist kein Zufall, denn genau an der Bruchstelle kapitalistische Vergesellschaftung/Geschlechterverhältnis zeigt sich die Schwierigkeit, unterschiedliche Strukturprinzipien von

Totalität sozialtheoretisch miteinander zu vermitteln (Dackweiler 1995:94).

2.1.3 ... oder komplex strukturiertes Ganzes mit Dominante?

Althussers Fassung des gesellschaftlichen Ganzen richtete sich vor allem gegen den Vulgärmarxismus des Stalinismus (Lipietz 1992:16). Dies muss betont werden, denn wie deutlich geworden sein dürfte, geht die Kritische Theorie nicht von einem einzigen, sich entäußernden Widerspruch aus – »von der Ökonomie bis zum Himmel« (ebd.: 19). Es lassen sich daher auch einige Gemeinsamkeiten trotz differenter Herleitung feststellen.

Zunächst lehnt sich Althusser anders als die Kritische Theorie in seiner Konzeption des Ganzen an das Basis-Überbau-Modell von Marx an, welches er als »Metapher« interpretiert (Althusser 1977:114): Die Struktur einer Gesellschaft sei durch verschiedene Instanzen konstituiert, die durch eine spezifische Determination einander zugeordnet bzw. artikuliert seien. So kommt er auf drei Instanzen: die ökonomische (Basis) sowie Politik und Ideologie als die beiden Instanzen des Überbaus (ebd.: 113). Den Begriff der »Instanz« importiert er dabei aus der Lacanschen Variante von Freuds Psychoanalyse, die die Psyche als einen Apparat aus mehreren Instanzen ansieht (Charim 2002:24). Dabei ist jede Instanz eigenständig. Es gibt keinen privilegierten Ort gesellschaftlicher Aktivität, keine einzige gesellschaftliche Dynamik, sondern nur ökonomische, ideologische, theoretische und politische Praxen (ebd.: 25-27). Das Ganze ist immer schon als ein Komplex gegeben, das heißt, durch vielfältige, unabhängige Widersprüche konstituiert und keine ursprüngliche Einheit. Das ist der maßgebliche Punkt, an welchem sich Althusser von Hegel absetzen will (Lipietz 1992:16). Die Instanzen sind nicht auf ein einheitliches Prinzip zurückzuführen und es gibt keine innere Einheit des Gesellschaftsganzen. Das ist der Sinn, es als »Apparat« zu begreifen (Charim 2002:41). Mit dem Apparat wird keine innere, substantielle Verbindung gedacht, sondern nur eine äußerliche Organisation, kein wesenhaftes Zentrum, sondern nur eine wechselnde hierarchische Gliederung. Der Apparat kann die Unterschiedlichkeit der Elemente nicht zu einer Identität bringen, sondern nur ihr Aufeinandertreffen organisieren, das heißt, er kann sie nicht vereinheitlichen. Die Einheit bleibt eine komplexe, de-zentrierte Einheit (ebd.: 42) (vgl. dazu auch Teil C, Institutionen).

Es erscheint also zunächst so, als ob sich Kritische Theorie und Althussers marxistischer Strukturalismus an diesem Punkt wesentlich unterschieden. Gemeinsam ist zwar beiden Theorien die Annahme eigenständiger Momente bzw. eigenständiger Instanzen. Während die Kritische Theorie aber ein einheitliches Prinzip (die akkumulationsgetriebene Vergesellschaftung über den Tausch) als einen privilegierten Ort des gesellschaftlichen Ganzen annimmt, welches eine innere Vereinheitlichung ermöglicht, scheint Althusser von einem komplexen Ganzen auszugehen, in welchem sich die unterschiedlichen Instanzen der Gesellschaft nur äußerlich artikulieren. Doch sieht man sich nun die Hierarchisierung der Instanzen genauer an, so lösen sich die Differenzen der beiden Fassungen immer weiter auf.

Denn Althusser belässt es nicht hierbei, sondern fügt hinzu, dass es innerhalb des Ganzen eine dominante Struktur gibt, welche die Einheit des Ganzen sei (Lipietz 1992: 16). Sie ist »eine allgemeine Beleuchtung, worin alle übrigen Farben getaucht sind« (MEW 13: 637). Althusser interpretiert die Basis-Überbau-Metapher in der Weise, dass die ökonomische Basis in letzter Instanz dominiert (Althusser 1977: 114). Der ökonomischen Determinierung wird zwar ihre Allgemeingültigkeit abgesprochen, denn ihre Stunde schlage nie, und die Verhältnisse seien zudem immer »überdeterminiert«, auch die Überbauinstanzen können determinieren. Aber ein Nachklang des Privilegs der Ökonomie findet sich in der Vorrangstellung, die sie im Chor der unterschiedlichen Determinierungen einnimmt (Charim 2002: 28).

Zwar kann eine andere Instanz in einer bestimmten Gesellschaftsformation dominant sein (z.B. die religiöse Ideologie), aber die Determination der Ökonomie besteht darin, dass sie als »Spielleiter« in letzter Instanz darüber entscheidet, welche Rolle die jeweiligen Instanzen (auch sie selbst) in der Matrix der strukturellen Stellungen spielt, denn sie garantiert den »Primat des Seins« (ebd.: 34). Dieses Primat lehnt sich an die Formulierung in der *Deutschen Ideologie* an, dass die Menschen imstande sein müssen zu leben, um »Geschichte machen« zu können. Damit wird die »Erzeugung der Mittel zur Befriedigung dieser Bedürfnisse« zur »ersten Voraussetzung aller menschlichen Existenz« (MEW 3: 28). Die Ökonomie ist bei Althusser nicht mehr so sehr das Fundament, wie in der räumlichen Metapher, als vielmehr der oberste Schiedsspruch, sie besetzt die unterschiedlichen Praxen mit der Rolle der Dominanten, so dass man von einer »komplexen Kausalität« ausgehen muss: die Praxen/Instanzen sind nur als (durch die Determinante) determinierte determinierend (ebd.: 35). Den Instanzen kommt also eine »relative Autonomie« zu (Althusser 1977: 114). Althusser bedient sich hier des gleichen Begriffs wie Neumann. »Der Grad der Autonomie der Instanzen bestimmt sich an ihrer Abhängigkeit vom Ganzen« (Charim 2002: 39).

Andrea Maihofer hat im Anschluss an Althusser ausformuliert, was dies für das Recht bedeutet. Vor allem dürfe es nicht aus einem Moment abgeleitet werden: »Ein historisch bestimmtes Recht ist also genaugenommen eine Art ›Resultante‹ aus einer Vielzahl von gesellschaftlichen Gründen« (Maihofer 1992: 151). Dass die ökonomische Sphäre dominant sei, drücke aus, dass sie dem Recht wesentliche Strukturmerkmale vorgebe. Das Recht nehme diese aber nur in der ihm eigenen Weise wahr. Es sei also nur verflochten oder verwurzelt in ihr und nicht ihre Entäußerung, so wie »sich wohl bei einem Baum oder einer Quelle nur schwerlich sagen lässt, sie seien Funktionselementen der Erde« (152f.).

Wenn die Überbausphären keine unselbständigen Momente darstellen, dann können sie zugleich auch kein bloßes falsches Bewusstsein mehr sein, welches eine materielle Realität verschleiere. Althusser geht vielmehr davon aus, dass auch die Ideologie und das Recht eine materielle Realität besitzen: in den Praxen und den gesellschaftlichen Institutionen (Althusser 1977: 133ff.). Auf das Recht angewendet heißt das nach Maihofer, dass das Rechtsverhältnis des Austauschs von Waren etwa als ein historisch bestimmter Handlungs- und Bewusstseinstyp aufgefasst werden muss, der sich in der gesellschaftlichen Praxis des Austauschs nach und nach herausgebildet hat und der allmählich reflexiv ausgearbeitet und zur Rechtskategorie des Vertrages transformiert wurde: »Das Recht ist die historisch bestimmte Art und Weise, wie dieses Verhältnis praktiziert, gefühlt und gewusst wird«, eine »spezifische Existenzweise« eben (Maihofer 1992: 188f.). Mit dem Konzept der »Existenzweise«, welches Maihofer in ihren späteren Schriften auf die Geschlechterverhältnisse bezieht (Maihofer 1995), kommt es ihr darauf an, deutlich zu machen, dass das Recht in den Praxen eine eigene Materialität besitzt. Es ist keine bloße Bewusstseinsform, sondern eine komplexe Verbindung verschiedener historisch entstandener Denk- und Gefühlsweisen, Körperpraxen sowie gesellschaftlicher Verhältnisse und Institutionen: »eine historisch bestimmte Art und Weise zu *existieren*« (ebd.: 85: Herv. i.O.). Erst in der bürgerlichen Gesellschaft, also einer von voneinander unabhängigen, isolierten, freien und gleichen Individuen, werden deren Beziehungen untereinander vornehmlich als Willensverhältnisse Freier und Gleicher gelebt, praktiziert und empfunden, und das heißt: als rechtliche (Maihofer 1992: 218).

2.1.4 ... oder unvollständige Totalität?

Die Unterschiedlichkeit der beiden Konzeptionen des gesellschaftlichen Ganzen ist ebenfalls nur eine relative. Die beiden Ansätze konzipieren die Zusammenschließung der relativ autonomen Momente/Instanzen zwar unterschiedlich: einmal als immanenten Zusammenhang mit Brüchen, das andere Mal als äußere zwanghafte Vereinheitlichung. Doch letztlich ist die hergestellte Einheit, parallel zur Konzeption der Systemtheorie (s.o.), das Ergebnis *eines* Strukturprinzips, hier der theoretischen Privilegierung der »materiellen Reproduktion«. In der einen Fassung besteht diese Privilegierung in der Annahme einer spezifischen

Vereinheitlichungsdynamik über die tauschvermittelte Akkumulation, in der anderen besteht sie in der letztinstanzlichen Determinierung aller gesellschaftlichen Verhältnisse, mögen sie auch noch so überdeterminiert sein, durch die ökonomische Strukturierungsvorgabe. Man kann also sagen, das *materialistische* Moment beider Ansätze liegt in dem genannten »Primat des Seins«, welcher, wie vermittelt auch immer, von einem privilegierten gesellschaftlichen Ort ausgeht.

Erst die diskurstheoretische Theorieumstellung von Ernesto Laclau und Chantal Mouffe verabschiedet sich auch letztinstanzlich von einem solchen Privileg. Die AutorInnen gehen davon aus, dass Althusser radikalisiert werden müsse (Laclau/Mouffe 2000: 131). Seine Vorstellung der Überdeterminierung müsse konsequent, das heißt, ohne Determination in letzter Instanz gedacht werden (ebd.: 133). Die Ökonomie selbst ist kein homogenes Medium, welches durch irgendwelche »Gesetze« angetrieben würde, sondern ein Kampffeld, das keine anderen »Bewegungsgesetze« kenne, als die, welche einem Feld antagonistischer Kräfte entstammen. Auch der ökonomische Raum konstituiert sich ausgehend von einem *politischen* Kräfteverhältnis; »welchen Sinn hat es dann, von der Ökonomie als in letzter Instanz determinierend zu sprechen?« (Laclau 1982: 10).

Dieses Argument gilt in gleicher Weise auch für die Kritische Theorie. Auch die Akkumulationsdynamik bzw. der Tausch sind letztlich politisch und ideologisch überdeterminiert. Wir werden bei Foucault sehen, und Marx hatte dies bereits in der *Ursprünglichen Akkumulation* beschrieben (MEW 23: 24. Kapitel), dass weder die Tauschsubjekte noch die Ware Arbeitskraft ursprünglich gegeben sind, sondern zunächst einmal politisch konstituiert und permanent reproduziert werden müssen. Das gleiche gilt für die Dynamik der »Akkumulation des Kapitals«, diese erfolgt nicht automatisch, sondern ist immer in hegemoniale Kämpfe verstrickt. Insofern erscheint es konsequent, wenn Laclau und Mouffe schlussfolgern, es könne kein einfaches Grundprinzip geben, welches das Feld der Differenzen fixierte. »Der unvollständige Charakter jeder Totalität führt uns notwendigerweise dazu, als Terrain der Analyse die Prämisse von ›*Gesellschaft*‹ als einer genähten und selbstdefinierten Totalität aufzugeben«. Man könne überhaupt nur von einer partiellen Beschränkung des Feldes der Kontingenz sprechen (Laclau/Mouffe 2000: 131, 148, Herv. i. O.).

2.2 *Nicos Poulantzas*

Poulantzas wurde bisher nur als Kritiker von Paschukanis verhandelt. Im folgenden soll nun sein eigener rechtstheoretischer Ansatz dargestellt werden. Doch diese Absicht wird mit der Schwierigkeit konfrontiert, dass Poulantzas im Laufe seines wissenschaftlichen Arbeitens drei Mal sein theoretisches Werkzeug in einer Weise weiterentwickelt hat, die es erlaubt, von drei unterschiedlichen Phasen zu sprechen. Für die Rechtstheorie ist entscheidend, dass er lediglich in seiner frühen Phase bis zu seiner Dissertation, die von einer Verbindung des Existenzialismus mit dem Marxismus gekennzeichnet war, explizit rechtsphilosophischen Fragestellungen nachging (Jessop 1985:26). Aus der zweiten Phase, die ganz in der Tradition des Althusserschen Strukturalismus stand (50), stammt zwar seine rechtstheoretische Kritik an Paschukanis (Poulantzas 1972), aber diese besteht in einer beinahe wörtlichen Übernahme bekannter Konzepte von Althusser. Sie dient, wie oben dargestellt, maßgeblich dem Nachweis, dass die unterschiedlichen gesellschaftlichen Instanzen – also auch das Recht – eine eigene Dynamik besitzen. Eine spezielle Eigenleistung Poulantzas' ist darin kaum zu erkennen. Erst als Poulantzas beginnt, noch ganz im Rahmen von Althussers Konzeption, sich der Staatstheorie zuzuwenden und dafür andere Komponenten in die Theorie hereinzuholen, vor allen Dingen solche von *Antonio Gramsci*, beginnt die Poulantzas'sche Theorie Gestalt anzunehmen, die ihn als originellen Denker kennzeichnen wird, und für die sein Buch der dritten Phase, die *Staatstheorie*, exemplarisch steht. In ihrem Mittelpunkt findet sich nun – parallel zur westdeutschen Formanalyse – aber nicht mehr das Recht, sondern der kapitalistische Staat.[21] Recht ist nur noch von untergeordnetem Interesse. Heute ist Poulantzas demgemäß maßgeblich als Staatstheoretiker bekannt. Doch bereits Bob Jessop hatte darauf hingewiesen, dass es in der Rezeptionsgeschichte eine bemerkenswerte Vernachlässigung der durchhaltenden Bedeutung der juristischen Ausbildung von Poulantzas gibt. Poulantzas hat nicht nur seinen ersten akademischen Abschluss in der Rechtswissenschaft gemacht, sondern er ging darüber hinaus im Anschluss an seine Dissertation nach Deutschland und Frankreich für weiterführende rechtstheoretische Forschungen. Seine frühen akademischen Beiträge kamen fast ausschließlich aus dem Bereich der Rechtstheorie und Rechtsphilosophie (Jessop 1985:322). Aber auch als Poulantzas sich mit dem Staat zu beschäftigen begann, blieben seine Analysen der institutionellen Struktur des Staates in vielerlei Hinsicht von der Rechtstheorie beeinflusst (323). Insofern ist diese rechtstheoretische Orientierung in der Tat eine der drei von Jessop ausgemachten Quellen der theoretischen und strategischen Innovationen Poulantzas' (neben der französischen Philosophie

21 »Der Staat und die Macht heute – keiner kann an dieser Frage vorbeigehen, jedermann spricht davon. Das hängt mit Sicherheit mit der gegenwärtigen politischen Situation nicht nur in Frankreich, sondern im gesamten Europa zusammen«, lautet bereits der erste Satz seines Staatsbuches (Poulantzas 1978:9).

und dem italienischen Marxismus) (313). Ich werde daher im folgenden so vorgehen, dass ich zunächst kurz zeige, welches Motiv der Rechtstheorie auch Poulantzas sein theoretisches Leben lang fasziniert hatte, nämlich die *»Eigengesetzlichkeit«* des Rechts, um daran anschließend zu fragen, wie er sie mit seinem relationalen Ansatz (Jessop) verbinden konnte. Aus dieser Kombination heraus sind die eher impliziten rechtstheoretischen Erkenntnisse der dritten Phase zu entwickeln.

2.2.1 Eigengesetzlichkeit des Rechts

Poulantzas teilt die Faszination für die Eigengesetzlichkeit des Rechts mit *Hans Kelsen* und bewahrt sie in seinen späteren Begriffen auf, vor allem dem der »relativen Autonomie« und der »Klasseneinheit« (so auch Jessop 1985: 323). Dieser »kontinuierliche unterirdische Einfluss« (ebd.: 26) macht ihn prinzipiell unzugänglich für ökonomistische oder voluntaristische Interpretationen, die im Recht lediglich ein bloßes Überbauphänomen erkennen.

Poulantzas arbeitete sich wie die meisten marxistischen Rechts- und Staatstheoretiker der Generation vor ihm schon an der neukantianischen Rechtstheorie von Kelsen ab (vgl. Adler, 1964 {1922}; Klenner, 1972; Paschukanis, 1970 {1924}; Reich, 1978; aber auch Ehrlich, 1913). Kelsens *Reine Rechtslehre*, die das Recht als eine für sich existierende eigene Ordnung geltender Zwangsnormen konzipierte, nach deren Wurzeln und Wirkungen zu forschen ein metajuristisches Anliegen sei (Kelsen 1960: 1), hatte zu allen Zeiten den Protest marxistischer TheoretikerInnen hervorgerufen, die gerade die materiellen gesellschaftlichen Verhältnisse als Grundlage einer jeden Rechtsentwicklung hier ausgeblendet sahen. Kelsen beharrte auf der »spezifischen Eigengesetzlichkeit des Normsystems«, die einen prinzipiellen Gegensatz zum Sein gewinne (1981: 80). Poulantzas wollte ähnlich wie seine Vorgänger die »bürgerliche Antinomie von Sein und Sollen« überwinden, und zwar so, dass Recht weder unabhängig von der gesellschaftlichen Realität wäre, noch deren bloßer Reflex. Sein Konzept dieser ersten Phase ist die auf Sartre zurückgehende »internal-external dialectic« (Jessop 1985: 40). Kelsen war der erste Rechtstheoretiker, der die Besonderheit der kapitalistischen Rechtsform, nämlich ihre »Eigenlogik« in aller Konsequenz thematisiert hatte. Das haben die meisten marxistischen Rechtstheoretiker mit ihrem ideologiekritischen Ansatz übersehen (Buckel 2007). Poulantzas hingegen hat jenseits der Kritik an Kelsen durch sein frühes Modell und auch das spätere Konzept der »relativen Autonomie« viel von dieser Erkenntnis übernommen. Er ging davon aus, dass ganz wesentlich die interne Logik des Rechtssystems (also vor allem die Prinzipien der Abstraktionen, der Allgemeinheit, des Formalismus, der Kodifikation als Grundlage für eine Veränderbarkeit von

Normen) (Jessop 1985:36), die Kelsen als »Normlogik« bezeichnete, untersucht werden muss – zugleich aber auch die externen Beziehungen dieses Systems:

> »*Internally* it is necessary to investigate how the juridical system reveals a specific axiomatisation, hierarchisation of powers, and logical coherence such that superior norm validate inferior norms [...] *Externally* it is necessary to show how this system is related to the exploitation of oppressed classes through the repressive power of the state. Continuing this dialectical method it is also necessary to show how each juridical norm or institution that is engendered by economic imperatives at the base is then integrated into its distinctive place in the legal universe and thereby over-determined by the legal order as a whole« (Poulantzas 1964a:290-294: zit. nach und übers. v. Jessop 1985:40, Herv. S. B.).

Das heißt, Poulantzas akzeptierte den formal-logischen Ansatz Kelsens in der Weise, dass er ihn historisierte und als das spezifische Merkmal des modernen Rechts kennzeichnete (Jessop 1985:45).

2.2.2 Kräfteverhältnisse: der Einfluss von Antonio Gramsci

Um Poulantzas' späteren Ansatz begreifen zu können, muss man sich verdeutlichen, welche zentrale Bedeutung die Hegemonietheorie von Antonio Gramsci für ihn hatte (Jessop 1985:53, 59). Bereits in *Politische Macht und gesellschaftliche Klassen* (1975) integrierte Poulantzas dieses Theorieelement in seine Machtanalyse. In den späteren Schriften verband er sie nicht mehr vorrangig mit der Althusserschen Instanzen-Theorie sondern mit Momenten von Foucaults Mikromachtanalyse.

Produktionsverhältnisse als Grundlage der Macht

Für den Marxisten Poulantzas bildeten die Produktionsverhältnisse und die gesellschaftliche Arbeitsteilung die Grundlage der Macht. Mit Produktionsverhältnissen ist keine ökonomische Struktur gemeint (Poulantzas 1978:12), sondern politische, ideologische und ökonomische Verhältnisse. Indem die Produktionsverhältnisse sich in Machtbefugnissen von Klassen geltend machen, die aus den Stellungen jener Klassen resultieren, sind politisch-ideologische Herrschafts- und Unterwerfungsverhältnisse immer schon anwesend. Sie sind dem Feld der Ökonomie nicht äußerlich: Wer die Produktionsmittel bestimmten Zwecken zuordnet und auf diese Weise über die Produkte verfügt, wer diese Produktionsmittel in Gang setzen, den Arbeitsprozess beherrschen und sich das Mehrprodukt aneignen kann, verfügt über Macht (ebd.: 25, 32). Diese Machtbefugnisse wiederum sind in ein Netz von Beziehungen und Kämpfen eingeflochten und daher nicht statisch, sondern permanent umkämpft. Poulantzas war es also insoweit gelungen, sich in seinem Spätwerk von der »Determination in letzter Instanz« zu verabschieden und tatsächlich ähnlich wie Laclau/Mouffe von einer komplexen Totalität auszugehen.[22] Poulantzas argumentiert zudem ganz eng an Foucaults Vorstellung, dass Macht nur im Vollzug existiert, dass sie kein Ding ist und nicht besessen werden kann. Das ist kein Zufall, denn im Prinzip reformuliert Foucault damit eine Marxsche Erkenntnis in der Weise, dass Macht zirkuliert, nur als Verkettung funktioniert und sich über Netze verteilt (Foucault 1999:38). Klassen existieren daher für Poulantzas nicht vor dem politischen Klassenkampf, in welchen sie nachträglich eintreten würden. Sie konstituieren sich überhaupt nur in einem die gesamte Lebensweise umfassenden Klassenkampf (Demirović 1987:27). Der Ausgangspunkt von Poulantzas' Ansatz ist – mit einer »bemerkenswerten Reminiszenz an Foucault« – eine relationale Machttheorie (Jessop 1985:129). Machtdispositive wie der Staat oder das Recht sind weder Ding noch Subjekt, sondern strategische Orte innerhalb von Machtbeziehungen, von Kräfteverhältnissen. Allerdings beschäftigte sich Poulantzas fast ausschließlich mit Klassenverhältnissen. Und eben hierfür konnte er auf die Hegemonietheorie Gramscis zurückgreifen, die ebenfalls im Kontext einer Klassenherrschaftsanalyse entwickelt worden war.

Hegemonie

So ist »Kräfteverhältnis« der Leitbegriff von Gramscis Gefängnisheften (Buci-Glucksmann 1981:80). Poulantzas übernimmt von ihm (und Neumann) den Primat der Kämpfe (Poulantzas 1978:34) für die Gesellschaftsanalyse. Sie stimmen darin überein, dass die Stellung im Produktionsprozess ein objektives gesellschaftliches Kräfteverhältnis generiert (Gramsci 1967:326f.). Damit wird eine mechanistische oder strukturalistische Vorstellung abgelehnt, wonach man »immer den großen Abend« erwartet und es unterlässt, inzwischen die Gegenkräfte zu organisieren (Buci-Glucksmann 1981:87) bzw. die Subjekte auf bloße Träger von Strukturen reduziert, wie es in der Paschukanis-Tradition üblich war. Für Gramsci sind nicht nur die ökonomischen Stellungen zentral, sondern ebenso das politische Kräfteverhältnis, also der Grad der Geschlossenheit, Selbsterkenntnis und Organisiertheit der verschiedenen Gesellschaftsklassen (Gramsci 1967:327), sowie das militärische Kräfteverhältnis (329).

Vor diesem Hintergrund entsteht der Hegemoniebegriff, der verdeutlichen soll, wie in fortgeschrittenen Klassengesellschaften Herrschaft ausgeübt wird. Gramsci übernahm den Begriff der Hegemonie von

22 Diese Parallele verkennen Laclau/Mouffe allerdings (2000:182), da sie »Produktionsverhältnisse« mit »ökonomischer Basis« gleichsetzen.

der russischen Sozialdemokratie, wo er in den neunziger Jahren des 19. Jahrhunderts aufgekommen und danach einer der meistverwendeten Begrifflichkeiten war. Über die Dritte Internationale wurde er dann internationalisiert (Anderson 1979: 20ff.). Er meinte in dieser Fassung vor allem die Aufgabe des Proletariats, über die anderen ausgebeuteten Klassen im Klassenbündnis die politische Führung zu übernehmen, indem nicht nur die eigenen partikularistischen ökonomischen Ziele verfolgt würden, sondern der Kampf aller Ausgebeuteten (ebd.: 25). Gramsci übernahm diese Vorstellung, indem er immer wieder betonte, zum Beispiel im Zusammenhang mit der süditalienischen Frage, dass jede tradeunionistische Isolierung der Arbeiterklasse von den ausgebeuteten Massen abzulehnen sei. Doch Gramscis eigentliche Originalität bestand darüber hinaus vielmehr in der Begriffserweiterung in einen, in den Worten Poulantzas', Erklärungsansatz »für die politischen Praxisformen der herrschenden Klassen in den entwickelten kapitalistischen Gesellschaftsformationen« (Poulantzas 1975: 136; so auch Anderson 1979: 29; Cox 1998: 71), für eine effektive Herrschaft, die Zugeständnisse und Universalität benötigt (Litowitz 2000: 522). Natürlich gehören die beiden Momente des Hegemonie-Begriffs zusammen. Im folgenden werde ich mich aber dennoch vor allem auf die zweite Bedeutung konzentrieren, da es Gramsci darüber gelungen war, eine entscheidende Besonderheit der Herrschaftsform bürgerlicher Gesellschaften herauszuarbeiten.

Wie Litowitz richtig feststellt, forderte vor allem ein historisches Phänomen eine Erklärung: Wie konnte es dazu kommen, dass jene Menschen, die durch die kapitalistische Vergesellschaftung ausgebeutet wurden, oft ihre stärksten UnterstützerInnen waren und sogar freiwillig ihrer eigenen Ausbeutung zustimmten? Scheinbar gelang es der herrschenden Klasse, ihre Weltsicht in gesellschaftlichen Institutionen und der populären Kultur zu verbreiten und darüber eine Form von Führung zu behalten (ebd.). Hegemonie in diesem Sinne ist eine Herrschaftsform, die sich dadurch auszeichnet, dass sie selbst noch von den Beherrschten und Machtlosen mitgetragen wird, sich daher maßgeblich auf Konsens stützt (Bieling/Steinhilber 2000b: 102). Sie ist dadurch weder bloß »herrschende Ideologie« noch Legitimität im Sinne Max Webers, sondern das Ins-Werk-Setzen von Mechanismen, die die Zustimmung der Massen zu einer Klassenpolitik sichern, die sich darüber hinaus auf die Gewalt stützt. Sie ist des weiteren auch nicht mit verinnerlichtem Gehorsam gleichzusetzen, da Konsens aktive Zustimmung bedeutet (Priester 1981). Denn Hegemonie tritt nicht als Zwang auf, sondern hat eine universalistische Zielsetzung (Buci-Glucksmann 1981: 63 f.). Der Rückgriff auf Formen des Zwanges kennzeichnet eher eine Krise der Hegemonie. Im Gegensatz zu unmittelbarer Herrschaft bedeutet Hegemonie also einen widersprüchlichen Verallgemeinerungsprozess von Interessen: »Wollen sich bestimmte Interessengruppen durchsetzen, können sie das kaum allein durch Zwang erreichen, sondern müssen eine Katharsis durchlaufen, also andere Interessen berücksichtigen und Kompromisse eingehen« (Demirović 2001a: 61). Die unterschiedlichen Kräfte verfolgen jeweils partikulare, zum Teil konkurrierende Interessen. Um erfolgreich zu sein, müssen sie jedoch miteinander kooperieren, Kompromisse eingehen und Allianzen bilden. Sofern diese Allianzen über einen längeren Zeitraum hinweg stabil sind, bilden sie einen »hegemonialen Block« (Bieling/Steinhilber 2000b: 105).

Dabei spielen (materielle) Zugeständnisse an die Beherrschten eine wichtige Rolle: »Die Tatsache der Hegemonie setzt zweifellos voraus, daß den Interessen und Tendenzen der Gruppierungen, über welche die Hegemonie ausgeübt werden soll, Rechnung getragen wird; daß sich ein gewisses Gleichgewicht des Kompromisses herausbildet, dass also die führende Gruppe Opfer korporativ-ökonomischer Art bringt [...]« (Gramsci, GH, Bd. 7, H. 13, §18, 1567).

Gramsci hatte diese besondere Herrschaftsform im Vergleich mit der Situation im zaristischen Russland herausgearbeitet:

> »Im Osten war der Staat alles, die Zivilgesellschaft war in ihren Anfängen und gallertenhaft; im Westen bestand zwischen Staat und Zivilgesellschaft ein richtiges Verhältnis, und beim Wanken des Staates gewahrte man sogleich eine robuste Struktur der Zivilgesellschaft. Der Staat war nur ein vorgeschobener Schützengraben, hinter welchem sich eine robuste Kette von Festungen und Kasematten befand [...]« (GH, Bd. 4, H. 7, §16, 874).

In den bürgerlichen Gesellschaften existiert also neben dem mit dem Gewaltmonopol ausgestatteten Staatsapparat eine widerstandsfähige Struktur, die Zivilgesellschaft (Bd. 7, H. 13, §24, 1587-1590). Die Organisierung von Zustimmung findet in dieser società civile statt, also in jenen gesellschaftlichen Institutionen, die gemeinhin privat genannt werden: Schulen, Universitäten, Kirchen, Vereine, Gewerkschaften und Massenmedien (Kramer 1975: 84). Aus rechtstheoretischer Sicht ist natürlich vor allem interessant, dass danach auch dem Recht (in Luhmannschen Worten in der Peripherie des Rechtssystems) eine zivilgesellschaftliche Komponente zukommt. Denn es wird zwar staatlich kodifiziert und durchgesetzt, aber die Rechtspraxis erzeugt bei den Gesellschaftsmitgliedern auch bestimmte Vorstellungen und Auffassungen vom richtigen Leben, von dem, was Recht ist, die sich in entsprechenden Verhaltensweisen im Alltagsleben manifestieren (94). Für Gramsci ist Recht in diesem Sinne – ähnlich wie sein hier nicht zu behandelnder Staatsbegriff – weiter zu fassen: »Das Recht wird somit (neben Schulen und anderen Institutionen und Unternehmungen) zu einem zweckgebundenen Werkzeug«, zur Organisierung von Verhaltensweisen und Gewohnheiten (Bd. 7, H. 13, § 11, 1548 f.). Dieses Moment des Rechts kommt ohne Sanktionen aus, erzeugt aber nicht minder einen kollektiven Druck in Richtung bestimmter Verhaltensmuster (ebd., § 7, 1544 f.). Es ermöglicht eine nicht-repressive Funktion der Führung durch die Vorgabe einer Lebensweise als ›legal‹ (Litowitz 2000: 530). Es ist in Foucaultschen Worten – was die Ähnlichkeit der beiden Theorien in der Ablehnung der Repressionshypothese zeigt – produktiv. Aus der Perspektive der Critical Legal Studies (vgl. dazu Frankenberg 2006) betont Duncan Kennedy die Bedeutung dieses Gramscianischen Gedankens für die Rechtstheorie. Es könne gezeigt werden, dass das Recht mit seinem Prestige und Universalitätsanspruch einen wichtigen Effekt erzeugt für die Aufrechterhaltung der Hegemonie der herrschenden Klasse. Dieses Prestige wird vermittelt über den einflussreichen, professionellen, technischen und intellektuellen Sektor, der das Rechtssystem verwaltet (Kennedy 1982: 36). Ganz ähnlich wie beim erweiterten Staat – definiert als »Hegemonie gepanzert mit Zwang« (Gramsci, GH, Bd. 4, H. 6, § 88, 783) – verläuft also auch hier die Argumentation, so dass man von einem »erweiterten Recht« sprechen könnte: welches nicht nur staatlich-repressiv durch sein Sanktionspotential gedacht würde, sondern darüber hinaus und vielleicht vor allem hegemonial im Sinne eines »Werkzeugs« zur Konsensgenerierung über die alltäglichen Lebenspraxen.

Auch wenn man ganz allgemein festhalten kann, dass jede Form von Herrschaft in der einen oder anderen Weise auf ihre Anerkennung durch die Beherrschten angewiesen ist, so wird die hegemoniale Form von Politik dennoch erst zu Beginn der Moderne dominant (so mit unterschiedlicher Konnotation auch Laclau/Mouffe 2000: 180; Anderson 1979: 39). Denn erst jetzt werden formal freie Arbeiter-Subjekte produziert, auf deren Zustimmung es überhaupt ankommt, und deren Verhältnis als »Willensverhältnis« konstituiert wird.

Gelingt die Verallgemeinerung einer Lebensweise zu einer Denken und Fühlen umfassenden kompakten Einheit, die die Klassen übergreift, so spricht Gramsci von einem »historischen Block«, welcher repräsentiert wird von einer Gruppe für das kollektive Leben verbindlicher Begriffe, die von »organischen Intellektuellen« ausgearbeitet und in der Gesellschaft verbreitet werden (Demirović 2001a: 61). Von einem historischen Block kann erst dann gesprochen werden, wenn die gesamte soziale Ordnung sich als ein relativ kohärentes Ensemble von Zwangs- und Konsensinstitutionen über einen längeren Zeitraum hinweg reproduziert, einschließlich einer besonderen gesellschaftlichen Entwicklungsweise (Bieling/Steinhilber 2000b: 105). Der Fordismus ist das klassische Beispiel einer solchen konkreten, historischen Gesellschaftsformation (vgl. ausführlich Buckel/Fischer-Lescano 2007a).

Organisierung der Hegemonie

Poulantzas versuchte nun die Hegemonietheorie für eine materialistische Staatstheorie fruchtbar zu machen, und zwar nicht so sehr, indem er sich auf den »erweiterten Staat« bezog, sondern indem er den Gedanken des »hegemonialen Blocks« vorantrieb. Poulantzas geht über Gramsci hinaus, indem er darauf insistiert, dass die kapitalistische Produktionsweise den in Konkurrenz zueinander stehenden bürgerlichen Klassenfraktionen nicht ermöglicht, ein unmittelbar gemeinsames Interesse zu verfolgen. Die ökonomisch herrschende Klasse sei aufgrund ihrer Spaltung nicht fähig, ihre langfristigen Interessen zu organisieren. Sie untergräbt damit die Bedingungen ihrer eigenen Existenz. Daher müsse die Hegemonietheorie auch auf das Verhältnis der Klassenfraktionen untereinander angewendet werden. Eine der Fraktionen oder Klassen müsse eine hegemoniale Rolle spielen. Gelinge eine solche Vereinheitlichung, käme es zu einem »Block an der Macht« (Poulantzas 1975: 138f.), wobei »Block« wie bei Gramsci eine gewisse kohärente Stabilität ausdrücken soll. Der Machtblock ist mehr als eine taktische Allianz in einem Feld des Klassenkampfs, nämlich eine langfristige organische Beziehung, die sich über die ökonomischen, politischen und ideologischen Felder ausdehnt. Rivalitäten und Konflikte bleiben zwar bestehen, sie müssen aber durch eine hegemoniale Fraktion geführt werden. Sie muss den Machtblock einen, indem sie ihre eigenen ökonomischen Interessen transformiert und das generelle Interesse der dominierten Klassen und Fraktionen an kontinuierlicher ökonomischer Ausbeutung und politischer Herrschaft vorantreibt (Jessop 1985: 66f.).

Poulantzas liegt mit seiner Begrifflichkeit nah an Gramsci. Denn, wie *Karin Priester* gezeigt hat, analysiert Gramsci genaugenommen nicht den bürgerlichen Staat, sondern den *Prozess* der »Staatswerdung« einer Klasse. Eine Klasse ergreift nicht die Staatsmacht, sondern wird Staat (Laclau/Mouffe 2000: 104). Dieser Prozess weist unterschiedliche Stadien auf (vgl. Gramsci 1967: 326ff.):

> »Hegemonie ist *zunächst* auf die intellektuelle und moralische *Führung* innerhalb eines Bündnissystems beschränkt, muss aber, wenn die Ebene des Staates erreicht ist, ausgedehnt werden. Hegemonie muss jetzt, da es nicht mehr nur um die Führung von Verbündeten innerhalb eines Blocks geht, sondern um die Vorherrschaft innerhalb der Gesamtgesellschaft, neben dem nach wie vor wichtigen Pol Konsens/Führung auch den Pol Zwang/Herrschaft mit beinhalten. Der ›integrale Staat‹ als Synthese dieses Prozesses ist für Gramsci nichts anderes als der Ausdruck des ideellen Kollektivwillens einer zur Staatsmacht gelangten Klasse [...]« (Priester 1981: 62).

Poulantzas' »Machtblock« ist daher im Prinzip eine Weiterführung dieser intellektuellen und moralischen Führung innerhalb des Bündnissystems. Das Ergebnis der Hegemonialisierung und Vereinheitlichung des Machtblocks unter der Ägide einer Fraktion (die ihre Interessen also auch nicht in reiner Form durchsetzen kann) ist ein instabiles Kompromissgleichgewicht (Demirović 1987:64). Die eigentliche Erweiterung durch Poulantzas erfolgt erst im Anschluss daran. Er geht nämlich davon aus, dass diese Verallgemeinerung von Interessen ebenso wie die gesellschaftliche Hegemonie zu ihrer Verwirklichung der Staatsapparate bedarf, bzw. dass Klassen gar nicht vor oder unabhängig vom Staat existieren, sondern jener in ihrer Konstituierung immer schon präsent ist (ebd.:26). An dieser Auffassung hält Poulantzas seit seinem Werk *Politische Macht und gesellschaftliche Klassen* fest, in der Staatstheorie verfeinert er es lediglich noch:

> »Die Rolle des Staates besteht besonders im Hinblick auf die herrschenden Klassen, speziell im Hinblick auf die Bourgeoisie, in der *Organisation.* Er repräsentiert und organisiert die herrschende Klasse oder die herrschenden Klassen, er organisiert also das langfristige politische Interesse des Blocks an der Macht, der sich aus den verschiedenen Fraktionen der bürgerlichen Klasse zusammensetzt (denn die Bourgeoisie ist in Klassenfraktionen gespalten), und an dem hin und wieder die herrschenden Klassen anderer, in der kapitalistischen Gesellschaftsformation vorhandenen Produktionsweisen partizipieren. [...] Der Staat konstituiert also die politische Einheit der herrschenden Klassen« (Poulantzas 1978:117, Herv. i.O.).

Es bedarf des Staates als »Kohäsionsfaktors« für die Erhaltung einer in Klassen und Klassenfraktionen gespaltenen Gesellschaft (Poulantzas 1975:185). Poulantzas definiert den Staat geradezu über diese generelle Funktion (Jessop 1985:61). Die Einheit im Machtblock, aber auch die Einheit der gesamten Gesellschaftsformation, muss durch die Herstellung eines Kompromissgleichgewichts zwischen den Klassen organisiert werden. Dazu gehört auch die Desorganisation der subalternen Klassen. Der Staat verhindere, dass sie ihre aus dem Produktionsprozess resultierende Vereinzelung in der politischen Organisation überwinden (Poulantzas 1975:186). Diese Desorganisierung wird durch einen Vorgang ermöglicht, den Poulantzas »Vereinzelungseffekt« oder »Isolationseffekt« nennt, und der ihn seit seiner Kritik an Paschukanis fasziniert hatte. Der Staat etabliere eine Atomisierung und Parzellierung des politischen Körpers in sogenannte »Individuen«, juristisch-politische Personen und freie Subjekte, und repräsentiere ihre Einheit im gleichen Atemzug im »Volk-als-Nation« (Poulantzas 1978:55f.). Er sanktioniert und institutionalisiert also diese Individualisierung durch die Transformation der gesellschaftlich-ökonomischen Monaden in juristisch-politische Individuen-Personen-Subjekte (58). In einer doppelten Bewegung schafft der moderne Staat darum die Individualisierung und gleichzeitig konstituiert er ihre Einheit und Homogenisierung. Er totalisiert die getrennten Monaden und verleibt sich ihre Einheit in seinem institutionellen Aufbau ein (62 f.). Der Isolationseffekt trifft also nicht nur die Subalternen, sondern alle Mitglieder der kapitalistischen Vergesellschaftung. Doch während der Staat die langfristige Interessensorganisation der herrschenden Klassen ermöglicht, sanktioniert er die Atomisierung im Falle der »Volksmassen«. Er sanktioniert ihre Spaltung und setzt sie neu zusammen. Der Konsens wird also anders als bei Gramsci nicht unmittelbar als positiver hervorgebracht, sondern zunächst negativ durch die Zerstörung einheitlicher Klassen- bzw. Volksinteressen (Demirović 1987: 71). Erst in der Vereinheitlichung werden die so produzierten Monaden über einen national-popularen Konsens »positiv« eingebunden.

Durch welche Mechanismen gelingt es nun dem Staat, sowohl Kohäsionsfaktor als auch zugleich Erzeuger des Isolationseffektes zu sein? Poulantzas gibt zwei Antworten. Während er in seiner »mittleren« Phase vor allem juridische Mechanismen dafür verantwortlich gemacht hatte (für die Herstellung von Rechts- und Verfassungssubjekten), übernimmt er später die These von Foucault, dass darüber hinaus vor allem Disziplinen und Normalisierung einen wesentlichen Anteil an der Formierung von Subjekten haben (1978: 61 f.).

Relative Autonomie

Doch damit der Staat überhaupt diese Rolle erfüllen kann, muss ihm eine »relative Autonomie« eigen sein. Diese Kategorie, die in ähnlicher Form schon bei Franz Neumann aufgetaucht war, übernimmt Poulantzas von Althusser. Dieser hatte über den Zusammenhang von »Basis« und »Überbau« behauptet, dass letzterer gegenüber der Basis über eine relative Autonomie verfüge (Althusser 1977: 114). Für Poulantzas wurzelt sie letztlich in der Trennung des Politischen vom Ökonomischen im Kapitalismus, die die Grundlage des eigentümlichen institutionellen Aufbaus des kapitalistischen Staates bilde. Die spezifische Autonomie des politischen Raums im Kapitalismus ist danach eine Auswirkung der vollständigen Freisetzung der unmittelbaren Produzenten von allen Produktionsmitteln (Poulantzas 1978: 19). Weder auf dem Markt, wo sie von nun an ihre Arbeitskraft anbieten müssen, noch im Produktionsprozess sind sie einer unmittelbaren politischen Gewalt unterworfen. »Der Kapitalist ist nicht gleichzeitig auch derjenige, der die politischen Geschäfte führt« (Demirović 1987: 51). Während Poulantzas darauf Wert legt, dass das Politische im weiteren Sinne immer im Ökonomischen präsent ist, beharrt er zugleich darauf, dass das Politische im engeren Sinne, das heißt, die institutionalisierte Form politischer Herrschaft, sich als politisch-administratives System im Kapitalismus ausdifferenziert. Dialektisch gelangt er so zu der prägnanten Formel, dass die »Trennung von Staat und Ökonomie tatsächlich immer nur die spezifische Form der Präsenz des Staates in den Produktionsverhältnissen während des Kapitalismus« ist (1978: 152).

Und nur diese spezifische institutionelle Struktur des Staates ermöglicht die Einheit des Machtblocks und die Einheit der Gesellschaftsformation (Jessop 1985: 56). Denn nur so kann die »langfristige und einheitliche Hegemonie des Blocks an der Macht« gegenüber den beherrschten Klassen ermöglicht werden, etwa indem dem Machtblock oder einzelnen Fraktionen materielle Kompromisse auferlegt werden (130). Besäße der Staat nicht diese »Mindestautonomie«, »d.h., wäre er nichts anderes als der politische ›Ort‹ des Zusammenpralls gegensätzlicher Interessen«, würden die gesellschaftlichen Konfliktpotentiale nicht domestiziert, sondern nur weiter verschärft (Esser/Fach/Väth 1983: 15). Im Gegensatz zu Gramsci entwickelt also Poulantzas durch den Bezug auf Althusser die Vorstellung, dass der Staat ein »besonderer Apparat« sei (Poulantzas 1978: 10), eine Struktur, die sich gegenüber einem bloßen Kräfteverhältnis verselbständigt, weil sie eine eigene Dichte und Widerstandskraft hat: »Eine Veränderung des Kräfteverhältnisses zwischen Klassen hat sicherlich immer Auswirkungen innerhalb des Staates, sie überträgt sich jedoch nicht direkt und unmittelbar. Sie passt sich der Materialität der verschiedenen Apparate an und kristallisiert sich im Staat nur in gebrochener und differenzierter, den Apparaten entsprechender Form« (120f.). Der Staat besitzt also eine »materielle Struktur« (10), eine spezifische Trägheit (Wissel 2007: 75), die es rechtfertigt, von Apparaten zu sprechen.

»Apparat« wiederum übernimmt Poulantzas in dieser charakteristischen Weise ebenfalls von Althusser, dessen Staatstheorie zwischen repressiven und ideologischen Staats*apparaten* unterschied (Althusser 1977: 119ff.). Dabei kommt den Apparaten hier eine wesentliche Bedeutung zu, denn in dem Bemühen Althussers, den Ideologiebegriff von einem idealistischen Gebrauch zu befreien, wonach die Ideologie falsches Bewusstsein sei, indem sie nur in den Köpfen existiere, stellt er die These von der materiellen Existenz der »Ideen« auf (136) und kommt zu dem Ergebnis, dass Ideologie immer nur in einem Apparat und dessen Praxen existiert (137). »Apparat« soll daher, und nur darauf kommt es in diesem Zusammenhang an, Materialität (von Praxen), Eigengesetzlichkeit und Einheit kenntlich machen. Diese Einheit versteht Althusser aber nicht als innere, substantielle Einheit im Hegelschen Sinne, sondern als äußere Organisation (Charim 2002: 41). »Der Apparat ist diese ›Einheit‹ eigenständiger Elemente, deren jedes einzelne selbst wiederum die komplexe ›Einheit‹ seiner Sub-Elemente ist«, eine de-zentrierte Einheit von Einheiten (42), die nur durch äußeren Zwang vereinheitlicht wird (60).

In der Übernahme des Apparatbegriffes sowie des Gedankens der relativen Autonomie besteht einer der wesentlichen Reste der Althusserschen Theorie in Poulantzas' Werk. So stellt er fest, dass der Staat keine monolithische Einheit ist, vielmehr nehmen die in die Struktur des Staates eingeschriebenen Klassenwidersprüche »im Inneren des Staates die Form von internen Widersprüchen zwischen den verschiedenen staatliche Zweigen und Apparaten an« (Poulantzas 1978: 123). Der Staat ist also kein von oben nach unten einheitlich organisiertes Dispositiv, das auf einer hierarchischen, homogenen Aufteilung der Machtzentren begründet wäre, die durch juristische Regelungen (Verfassung, Normhierarchie) abgesichert würde. Das juristische Erscheinungsbild entspricht nicht der Realität der Staatspraxen. Ganz der relationalen Machttheorie folgend, behauptet Poulantzas, dass die Widersprüche im Block an der Macht die Bürokratie durchziehen: »Wir haben es hier weniger mit einem einheitlichen und durch einen eindeutigen politischen Willen verbundenen Beamtentum und staatlichem Personal zu tun, sondern eher mit Cliquen, Hochburgen und Gruppierungen, also mit einer Vielzahl zerstreuter Mikropolitiken« (126). Staatliche Politik ist demnach Resultat ihres Aufeinanderprallens und nicht die gelungene Anwendung eines Globalplans.

»Kurz, den Staat als materielle Verdichtung eines Kräfteverhältnisses begreifen, heißt, ihn auch als *strategisches Feld und strategischen Prozess* zu fassen, in dem sich Machtknoten und Machtnetze kreuzen [...]« (ebd.). Trotz der diversen Mikropolitiken beharrt Poulantzas auf der Einheit der Apparate, da sich andernfalls nur die Kräfteverhältnisse schlicht widerspiegeln würden. Seine Lösung dieses Dilemmas von Mikro-Diversität und Makro-Notwendigkeit (Jessop 1985: 127) besteht in der Annahme bestimmter dominanter Entscheidungszentren, Dispositive und Knoten, die ausschließlich für bestimmte Interessen durchlässig werden (Poulantzas 1978: 127). Die Einheit hängt danach also nicht von der formalen, juridischen Einheit des Rechtscodes ab, sondern von der Kapazität des herrschenden Apparats, wirkliche Macht auszuüben. Es wird kein rationales kohärentes globales Projekt formuliert, sondern es entsteht ohne ein kalkulierendes Subjekt eine strategische Kausalität (Jessop 1985: 128). Poulantzas' Konzept lässt sich also zusammenfassen im Begriff des Staats als der »materiellen Verdichtung eines Kräfteverhältnisses« (1978: 126): Ausgehend von den Kräfteverhältnissen ist der Staat oder auch das Recht kein Ding, sondern ein Verhältnis, ein Kräfteverhältnis von Klassen, das dennoch immer zugleich auch mehr ist, eine materielle Verdichtung, ein Apparat mit relativer Autonomie.

2.2.3 Das Gesetz

Sehen wir uns jetzt noch einmal genauer an, was die staatstheoretischen Überlegungen Poulantzas' in Bezug auf das Recht bedeuten. In seinem

Kapitel über das Gesetz entwickelt er zwei Hauptfunktionen: die Kohäsions- sowie die Konsensfunktion.

Zunächst zur Kohäsion: Das moderne Recht ist eine der zentralen Techniken im Kohäsionsprozess. Es zeichnet sich durch ein »*axiomatisiertes System*« aus, »das aus einem Ensemble *abstrakter, allgemeiner, formaler und streng reglementierter Normen* besteht« (78, Herv. i. O.). Aus dieser abstrakten Struktur resultiert seine spezifische Funktionsweise; es organisiert so die gesellschaftlichen Unterschiede als Einheit:

> Das Gesetz »bildet den *formalen* Kohäsionsrahmen für Agenten, die ihrer Produktionsmittel total enteignet sind [...]. Das Formale und Abstrakte des Gesetzes steht in enger Beziehung zu den realen Fraktionierungen des gesellschaftlichen Körpers in der gesellschaftlichen Arbeitsteilung und zur Individualisierung der Agenten, die im kapitalistischen Arbeitsprozess vollzogen wird« (1978: 79; Herv. i. O.).

Es repräsentiert die Einheit der Subjekte als Volk und Nation und ist an der Fragmentierung der AgentInnen beteiligt, indem es den Code vorzeichnet, in welchen die Differenzierungen eingeschrieben werden. Die Sanktionierung der Unterschiede bei gleichzeitiger Homogenisierung dieser Unterschiede sei der Ursprung für die Universalität des Gesetzes (ebd.). »Das Gesetz bildet so ein Scharnier zwischen den vereinzelten Individuen und der Einheit der Gesellschaft« (Adolphs 2003: 87). Es ist demnach ein Modus zur Regulierung von Unterschieden und gleichursprünglich eine einheitsstiftende ideologische Instanz (ebd.). Es ersetzt in dieser letzten Wirkungsweise die Religion als dominante Ideologie des Feudalismus, indem es die Rolle des gesellschaftlich Imaginären einnimmt (Poulantzas 1978: 80).

In Bezug auf die beherrschten Klassen weist das Gesetz ihnen einerseits eine Stelle zu, die sie einnehmen müssen; es fügt sie in das politisch-soziale Netz ein. Zugleich stellt es einen »der wichtigsten Faktoren für die Organisierung des Konsenses der beherrschten Klassen« dar, indem es ihnen Rechte zuspricht und materielle Kompromisse ermöglicht und sanktioniert (75). In Bezug auf die herrschenden Klassen spielt es ebenfalls die Rolle eines formalen Kohäsionsrahmens. Es übernimmt die strategische Funktion, Kalküle zu ermöglichen (im Sinne Franz Neumanns). Die axiomatische Systematisierung des Rechts ermöglicht eine gewisse Voraussicht, die in einem Minimum an Stabilität der Spielregeln begründet ist. Auch Rechtsänderungen können nur innerhalb der eigenen Spielregeln stattfinden. Für die Organisierung des Machtblocks leistet das Gesetz eine bestimmte Aufteilung der Macht und regelt die Beziehung der einzelnen Fraktionen innerhalb des Staates. »Es schafft so die Möglichkeit, dass die Modifizierung der Kräfteverhältnisse innerhalb des Bündnisses an der Macht im Staat zum Ausdruck kommt, ohne Erschütterungen hervorzurufen« (83). Das bürgerliche Gesetz ist also die »notwendige Form eines Staates, der gegenüber dieser oder jener Fraktion des Blocks an der Macht relativ autonom sein muss, um ihre Einheit unter der Hegemonie einer Klasse oder Fraktion zu organisieren« und den Rahmen eines permanenten Kompromissgleichgewichts herzustellen, das den herrschenden Klassen von den beherrschten aufgezwungen wird (84).

Und damit sind wir bereits bei der Herstellung des Konsenses, die bei Poulantzas immer mit einer bestimmten Gewaltorganisation einhergeht (Adolphs 2003: 82 ff.): Das Gesetz organisiert den Konsens, da über das Parlament grundsätzlich alle gesellschaftlichen Gruppen legal an die Macht gelangen können (85). Die relative Autonomie des Staates zeigt sich wiederum nicht zuletzt in der Fähigkeit, zur Durchsetzung bestimmter Maßnahmen auf das Gewaltmonopol zurückgreifen zu können. Hier will sich Poulantzas ganz explizit von Foucault abgrenzen, indem er betont, dass die politische Herrschaft auch in der modernen Gesellschaft noch in der physischen Gewalt begründet liegt (72). Der Rechtstaat sei gerade kein Gegensatz zu Terror und Gewalt, weil das Gesetz immer anwesend sei bei der Konstituierung der Macht, da der Rechtsstaat im Unterschied zu den vorkapitalistischen Staaten das höchste Gewaltmonopol innehabe: das Kriegsmonopol. Deswegen sei das Gesetz integraler Bestandteil der repressiven Ordnung (Poulantzas 1978: 68). Die Legalität, welche die Rolle der physischen Gewalt im Staat unsichtbar macht, verschleiert diesen prinzipiellen Zusammenhang. Insofern hat das Gesetz bei Poulantzas wie bei Neumann auch einen ideologischen Effekt. Es ist der Code organisierter öffentlicher Gewalt bzw. die konstitutionalisierte Gewalt (Jessop 1985: 120 f.). Zwar greife sie bei geregelten Herrschaftsverhältnissen weniger ein, aber dafür ist sie zugleich in die Mechanismen des Konsenses eingeschrieben, denn der Einsatz der Konsenstechniken setzte die Monopolisierung der Gewalt durch den Staat bereits voraus, selbst wenn sie nicht direkt ausgeübt wird (Poulantzas 1978: 73). Poulantzas legt also Wert darauf, dass der Staat nicht nur das Leben managt, sondern immer noch direkt involviert ist in das Managen des Todes und zudem immer Aktionen bereithält, die keiner rechtlichen Sanktion unterworfen sind (Jessop 1985: 122).

Poulantzas steht damit ebenso in der Tradition Franz Neumanns, dessen *Herrschaft des Gesetzes* er insbesondere für sein Buch über den Faschismus (Poulantzas 1973) aufgenommen hat und dessen Klassenanalyse ihm weitaus verwandter ist, als Paschukanis' Formanalyse. Anders als Neumann jedoch, geht er nicht davon aus, dass eine der wesentlichen Funktionen des Gesetzes die Verschleierung realer Ungleichheiten ist, sondern geradezu ihre Organisierung.

2.2.4 Kritik

Während die formanalytischen Ansätze der 1970er Jahre vor allem grundstrukturelle Prinzipien der kapitalistischen Produktionsweise angeben konnten, für die Untersuchung konkreter Gesellschaftsformationen aber wenig zu bieten hatten, war es die Besonderheit des Ansatzes von Poulantzas, den kapitalistischen Staat und dessen Recht von Anfang an mit der Geschichte der politischen Kämpfe in Beziehung zu setzen (1978: 23). Was dies besonders gelungen erscheinen lässt, ist sein Versuch, sowohl die Kräfteverhältnisse in der Tradition Gramscis als auch deren Verselbständigung und Verdichtung in Apparaten konstitutiv zu denken und damit eine umfangreiche Reformulierung seiner früheren Intuition der internal-external-dialectic zu liefern – oder, aus Foucaultscher Perspektive gesprochen, einen eigenen Versuch marxistischer Staatsanalyse mit der Mikrophysik der Macht (Lemke 1997: 120) vorzulegen. Im folgenden sollen die vier zentralen Probleme dieses Ansatzes für eine aktualisierte materialistische Rechtstheorie diskutiert werden.

Klassenreduktionismus in letzter Instanz

Die Stärke von Poulantzas im Vergleich mit den eher strukturalistischen Theorien ist zugleich Einfallstor für seine zentrale Schwäche, nämlich seine Fokussierung auf Klassenkämpfe, die auf seine Verortung von Macht in den Produktionsverhältnissen zurückgeht. Im Gegensatz zu seinen früheren Phasen, in denen er Nicht-Klassenkräfte völlig verleugnet hatte (Jessop 1985: 76), erkannte Poulantzas 1978 an, dass sich Machtbeziehungen nicht ausschließlich auf die Klassenbeziehungen erstrecken und ihre Grundlage durchaus in anderen Punkten als in der gesellschaftlichen Arbeitsteilung haben können. Daher seien sie auch nicht deren bloße Konsequenz. Dabei hatte er vor allem das Geschlechterverhältnis vor Augen (1978: 39). Ganz konnte sich Poulantzas dennoch nicht von einem Klassenreduktionismus frei machen, da er etwas konstituierte, was man einen »Klassencharakter in letzter Instanz« nennen könnte: obwohl die Klassenteilung nicht das ausschließliche Terrain der Konstitution von Macht darstelle, besitze jede Macht in Klassengesellschaften einen Klassencharakter (39 f.). Dies ist zunächst unproblematisch, so wie sich sagen lässt, dass in einer patriarchalen Gesellschaft jede Macht eine Matrix hierarchisierter Zweigeschlechtlichkeit produziert. Wird daraus aber die Konsequenz gezogen, dass sowohl Staat als auch Recht einzig aus der Klassenvergesellschaftung heraus zu erklären sind – und das geschieht bei Poulantzas – wird seine Theorie der Vielfältigkeit von Herrschaftsverhältnissen nicht mehr gerecht. Die materielle Verdichtung des *Kräfte*verhältnisses ist genau besehen ausschließlich eine Verdichtung von *Klassen*verhältnissen. Dies erklärt auch, warum Poulantzas bei seiner Staatsanalyse ausschließlich auf Klassenverhältnisse – die herrschenden Kapitalfraktionen und die »Volksmassen« – zurückgreift. Damit ignoriert er sowohl andere gesellschaftliche Strukturprinzipien und reduziert darüber hinaus die kapitalistischen Verhältnisse auf den Produktionsprozess und die gesellschaftliche Arbeitsteilung (Wissel 2007: 85).

Abgesehen von der marxistischen Diskussion der damaligen Zeit geht dies nicht zuletzt auf den Hegemoniebegriff Gramscis zurück, der auf das Klassenverhältnis fokussiert war. Laclau und Mouffe haben versucht zu zeigen, dass der verborgene essentialistische Kern Gramscis die »ökonomische Basis« ist, so dass Hegemonie letztlich eine ontologische Grundlage habe und jede Gesellschaftsformation sich um ein einfaches hegemoniales Zentrum herum strukturiere. Damit wäre die konstitutive Logik des ökonomischen Raums selbst nicht hegemonial, sondern naturalistisch von »notwendigen Gesetzen« vereinheitlicht (Laclau/Mouffe 2000: 105). Damit kann das hegemoniale Subjekt auch nur eine Klasse sein (179).

Auf Poulantzas trifft diese Kritik nicht in der gleichen Weise zu, denn er bestand gerade darauf, dass das Politische und das Ideologische immer schon im Ökonomischen anwesend sind, es also gar keinen rein ökonomischen Raum geben kann. Aus diesem Grund lehnte er schließlich auch die Separierung der unterschiedlichen Räume in »Instanzen« wie bei Althusser als topologische Figur der Äußerlichkeit ab (1978: 15). Die Momente durchdringen sich gegenseitig, statt eine strukturelle Matrix zu erzeugen (Jessop 1985: 116). Insofern ist Poulantzas eigentlich am weitesten von jenem Essentialismus entfernt. Laclau/Mouffe formulieren fast wortidentisch, was Poulantzas am Beginn seiner Staatstheorie schreibt, dass nämlich »der Raum der Ökonomie selbst als ein politischer Raum strukturiert ist [...]« (Laclau/Mouffe, 114) und als »Kampffeld« betrachtet werden muss (Laclau 1982: 10). Eine Determination in letzter Instanz durch die Ökonomie gibt es also bei Poulantzas nicht mehr, höchstens das »Primat des Seins«, das allerdings immer schon politisch, ideologisch und kulturell durchdrungen ist.

Daher bleibt es umso unverständlicher, warum das Kräfteverhältnis dennoch nur als eines zwischen Klassen gefasst ist und nicht als eines der Artikulation, also einer »Praxis, die eine Beziehung zwischen Elementen so etabliert, dass ihre Identität als Resultat einer artikulatorischen Praxis modifiziert wird« (ebd.: 141). Wenn die Pluralität sozialer Räume unterstellt wird, kann Hegemonie nicht von einem privilegierten Punkt ausgehen: »Die hegemoniale Formation, wie wir sie begreifen, kann nicht auf die besondere Logik einer einzigen sozialen Kraft zurückgeführt werden« (184).

Eine aktualisierte materialistische Rechtstheorie muss sich von diesem

Klassismus verabschieden (vgl. dazu auch Scherrer 2003: 109 f.). Selbst wenn die Annahme Poulantzas' richtig ist, dass die Kohäsionsrolle des Staates ein zentrales Merkmal ist, weil die Produktionsverhältnisse wesentlich jene Monaden und fragmentierten Fraktionen produzieren, die im Staatsapparat vereinheitlicht und organisiert werden, so kann dies schlechterdings nicht zu der Schlussfolgerung führen, dass lediglich Klassenverhältnisse sich in die Apparate des Staates und des Rechts einschreiben. Das Geschlechterverhältnis ist wesentlich älter als das Kapitalverhältnis. Es wird ganz entscheidend durch den Staat konstituiert und reproduziert (vgl. dazu Pühl/Sauer 2004: 169). Zudem haben sich ins Recht gerade die Kämpfe der Frauenbewegung eingeschrieben (vgl. etwa Dackweiler 2002). Schließlich sind auch die Konstruktionen »Rasse«, Nation oder auch Sexualität ohne staatliche und rechtliche Regulation kaum denkbar.

Litowitz, der Gramsci für die Rechtstheorie fruchtbar zu machen versucht, kritisiert ebenfalls das Insistieren auf Klassen als der einzigen Quelle der Unterdrückung (Litowitz 2000: 533) und plädiert für eine radikale Dezentrierung. Heraus kommt dabei allerdings eine Lösung, die sich komplett von der wesentlichen Erkenntnis Gramscis und Poulantzas' verabschiedet, nämlich, dass die Kämpfe (im erweiterten Sinne) das Primat haben. Stattdessen stellt er auf die Hegemonie eines Codes ab (540). Das Rechtssystem wäre folglich eine Blaupause, die ein limitiertes Terrain ermöglichte, ein Rechtsrahmen, innerhalb dessen Alltagsoperationen stattfinden können (ebd.). Doch damit wäre in einem simplen Umkehrschluss gerade der Fortschritt gegenüber reinen Strukturtheorien wieder zunichte gemacht, nämlich die Erkenntnis, dass Kämpfe der Motor der Geschichte sind, dass Hegemonie und politische Führung auch Ergebnisse strategischer Handlungen sind. Es kommt also darauf an, sich nicht im Zuge eines postmodernen Overkills von Klassen zu verabschieden, sondern mit Poulantzas gegen Poulantzas zu denken: und das heißt, den Begriff des Kräfteverhältnisses auszudehnen.

Das Scheitern des Konzepts der »relativen Autonomie«

Der heikelste Punkt in Poulantzas' Ansatz dürfte die Auseinandersetzung mit der »relativen Autonomie« des Staatsapparates sein. Seine Argumentation an diesem Punkt bleibt teilweise funktionalistisch: weil der Staat die langfristige Hegemonie der bürgerlichen Klasse sichere, benötige er eine relative Autonomie. Diese entwickle sich in der kapitalistischen Produktionsweise mit dem Auseinandertreten von Politik und Ökonomie durch die Eigentums- *und* Besitzlosigkeit der unmittelbaren ProduzentInnen (1978: 18 f.).

Poulantzas argumentiert durchaus überzeugend, dass relative Autonomie eine notwendige Voraussetzung des kapitalistischen Staatsapparates ist. Er kann auch zeigen, dass sie sich darin ausdrückt, dass alle gesellschaftlichen Klassen im Staat präsent sind, dieser also nicht das Instrument nur einer Klasse sein kann. Bei genauerer Betrachtung wird die relative Autonomie aber nicht überzeugend hergeleitet, sondern im Althusserschen Stil gesetzt. Es ist bezeichnend, dass Franz Neumann mit seiner »relativen Unabhängigkeit« vor einem ähnlichen Problem stand, welches er ebenfalls nicht zu lösen vermochte. Die materialistischen Juristen teilen insoweit die Faszination für die von Kelsen konstatierte »Eigenlogik« des Rechts und des Politischen, oder, wenn man so will, für die Autopoiesis der Systeme, setzen sie aber eher voraus, anstatt sie zu begründen.

Poulantzas hat mit seinem Beharren auf der Materialität des Politischen in den Apparaten Recht, doch unterstellt er lediglich, dass es sie geben müsse, um dem Block an der Macht Kompromisse abzuringen bzw. die Atomisierung der Subalternen zu produzieren. Bei diesem »fast magischen« »Hyperfunktionalismus« (Esser/Fach/Väth 1983:17) fragt man sich unversehens, welches metaphysische Wesen den verselbständigten Apparaten das Interesse an der Organisierung des Machtblocks sowie das Wissen von der Notwendigkeit eingehaucht haben mag.

Buci-Glucksmann und Therborn gingen zudem von grundsätzlichen Veränderungen der Kräfteverhältnisse, von einem epistemologischen Bruch, im Kontext des Keynesianismus aus (Buci-Glucksmann/Therborn 1982:113). Allein diese kapitalismusimmanente, fordistische Verschiebung führe dazu, dass der Staat das Feld des Blocks an der Macht überschreite. Die dort stattfindende Ausweitung des Staates beschränke sich nicht auf eine staatliche Vereinheitlichung des Kapitals (115). Das streng klassistische Organisationsmodell des politischen Feldes, in dem die Arbeiterklasse außerhalb der staatlichen Institutionalisierung als Gegenstaat existierte und keinen Anker in den Staatsapparaten habe, sei damit obsolet geworden (was auch noch einmal die erste Kritik stützt) (116). Das hat aber zur Konsequenz, dass sobald »der institutionelle Rahmen nicht mehr nur von der bürgerlichen Klasse geschaffen und für die Arbeiter nicht mehr äußerlich ist [...], das Hegemonieproblem *für alle politischen Kräfte* zum Problem des Aufbaus eines herrschenden Blocks [wird], der notwendigerweise zusammengesetzt ist« (120, Herv. i.O.). Diese Erkenntnisse zeigen, dass *sowohl* eine Ausweitung des Begriffs des »Kräfteverhältnisses« notwendig ist, *als auch* eine andere Grundlegung der relativen Autonomie, die nicht als funktionalistisches Anhängsel der »Machtblock«-Konzeption dienen darf.

Für das Recht gilt diese Problematik nicht minder: Wenn das Gesetz eine der wichtigsten Kohäsionstechniken ist, dann spielt seine relative Autonomie eine zentrale Rolle. Das Gesetz kann nicht nur der schlichte Ausdruck des Kräfteverhältnisses sein, sondern es muss diesen unmittelbaren Kämpfen »relativ« enthoben sein, um Kompromisse,

Zugeständnisse und Unterwerfung organisieren zu können. Jessop ist ebenfalls der Auffassung, dass Poulantzas im Verlauf seines Schaffens keine Klarheit in das Konzept der relativen Autonomie gebracht habe. Mit den Klassenkämpfen sollte ein Element von Kontingenz eingeführt, aber zugleich argumentiert werden, dass der kapitalistische Staat in the long run immer nur die Klassenherrschaft aufrechterhält – und sei es als Ergebnis einer Vielzahl von diversen Mikropolitiken (1985:131):

> »Nowhere did Poulantzas satisfactorily explain how the state's relative autonomy guarantees bourgeois political domination despite the contingencies of the class struggle [...]. This suggests that the concept of relative autonomy is at fault and Poulantzas should have abandoned it along with other Althusserian notions. He rightly insisted on the institutional separation of the political and economic reigns in capitalist societies. [...] But he erred in assuming that somewhere in the state there is something which can somehow guarantee bourgeois class domination. Instead he should have taken seriously his own idea that the state is a social relation. For this clearly points towards a detailed, conjunctural analysis of the contingent necessity of political class domination (or its absence) as the complex resultant of state forms and class forces« (Jessop 1985:136).

Anders als Jessop bin ich allerdings nicht der Auffassung, dass das Konzept insgesamt zu verwerfen ist. Denn eine relative Autonomie muss nicht a priori Garantie einer bestimmten Herrschaftsform sein, sie kann genauso gut unbeabsichtigtes Produkt einer Verselbständigung sozialer Verhältnisse sein und dadurch eine gewisse eigene Dichte oder Materialität erlangen. Wie anders sollte sonst Poulantzas die »materielle Verdichtung« der Kräfteverhältnisse erklären? Was zu tun wäre, wäre vielmehr die Ermöglichungsbedingungen ihrer Entstehung zu erklären. Dazu müsste man tatsächlich an den Vorstellungen der formanalytischen Tradition ansetzen, von denen Poulantzas sich aber explizit abgrenzt (1978:78). An dieser Stelle zeigt sich, dass die beiden scheinbar so unterschiedlichen Theoriestränge durchaus füreinander fruchtbar zu machen wären (so auch Wissel 2007: 88).[23]

Hegemoniale Produktion der Einheit

Poulantzas ging davon aus, dass neben einem bestimmten Maß an Autonomie die institutionelle Einheit der Staatsapparate die Voraussetzung dafür wäre, den herrschenden Klassen kurzfristige ökonomische Opfer abzuverlangen, um ihre langfristige politische Herrschaft zu sichern. Die spezifische institutionelle Struktur des Staates ermöglicht

23 John Kannankulam vertritt demgegenüber die These, dass Poulantzas den formanalytischen Ansatz trotz gegenteiliger Behauptung stillschweigend in seine Theorie integriert hat (Kannankulam 2006).

geradezu die Einheit des Machtblocks (Jessop 1985:56). Einheit im engen Sinne bedeutete die Bewahrung des Staatssystems selbst als Form politischer Herrschaft, also vor allem seine Kapazität, die konstitutionalisierte Gewalt anzuwenden und sein eigenes institutionelles System zu reproduzieren, um die Befolgung seiner Politiken zu sichern. Dies ist in anderen Kontexten als staatliches Selbsterhaltungsinteresse (Offe) bzw. als materielles Eigeninteresse des staatlichen Apparats (Esser/Fach/Väth 1983:17) beschrieben worden. Einheit im weiteren Sinne beinhaltet hingegen die erfolgreiche Durchführung seiner globalen politischen Funktion: die Ermöglichung sozialer Kohäsion (Jessop 1985:350). Poulantzas ist hier offensichtlich von Neumanns Analysen des Nationalsozialismus beeinflusst, der den Non-State als die Konkurrenz der Staatsapparate bis hin zum Zerfall des Nationalstaats selbst beschrieben hatte (vgl. dazu Bast 1999; Buckel 2003).

Aber wodurch wird die Einheit des Staates sichergestellt, wenn sich doch die gesellschaftlichen Widersprüche in die Apparate einschreiben und diese miteinander in Konflikt geraten? Während Poulantzas in seinen frühen Schriften davon ausging, dass dies durch die »spezifische Kohärenz einer autonomisierten juridisch-politischen Superstruktur« ermöglicht werde (Jessop 1985:68), wandte er sich später von dieser Vorstellung ab. Nicht die organisatorische Matrix des Staats, sondern die *faktische* Macht bestimmter Apparate soll nun die Einheit sichern, so dass der dominante Zweig die Hegemonie der subordinierten Apparate organisiert. Doch auch diese spätere Fassung der Einheit vermag nicht zu überzeugen. Die plausible Darstellung der widersprüchlichen Mikropolitiken des Apparategeflechts macht es schwer begreifbar, wie jenes durch die Dominanz eines Apparates geeint werden sollte. Hier scheint Poulantzas eher auf die Althussersche Konzeption der Instanzen zurückzufallen, wobei immer eine der Instanzen die dominante ist. Darüber hinaus fällt auf, dass Poulantzas auch nicht erklären kann, wodurch gewährleistet werden soll, dass die »Staatsmanager« (also die Beamten und PolitikerInnen) aufgrund der eigenen Materialität der Apparate und der Externalität des Politischen (vom Ökonomischen) nicht ihr eigenes korporatives Interesse oder das bloße staatliche Selbsterhaltungsinteresse auf Kosten der globalen Rolle des Staates verfolgen (350f.).

Die Frage nach der Einheit ist aber zu klären, da auch die Rechtsapparate, seien sie nun nationalstaatlich oder supranational organisiert, Teil eines widersprüchlichen Ensembles, einer »flexiblen institutionellen Gesamtheit« (Pühl/Sauer 2004:169), sind und ihr Verhältnis zur Totalität der Regulationsinstanzen sowie ihr Beitrag zur Kohärenzherstellung zu klären ist.

Es bleibt zunächst festzuhalten, dass der Staat nicht als vollkommen konstituiertes, intern kohärentes, organisatorisch reines und operationell geschlossenes System existiert, »sondern als ein emergentes, widersprüchliches, hybrides und relativ offenes System« (Jessop 1990: 316). Es kann daher keine inhärente substantielle Einheit *qua* institutionellem Ensemble (also qua *formaler* Einheit) geben (ebd.), sondern nur – so der Vorschlag von Jessop – vermittelt über ein hegemoniales Projekt. Hegemoniale Projekte sind politische Projekte, denen es gelingt, sich als Lösungen drängender sozialer Problemen darzustellen. Es verbinden sich in ihnen materielle Interessen, strategische Orientierungen, diskursive und kulturelle Bedeutungen, ideologische Überzeugungen und Gefühle (Bieling/Steinhilber 2000b: 106). Über diesen politischen »Zement« muss es gelingen, auch die Staatsmanager einzubinden (Jessop 1985: 350). Für den Nationalstaat spricht Jessop von national-popularen politischen Projekten (ebd.) bzw. von Staatsprojekten. Diese Projekte werden institutionell ermöglicht durch spezifische Prozeduren zur Koordinierung und natürlich letztlich nur vor dem Hintergrund einer korrespondierenden sozialen Basis (Jessop 1990: 316). Das heißt also, die substantielle Einheit des Staates ist ebenso wie die Einheit des Machtblocks nicht per se gegeben, sondern muss durch eine hegemoniale Praxis erst erzeugt werden. Diese kann selbstverständlich auch misslingen, was gerade an der Verselbständigung des Staatspersonals oder eines bestimmten Zweiges erkennbar ist.

Die autonomisierte juridische Struktur, die Poulantzas' erster Erklärungsansatz im Rahmen der »internal-external-dialectic« war, ist nicht vollends beiseite zu schieben. Könnte die relative Autonomie »gerettet« werden, dann böte die relative Autonomie des Rechts neben und gemeinsam mit den hegemonialen Projekten durchaus eine zweite Erklärungsebene, die insbesondere herausarbeiten könnte, wieso diese Einheit eine gewisse Stabilität trotz ihrer täglichen Infragestellung erhalten kann.

Überschätzung des Staates

Neben der funktionalistischen Konzeption des Staates und des Gesetzes zeigt sich zudem eine andere Parallele zur Formanalyse, nämlich die methodische Überschätzung des Staates. Alex Demirović kritisiert zu Recht, dass der Staat bei Poulantzas zum einzigen Garanten der Reproduktion des gesellschaftlichen Ganzen wird (Demirović 1987: 60). Bob Jessop spricht in diesem Zusammenhang ebenfalls von Poulantzas' »enduring politicism with its one-sided concern with the state system« (1985: 141). Unbeachtet bleibt nämlich Gramscis Theorie des erweiterten Staates,[24] das heißt die Erkenntnis, »dass die ›bürgerliche

24 Nur in einem gewissen Sinn integriert Poulantzas diesen Ansatz, nämlich in der kritischen Übernahme der Konzeption Althussers von repressiven und ideologischen Staatsapparaten (denen er noch einen ökonomischen hinzufügt).

Gesellschaft‹ (società civile) sich in einer Vielzahl privater Initiativen als herrschende Ordnung reproduziert bzw. zur gesellschaftlichen Reproduktion beiträgt und damit den Staat um die Dimension des Konsenses und der ›Freiwilligkeit‹ erweitert« (Demirović 1987: 60). Gramscis These betonte, dass es keinen privilegierten Ort der Reproduktion einer Gesellschaftsformation gibt (ebd.; vgl. auch Lemke 1997: 120). Die zeithistorische Überschätzung des Staates geht damit einher, dem Recht nur noch eine untergeordnete Bedeutung beizumessen. Auch hier kann es immer nur als Technik der Staatsapparatur gedacht werden. Mit Poulantzas gegen Poulantzas gedacht könnte diese Verengung überwunden werden, indem der Blick für andere Kohäsionstechnologien erweitert würde. Das Recht wäre dabei ein hervorragender Kandidat.

2.3 *Michel Foucault*

Auf *Michel Foucault* für eine materialistische Rechtstheorie zu rekurrieren, mag überraschen. Er hatte sowohl zu Marx und dem Marxismus als auch zum Recht ein gleichermaßen problematisches Verhältnis. Doch genau diese Konstellation macht ihn interessant für die Auseinandersetzung mit zentralen Problemen der marxistischen Theorie. Gerade weil er einige ihrer Prämissen nicht akzeptierte, weist er für die bisher aufgeworfenen Probleme ein Potential alternativer Lösungsmöglichkeiten auf. Das heißt allerdings nicht, dass ich damit der vorherrschenden Tendenz folge und das Foucaultsche Machtkonzept als erfolgreiche *Überwindung* marxistischer Gesellschaftstheorien mittels eines multizentrischen und polyformen Machtkonzepts begreife (Rehmann 2003: 63), sondern im Gegenteil: als eine kritische *Fortsetzung* der »Kritik der politischen Ökonomie« unter den Bedingungen der »Krise des Marxismus« (so auch Lemke 1997: 44 ff.). Um die Theorien füreinander zugänglich zu machen, muss indessen die Machtanalyse Foucaults zunächst unabhängig von seinen Aussagen zum Recht rekonstruiert werden. Daher wird sie ausführlicher zu behandeln sein als die vorangegangenen Ansätze. Denn es muss gezeigt werden, dass Foucaults Überlegungen mit denjenigen der marxistischen Theorien kompatibel sind, das heißt, dass obwohl beide von unterschiedlichen Prämissen ausgehen, sie doch die gleichen Phänomene relativ parallel konzipieren.

Foucaults Bezugnahme auf die Marxsche Theorie ist ganz offensichtlich von dem historischen Kontext geprägt, nämlich sowohl von der Entwicklung der französischen Kommunistischen Partei und seiner Bekanntschaft mit *Louis Althusser* als auch vor allem den politischen Kämpfen der 1968er Jahre (Hunt/Wickham 1994: 33 f.; Dosse 1999a: 225 ff.; 1999b: 122 ff.; Lemke 1997: 44 ff.). Seine berüchtigte

Kritik am Marxismus erfolgte in *Die Ordnung der Dinge* und wurde von MarxistInnen heftig angegriffen. Im Gegensatz zu Althusser, dessen *Lire le Capital* er aber zu dem Zeitpunkt noch nicht kannte (Dosse 1999a:491) hatte er behauptet, dass der Marxismus in der Tiefe des abendländischen Wissens keinen wirklichen Einschnitt erbracht habe, eher ein Sturm im Wasserglas gewesen sei: »Der Marxismus ruht im Denken des neunzehnten Jahrhunderts wie ein Fisch im Wasser. Das heißt: überall sonst hört er auf zu atmen« (Foucault 1997 {1974}:320).

Die Gegenreaktion im Laufe der Zeit blieb nicht weniger polemisch. Insbesondere wurde kritisiert, dass Foucault die Marxsche Theorie willkürlich zurichte: »What Foucault does is to ›use‹ Marx to set up a negative pole against which to elaborate his alternative. The Marx that emerges is somewhat one-dimensional: rigid, determinist, economist, with a narrow conception of power as repression, and viewing the state as a unitary agent and the instrumental bearer of the interests of the ruling class« (Hunt/Wickham 1994:34). Poulantzas' Kritik ging in die gleiche Richtung: Foucault konzentriere sich auf »entweder irgendeinen Marxismus, an dem er nach Belieben herumschneiderte, wobei er ihn karikierte, oder aber den speziellen Marxismus der Dritte Internationale und die stalinsche Konzeption, die viele von uns bereits seit langem kritisiert haben« (Poulantzas 1978:132f.). So könne er seine eigenen Ergebnisse als Überwindungen des Marxismus präsentieren, was Poulantzas fast schon verbittert folgendermaßen kommentiert: »Einige von uns haben nicht auf Foucault gewartet, um Analysen der Macht vorzulegen, die in einigen Punkten mit seinen heutigen Analysen übereinstimmen, worüber man sich nur freuen kann« (ebd.:134).

In den Werken, die auf *Die Ordnung der Dinge* folgen, versuchte Foucault die Kritik zum Teil abzuschwächen und ging an vielen Punkten ganz deutlich auf den Marxschen Ansatz zu. Die Parallelen sind teilweise so offensichtlich, dass Poulantzas trotz seiner Polemik versuchte, durch die Integration Foucaults die Krise des Marxismus zu überwinden (Jessop 1985:80). So heißt es: »Die Untersuchungen von Foucault [...] stellen eine materialistische Analyse bestimmter Institutionen der Macht dar. Sie sind nicht nur manchmal mit den marxistischen Analysen identisch – was Foucault nicht sehen oder aussprechen will –, sondern können sie in zahlreichen Punkten sogar bereichern« (Poulantzas 1978:58). Poulantzas stellt ganz treffend fest, dass Foucault durchaus der materialistischen Tradition zuzurechnen ist. Denn er geht wie Marx von der Materialität der Praxen aus und versucht, verdinglichte soziale Ontologien wieder in soziale Verhältnisse aufzulösen. Von dort aus betrachtet sind viele seiner Kritiken etwa am idealistischen Rechtsbegriff ganz parallel zur Marxschen Kritik. Werke wie *Überwachen und Strafen*, aber auch seine späteren Vorlesungen zur *Geschichte der Gouvernementalität*, könnten ohne weiteres mit »Geschichte der Politischen Ökonomie« überschrieben oder zumindest untertitelt sein. Alles, worauf es ihm dabei ankommt, ist zu vermeiden, dass ein *Teil*prozess der Gesellschaft herausgegriffen und aus seinen Vernetzungen mit den anderen Prozessen gelöst wird. Wissensformen, Subjektivierungsweisen, Diskurse und Körperpraxen sind ebenso in den Produktionsverhältnissen »verwurzelt«, wie die Art und Weise der Produktion von Waren (Foucault 2003b {1974}: 123).

Wenn man sich seine Äußerungen Ende der 1970er Jahre ansieht, fällt auf, dass Foucault vor allem gegen eine bestimmte historische Entwicklung des Marxismus' aufbegehrt. Dieser sei nämlich längst keine widerständige Theorie mehr, sondern eine »Erscheinungsweise der Macht«. So präsentiere er sich in traditioneller Weise als »Wissenschaft«, die ihre Aussagen für die Wahrheit halte, die einen Zwang ausüben sollen. Er komme zudem nicht ohne die Existenz einer politischen Partei aus, nicht ohne die Existenz eines Staates, dessen Philosophie er geworden sei (Foucault 2003d: 753 f.), und schließlich habe er Teil am »eschatologischen Imaginären der Geschichte« (Balibar 1991: 58). Vor allem gegen die Kommunistische Partei, deren Mitglied er für kurze Zeit war (Dosse 1999a: 225), wendete er sich: als einer »Verarmung der politischen Einbildungskraft« durch einen monolithischen, bürokratischen Willen einer Führungselite, der eine Klasse als Subjekt konstituiere. Diese Partei sei bestimmend für die Geschichte des westlichen Marxismus geworden, eine Organisation der Hierarchie, die an einen Mönchsorden erinnere (Foucault 2003d: 771).

Zusammenfassend kann man mit Balibar die Auffassung vertreten, »[...] dass – in immer wieder neuen Formen – ein wirklicher Kampf mit Marx das gesamte Werk Foucaults begleitet und eine der wesentlichen Triebfedern seiner Produktivität ist [...]« (Balibar 1991: 40). Zudem ist in jüngster Zeit völlig zutreffend argumentiert worden, dass es einen »heimlichen Dialog« zwischen Foucault und Poulantzas in deren staatstheoretischen Spätwerken gegeben habe (Adolphs 2007). Die Heimlichkeitspolitik ging von Foucault aus, wenn auch seine Auseinandersetzung mit Poulantzas offensichtlich ist. So ähneln sich die Staatskonzeptionen einer »materiellen Verdichtung von Kräfteverhältnissen« und die »Gouvernementalisierung des Staates« frappierend: beide Male handelt es sich um eine Mikrophysik des Staates.

Was für den Umgang mit Marx gilt, gilt in ähnlicher Weise für Foucaults Beschäftigung mit dem Recht. Zunächst einmal hat er, ähnlich wie Poulantzas, keine Rechtstheorie verfasst (Hunt/Wickham 1994: VIII; Tadros 1998: 100; Litowitz 1997: 65). Dafür gab es allerdings einen systematischen Grund, denn seine Machtanalytik zielte vor allem darauf ab, die sogenannte »juridische Konzeption der Macht« anzugreifen. Manche AutorInnen sind daher zu der Auffassung gelangt, Foucault entferne das Recht theoretisch aus der Moderne und habe bestenfalls eine kritische Perspektive, eine »negative Utopie« auf das moderne Recht zu bieten (Litowitz 1997:81).

Im folgenden soll gezeigt werden, dass Foucault, obwohl er keine systematische Theorie des Rechts vorlegte (Biebricher 2006:139) (ein Phänomen, auf das man im Kontext der materialistischen Rechtstheorie eher häufig als selten gestoßen ist), sehr wohl einen Beitrag für die hier entwickelte Fragestellung zu leisten vermag. Dieser besteht zum einen in der Aufmerksamkeit für die Begrenztheit des Rechts als nur *einer* Technologie der Macht, zum anderen aber in seiner Aufdeckung der Rolle der juridischen Praxis für die Konstitution des modernen Subjekts. Damit kann eine Leerstelle der Formanalyse gefüllt werden. Aber auch dieser eher indirekte Bezug aufs Recht macht es erforderlich, Foucaults allgemeine Machttheorie zunächst darzustellen, bevor ich zum Recht kommen kann. Denn nur so kann gezeigt werden, dass der Vorwurf des Rechtsnihilismus auf einem Missverständnis seiner *Gesellschaftstheorie* beruht.

2.3.1 »Der bebende Sockel der Kräfteverhältnisse« – das Problem der Macht

Dass Foucault das Recht im Kontext seiner Analyse der Gesellschaft verortet, zeigt sich bereits daran, dass es eine Technologie der Macht unter anderen ist. Was bedeutet in diesem Zusammenhang Macht? Auffälligerweise spricht Foucault nicht selten von »der Macht«, so dass ausgerechnet der Theoretiker, der sich gegen alle Ontologien wandte, eine substantialistische Analytik der Macht hinterlassen zu haben scheint. Doch diese These kann bei genauerer Betrachtung nicht aufrechterhalten werden, »die Macht« stellt sich dabei eher als Abbreviatur einer viel komplexeren Vorstellung heraus, die große Ähnlichkeiten zu Poulantzas, Gramsci und Marx aufweist.

Die Macht kommt von unten

»Ich weiß wohl, dass es Leute gibt, die sagen, wenn man über die Macht redet, tue man nichts anderes, als eine innere und zirkuläre Ontologie der Macht zu entfalten [...]«, griff Foucault die Kritik an seiner Machtanalytik auf (2004a:359), um zugleich seinen KritikerInnen den Ontologisierungsvorwurf zurückzugeben. Denn diese seien es gewesen, die alle Macht aus Universalien wie dem Staat ableiteten, anstatt Macht als eigenständiges Phänomen wahrzunehmen und zu analysieren (ebd., Lemke 1997:57). Er verweigerte sich einer Ableitung der Macht aus den »ökonomischen Grundstrukturen« oder den Institutionen genauso wie den »anekdotischen« Erzählungen über die Feldherren und die Könige, das heißt, über die Leute, welche die Macht innehatten (Foucault 1976b:44), also der labyrinthischen Frage: Wer hat die Macht? (Foucault 1999: 37). Macht sollte als eigenständiges Phänomen untersucht werden, nämlich dort, wo sie in ihren Praktiken aufgeht. Gegenstand der Analyse sind demnach die Machtverhältnisse und nicht *eine* Macht (Foucault 1994 {1982}: 253), die Vielfältigkeit von Kraftverhältnissen sowie das Spiel, das in unaufhörlichen Kämpfen diese Kraftverhältnisse verwandelt (Foucault 1998 {1977}: 113). So konnte er in seiner Vorlesung zur Geschichte der Gouvernementalität 1978/79 zu Recht seine Prämisse zusammenfassen:

> »Ich wiederhole es noch einmal, dass die Macht keinesfalls als ein Prinzip an sich oder von Anfang an als eine erklärende Größe gelten kann. Der Begriff der Macht selbst hat keine andere Funktion, als einen [Bereich] von Beziehungen zu bezeichnen, die alle analysiert werden sollten [...]« (Foucault 2004b: 261).

Die Möglichkeitsbedingung der Macht liege folglich nicht in einem Ursprungsort, »nicht in einer Sonne der Souveränität«, von wo aus alle Verhältnisse abzuleiten wären, sondern »in dem bebenden Sockel der Kraftverhältnisse« (Foucault 1998 {1977}: 114). Wenn Foucault dennoch von DER MACHT redete, dann nur, um den Gesamteffekt all dieser umkämpften Kräfteverhältnisse auszudrücken, ihre Verkettung zu Systemen und schließlich ihre institutionellen Kristallisierungen etwa in den Staatsapparaten und den »gesellschaftlichen Hegemonien«. DIE MACHT ist also der Name für eine komplexe strategische Situation (113 f.). Die großen Herrschaftssysteme sind »Hegemonie-Effekte« bzw. »Endformen«, die auf jenen Konfrontationen »aufruhen« und keinesfalls gegebene Entitäten (116). Man sieht bei der Gelegenheit, dass sich die Unterscheidung von Macht und Herrschaft, auch wenn die französische Sprache mit dem Begriff *pouvoir* sowohl Macht als auch Herrschaft umfasst, sich nicht wesentlich von der soziologischen Definition bei *Max Weber* abhebt. Letzterer hatte Macht als den allgemeineren Vorgang bezeichnet, als die »Möglichkeit, den eigenen Willen dem Verhalten anderer aufzuzwingen«, die unter »den allerverschiedensten Formen« auftreten könne. Herrschaft hingegen bezeichne die erfolgreiche, faktische Befehlsgewalt (Weber 1980 {1921}: 542 ff.).

Die basale Verortung der Macht in den Macht*verhältnissen* (der Produktionsapparate, der Familien etc.) verdeutlicht auch, dass weder »die regierende Kaste, noch die Gruppen, die die Staatsapparate kontrollieren, noch diejenigen, die die wichtigsten ökonomischen Entscheidungen treffen [...], das gesamte Macht- und damit Funktionsnetz einer Gesellschaft in der Hand« haben können (ebd.). Eine strikt relationale Konzeption der Macht (Foucault 1998 {1977}: 117), an der Poulantzas sich in seinem Spätwerk ganz offensichtlich orientiert hat (Jessop 1985: 80), verunmöglicht es, zu denken, dass Macht etwas sein könnte, was besessen werden kann. Die »Herrschenden« erscheinen eher als VerwalterInnen der Verhältnisse, denn als Macht*haber*. Die Macht existiert nur in relationalen Praktiken, die sich zu Machtformationen artikulieren und ihre ganze Wirksamkeit aus den materiellen Bedingungen ziehen (Balibar 1991:58). Dieser polymorphe Prozess nimmt erst ab einem gewissen Grad der Verbreitung die Umrisse einer vielgestaltigen und anonymen Macht an (Charim 2002:112). Man kann also festhalten, dass Foucault mit Macht immer »eine allgemeine Matrix der Kräfteverhältnisse zu einer bestimmten Zeit in einer bestimmten Gesellschaft« meint (Dreyfus/Rabinow 1994:217), und damit das Gegenteil eines a-historischen, ontologischen Essentialismus der Macht.

Die Macht kommt von überall

Die Ähnlichkeiten der Foucaultschen Machtanalytik zu derjenigen von Marx, Gramsci und Poulantzas sind offensichtlich, bis hin zur bewussten Verwendung des Hegemonie-Begriffes. Auch die Vorstellung einer Verkettung von Machtverhältnissen kommt Poulantzas' »materieller Verdichtung« sehr nahe und unterscheidet sich zugleich von den System-Konzeptionen von Luhmann und Habermas: »Systeme« müssten mit Foucault als Hegemonie-Effekte analysiert werden, welche auf Kräfteverhältnissen aufruhen.

Ein wesentlicher Unterschied zu marxistischen Konzeptionen besteht jedoch darin, dass Foucault versucht, den engen Begriff des »Kräfteverhältnisses«, der bei den drei Autoren auf die Produktionsverhältnisse (wenn auch in einem weiten Sinne) beschränkt bleibt, zu überwinden. In *Der Wille zum Wissen* tritt Foucault genau an diesem Punkt in einen Dialog mit den Marxisten seiner Zeit. Die Machtbeziehungen bildeten nicht den »Überbau«, sondern die Basis, indem sie nämlich die unmittelbaren Auswirkungen von Ungleichheiten seien, die in den sozialen Verhältnissen zustande kommen und andererseits die inneren Bedingungen jener Differenzierungen bilden. Sie seien also den ökonomischen Prozessen, den Erkenntnisrelationen oder den sexuellen Beziehungen nichts Äußerliches (1998 {1977}:115). Die Macht ist überall, geht von zahlreichen Punkten aus, und zwar – wie Foucault betont – nicht weil sie alles umfasst, sondern weil sie von überall kommt (114). Sie wurzelt in der »Gesamtheit des gesellschaftlichen Netzes« (1994 {1982}:258), das heißt, in den »Machtbeziehungen, die zwischen den Geschlechtern bestehen [...], zwischen Erwachsenen und Kindern, in der Familie, in den Büros, zwischen den Kranken und den Gesunden, zwischen den Normalen und den Anormalen [...]« (2003a:673). Wie gezeigt, waren die Produktionsverhältnisse für Poulantzas ebenfalls mehr als nur ökonomische Verhältnisse. Sie waren gleichursprünglich politische, ideologische und ökonomische, die ineinander anwesend waren. Aber das daraus resultierende Machtverhältnis konnte er nur als Machtbefugnis von Klassen konzipieren, die aus den Stellungen jener Klassen resultieren. Andere Machtbeziehungen wurden dadurch schließlich determiniert. In der zunächst verschwörungstheoretisch anmutenden Annahme Foucaults, dass die Macht von überall kommt, liegt letztlich der Korrekturversuch an diesem Klassismus.

Die Macht ist produktiv

Ganz ähnlich wie Gramsci geht Foucault davon aus, dass Macht in den bürgerlich-kapitalistischen Gesellschaften nicht ausschließlich auf dem Verbot und der Gewalt beruhen kann. Das, was er sehr zur Verwirrung der Literatur die »juridische Konzeption der Macht« genannt hat (1998 {1977}: 106), sei historisch an die Existenz einer feudal-absolutistischen Gesellschaft gekoppelt gewesen und reiche für die Erklärung moderner Machtformen nicht mehr aus. Vielmehr setze sich ein neuer Machttypus durch, der die sozialen Verhältnisse nicht mehr von oben nach unten durchziehe (Lemke 1997: 101). *Juridische* Konzeption deshalb, weil ihr das Modell des Gesetzes mit dem Erlaubten und dem Verbotenen zugrunde liege, welches das Subjekt als Untertan unterwirft, es zum Gehorchenden macht (Foucault 1998 {1977}: 105). Diese Vorstellung, wonach die Macht nur repressiv, unterdrückend ist, stelle nur einen minimalen Ausschnitt aus dem Spektrum möglicher Machtwirkungen dar und reduziere die verschiedensten Formen von Beherrschung auf den Imperativ des Gehorsams, ohne das Faktum des Gehorsams selbst zum Gegenstand der Analyse zu machen (Lemke 1997: 93). Diese sogenannte »Repressionshypothese« sei eine unterkomplexe Konzeption, eine »kleine simple Maschinerie«, der die Vorstellung einer rebellischen Energie zugrunde liegt, die es nur zu drosseln gelte. Die Macht sei aber immer bereits da, wo das Begehren ist, nicht erst in einer nachträglich wirkenden Repression (Foucault 1998 {1977}: 101).

Anders als die republikanische Theorie von Rousseau und Kant, für die das moderne Gesetz identisch ist mit der Selbstgesetzgebung, stellt es für Foucault den Archetyp einer feudalen Macht dar, der auf der simplen Annahme der Verkündung des Gesetzes und des Funktionierens des Verbotes beruht. Würde die Gesellschaft heute noch tatsächlich auf ihr beruhen, so müsste man konstatieren, dass diese Macht »arm an Ressourcen, haushälterisch in ihrem Vorgehen, monoton in ihren Taktiken, unfähig zur Erfindung und gleichsam gezwungen, sich beständig zu wiederholen« wäre. Ihre Mächtigkeit erschöpfte sich darin, »nein« zu sagen, sie wäre außerstande etwas zu produzieren, nur fähig Grenzen zu ziehen (106). Dies sei einmal die reale Repräsentation der Macht gewesen, im ausgehenden Mittelalter zur Zeit der Entstehung der Monarchien und der Staatsapparate, die sich als Mächte der Ordnung zwischen den partikularen Gewalten auf der Grundlage des Gesetzes einführen konnten (107). Die Repräsentation der Macht sei aber bis heute in diesem System befangen geblieben, und damit im Bann der

Monarchie. Darauf zielt der berühmte Satz Foucaults ab, der Kopf des Königs sei im politischen Denken immer noch nicht gerollt (110): eine transitorische Machtform werde zur Macht schlechthin. Wenn auch viele ihrer Elemente überlebt hätten, so sei sie doch von ganz neuen Machtformen durchdrungen worden. Die Macht müsse als produktive Form aufgefasst werden, die ein reichhaltiges Repertoire an Technologien zur Verfügung stellt. Sein bekanntestes Beispiel für eine solche produktive Form der Macht war die Disziplinarmacht, die die Kräfte des menschlichen Körpers steigere und einen fügsamen und gelehrigen Körper produziere (1994 {1977}: 177). Seine Intuition der Produktivität der Macht verfolgte Foucault durch sein gesamtes Schaffen hindurch. So kam es, dass er gegen Ende seiner Arbeit sogar zu der Auffassung gelangte, dass selbst die einstmals idealtypischen Disziplinen als noch zu »repressiv« gedacht seien.

Mikrophysik der Macht

Was Foucaults Analytik der Macht insbesondere auszeichnet, ist sein Versuch, nicht die großen Machtformen, die mit den repressiven Apparaten assoziiert sind, in den Blick zu nehmen, sondern sich auf die »kapillaren« Wirkungsweisen der Macht zu konzentrieren, um zu einer feingliedrigeren Analyse zu gelangen, die nicht immer schon voraussetzt, dass Macht- und Herrschaftsverhältnisse quasi automatisch funktionieren. Er nimmt also »die feinsten Verzweigungen der Macht« unter die Lupe, »bis dorthin, wo sie an die Individuen rührt, ihre Körper ergreift, in ihre Gesten, ihre Einstellungen, ihre Diskurse, ihr Lernen, in ihr alltägliches Leben eindringt« (1976b: 32), das heißt, bis in »die winzigsten und individuellsten Verhaltensweisen hinein« (1978: 128; 1998 {1983}: 22 f.).

Das bedeutet aber nicht, dass die großen Strategien der Macht ausgeblendet würden, sondern diese müssen sich vielmehr in den Mikro-Beziehungen einnisten. Die kleinen Mechanismen, mit ihrer eigenen Technik und Taktik, werden von immer allgemeineren Mechanismen und globaleren Herrschaftsformen besetzt, kolonisiert, umgebogen (1999: 39). Mit anderen Worten: die vielfältigen, oft geringfügigen und verstreuten Prozesse konvergieren miteinander – bis sich allmählich die Umrisse einer allgemeinen Methode abzeichnen. Dabei handle es sich also um minutiöse, oft um unscheinbare Techniken, um eine »Mikrophysik der Macht«, um »kleine Hinterlistigkeiten von großer Verbreitungsmacht«. Mit dieser Machtkonzeption ist natürlich vor allem eine Abkehr von Hegels »List der großen Vernunft« intendiert, »die noch in ihrem Schlaf am Werk ist und dem Unbedeutenden einen Sinn gibt«. Vielmehr gehe es um »die Listen der aufmerksamen ›Böswilligkeit‹, die alle Wässerchen auf ihre Mühlen leitet« (1994 {1977}: 177 f.).

Als Foucault sich schließlich unter dem Titel der Gouvernementalität doch mit dem Staat auseinandersetzte, also mit der Machtapparatur, die zu untersuchen er sich lange Zeit geweigert hatte, legte er Wert darauf, dass es zwischen der Mikro- und der Makromacht keinen Bruch gäbe, etwa in der Form, dass die eine die andere ausschlösse. Wenn der Staat auf der Grundlage der menschlichen reflexiven Praxis konzipiert werde, ließen sich beide Analysen miteinander verknüpfen (2004a: 514).

Kein Gesamtplan – kein Generalstab

Trotz all der Kämpfe, Verhältnisse, Praktiken scheint die Analytik der Macht ihre strukturalistische Herkunft nicht leugnen zu können. Foucault hatte sich allerdings explizit dagegen gewehrt, als Strukturalist bezeichnet zu werden: »Ich habe es nicht in ihre winzigen Köpfe kriegen können, dass ich keine der Methoden, Begriffe oder Schlüsselwörter benutzt habe, die die strukturale Analyse charakterisieren« heißt es in *Die Ordnung der Dinge* (Foucault 1997 {1974}: 15). Dennoch lässt sich zeigen, dass Foucaults Analyse in letzter Instanz einen Struktur- oder Objektivitätsüberhang aufweist, wie es für die materialistischen Theorien durchaus üblich ist. Dieser folgt jedoch nicht aus einem Konzept, welches mit vorgegebenen Strukturrastern arbeitet, sondern vielmehr aus dem Dschungel des Machtwirrwarrs.

Foucault hatte große Vorbehalte gegenüber allen Ansätzen, die von einer Art leitender unsichtbarer Hand ausgehen oder von übermächtigen koordinierenden AgentInnen (wie einer »herrschenden Klasse« oder dem Staat). Anderseits sollten die sozialen Veränderungen aber auch keine Zufallsprodukte sein (Hunt/Wickham 1994: 28), sondern durchaus Ergebnis strategischen Handelns. Wird aber genauer nachgefragt, *wer* es denn ist, der oder die handelt, so zeigt sich, dass die AkteurInnen eher eine marginale Rolle spielen. Er streitet zwar nicht ab, dass es intentional handelnde Subjekte gibt, aber die Vielfältigkeit der Machtmatrix verunmöglicht ein geradliniges Durchkommen ihrer Absichten. So ist auch der scheinbar paradoxe Satz zu verstehen, dass »die Absichten entschlüsselt werden« können, aber dennoch »niemand sie entworfen hat und kaum jemand sie formuliert [...]« (Foucault 1978: 132). Foucault benutzt weiterhin die Begriffe Strategie und Taktik, allerdings in einer verschobenen, entpersonalisierten Weise. Wenn sich die Mikropraktiken miteinander verkoppeln und erst nach ständiger Wiederholung und gegenseitiger Stütze sich zu großen Herrschaftsformationen entwickeln können, bleiben die Intentionen implizit, verschwinden in den »großen anonymen Strategien, die, nahezu stumm, geschwätzige Taktiken koordinieren, deren Erfinder oder Verantwortliche oft ohne Heuchelei auskommen [...]« (ebd.).

Daher kann es auch weder einen Gesamtplan, der die Strategien koordinieren könnte, noch eine zentrale Instanz geben, die ihre Verbreitung lenken würde (Charim 2002: 112).

> »Die Machtbeziehungen sind gleichzeitig intentional und nicht-subjektiv. [...] durch und durch von einem Kalkül durchsetzt: keine Macht, die sich ohne eine Reihe von Absichten und Zielsetzungen entfaltet. Doch heißt das nicht, dass sie aus der Wahl oder Entscheidung eines individuellen Subjekts resultieren. Suchen wir nicht nach dem Generalstab, der für ihre Rationalität verantwortlich ist. [...] Die Rationalität der Macht ist die Rationalität von Taktiken, die sich in ihrem beschränkten Bereich häufig unverblümt zu erkennen geben [...], die sich miteinander verketten, einander gegenseitig hervorrufen und ausbreiten, anderswo ihre Stütze und Bedingungen finden und schließlich zu Gesamtdispositiven führen« (Foucault 1998 {1977}: 116).

Wille und Berechnung waren also am Ergebnis der Machtkämpfe beteiligt, aber der Gesamteffekt entzog sich den Intentionen der Handelnden. Daher verbieten sich auch funktionalistische Argumente. Denn es gibt kein System, keine innere Logik der Stabilität, nur Praktiken, die von den politischen Machttechnologien ihre Form und Richtung erhalten (Dreyfus/Rabinow 1994: 219).

Technologien der Macht

Die Verkopplungen unterschiedlicher Praxen, die sich gegenseitig stützen und transformieren und durch Wiederholung verstärken und sedimentieren, führen also zu anonymen Strategien. Heraus kommen dabei Techniken oder, in größeren Formationen gesprochen, Technologien. Die Macht ist eine Technologie. Techniken sind Arbeitsweisen, Produktionsweisen bzw. Formen, die nicht fest an den Inhalt gebunden sind, also relativ verselbständigte Praxen, die Abläufe regulieren (Charim 2002: 111). Foucault beschreibt damit nicht, wie etwas geschieht, *um* ein bestimmtes Ziel *zu* erreichen, sondern *wie* die Macht arbeitet. Techniken definieren, wie eine Tätigkeit auszuführen ist (ebd.: 114). Technologien emergieren innerhalb bestimmter konkreter Kontexte. Sie antworten auf konkrete Probleme und bieten besondere Lösungen an (Lemke 1997: 75, Fn. 37). Der Begriff war traditionell für Herrschaftsverhältnisse über die Natur reserviert, wurde von Foucault aber bewusst auf die Herrschaft über Menschen ausgedehnt, da eine Technik den Menschen nicht äußerlich bleibt (ebd.: 90, Fn. 44). Im folgenden gilt es nun zu beachten, dass Foucault zumeist auf dieser Abstraktionsebene der Machttechnologien argumentiert. Sie sind sein hauptsächlicher Untersuchungsgegenstand.

Die Machttechnologien sind bei Foucault die materielle Basis, die real wirksamen Kräfte. Das heißt aber auch, dass die *gesellschaftlichen* Machtverhältnisse den Institutionen vorangehen. Foucault argumentiert daher gegen eine verkürzte politologische Vorgehensweise, die ihren Ausgangspunkt in den Institutionen findet, gegen das, was er

»Institutionalozentrismus« nennt (2004a: 175). Es komme darauf an, in das Außen der Institution überzugehen, denn die Institution sei nur von dort aus zu begreifen, von dem Gesamtprojekt, welches hinter ihr existiert: die Machttechnologie (176). Die eigene Dichte der Institution verschleiert dies unter Umständen, da »ein wichtiger Teil der Mechanismen, die von einer Institution in Gang gesetzt werden, dazu bestimmt sind, ihre Selbsterhaltung zu sichern«. Dies birgt das Risiko, vor allem bei den ›intra-institutionellen‹ Machtverhältnissen, hauptsächlich reproduktive Funktionen aufzuspüren (1994 {1982}: 256). Außerdem besteht die Gefahr, in den Institutionen schnell den Ursprung der Macht zu entdecken. Schließlich arbeiteten Institutionen vor allem über Regeln und Apparate. Setzt die Analyse hier an, könne es einem unterlaufen, ihnen eine Vorrangstellung in der Machtanalyse einzuräumen und dann doch wieder nur die repressive Seite der Macht zu entdecken (ebd.). Die Machttechnologie kristallisiert sich in den Institutionen heraus, hat aber ihren Haltepunkt außerhalb ihrer (ebd.: 257). Es kommt daher darauf an, wie Gudrun-Axeli Knapp zustimmend formuliert, nicht allein die Innenperspektive zu wählen (Knapp 1992: 310).

Jenseits der Machttechnologien und Institutionen, in denen sie sich kristallisieren, arbeitet Foucault mit der Kategorie des »Dispositivs«. Dispositive sind umfassendere »Machtbeziehungsbündel« (Lorey 1996: 64) bzw. Knotenpunkte, in denen die über den ganzen gesellschaftlichen Raum verstreuten Handlungsweisen zusammenlaufen (Ott 1998: 49). Das von ihm am ausführlichsten behandelte ist das Sexualitätsdispositiv. Das Dispositiv antwortet auf die Frage, wie ein Muster von kohärenten Praktiken ohne Rückgriff auf ein konstituierendes Subjekt oder objektive Gesetze erklärt werden kann (Dreyfus/Rabinow 1994: 150f.). Zusammengefasst ist es ein Konglomerat aus diskursiven und nichtdiskursiven Momenten, ein »entschieden heterogenes Ensemble, das Diskurse, Institutionen, architekturale Einrichtungen, reglementierende Entscheidungen, Gesetze, administrative Maßnahmen, wissenschaftliche Aussagen, philosophische, moralische oder philanthropische Lehrsätze, kurz: Gesagtes ebenso wohl wie Ungesagtes umfasst [...]« (Foucault 1978: 119f.). Dieses Ensemble entstand als emergente, strategische Antwort auf einen historischen »Notstand«; daher gab ein strategischer Imperativ die Matrix für das Dispositiv ab. Auch hier ist wieder die anti-funktionalistische Perspektive erkennbar. Unterschiedliche, durchaus auch gegensätzliche Strategien verdichten sich zu einem Dispositiv, welches in einer konkreten historischen Situation ein »Problem« löst. Es kann dann jedoch sich wieder auffüllen mit anderen Strategien, und eine ganz andere Bewegung stützen, denn die heterogenen Elemente sind überdeterminiert und erzeugen nichtintendierte Effekte (ebd.: 121). Es wird also kein Plan ausgeführt, keiner Logik gefolgt, kein System aufrechterhalten.

Foucaults bekanntestes Beispiel für unfreiwillige Effekte war das »Scheitern« des Gefängnissystems, welches geradezu die Delinquenz erst produzierte, welche es angeblich verhindern sollte. Diese konnte dann aber wieder strategisch reinvestiert und produktiv eingesetzt werden. Statt Anspruch und Wirklichkeit miteinander zu konfrontieren, geht es darum, Rationalitäten, Technologien und Effekte zu unterscheiden (Lemke/Krasmann/Bröckling 2000: 22). Das Dispositiv ist also der Versuch, in nicht funktionalistischer Weise das Gesamt kohärenter Praxen zu erklären.

2.3.2 Gouvernementalisierte Machttechnologien

Im folgenden sollen einzelne Machttechnologien unterschieden werden, weil Foucault den Anspruch hatte zu zeigen, dass das Recht nur *eine* Machttechnologie unter vielen ist. Foucault aktualisierte allerdings in seiner späten Schaffensphase die bisherigen Technologien und justierte sie neu: »Nun gut, ich glaube, ich hatte unrecht. Ich habe natürlich niemals völlig unrecht, doch kurz gesagt, das trifft es nicht genau« (2004a: 78), hieß es zu seinem bisherigen Konzept. Deswegen soll es in dieser Darstellung aus der Perspektive seines Spätwerkes interpretiert werden.

Anders als etwa *Nancy Fraser* oder *Michael Hardt* und *Antonio Negri* dies vertreten, blieb Foucault nicht bei der Entdeckung der »Disziplinen« und damit bei »der fordistischen Form sozialer Regulierung« stehen (so aber Fraser 2003: 239, 251) oder konnte nur deren Krise thematisieren (so Hardt/Negri 2000: 23). Die inzwischen veröffentlichten Vorlesungen zur *Geschichte der Gouvernementalität* (Foucault 2004a, b) führen mit dem Konzept der »Regierung« eine durchaus postfordistische Technologie ein. *Susanne Krasmann* geht daher zutreffend davon aus, dass das »neue Regime der Macht, das Gilles Deleuze im Jahre 1990 als Kontrollgesellschaft skizzierte, [...] Michel Foucault in der Tat mit einem Machtkonzept analysiert [hätte], das er insbesondere in seinen Vorlesungen am Collège de France ausbuchstabierte: dem Konzept der Regierung« (Krasmann 2003: 67).

Im Prinzip war es das Entstehen der »Bevölkerung«, welches Foucault interessiert hatte. So arbeitete er in *Überwachen und Strafen* eine Machttechnologie heraus, die der Bevölkerungsexplosion im Kontext der Industrialisierung gerecht werden sollte, und die sich auf die Steigerung der Kräfte des individuellen Körpers ausrichtete. In *Der Wille zum Wissen* kam eine zweite Machttechnologie hinzu, die sich auf das »Leben« der Bevölkerung, jetzt verstanden als »Gattungswesen«, richtet. Bereits unter dieser Perspektive wurde deutlich, dass eine Anpassung an derart globale Phänomene, also »Prozesse von Menschenmassen«, komplexere Organe zur Koordinierung und Zentralisierung erforderlich machte, als er es bisher für die Disziplinen im begrenzten Rahmen von Institutionen gedacht hatte, das heißt, der Staat rückte ins Blickfeld (Foucault 1999:289). Mit dem späteren Konzept der *Regierung* widmete er sich sodann der Bevölkerung unter der Perspektive der Menschenführung (2004a:116). Erstmals geriet nicht nur der Körper ins Zentrum des Interesses, sondern auch die umfassenderen Prozesse der Subjektivierung.

Gleichzeitig wandte sich Foucault dem Staat selbst zu, was nicht ausbleiben kann, wenn »die Leitung eines ganzen Gesellschaftskörpers« untersucht werden soll, das heißt, »die ganze Größenskala« (2004b:261). Er überlegte, ob die Gouvernementalität bzw. die Regierung nicht als eine Art »Gesamttechnologie der Macht« aufgefasst werden könne, die das Außen des Staatsapparates darstellt (2004a:178). Der Staat der gegenwärtigen Gesellschaften sei nicht bloß eine der Formen und einer der Orte der Machtverhältnisse, schrieb Foucault nun, sondern alle anderen Typen von Machtverhältnissen bezögen sich auf ihn. Natürlich nicht, weil sie alle von ihm abstammten, sondern weil sich eine stetige Etatisierung von Machtverhältnissen ergeben habe, so dass sie unter dem Schirm staatlicher Institutionen ausgearbeitet worden seien (1994 {1982}:258). Die Neujustierung der Machttechnologien zeigt sich auch gerade darin, dass Foucault nun darauf besteht, immer schon die Gegenwart und Wirkung staatlicher Mechanismen betrachtet zu haben, denn: was seien die Organisation des Wahnsinns, der klinischen Medizin oder der Disziplinen letztlich anderes gewesen? »Das Problem der Staatsbildung liegt im Zentrum der Fragen, die ich zu stellen versuchte« (2004b:114).

Man kann also festhalten, dass mit der fortschreitenden Verstaatlichung bzw. »Gouvernementalisierung des Staates« (2000:65) die Machttechnologie, die sich in die Apparate des Staates einschreibt, die Regierung, einen umfassenderen Wirkungskreis hat und daher die anderen überdeterminiert bzw. eine Vorrangstellung einnimmt (ebd.). Unter dieser Perspektive sollen im folgenden die einzelnen Machttechnologien dargestellt werden.

Juridische Machttechnologie (Gesetz)

Die erste Technologie der Macht führte Foucault zunächst zu einer Abgrenzung gegenüber dem, was klassischerweise unter dem Staat verstanden wurde, nämlich der Souveränität. Diese Abgrenzung brachte die vielfältigsten Missverständnisse mit sich, gerade auch in Bezug auf das Recht. Ich werde im folgenden versuchen herauszuarbeiten, worum es Foucault mit diesen Überlegungen ging.

Die klassische Bedeutung der Souveränität war an das Territorium gebunden: *Souveränität über ein Territorium* (Foucault 2000:45 f.). Daher blieb auch der juridischen Theorie des Souveräns zufolge, die für die absolutistischen Staaten angemessen gewesen sein mag, das Verhältnis des Fürsten zu seinem Fürstentum zerbrechlich, denn das Band zwischen ihnen sei lediglich eines der Gewalt, der Überlieferung oder der vertraglichen Übereinkunft gewesen. Es gebe keine wesentliche Zusammengehörigkeit zwischen beiden, weswegen das Verhältnis unaufhörlich durch äußere wie durch innere Feinde bedroht werde. Zielscheibe dieser Macht war also das *Territorium* inklusive der Leute, die es bewohnten. Das traditionelle Problem der Souveränität bestand darin, neue Territorien zu erobern sowie die eroberten zu bewachen (2004a: 100).

Souveränität und Recht seien dabei eng verknüpft, weil sich seit dem Mittelalter die Macht in den abendländischen Gesellschaften immer im Recht formuliert habe. Dies erscheint zunächst erstaunlich, da in der Philosophie der Aufklärung die monarchische Macht auf der Seite des Unrechts und nicht des Rechts steht, während die demokratische Verrechtlichung politischer Macht demgegenüber eine Errungenschaft der Moderne ist. Nach Kant ist der Übergang zum demokratischen Nationalstaat dadurch bestimmt, dass das Territorialprinzip durch das des Personenverbandes ersetzt worden sei. Seine Schriften seien gerade gegen die Praxis zeitgenössischer absolutistischer Staaten gerichtet gewesen, die auf einem Territorium lebenden Menschen als bloße Anhängsel des Bodens zu behandeln. Das demokratische Gesetz war ein neues, konstitutives Moment für die nationalstaatliche Identitätsfindung (Maus 2002: 229 f.). Foucault hingegen betrachtet das Gesetz als tradierte und scheinbar überholte Form der rechtsförmigen Monarchie, selbst wenn sie demokratisiert worden sei.

Er legt Wert darauf, dass man die »grundlegende historische Tatsache« nicht vergessen solle, wonach »die abendländischen Monarchien als Rechtssysteme entstanden sind, dass sie sich in Rechtstheorien reflektiert und ihre Machtmechanismen in der Form des Rechts durchgesetzt haben« (Foucault 1998 {1977}: 108). Denn die großen Institutionen konnten sich gerade deswegen einwurzeln, weil es ihnen gelungen war, sich als Instanzen der Regelung, der Schiedsgerichtsbarkeit und der Grenzziehung zu präsentieren, das heißt, als eine Ordnungsmacht zwischen der Vielfältigkeit vorgängiger konkurrierender feudaler Mächte (ebd.: 107). Die großen Machtformen konnten sich so als Prinzip des Rechts einschalten, ihre Gesetze mittels Untersagungs- und Sanktionierungsmechanismen durchsetzen und Frieden als Verhinderung der feudalen und privaten Kriege durchsetzen, in den Worten *Max Webers*: die legitime Gewalt monopolisieren. So sei das Römische Recht auf der Höhe des Mittelalters entscheidend für den Aufbau eines Rechtsgebäudes gewesen, nämlich als technisches und konstitutives Instrument für die autoritäre, administrative und schließlich absolutistische königliche Macht. Selbst wenn dieses Rechtsgebäude in den darauffolgenden Jahrhunderten der königlichen Kontrolle entglitten sei und sich gegen diese königliche Macht wenden sollte, hätten dabei stets die Grenzen dieser Macht zur Debatte gestanden (Foucault 1999:34). Die königliche Macht habe also nach und nach das komplexe Spiel der feudalen Mächte begrenzt und somit eine Art Schlussstein eines Rechtssystems gelegt, welches von einem bewaffneten System sekundiert ist (2004b: 22 f.).

Foucault könnte daher leicht so verstanden werden, als ob er der Auffassung sei, diese Machtform spiele keine Rolle mehr, und sei durch produktivere Technologien abgelöst worden. Für die Rechtstheorie würde das aber heißen, und so haben ihn auch einschlägige Theoretiker wie *Alan Hunt* und *Garry Wickham* und auch *Nicos Poulantzas* verstanden, Foucault sei der Auffassung gewesen, dass nicht nur die souveräne Macht, sondern zugleich das Recht in der modernen Gesellschaft verschwinde. Dies wäre für eine Rechtstheorie natürlich eine contradictio in adjecto und unter den aktuellen Umständen einer zunehmenden Verrechtlichung auch geradezu kontraintuitiv.

Foucault hat diese Interpretation durch seinen Sprachduktus und die Ausrichtung auf das Strafrecht allerdings provoziert. Doch letztlich handelt es sich dabei um ein Missverständnis. Rekapitulieren wir dafür zunächst noch einmal die teilweise apodiktischen Formulierungen Foucaults: Was versteht er unter juristischen Praktiken?

> »[...] die Art und Weise, wie man über Schuld und Verantwortung unter den Menschen urteilte; wie man in der Geschichte des Abendlandes festlegte, dass bestimmte Verhaltensweisen als Vergehen galten, nach denen die Menschen verurteilt werden konnten [...]« (2003b {1974}: 13). Das heißt, das »System des rechtlichen Gesetzbuches mit der binären Aufteilung zwischen dem Erlaubten und dem Verbotenen [...], das also ist der rechtliche oder juridische Mechanismus«, nämlich »der archaische Strafbetrieb, den man seit dem Mittelalter bis ins 17. und 18. Jahrhundert hinein kennt« (2004a: 19 f.).

Wenn Paschukanis vorgeworfen werden kann, eine Zivilrechtstheorie geschrieben zu haben, könnte man Foucault vorwerfen, sich auf eine Strafrechtstheorie beschränkt zu haben. Das Strafrecht ist nun zugleich das repressivste rechtliche Terrain, welches zugleich vom Staat monopolisiert ist. Die Verbindung von Souveränität und dem Recht zum Strafen bis hin zur Todesstrafe ist schlechterdings mit der Repressivität von Macht assoziiert. Kombiniert man nun diese Fixierung auf die poenalisierende Form des Rechts mit Aussagen, die darauf hinauslaufen, dass das Rechtliche verglichen mit den Gesellschaften vor dem 18. Jahrhundert im Rückgang sei, dass das Funktionieren der Norm auf Kosten des juridischen Systems des Gesetzes voranschreite (1998 {1977}: 171) bzw. dass uns unsere »Fallinie [...] immer weiter von einem Reich des

Rechts [entfernt], das schon abzubröckeln begann, als ihm die Französische Revolution und das Zeitalter der Verfassungen und Kodifikationen eine blühende Zukunft zu versprechen schienen« (ebd.: 111), so liest sich die Forderung, dass es sich von einer »juridisch-diskursiven« Vorstellung der Macht zu lösen gelte (ebd.: 102) bzw. das juridische Modell der Souveränität aufzugeben (2003c: 165), auf den ersten Blick tatsächlich wie eine gewagte Unterschätzung der Bedeutung des Rechts und des staatlichen Gewaltmonopols in den heutigen Gesellschaften. Und genau diesen Vorwurf hat Poulantzas gegen Foucault vorgebracht (Poulantzas 1978: 61). Weil die institutionalisierte politische Macht bei geregelten Herrschaftsverhältnissen weniger auf die Gewalt zurückgreife als in vorkapitalistischen Zeiten, könne die Illusion aufkommen, dass die moderne Macht nicht mehr in der physischen Gewalt begründet liegt (ebd.: 72). Vor allem Hunt und Wickham werfen Foucault vor, das Recht als wesentlich vormodernes Phänomen zu skizzieren (1994: 44). Seine Ansicht könne zusammengefasst werden als die »Ausschließung des Rechts aus der Moderne« (ebd.: 56). Foucaults Neigung, das Recht zu marginalisieren, stehe in scharfem Kontrast zu der Haupttendenz des Denkens des 20. Jahrhunderts, welche dem Recht eine zentrale Rolle in der modernen Gesellschaft zugestehe. Seine Konzeption korrespondiere daher eher einem simplifizierten common view, welcher alles Recht mit Strafrecht gleichsetze.

Auch *Carol Smart*, die ähnlich wie Hunt und Wickham, aber in feministischer Perspektive, rechtstheoretisch an Foucault anschließt, argumentiert in dieser Linie:

> »In fact much of Foucault's genealogy de-centres law as the prime historical agent or mode of control. Rather he focuses on newly emergent forms of regulation and surveillance and constructs for us a vision of the disciplinary society in which law's place diminishes with the growth of more diverse forms of discipline. [...] The status of law in modern societies is therefore somewhat uncertain in Foucault's account. [...] However, I am doubtful that law is simply being superseded, nor can we assume that it remains unchanged – a relic form pre-modern times« (Smart 1989:14).

In dieser skeptischen Interpretation (Munro 2001: 553) geht jedoch, wie *Victor Tadros* völlig zutreffend bemerkt (1998: 76), das Potential von Foucaults Arbeit gerade für das Recht verloren. Das »fundamentale Missverständnis« (ebd.: 79) liegt darin, den Begriff »juridisch« mit dem des »Rechts« gleichzusetzen. Mit dem »Juridischen« beschreibt Foucault vielmehr eine »Machtform, die versucht einen bestimmten Typ von Handlung durch die Drohung von legalen oder sozialen Sanktionen zu verhindern« (ebd.: 78; zustimmend bzw. ähnlich: Krasmann 2003: 90; Munro 2001: 556ff.; Ewald 1991: 138). Das Gesetz erscheint in diesem juridischen Modell als die Grundform, in der die Macht sich zeigt (Foucault 2003c: 166). Das Individuum wird zum Subjekt natürlicher Rechte oder ursprünglicher Machtformen. Das, wovon Foucault sich abgrenzen will, ließe sich vielmehr als »juridischer Idealismus« fassen, der alle Macht mit der Emanation einer Souveränität identifiziert (Balibar 1991: 63).

Im Prinzip wollte Foucault damit ein ganz ähnliches Problem wie Gramsci erfassen, dass nämlich die Fokussierung auf gewaltförmige Machttechnologien eine Reihe anderer Machtformen ausblendet, die sich längst in den Nischen des Rechts ausgebreitet haben, kurz gesagt, dass Macht und Herrschaft in modernen Gesellschaften in dem Dualismus von Recht und Gewalt schlicht nicht aufgehen, dass unter dieser Perspektive ein wesentlicher Teil moderner Machtverhältnisse entgleitet. Der geschichtliche Entstehenshintergrund der monarchischen juridischen Macht habe bis zum heutigen Tage die Vorstellung befördert, dass das Recht die maßgebliche Form der Macht sei (Foucault 1998 {1977}: 109).

Zusammenfassend geht es Foucault mit seiner Kritik am juridischen Machtmodell *nicht* darum, die Bedeutung des *Rechts* in der Moderne herunterzuspielen, sondern um die Kritik einer ausschließlichen oder wesentlichen *Interpretation der Macht in Rechtsbegriffen:* Gewalt, Verbot, Zensur, Zwang (Lemke 1997: 98). Daraus folgt: »Man muss eine Analytik der Macht bauen, die nicht mehr das Recht als *Modell* und als Code nimmt« (Foucault 1998 {1977}: 111; Herv. S. B.). Noch in einer seiner letzten Vorlesungen 1981/82 besteht Foucault darauf, dass die zunehmende Verrechtlichung der westlichen Kultur dazu geführt habe, »dass wir das Gesetz, die Form des Gesetzes, als das allgemeine Prinzip betrachten, das alle Bereiche des menschlichen Handelns regelt« (2004c: 149). Und eben jenes allgemeine Prinzip ist nur oberflächlicher Schein, nur ein Ausschnitt der realen Machtverhältnisse. An diesem Punkt besteht eine Parallele zu Neumanns »verhüllender Funktion des Gesetzes«. Keineswegs sollte damit aber gesagt werden, dass das moderne Recht irrelevant geworden sei.[25]

Es kommt hinzu, dass er eine chronologische Abfolge von Machttechnologien ablehnte, wonach etwa das Recht von den Disziplinen und der Biopolitik abgelöst worden sei. Vielmehr habe die souveräne Macht auch nach dem 18. Jahrhundert noch eine entscheidende Rolle gespielt; »ich würde sogar im Gegenteil behaupten: Niemals hat sich das Pro-

25 Ein Blick auf Foucaults politische Praxis zeigt zudem, welche Relevanz er dem Recht praktisch zugestand: er widmete sich etwa in den ausgehenden siebziger und beginnenden achtziger Jahren den Menschenrechten, z. B. anlässlich der Auslieferung des RAF-Verteidigers Klaus Croissant von Frankreich an Deutschland 1977 (Dosse 1999b: 410f.).

blem der Souveränität in größerer Schärfe gestellt als genau zu jenem Zeitpunkt« (Foucault 2000: 62). Das heißt aber wiederum nicht, dass ein *souveränistisches oder juridisches Modell der Macht* angemessen wäre. Die alten Modalitäten implizierten die neueren. Dem juridisch-rechtlichen System fehle die disziplinarische Seite durchaus nicht, selbst wenn sie scheinbar von geringerer Bedeutung war (2004a: 20). Auch annullierten die Sicherheitsmechanismen nicht die juridisch-rechtlichen Strukturen, im Gegenteil (ebd.: 21):

> »Folglich haben Sie überhaupt keine Serie, deren Elemente eins auf das andere folgen, wobei diejenigen, die zum Vorschein kommen, die vorhergehenden verschwinden lassen. Es gibt kein Zeitalter des Rechtlichen, kein Zeitalter des Disziplinarischen, kein Zeitalter der Sicherheit. [...] In Wirklichkeit haben Sie eine Serie komplexer Gefüge, in denen sich sicherlich die Techniken selbst, die sich vervollkommnen oder sich jedenfalls komplizieren, ändern, doch was sich vor allem ändert, ist die Dominante oder genauer das Korrelationssystem zwischen den juristisch-rechtlichen Mechanismen, den Disziplinarmechanismen und den Sicherheitsmechanismen« (22 f.).

Eine komplexe Machtanalytik hat also von einem »Korrelationssystem« von Techniken und Technologien auszugehen, in welchem eine der Techniken dominant sein kann, so im Zeitalter des modernen Nationalstaats die Regierung.

Disziplinen

Foucaults Versuch der Erweiterung der Machtanalytik begann – wie bei Marx – mit einem Generalangriff gegen die liberalen Vorstellungen von bürgerlicher Demokratie und formaler Rechtsgleichheit. Während jene sich »glückselig unwissend« (Tadros 1998: 91) auf die Freiheiten des Rechts stützten, habe sich schon längst unterhalb der Rechtsform eine ganz andere Machttechnologie eingenistet, als Komplement zur formalen Rechtsgleichheit (Lemke 1997: 76): »Um auf dem Niveau der Institutionen einen bestimmten bürgerlichen Liberalismus zu ermöglichen, bedurfte es auf der Ebene der ›Mikromächte‹ einer viel engeren Einschnürung der Individuen, einer besser durchorganisierten Parzellierung der Körper und Verhaltensweisen. Die Disziplin ist die Kehrseite der Demokratie« (Foucault 1976a: 125 f.).

Während in den Vertragstheorien die vertragsschließenden Praxen der Subjekte immer schon selbstverständlich, quasi natürlich erschienen, machte Foucault deutlich, dass sie im Gegenteil ein Produkt von Individuen sind, die zuvor Gewohnheiten, Regeln und Ordnungen unterworfen wurden (1994 {1977}: 167). Die Einführung eines ausdrücklich kodifizierten und formell egalitären rechtlichen Rahmens verstelle den Blick für die »dunkle Kehrseite dieses Prozesses«:

»Die allgemeine Rechtsform, die ein System prinzipiell gleicher Rechte garantiert, ruhte auf jenen unscheinbaren, alltäglichen und physischen Mechanismen, auf jenen wesenhaft ungleichen und asymmetrischen Systemen einer Mikromacht – den Disziplinen. Wenn es das repräsentative Regime formell ermöglicht, daß der Wille aller, direkt oder indirekt, mit oder ohne Vermittlung, die fundamentale Instanz der Souveränität bildet, so garantieren doch die Disziplinen im Unterbau die Unterwerfung der Kräfte und Körper. Die wirklichen und körperlichen Disziplinen bildeten die Basis und das Untergeschoss zu den formellen und rechtlichen Freiheiten« (ebd.: 285).

Die Anlehnung an die Marxsche Basis-Überbau-Metapher ist kaum zu übersehen. Während Marx' Materialismus auf die Materialität sozialer Verhältnisse abzielt, konzentriert sich Foucault auf die Machtpraktiken, sofern diese auf *Körper* ausgeübt werden (Balibar 1991: 62). Die Dressurmethoden hinterließen am Körper Spuren in Form von Gewohnheiten des Verhaltens. Zielscheibe der Macht seien die alltäglichen Gesten und Tätigkeiten (Foucault 1994 {1977}: 169 f.). Der menschliche Körper gehe in eine Machtmaschinerie ein, die ihn durchdringe, zergliedere und wieder zusammensetze. So sei im 17. und 18. Jahrhundert eine politische Anatomie, eine Mechanik der Macht entstanden (176), die die ökonomische Nützlichkeit der Individuen, ihre Kräfte, erhöht habe, um sie mit dem Anwachsen des Produktionsapparates kompatibel zu machen (280) und *zugleich* ihre Energie und Mächtigkeit, die daraus resultieren könnte, zu einem Verhältnis strikter Unterwerfung umzupolen.[26]

Die Fabrikation des Disziplinarindividuums (396) geschieht also durch Prozeduren, die die Individuen anordnen, fixieren, räumlich verteilen und klassifizieren, die ihre Körper dressieren und ihr ganzes Verhalten codieren, sie in lückenloser Sichtbarkeit festhalten und rund um sie einen Beobachtungs- und Registrierungsapparat aufbauen und damit ein akkumulierendes Wissen über sie konstituieren (295). So totalisierend diese Machttechnologie, die eine gewisse Suspension des Rechts vollzieht (286), auch ist, umso unsichtbarer, weniger brutal und kostspielig ist sie doch zugleich im Gegensatz zur repressiven juridischen Machttechnologie (125).

Die Wirkung der Disziplinen nennt Foucault zunächst »Normalisierung«, schließlich aber »Normation« (2004a: 90). Zunächst grenzt sich dieser Begriff von der »Normativität« des Gesetzesimperativs ab, der eine normative Sollenserwartung an das Verhalten der Einzelnen aus-

26 An dieses Konzept der Mächtigkeit der Vielen und der gleichzeitigen Regulation ihres Potentials knüpfen ganz offensichtlich Hardt und Negri mit ihrem Konzept der »immateriellen Arbeit« und der »Multitude« an (Hardt/Negri 2002).

spricht. Normalisierung und Normation hingegen sind Techniken. Die Normation spalte über Klassifizierung, Drill und unablässige Kontrolle in das Normale und Anormale. Sie setze ein optimales Modell und versuche dann, die Leute, die Gesten und Mikropraxen mit diesem Modell real, nicht nur normativ, übereinstimmen zu lassen. Das Normale sei genau das, was in der Lage ist, sich der Norm zu fügen (88 f.).

Im Korrelationssystem der Machttechnologien »entdeckte« Foucault zunächst den Zusammenhang zwischen den Disziplinen und dem Recht. Dabei ging er noch davon aus, dass die Disziplin die dominante Machttechnologie sei, so dass die aus der Disziplin hervorgegangenen Diskurse in das Recht eindringen, die Normalisierungsvorgänge mehr und mehr die Gesetzesverfahren »kolonisieren« (1999: 49). Gesetz und Justiz integrierten sich immer mehr in ein Kontinuum von regulierenden Apparaten (von der Gesundheit bis zur Verwaltung), welche die Einzelnen an der Norm ausrichteten. Die »unaufhörliche und lärmende Gesetzgebungstätigkeit« sei nur die Form, die eine wesenhaft normalisierende Macht annehmbar mache (1998 {1977}: 172).

Die Schlussfolgerung lautet daher konsequent: »Souveränität und Disziplin [...] sind die beiden absolut konstitutiven Bestandteile der allgemeinen Machtmechanismen unserer Gesellschaft« (1999: 50). Und auch als Foucault seine Machttechnologien erweiterte, blieb das Argumentationsprinzip erhalten. Als die Regierungstechnologie sich durchsetzte, waren es nun die Disziplinen, die keineswegs verschwanden: »Doch auch die Disziplin war niemals wichtiger und wurde niemals höher bewertet als von dem Zeitpunkt an, da man versuchte, die Bevölkerung zu führen« (2000: 63).

Dass Foucault Anfang der 1970er Jahre die Disziplinen und nicht die Regierung als dominante Technologie theoretisierte, kann in der Interpretation von *Nancy Fraser* durchaus als Ausdruck des damaligen keynesianischen Wohlfahrtsstaates interpretiert werden, dessen innere Logik Foucault wie die Eule der Minerva just im Augenblick seiner Krise erfasst habe (Fraser 2003: 239). Er ortete die Ursprünge der Disziplinen im 18. Jahrhundert, aber bei einer genealogischen Interpretation der Foucaultschen Texte stellen sich Klinik und Gefängnis als frühe und weitgehend einsame Versuchsgelände für die regulatorischen Praktiken dar, die sich erst mit dem Aufkommen des Fordismus zu einem universellen Phänomen entwickelt haben (ebd.: 244). Sie waren hier das mikropolitische Gegenstück der fordistischen Akkumulation, kapillarer Teil der Regulationsweise (242).

Es ist allerdings *Thomas Lemke* darin zuzustimmen, dass Foucault die Begrenztheit seiner bisherigen Analyse erkannt hatte. Genau in der Krise des fordistischen Regulationsmodells kann man eine zunehmende Distanzierung vom Disziplinaransatz verzeichnen, welcher Foucault nun fast archaisch erscheint, verglichen mit den neuen Technologien

(Lemke 2003: 268). Die Subjekte, so sagt er 1978, seien immer mannigfaltiger, unterschiedlicher und unabhängiger geworden. Immer mehr Menschen stünden nicht unter dem Zwang der Disziplin. Es sei daher evident, dass man sich in der Zukunft von der Disziplinargesellschaft »von heute« verabschieden müsse (Foucault 2003a: 673). Zu dem Zeitpunkt, als er dann die »Sicherheitsdispositive« ausmachte, erschien ihm selbst der sogenannte Panoptismus plötzlich als »der älteste Traum des ältesten Souveräns. Keiner meiner Untertanen entgeht mir, und keine Geste keines meiner Untertanen bleibt mir unbekannt [...]« (Foucault 2004a: 103). Noch in *Überwachen und Strafen* hatte er die Disziplinen mit ihrer Institutionalisierung im »Kerkerarchipel« der Konzeption der Souveränität entgegengesetzt (1994 {1977}: 169). Der Disziplin ergeht es also theoriegeschichtlich nicht anders als dem Recht; sie wird im Korrelationssystem von anderen Technologien kolonisiert. Das ist bisher von der »herrschenden Meinung« der rechtswissenschaftlichen FoucaultkritikerInnen nicht berücksichtigt worden.

Biopolitische Sicherheitstechnologien

So eindeutig die Abgrenzung von Recht und Disziplinen noch gelang, so kompliziert und widersprüchlich wird es, wenn man sich den »neueren« Machttechnologien zuwendet. Foucault schien permanent auf der Suche nach einer noch feinsinnigeren Form der Macht, so dass er dazu tendierte, seine alten Entdeckungen immer wieder zu dezentrieren, bis hin zu Formulierungen wie: »All dies ist erledigt« (2004a: 19). Ist das Neue nun die Biomacht oder die Regierung, die Sicherheitsdispositive oder die Selbsttechnologien?

Die nächste Runde der Neujustierung beginnt im *Willen zum Wissen*. Dort entwickelt Foucault die Konzeption der »Biomacht«. Diese Machtform grenzt er zunächst grundsätzlich in bekannter Weise ab gegen das souveränistische oder juridische Modell der Macht und nimmt insofern die in *Überwachen und Strafen* entwickelte Argumentation wieder auf. Die Weiterentwicklung besteht darin, die Disziplinen als nur noch eines von zwei Momenten der Biomacht zu begreifen. Biomacht unterscheide sich als Ganze von der Souveränität dadurch, dass sie sich nicht mehr als Abschöpfungsinstanz, Ausbeutungsmechanismus und Aneignung vollzieht, welche in letzter Instanz auf dem Recht, »sterben zu *machen*« beruht, sondern als »Anreizung, Verstärkung, Kontrolle, Überwachung, Steigerung und Organisation der unterworfenen Kräfte«, als »Verwalter des Lebens und Überlebens, der Körper und der Rasse«. Es geht also nun darum, »leben zu *machen*« (1998 {1977}: 161 ff., Herv. i. O.).[27]

27 Insofern trägt die Interpretation von Giorgio Agamben zu einer zusätzlichen Verwirrung bei, da sie in die entgegengesetzte Richtung verläuft.

Insoweit bleibt die Argumentation auf der Linie der Disziplinen. Es heißt nun aber, dass jene nur einer von zwei Entwicklungssträngen seien (167). Während die Disziplinen nämlich auf den individuellen Körper abzielten, zentriere sich der Pol, den Foucault abwechselnd »Bio-Politik der Bevölkerung« oder »Regulierung der Bevölkerung« nennt (166), um den Gattungskörper. Die regulierenden Kontrollen richten sich auf die Fortpflanzung, die Geburten- und Sterblichkeitsraten. Biomacht als Ensemble von Disziplinen und Bevölkerungsregulierung lasse die menschliche Art und ihre grundlegenden biologischen Züge seit dem Ende 18. Jahrhundert in das Innere der Politik eintreten (2004a: 13). Der Grund dafür liege darin, dass die kapitalistische Entwicklung zu dieser Zeit eine Steigerung der Produktivität und der Ressourcen mit sich gebracht habe, die in den westlichen Metropolen die elementaren Bedrohungen durch Hungerkatastrophen und verheerende Krankheiten beendet hätten, so dass der Tod aufhörte, »dem Leben beständig auf den Fersen zu sein«. In dem so entstandenen Spielraum konnten Machttechnologien entstehen, die die Prozesse des Lebens in die Hand nahmen und es nicht mehr mit Rechtssubjekten, sondern mit Lebewesen zu tun hatten (1998 {1977}: 169). Insofern könne für die abendländische Welt von einer »biologischen Modernitätsschwelle« gesprochen werden.

Foucault führt also die unterschiedlichen Elemente seiner Machtanalytik nun in dem Konzept der Biomacht als einem konfliktreichen Ganzen zusammen (Ott 1998: 48). Dabei stellt er dem Recht und den Disziplinen eine neue Technologie der Macht an die Seite, nämlich die biopolitische Regulierung der Bevölkerung. »Bio-Macht« und »Leben« sind von Foucault nicht substantialistisch oder biologistisch konzipiert (Balibar 1991: 62). Mit Foucaults Nominalismus lässt sich keine vorgängige Substanz denken, kein Substrat jenseits der relationalen Macht. Dem ›Leben‹ entspricht vielmehr »die Gesamtheit der automatisierten

So knüpft er explizit an Foucaults Ansatz an, die Beziehung »zwischen nacktem Leben und Politik« zu befragen (Agamben 2002: 14). Bei seinem Versuch aber, den »verborgenen Kreuzpunkt zwischen dem juridisch-institutionellen Modell und dem biopolitischen Modell der Macht« zu beleuchten (ebd.: 16), landet er letztlich, wohl vor allem wegen seiner Auseinandersetzung mit Carl Schmitts Ausnahmetheorem, wieder bei einer rein juridischen Theorie der Macht, bei einer Überhöhung des repressiven Staatsapparates, die Foucault gerade bekämpft hatte. Biopolitik wird bei Agamben zu einer juridischen Kontrolle des Lebens, und gerade nicht zu seiner Verwaltung. Wohingegen der Ansatz von Hardt und Negri, Biopolitik mit der immateriellen Produktion zu koppeln (Hardt/Negri 2002), eher in die Richtung geht, die Foucault vorbereitet hat. Ihre Differenz zu Foucault besteht vor allem darin, dass sie die Möglichkeiten für eine Umwidmung der so produzierten »Mächtigkeit« der Subjekte weitaus positiver einschätzen als Foucault selbst (Buckel/Wissel 2002).

Fähigkeiten, die Gesamtheit des Verhaltens, kurz, das Individuum als ›äußere Einheit‹« (Charim 2002: 121).

Anders als *Victor Tadros* annimmt (1998:78, 91), beschreiben Bio-Politik und das spätere Konzept der »Gouvernementalität« nicht das gleiche Phänomen. Sie haben zwar das Regulationsobjekt gemeinsam, nämlich die Bevölkerung, doch die Biopolitik konzentriert sich, wie der Name schon sagt, ausschließlich auf die biologische Regulierung der Bevölkerung, während die Verhaltenssteuerung, die Foucault mit der »Regierung« thematisiert, weitaus umfassender wirkt.[28] Die Perspektive, die Foucault 1975/76 verfolgte, zielte zunächst auf die Abgrenzung zwischen der juridischen Macht zu töten und der biopolitischen Macht der Verwaltung des Lebens. Dabei stieß er auf die Thematik der Bevölkerung. Diese wiederum verwies ihn auf die Gouvernementalität und damit auf den Staat, der in dieser Perspektive eine wesentliche biopolitische Regulierungsinstanz ist.

In der parallel zur Entstehung zum ersten Band von *Sexualität und Wahrheit* abgehaltenen Vorlesung am 17. März 1976 führt Foucault darüber hinausgehend die »Sicherheitsdispositive« ein, die dann jedoch in dem Band selbst nicht mehr auftauchen.[29] Zwei Jahre später, in den Vorlesungen vom Januar 1978, spielen sie allerdings wieder eine so zentrale Rolle, dass Foucault sogar fragt, ob die aktuellen Gesellschaften sich zu einer Sicherheitsordnung, zu Sicherheitsgesellschaften entwickelten (2004a: 26). Er fragt, ob die »Gesamtökonomie der Macht« (ebd.) im Korrelationssystem zur Vorherrschaft der Sicherheitstechnologie führt, die auf juridischen und disziplinarischen Mechanismen aufruhe und jene transformiere (ebd.: 24). Die Sicherheits*technologien* stellen das unsystematischste Moment der Foucaultschen Macht-Analytik dar, denn sie werden einerseits als Technologien, anderseits als Instrumente oder auch als Dispositive eingeführt. Diese Windungen kommen auch wegen der gemeinsamen Schnittmenge von Bio-Politik und Gouvernementalität zustande. Im Unterschied zu den Disziplinen – vom Recht ganz zu schweigen – geht es um die *Regulierung* und nicht die Disziplinierung des »Lebens« (Foucault 1999: 285). Die Sicherheitsmechanismen sind regulatorische Mechanismen, welche die einer Bevölkerung

28 Die Differenz ist so eindeutig zwar nicht, aber seine nur als Vorlesung vorhandene »Geschichte der Gouvernementalität« zeigt, dass Foucault sein Erkenntnisinteresse verlagert hat, dass er, um sein angekündigtes Projekt, die Bio-Macht zu untersuchen (2004a: 13), Umwege beschreiten und die Bio-Macht in einen größeren Rahmen stellen musste, den der Gouvernementalität (so auch Michel Sennelart, der Herausgeber der Vorlesungen, ebd.: 527).

29 So auch Michel Sennelart in der 5. Anmerkung zur ersten Vorlesung in: (Foucault 2004a: 45).

eigenen Masseneffekte zu kontrollieren suchen, und zwar nicht durch individuelle Dressur, sondern durch die Herstellung von »Sicherheit des Ganzen vor seinen inneren Gefahren«. Es wird die »Sicherheitstechnologie« von der »Dressurtechnologie« unterschieden (288).

Bio-Politik ist eine regulierende Machtechnologie, die über den Modus der Sicherheit operiert. Das Sicherheitsdispositiv lässt gewähren, wohingegen die Disziplin nicht die kleinsten Dinge sich selbst überlassen hatte. Etwas wird nicht unterbunden, sondern als unvermeidlicher Vorgang angesehen, auf den man sich stützt. Während die juridische Macht Ordnung als Residualkategorie dessen ansieht, was nicht untersagt ist, kodiert der Disziplinarmechanismus fortwährend Erlaubtes und Verbotenes, wobei es weniger um die zu unterlassenden als um die zu tuenden Dinge geht. Der Sicherheitsmechanismus hingegen versucht die Dinge in Bewegung zu setzen, zu steuern »im Element der Realität« (2004a: 74 ff.) – exemplarisch dafür: die Impftechnologie. Es wird also statistisch analysiert, eine Kostenrechnung sowie ein Mittelwert (durchschnittliche Diebstahlsrate, Mortalitätsrate etc.) erstellt, um daran anschließend die Verhältnisse in einem Korridor des »Normalen«, im Sinne des Durchschnittlichen zu halten (17 ff.). Zielobjekt dabei ist die Bevölkerung im Sinne der Lebewesen und nicht das Volk der Rechtssubjekte (72). Auf seiner Suche nach immer subtileren Technologien gelangte Foucault demzufolge zur Bevölkerungspolitik, die über biopolitische Sicherheitsmechanismen wirkt.

Regierung

Je mehr jedoch Foucault sich der Bevölkerungs-Regulierung zuwandte, desto mehr musste er den Gegenstand seiner Arbeit verschieben. Es kommt bereits am Ende der dritten Vorlesung über die Gouvernementalität zu einem »tiefgreifenden Wendepunkt«, »gewissermaßen mit einem Theatercoup« zu einer Verschiebung hin zur Gouvernementalität (Sennelart in: Foucault 2004a: 550). Mit dem Begriff entfaltete sich ein neues Forschungsfeld: die Genealogie des modernen Staates, der »Eintritt der Frage des Staates in das Analysefeld der Mikro-Mächte« (ebd.: 551 f.). Foucault gelangte über die Bio-Politik zu den Sicherheitsmechanismen und darüber zur Bevölkerung. Er rekapitulierte nun selbst: »In dem Maße, wie ich von der Bevölkerung gesprochen habe, kehrte ein Wort andauernd wieder [...] und zwar das Wort ›Regierung‹« (Foucault 2004a: 116). Zu Beginn der vierten Vorlesung heißt es dann, er wolle nun versuchen, »eine kleine Aufstellung dieses Problems der Regierung« anzufertigen (134). Tatsächlich macht er ab diesem Zeitpunkt nichts anderes mehr. Aus einer »kleinen Aufstellung« wird eine Rekonstruktion der Politischen Ökonomie aus der Perspektive der Regierung.

Seitdem er sich mit der Bevölkerung beschäftigte, schien er immer mehr zu der Auffassung zu gelangen, dass es vorrangig zwei »Machtökonomien« gibt: einerseits die altbekannte Souveränität, die er aber nun definierte als Machtausübung bis in die feinsten Quäntchen der individuellen Verhaltensweisen hinein (104), das heißt, Souveränität bezieht sich nun auf die rechtliche *und* die disziplinarische Macht; und auf der anderen Seite die »Regierung der Bevölkerung« (ebd.). Foucaults Verschiebung zeigt sich also bereits hier, wenn er die beiden Elemente der Biomacht trennt und zwei Machtökonomien einführt: eine souveränistische, die auf die Individuen abzielt, und andererseits die Regierung, die die Bevölkerung zur Zielscheibe hat. Die Begrifflichkeiten »Biomacht« und »Biopolitik« kommen kaum noch vor, Biopolitik wird sogar auf eine lokale Technologie beschränkt, die sich in die medizinischen Institutionen einschreibe (180). Stattdessen ist von »Regierung« und »Gouvernementalität« die Rede.

Der Bevölkerung könne nicht von oben in einem »legalistischen Voluntarismus« ein Gesetz auferlegt werden, sondern sie müsse nach ihren eigenen quasi natürlichen Gesetzen verwaltet werden, indem durch Analyse und Kalkül auf sie eingewirkt wird (107 ff.). Fortan gehe es also nicht mehr um die Sicherung eines Territoriums, sondern um die Sicherheit der Bevölkerung. Nicht mit Gesetzen und haarkleinen Dressuren wird auf sie eingewirkt, sondern man ließ die Zirkulation gewähren und kontrollierte sie (101), das heißt, die Ökonomie wurde in die politische Amtsführung eingeführt – dies sei der Haupteinsatz, um den es beim Regieren gehe. Ökonomie im ursprünglichen Sinne: die weise Regierung des Hauses zum gemeinschaftlichen Wohl des Ganzen. Es komme also darauf an, die EinwohnerInnen, die Reichtümer und die Lebensführung aller und jedes Einzelnen unter eine aufmerksame Überwachung und Kontrolle zu stellen (2000: 49). Es wird keinen Staat und auch kein Territorium regiert, sondern Menschen, Individuen und Kollektive (2004a: 183). Die Bevölkerung sei das schlechthin letzte Ziel der Regierung (2000: 62).

Warum spielt nun gerade die Bevölkerung eine so entscheidende Rolle für die Argumentation Foucaults seit seiner Thematisierung der Bio-Politik? Die Modernitätsschwelle tritt, so behauptete er, in dem Moment ein, da nicht mehr nur äußerlich ein Territorium beherrscht wird, sondern die dort lebende Bevölkerung als Basis des Reichtums und der Macht des Staates entdeckt wird (2004a: 106). Dabei komme es darauf an, sie nicht als juridische Subjekte zu behandeln, sondern ihrer ›Natur‹ gemäß. Dazu müssten empirische Erhebungen unternommen werden, um das Regulierungsobjekt in jedem Detail zu kennen. Darunter versteht Foucault nicht nur ihre Fortpflanzung und Sterblichkeit, sondern auch Ökonomie sowie die »Meinung«. Deswegen ist auch Bio-Politik nicht mehr der angemessene Begriff. Der für das 18. Jahrhundert so zentrale Begriff der »Öffentlichkeit« sei die »Bevölkerung von der Seite ihrer Meinungen her gesehen, von ihrer Art etwas zu tun, von ihren Verhaltensweisen, ihren Gewohnheiten, ihren Befürchtungen, ihren Vorurteilen, ihren Ansprüchen her, sie ist das, worauf wir durch Erziehung, durch Kampagnen, durch Überzeugung usw. Einfluss haben« (115).

Die von Foucault hier eingenommene Perspektive ist wiederum eine implizite, aber harsche Kritik des Liberalismus. Bevölkerung heißt es – nicht Volk. Um eine zu regulierende produktive Menge geht es und nicht um Rechtssubjekte, welche durch das demokratische Gesetz selbst herrschen. Sobald die juridische Theorie der Macht verlassen ist, zeigt sich, wie in den Nischen des Rechts die Bevölkerung längst zum Regulations*objekt* geworden ist, wie sie beherrscht wird, statt zu herrschen. Dennoch ist selbst noch das Aufkommen der Idee der demokratischen Selbstgesetzgebung ein Effekt der Konstituierung der Bevölkerung und die in juridischen Kategorien zum Ausdruck gebrachte Vorstellung der Selbstregierung.

Foucault vertritt nun die Auffassung, dass jene Praxis der Menschenführung nicht von heute auf morgen entstanden sei, sondern sich über Jahrhunderte hinweg herausgebildet habe, um schließlich im 18. Jahrhundert mit der Etablierung der modernen Staaten in eine spezifisch *politische* Machtform überzugehen. Das Präludium dieser Regierungsmacht sei seit dem 3. Jahrhundert das christliche Pastorat gewesen. Es habe nach und nach durch seine Institutionen »zu einer regelrechten Kunst des Führens, Lenkens, Leitens, Anleitens, des In-die-Hand-Nehmens, des Menschen-Manipulierens, zu einer Kunst des Ihnen-Schritt-für-Schritt-Folgens und des Sie-Schritt-für-Schritt-Antreibens«, geführt, »einer Kunst, die diese Funktion hat, sich der Menschen ihr ganzes Leben lang und bei jedem Schritt ihrer Existenz kollektiv und individuell anzunehmen« (2004a: 241).

In der pastoralen Macht werde das Oberhaupt im Verhältnis zu den Menschen als Hirte gedacht. Das Heil der Herde sei das wesentliche Zielobjekt. Der Pastor lenkt die gesamte Herde und tut alles sowohl für die Gesamtheit als auch für jedes einzelne Schaf der Herde (192). Die Geschichte des Pastorats müsse als Ausgangpunkt eines spezifischen Typus' der Macht über die Menschen konzipiert werden, als »Matrix der Prozeduren der Regierung der Menschen« (217). Die christliche Gemeinschaft, die sich als Kirche konstituierte, das heißt, als eine Institution, die Anspruch auf die Regierung der Menschen in ihrem täglichen Leben unter dem Vorwand erhoben hatte, sie in das ewige Leben zu führen, habe ihre Technologie innerhalb von fünfzehn Jahrhunderten entwickelt und verfeinert.

Die Kämpfe der gesamten abendländischen Welt vom 13. bis zum 18. Jahrhundert seien im Prinzip Kämpfe um diese pastorale Macht gewesen. Es ging darum, wer das Recht haben sollte, die Menschen in ihrem täglichen Leben zu regieren. In der Reformation etwa, als einer großen pastoralen und keineswegs doktrinalen Schlacht, habe die Art und Weise auf dem Spiel gestanden, wie die pastorale Macht ausgeübt wird (218 ff.). Hier zeigt sich wiederum der Foucaultsche Materialismus, der die Materialität in den Praxen verortet, anstatt eine Ideengeschichte der Doktrinen zu schreiben. Ganz ähnlich wie Max Weber in der *Protestantischen Ethik* den Einfluss der religiösen »Ideen« auf die Lebensführung untersuchte (Weber 1991 {1904}), analysierte Foucault, wie die christliche Gewissensleitung, die Art und Weise der Heilsfindung und die Instanz des reinen Gehorsams zu einer bestimmten weltlichen Praxis führte, die das tägliche Leben konstituierte (Foucault 2004a: 244-66). Die Pastoralmacht war also, genauso wie die »Gnadenwahl«-Vorstellung, die Weber untersucht hatte, eine irdische Macht, selbst wenn sie sich auf das Jenseits ausrichtete (Foucault 2004a: 226).

Vom Ende des 17. Jahrhunderts an nahm die Regierung die Verhaltensführung der Menschen in die Hand (ebd.: 286). Zwei sich überschneidende Prozesse seien für diesen Übergang zentral gewesen: zum einen die Auflösung der feudalen Strukturen und die Zusammenballung zum Staat, zum anderen Reformation und Gegenreformation, die Streit darüber ausgelöst hatten, wie man auf Erden zu seinem Heil geleitet werden solle, also die religiöse Zerstreuung (Foucault 2000: 42). Die Regierung säkularisierte die ehemals religiös bestimmten Ziele von Glück, Heil und Wohlstand und artikulierte sie im Rahmen der politischen Problematik des Staates neu (Lemke/Krasmann/Bröckling 2000: 11).

Foucault unterscheidet drei historische Weisen der Regierung: die Staatsräson, die liberale und die neoliberale Regierung. Wobei man erst seit der liberalen Regierungskunst von der Regierung im eigentlichen Sinne sprechen könne, da erst hier die Bevölkerung selbst in den Mittelpunkt rückte (Foucault 2004a: 505). Die liberale Regierung verwaltete anstatt zu reglementieren, das heißt, sie verhinderte nicht, sondern versuchte, die ›natürlichen‹ Phänomene so einzurichten, dass sie nicht vom gewünschten Kurs abweichen.

An diesem Punkt kommt Foucault auf die Sicherheitsmechanismen zurück, da sie von dieser Form der Regierung verlangt wurden. Denn jetzt konnte nur noch unter der Bedingung gut regiert werden, dass bestimmte Formen der Freiheit wirklich geachtet wurden (Freiheit des Marktes, der Rede etc.) (506). Das heißt aber nicht, dass es dadurch zu einer toleranteren oder laxeren Regierung gekommen sei, denn gleichzeitig organisierten Sicherheitsmechanismen die Bedingungen, unter denen man frei sein kann. Freiheit ist danach keine Ideologie, sondern eine Technik der Regierung (78). Im Zentrum der liberalen Praxis steht also ein problematisches Verhältnis zwischen der »Freiheit« und dem, was sie herstellt und sie auch zu begrenzen und zerstören droht (2004b: 95 ff).

Die Sicherheitsmechanismen reformulieren den Foucaultschen Gedanken, dass die formale bürgerliche Freiheit durch eine Einschnürung der Körper durch die Disziplinen erkauft sei, in der Weise, dass nun die Sicherheitsstrategien die »Kehrseite« des Liberalismus seien. Das Wechselspiel von Freiheit und Sicherheit stehe im Zentrum der neuen gouvernementalen Vernunft (99 ff.). In dem Moment, da die Freiheit hergestellt wird, werden zugleich Einschränkungen, Kontrollen, Zwänge, Drohungen eingeführt (etwa der Protektionismus der Schutzzölle). Auch die Disziplinartechniken seien zeitgleich mit dem Zeitalter der Freiheiten entstanden, das Panoptikum sei geradezu die Form der gesamten liberalen Regierung. Denn eine liberale Regierung müsse der natürlichen Mechanik einen Platz einräumen und dürfe auf sie in keiner anderen Weise Einfluss ausüben – »zumindest in erster Instanz« – als durch die Überwachung. Nur wenn sie feststellt, dass etwas irregulär verläuft, hat sie einzugreifen (101 ff.).

Man sieht ganz deutlich, wie Foucault sein Korrelationssystem neu ausrichtet. Die Disziplinen sind nach wie vor die Kehrseite der Demokratie, allerdings nunmehr als ein Moment des Sicherheitsdispositivs. Sie sind auch unter der Vorrangstellung des Machttypus' Regierung (Foucault 2000: 65) nicht verschwunden und zugleich auch nicht mehr, wie während der Thematisierung der »Bio-Macht«, das Andere zur Bevölkerungsregulierung. Denn die Bevölkerung zu führen heißt, sie gleichermaßen in der Tiefe, in der Feinheit und im Detail zu führen. Foucault stellt die Verbindung seiner bisherigen Machtanalytik folgendermaßen dar:

> »Daher darf man die Dinge mitnichten als Ersetzung einer Gesellschaft der Souveränität durch eine Gesellschaft der Disziplin und anschließend einer Gesellschaft der Disziplin durch eine, sagen wir, Regierungsgesellschaft verstehen. In Wirklichkeit hat man ein Dreieck: Souveränität – Disziplin – gouvernementale Führung, dessen Hauptzielscheibe die Bevölkerung ist und dessen wesentliche Mechanismen die Sicherheitsdispositive sind« (63).

Gouvernementale Führung bzw. Regierung ist genau wie die Ausübung von Hegemonie bei Gramsci nicht dasselbe wie Herrschen, Kommandieren oder Befehlen (Foucault 2004a: 173), sondern die Art und Weise, mit der man das Verhalten der Menschen steuert (2004b: 261), sie führt. Geführt wird nicht durch juridische Anordnung, sondern durch die Anreizung von Selbstführungstechnologien. »Regieren heißt in diesem Sinne, das Feld eventuellen Handelns der anderen zu strukturieren«, Machtausübung besteht dann im »Führen der Führungen« (1994 [1982]: 255). Die Regierungstechnologie verbindet also erstmals das Verhältnis der Subjekte zu sich selbst (der Selbsttechnologien) mit den Herrschaftstechnologien. Die Gouvernementalitätstheorie kommt daher zeitgleich bei Foucault mit seinen Untersuchungen zur Technologie des Selbst auf, denn sie operiert auf der Basis der Fähigkeit anderer, ihr Verhalten selbst zu regulieren. Regierung ist insofern auch eine Kunst der Überzeugung, sich in einer bestimmten Weise zu verhalten, die Fähigkeit, auf das Möglichkeitsfeld des Handelns anderer einzuwirken. Sie basiert auf dem aktiven oder aktivierbaren Subjekt (Krasmann 2003: 136f.). Gramscianisch reformuliert, wird ein Konsens zwischen staatlichen Führungstechniken und dem Handeln der Subjekte hergestellt (Pieper/Gutiérrez Rodríguez 2003: 11).

Foucault war häufig dafür kritisiert worden, dass es seine kapillare Analyse nicht ermögliche, die materielle Verdichtung von Machtverhältnissen im Staat wie etwa Poulantzas denken zu können (Hunt/Wickham 1994: 31; Lemke 1997: 121). Mit der Gouvernementalität holte Foucault gewissermaßen diese noch ausstehende Analyse nach. Denn seit seiner Beschäftigung mit der Bevölkerung kam er um die Staatsapparate nicht mehr herum.

Er wandte sich allerdings nach wie vor gegen die Vorstellung vom Staat als einem vorgängigen Substrat, das nur noch in seiner Funktion dechiffriert werden müsse. Die Gesamtheit der Praktiken sei nicht aus einem Wesen des Staates abzuleiten, da der Staat an sich keine autonome Machtquelle sei (2004b: 115). Vielmehr sei auch er eine Praxis, formuliert er ganz eng an Poulantzas, nämlich »eine Art und Weise des Regierens« (2004a: 359, 400). Der Staat habe sich von den Regierungspraktiken her konstituiert, sei sozusagen der Wendepunkt des Regierens. Er sei also »nicht diese Art kaltherziges Monstrum« (360), kein »Ding« würde Poulantzas sagen, keine »Staats-Sache« sagt Foucault (399). Es sei insofern notwendig und möglich, eine Genealogie des modernen Staates und seiner Apparate zu schreiben, im Ausgang von einer Geschichte der gouvernementalen Vernunft nämlich (508): »Warum soll man diesen letztlich inkonsistenten und verschwommenen Bereich untersuchen wollen, der von einem so problematischen und künstlichen Begriff wie dem der ›Gouvernementalität‹ verdeckt ist? [...] um das Problem des Staates und der Bevölkerung anzugehen« (2004a: 174).

Die Gouvernementalität, also diejenige Machttechnologie, die als Hauptzielscheibe die Bevölkerung hat, als Hauptwissensform die politische Ökonomie und als wesentliches technisches Instrument die Sicherheitsdispositive (2000: 64), schreibt sich so in die Apparate des Staates ein wie die Absonderungstechniken in die Psychiatrie und die Disziplinartechniken in das Gefängnis, die Schulen oder die Kasernen.

2.3.3 Subjektivierung

Bisher wurde vor allem die Perspektive der Macht, aber nicht die ihrer Effekte eingenommen. Relativ spät und überraschend erklärte Foucault, dass es ihm gar nicht darum gegangen sei, die Machtphänomene zu analysieren: »Meine Absicht war es vielmehr, eine Geschichte der verschiedenen Verfahren zu entwerfen, durch die in unserer Kultur Menschen zu Subjekten gemacht werden« (1994 {1982}: 243). Genau betrachtet kulminieren tatsächlich sämtliche seiner Analysen in der Subjektproduktion. Diese Erkenntnis wird zentral werden für meine Konzeption der Rechtsform, weswegen ich jetzt genauer auf die Subjektivierung eingehen werde.

Ganz offensichtlich trieb Foucault eine ähnliche Fragestellung um wie Gramsci, wie es nämlich dazu kommen konnte, dass auch die Beherrschten noch die sie beherrschende Gesellschaftsordnung mittragen. Gramsci untersuchte dabei maßgeblich, wie dieser Konsens, verstanden als aktive Zustimmung, organisiert wird. Foucault hingegen setzt auf einer abstrakteren Ebene mit der Problematik der Subjektkonstitution als solcher an. Die spezifische Form des modernen Subjekts ist hiernach das zentrale Instrument der Unterwerfung der Menschen unter die Machtverhältnisse der modernen bürgerlich-kapitalistischen Gesellschaften. Dispositive aus unterschiedlichen Diskursen, Praxen und Wissensformen konstituieren und organisieren das moderne Subjekt als eine historische Form des Menschen (Dreyfus/Rabinow 1994: 149; Ott 1998: 29).

Machttechnologien schreiben sich also nicht nur in Institutionen ein, sondern verankern sich auch in den Subjekten (49). Entsprechend seiner Schaffensperioden untersuchte Foucault zunächst vor allem die Zurichtung des Körpers und erst dann den umfassenderen Prozess der Subjektivierung. Ausgangspunkt der Subjektanalyse ist in konsequent relationaler Weise die Feststellung, dass das Individuum nicht als elementarer Kern betrachtet werden darf, auf den die Macht angewendet wird, den sie unterwirft. »In Wirklichkeit ist das, was bewirkt, dass Körper, Gesten, Diskurse, Wünsche als Individuen identifiziert und konstruiert werden, eine der ersten Wirkungen der Macht« (1999: 39). Genauso wie der Staat muss auch das Subjekt genealogisch, in seinem Gewordensein, rekonstruiert werden.

Die Subjektivierung oder Subjektivation (Butler 2001: 7) ist eine paradoxe Form der Macht. Denn sie formt die Subjekte zuallererst, ermöglicht ihre Handlungsfähigkeit und ist zugleich das, was sie unterdrückt. »›Subjektivation‹ bezeichnet den Prozess des Unterworfenwerdens durch Macht und zugleich einen Prozess der Subjektwerdung« (8). Die unterschiedlichen Machttechnologien funktionieren mittels unterschiedlicher Subjektivierungsformen (Lemke 1997: 260): als Subjekt und Objekt von Diskursen, über die Disziplinierung der Körper, die Bindung an eine Identität, die Auferlegung von Gesetzen der Wahrheit und die Führung von Selbsttechnologien.

Unterworfenes Individuum

Die Disziplinen sind Verfahren der Produktion unterworfener Individuen (Foucault 1994 {1977}: 167). Sie spannen ein enges Netz straffer Hierarchie um die Widerstandskraft der Vielfältigkeit. Dabei steigern sie die besondere Nützlichkeit eines jeden Elements: »Um aus den Körpern das Maximum an Zeit und an Kräften herauszuholen, werden komplexe Methoden der Zeiteinteilung, der kollektiven Dressuren, der Übungen, der zugleich globalen und detaillierten Überwachung eingesetzt« (282). Foucault schließt an die Marxsche Theorie der Entstehung des modernen Kapitalismus an, in der dieser die gesellschaftliche Produktion des »doppelt freien Arbeiters« als einen Prozess rekonstruierte, der in die »Geschichte der Menschheit eingeschrieben [ist] mit unverlöschlichen Zügen von Blut und Feuer« (MEW 23: 24. Kapitel), und der jene Arbeitskraft erst herstellte, die in der Lage ist, Mehrwert zu produzieren. Foucault schlussfolgert, dass das Ergebnis die Ablösung jener traditionellen, kostspieligen und gewaltsamen Machtformen durch verfeinerte Technologien der Unterwerfung/Subjektivierung war. Kapitalismus dringe ganz tief »in unser Dasein ein«, indem er diverse politische Techniken entwickelte, die den Menschen an die Arbeit binden, mit deren Hilfe die Zeit und die Körper in Arbeitszeit und Arbeitskraft umgewandelt werden (Foucault 2003b {1974}: 121 f.).

Das Panoptikum wurde zur abstrakten Formel der Technologie der Individuen (1994 {1977}: 288). Diese Technologie produziere in zweifacher Weise den disziplinierten Körper. Zunächst müsse die Menge der Körper zu einer Vielfalt individueller Körper werden, indem sie voneinander durch Anordnung im Raum und nach Rängen isoliert wurden. Der disziplinierte Körper ist ein vereinzelter und hierarchisierter. Der so hergestellte einzelne Körper müsse daraufhin noch als solcher analysiert werden. Die Dressur zerlegt ihn, um ihn tauglich zu machen und Fähigkeiten zu produzieren (Charim 2002: 97). Das Interessante an dieser Vorstellung ist, dass die Machtverhältnisse in die Tiefe der Körper materiell eindringen, ohne von den Vorstellungen übernommen zu werden. Die Macht wird nicht verinnerlicht, wie Poulantzas Foucault interpretierte (Poulantzas 1978: 61), sondern »verkörperlicht«, das Wissen wird inkorporiert, findet Eingang in die Gewohnheiten. »Dieser Art sind die Fähigkeiten, die die Dressur am Körper erzeugt, Verhaltensweisen eines automatisierten Könnens« (Charim 2002: 98). Subjektivität formt sich durch die Praxis der Übung, die ein Können, Fertigkeiten und Fähigkeiten, etwas auszuführen, hervorruft. Subjektivität heißt danach »Handlungsmacht«, im Sinne von etwas ausführen und zugleich sich selbst führen können (Krasmann 2003: 134).

Dabei werden die vereinzelten Körper zu Individuen, indem sie einerseits auf ein homogenes Ganzes bezogen werden und andererseits von dort her ihre spezifische Differenz entlang einer Norm erfahren. »Das

Disziplinarindividuum ist jenes, welches ›äußerlich‹, durch die Disziplinarmacht, auf seine Einzelheit, das heißt auf seine individuierende Differenz, festgenagelt wird [...]« (Charim 2002:99). Diese Machttechnologie teilt das Individuum in normalisierende Kategorien ein, prägt ihm seine Individualität auf und fesselt es an seine Identität. Über Wissenspraxen wird ihm ein Gesetz der Wahrheit (etwa über seine Sexualität) auferlegt (Foucault 1994 {1982}). Individuen sind also durch Typen von Identität regulierte und durch Mikropraktiken spezifisch habitualisierte Subjekte (Hark 1999:26, 41).

Selbsttechnologien

Isolde Charim beanstandet nun, dass Foucault zumindest in *Überwachen und Strafen* unter einem Individuum nichts anderes verstehe als die zur Einheit gebrachten Gesten, Kräfte und Energien, nicht aber das Bewusstsein des Körpers. Die Disziplinarmacht mache es zu einer Art Maschine (Charim 2002: 100 ff.), statt zu einem »erweiterten Individuum«. Foucault gebe uns kein Mittel an die Hand, um diesen erweiterten Zugriff auf ein Individuum jenseits der Körpermaschine zu denken (121). Ähnlich argumentiert Butler, die der Auffassung ist, Foucaults Theorie vernachlässige zu Unrecht die gesamte Sphäre der Psyche. Sie selbst versucht daher, der Frage nachzugehen, welche psychische Form die Macht annimmt (Butler 2001: 8).

Dies mag noch für *Überwachen und Strafen* gelten, aber spätestens seit dem Konzept der Gouvernementalität ist diese Auffassung nicht mehr zutreffend. Die Führung der alltäglichen Verhaltensweisen durch die Regierungskunst ist schlechterdings nicht auf die Zurichtung der Körper beschränkt. Mit ihr nimmt Foucault Formen von Subjektivierung jenseits der disziplinarischen Unterwerfung in den Blick (so auch Lemke 2003:269; Lemke/Krasmann/Bröckling 2000: 8). Subjekt hat für Foucault zu diesem Zeitpunkt längst eine zweifache Bedeutung: vermittels Kontrolle und Abhängigkeit unterworfen und zugleich durch Bewusstsein und Selbsterkenntnis seiner eigenen Identität verhaftet zu sein. Individuen treten nicht mehr nur als Empfänger gesellschaftlicher Zwänge auf, sondern versuchen, sich selbst eine Existenzweise zu geben (Ott 1998: 33).

Mit der Entstehung des modernen Staates erreiche die Subjektivierung eine neue Qualität. Die Staatsmacht als neue Form der Pastoralmacht sei eine »zugleich individualisierende und totalisierende Form der Macht«, eben auf die Einzelnen als auch auf die Bevölkerung zugleich ausgerichtet. Eine so verwickelte Kombination von beidem habe es bisher nicht gegeben (Foucault 1994 {1982}: 246 ff.). Foucault positioniert jetzt die Subjektivierungsformen neu, indem analog zu den Machttechnologien die Effekte der Regierung als Nachfolgerin der Pastoralmacht vorrangig werden: »Es ist also die gesamte Geschichte der menschlichen

Individualisierungsprozeduren im Abendland, die durch die Geschichte des Pastorats in Gang gesetzt wird. Sagen wir weiter, dass es sich um die Geschichte des Subjekts handelt« (2004a: 268).

Erst das Konzept der Regierung verweist Foucault aber auf die Notwendigkeit einer Auseinandersetzung mit den historischen Formen von Selbstverhältnissen. Dazu führt er in den Bänden II und III seiner *Geschichte der Sexualität* die »Technologien des Selbst« ein. Diese definieren sich darüber, dass sie es »Individuen ermöglichen, mit eigenen Mitteln bestimmte Operationen mit ihren Körpern, mit ihren eignen Seelen, mit ihrer eigenen Lebensführung zu vollziehen, und zwar so, dass sie sich selbst transformieren, sich selber modifizieren [...]« (Foucault 1993: 203, übers. S. B.). Machtverhältnisse umfassen nun sowohl Herrschaftstechnologien wie Technologien des Selbst; und es kommt darauf an, ihre Verbindung zu analysieren:

> »Die Kontaktzone, in der Individuen von anderen geführt werden, ist mit der Art und Weise verbunden, wie sie sich selbst führen. Das ist es, denke ich, was wir Regierung nennen. Menschen zu regieren meint in der weiten Bedeutung des Wortes, dass Menschen regieren keine Art ist, Menschen dazu zu zwingen, das zu tun, was der Regierende will; es ist immer ein bewegliches Gleichgewicht, mit Ergänzungen und Konflikten zwischen den Techniken, die Zwang sicherstellen, und Prozessen, durch welche das Selbst durch sich selbst konstruiert oder modifiziert wird.« (Ebd.: 203 f., übers. S. B.)

Selbsttechnologien sind also nicht per se selbstgewählte Lebensentwürfe, sondern durchaus integrierbar in Herrschaftsstrukturen oder verkoppelt mit Machttechnologien. Darüber hinaus sind sie immer auch Versuche der Selbstmeisterung und der Beherrschung der Beziehungen zu anderen (Ott 1998: 34). Eine Konzeption der Gouvernementalität kommt jedenfalls nicht ohne eine Analyse des Subjekts aus, das sich durch eine Beziehung zu sich selbst definiert, behauptet Foucault in seinen Vorlesungen zur *Hermeneutik des Subjekts* (2004c: 314). Es muss die Selbstbeziehung zugrunde liegen, also das, was Foucault »Ethik« nennt (ebd.).

Die dargestellten Machttechnologien produzieren also das »Regime der Subjektivierung, jene Ensembles aus Verstehensformen, Zurichtungsstrategien und Selbstpraktiken, die aus Menschen Subjekte und mit denen diese sich selbst zu Subjekten gemacht haben und machen«. Subjektivierung ist also stets eingebunden in Kontrollstrategien, verstanden als Verhaltenssteuerung (Bröckling 2003: 80f.). Es gilt sie zu analysieren, »wenn wir verstehen wollen, kraft welcher Mechanismen wir zu Gefangenen unserer eigenen Geschichte geworden sind« (Foucault 1994 {1982}: 245). Demgemäß läuft die Befreiungsstrategie darauf hinaus, neue Formen der Subjektivität zustande zu bringen, »indem wir die Art von Individualität, die man uns jahrhundertelang auferlegt hat, zurückweisen« und »uns das, was wir sein könnten, ausdenken und aufbauen« (250).

2.3.4 Recht

Die allgemeineren Überlegungen bis zu diesem Punkt, wenn sie auch teilweise vom Thema wegzuführen schienen, waren notwendig, weil Foucault keine Rechtstheorie im klassischen Sinne verfasst hat und seine vielfältigen Äußerungen zum Recht vom überwiegenden Teil der Literatur als Verabschiedung des Rechts interpretiert wurden. Ich habe versucht zu zeigen, dass es Foucault demgegenüber vielmehr um eine Dezentrierung dieser Machttechnologie ging.

Im folgenden werde ich skizzieren, was man aus seinen Überlegungen für eine Rechtsanalytik gewinnen kann. Denn das Nicht-Reden über das Recht fand doch in einer sehr beredten Weise statt. Entlang der drei vorangegangen Abschnitte soll daher nun der Blick auf die Rechtstechnologie selbst gewendet werden.

Recht als Technologie der Macht

Recht muss zunächst als eine der ältesten Machttechnologien konzipiert werden, die im Verlauf ihrer Existenz eine weitgehende Transformation durchgemacht hat. Sie geht keinesfalls in der Form des Gesetzes auf, dessen Anordnungen schlicht befolgt würden. Recht darf also selbst nicht unter eine juridische Theorie der Macht subsumiert werden, selbst wenn es irgendwann einmal so funktioniert haben sollte, wozu Foucault sich nicht explizit äußert – denn der absolutistischen Macht sei es lediglich gelungen, sich so zu präsentieren. Recht ist vielmehr eine Praxis bzw. ein Ensemble von Praxen, die auf vielen Ebenen existieren, von den alltäglichen Rechtsvorstellungen und Rechtsdiskursen über die Gesetzgebung bis hin zur Rechtsprechung und -durchsetzung. Die Praxen verketten sich zu größeren Rechtsformationen, verstetigen sich durch Wiederholungen und generieren so Familien-, Handels-, Straf- oder Verwaltungsrecht. »Das Recht« kann also schlechterdings kein Instrument einer herrschenden Elite sein, genauso wenig wie bei Poulantzas oder Paschukanis, da sich die unterschiedlichen sich des Rechts bedienenden Strategien zu anonymen Strategien verdichten. Auch die Rechtspraxen führen zu einem Machtwirrwarr, zu einer Verselbständigung dieser gesellschaftlichen Praxis. Es folgt somit keinem Gesamtplan und kann daher auch keine »Funktion« für die Reproduktion der kapitalistischen Gesellschaft oder der Warenproduktion ausüben. Bestenfalls könnte es einen Effekt produzieren, der diese Reproduktion ermöglicht.

Genauso wenig lässt das Recht sich aus jenen Grundstrukturen »ableiten«, sondern es geht aus den Kräfteverhältnissen als deren

Effekt hervor, allerdings aus Kräfteverhältnissen in einem erweiterten Sinne: aus der »Gesamtheit des gesellschaftlichen Netzes«, das heißt, aus den Geschlechterverhältnissen nicht weniger als aus den Kämpfen um das Surplusprodukt (Ritsert). Das heißt aber auch, dass das Recht nicht vom Staat aus entsteht, sondern vielmehr gouvernementalisiert wird. Mit Foucault ist es notwendig, anders als Boaventura de Sousa Santos annimmt (1995b: 406), eine rechtspluralistische Perspektive zu vertreten: »We adhere to a view that law is a complex of practices, discourses and institutions. Over this plurality of legal forms ›state law‹ persistently, but never with complete success, seeks to impose a unity« (Hunt/Wickham 1994: 39). Die Rechtstechnologie schreibt sich in die Rechtsinstitutionen ein, gibt ihnen die Richtung vor. Jene entwickeln dann jedoch eine Eigendynamik und Mechanismen der Selbsterhaltung.

Rechtscode und Gewaltmonopol

Recht ist also nur noch *eine* der Technologien der Macht, folgt man Foucault, ein Moment des Korrelationssystems, welches durch eine dominante Technologie bestimmt wird. Seit der Entstehung des modernen Staates und der kapitalistischen Vergesellschaftung, die beide auf der produktiven Menge, der Bevölkerung, aufruhen, ist dies die Regierung. Was ist aber nun das spezifische Kennzeichen dieser verselbständigten Praxis im Unterschied zu den anderen? Was ist die Arbeitsweise des Rechts? Was ist also das spezifisch Rechtliche?

Die Schwierigkeit besteht darin, dass Foucault auf das Recht zumeist nur als repressives Modell der Macht rekurriert, *zugleich* aber den Anspruch erhebt, dass auch die rechtlichen Praxen selbst als produktive gedacht werden müssen. Souveränität ist nicht mehr die Art und Weise, wie in bürgerlichen Gesellschaften geherrscht wird, *gleichzeitig* überdauerte sie aber die Machttransformationen und ist daher wesentlicher Bestandteil im Dreieck der Gouvernementalität.

Die Gesetzesmacht entstand nach Foucault mit dem Aufkommen des absolutistischen Staates, also dem Präludium des modernen kapitalistischen Staates. Recht war dabei sowohl die ordnende Macht durch die monopolisierte Gewalt im Hintergrund als auch der Code, in dem sich die Macht der abendländischen Gesellschaften seit dem Mittelalter präsentierte, in der sie reflektiert wurde (als Rechtstheorie) und in der sie seit dem modernen Rechtsstaat einzig als legitim angesehen wurde. Wenn Souveränität also immer noch eine Rolle spielt, dann muss auch Foucault davon ausgehen, dass die über das Gewaltmonopol abgestützte Ordnungsfunktion und die gleichzeitige Repräsentation der Macht als Recht, die reflexive und mittlerweile demokratisierte Auseinandersetzung um die Art und Weise, wie Macht ausgeübt werden soll, wesentliche Distinktionsmerkmale des Rechts sind. So wie man auch den Disziplinen und der Menschenführung eine gewisse Form der Repressivität nicht absprechen kann, spielt diese verstärkte repressive Seite des Rechts in modernen Gesellschaften nach wie vor eine zentrale Rolle.

Die juridischen Praxen regulieren die Abläufe über die Festlegung erlaubter und verbotener Verhaltensweisen (der Vorrang des strafrechtlichen Denkens bei Foucault). Zugleich ist jedoch über den Rechtscode, in welchem sich die Macht darstellen muss, ein diskursives Kampfterrain eröffnet, da sich die Frage, was Recht sei, nicht abschließend beantworten lässt, die vielfältigen Rechtsdiskurse und -praxen vielmehr genau darum konkurrieren. Selbst die staatlichen Apparate, in die sich das Recht einschreibt, wetteifern um die Definitions- und Durchsetzungsmacht. Die Positivierung des Rechts hat daran nichts geändert, weil auch die niedergeschriebene Sprache Iterabilität zugänglich ist, also nach Derrida der Wiederholbarkeit, bei welcher ein Zeichen ausbrechen kann. Sie hat vielmehr erst die technische Möglichkeit eröffnet, den Kampf um den Rechtscode einer Vielfalt von Strategien zugänglich zu machen. Die Luhmannschen Paradoxie des Rechts enthüllt sich hier als eine strategische Auseinandersetzung um die Repräsentation der Macht. Der Code kann nur vorübergehend entsprechend dem aktuellen Kräfteverhältnis fixiert werden. Als solcher ist er dann allerdings im Unterschied zu moralischen Praxen wiederum an das gouvernementale Gewaltmonopol gekoppelt. Das Juridische dient als ein Code, der einst die monarchische und mittlerweile die moderne Macht befähigt, sich selbst zu konstituieren, ihre Struktur zu formalisieren und über ihre eigene Arbeit zu reflektieren (Ewald 1991: 139).

Aber das juridische System ist eben nicht nur dieser Diskurs, »es ist bewaffnet« (Tadros 1998: 81). Weil das Recht in den Metropolen nach wie vor die einzige Repräsentation der Macht ist, trägt es im Neumannschen Sinne ganz maßgeblich nicht nur zur Pazifizierung der Auseinandersetzungen, sondern nicht minder zu deren Verhüllung bei. Es invisibilisiert nämlich just sämtliche anderen Machttechnologien, die, sollten sie sichtbar werden, überhaupt nur in rechtlichen Kategorien sich darstellen können. Die Disziplinierung in der Sozialisationsagentur der Schule zum Beispiel mit all ihren Mikropraxen zeigt sich als Macht einzig an der Oberfläche der rechtlich sanktionierten Schulpflicht, dem staatlichen Erziehungsauftrag sowie in der Schnittstelle staatlicher Institutionen und elterlicher Mitwirkung in deren Operationen. So entsteht der Anschein, als ob die bürgerliche Gesellschaft ein Reich des Rechts wäre.

Die juridischen Praxen haben aufgrund ihrer Entstehungsgeschichte als repressive Ordnungsmechanismen und gleichursprüngliche Machtrepräsentationen diesen Doppelcharakter der Visibilisierung und Invisibilisierung der Macht, der Repression und der legitimen, veränderbaren

Machtform. Dieser Doppelcharakter hat die weitere Entwicklung überdauert und artikuliert sich nun mit den anderen Technologien. Recht unterbindet also vorrangig, während die Disziplinen das gewünschte Verhalten produzieren und die Sicherheitstechnologien gewähren lassen. Die drei Technologien sind nicht additiv miteinander verbunden, sondern die Disziplinen und die Sicherheitstechnologien entstehen in den Nischen und Lücken des Rechts, sie garantieren im »Unterbau«, dass die Subjekte, die ihre Verhältnisse über das Recht regeln, dazu auch in der Lage sind, weil sie spezifisch habitualisiert und zur Selbstführung kompetent sind.

Und dies geschieht nach Foucault just in dem Augenblick, da die Souveränität demokratisiert, auf »Volkssouveränität« umgestellt wird. Man könnte sagen, dass auch die konsequentesten »organischen Intellektuellen« (Gramsci) dieses Projekts, nämlich Kant und Rousseau, dies bereits in einer gewissen Weise thematisierten. Kant baute in der *Metaphysik der Sitten* seine radikaldemokratische Konzeption auf dem bürgerlichen Subjekt auf (der »bürgerlichen Persönlichkeit«), welches sich durch »Selbständigkeit« auszeichnen sollte, so dass alle Gesellen, Dienstboten, »Unmündigen« und vor allem alle »Frauenzimmer« zunächst – bis zur Erlangung von Selbständigkeit – ausgeschlossen wurden (1993 {1797}: 133). Rousseau wiederum nahm keine solchen Ausschlüsse vor, ging aber davon aus, dass der Regierung eine Erziehungstätigkeit zufalle, weil die Leidenschaften der Menschen danach strebten, die Gemeinschaft aufzulösen. Die Voraussetzung der Freiheit sei die Versittlichung der Menschen (Fetscher 1975: 195 f.). Recht, Disziplinen und Sicherheitstechnologien greifen also ineinander, entstehen an den jeweiligen Bruchstellen.

Was bedeutet nun die Dominanz der Regierung im gouvernementalen Korrelationssystem für das Recht? Gouvernementalität zielt auf die Bevölkerung, ihr maßgebliches Instrument sind die Sicherheitsdispositive. Foucault vertritt die Auffassung, dass dabei Gesetze zu Taktiken der Regierungspraxis werden (Foucault 2000: 54; so auch Tadros 1998: 92), zu ihrer Erforschung, Überwachung und Intervention, wenn Gefahr für die Sicherheit des Ganzen droht:

> »However, once the governmental technology was put in place [...] the primary aim of law was no longer to prescribe general rules which defined a level of transgression, it was to intervene into the relationships between particular groups of people according to information carefully collected and analysed in the form of the economy. [...] The ›positive‹ role of law, in the Foucauldian account, takes its place amongst a more general technical apparatus of governmental control which intervenes into the lives of individuals and groups in response to knowledge collected about those lives. [...] the way in

which law operates has shifted to the regulation of the lives« (Tadros 1998: 93).[30]

Subjektivierung durch das Recht

Bis zu diesem Punkt bleibt das, was aus Foucaults Äußerungen zum Recht für eine Rechtstheorie zu rekonstruieren ist, relativ traditionell. Dies hängt damit zusammen, dass ich mich zunächst auf die repressive Seite des Rechts konzentriert habe. Wendet man sich allerdings der produktiven Seite zu, zeigt sich erst der Gewinn einer Foucaultschen Perspektive (jenseits der Erkenntnis, dass das Recht nur vorgibt, *die* Wirkung der Macht schlechthin zu sein). Läuft seine ganze Theorie tatsächlich auf die Analyse des modernen Subjekts hinaus, so heißt es nun, dass unter den sozialen Praktiken, die an der Entstehung neuer Formen des Subjekts beteiligt sind, die »im engeren Sinne juristischen Praktiken« die wichtigsten seien (Foucault 2003b {1974}: 12).

Das moderne Subjekt als historische Form des Menschen, dessen Geschichte durch die Individualisierungsprozeduren der Pastoralmacht in Gang gesetzt wurde, ist nach Foucault eine soziale Konstruktion, ein Effekt von Machttechnologien. Subjektivierung ist die Praxis der Konstitution und gleichursprünglichen Unterwerfung des modernen Menschen. Es wird durch »Regime der Subjektivierung« (Bröckling) bestehend aus Diskursen, (Selbst)praxen, Wissensformen und Institutionen, konstruiert und organisiert. Während die Disziplinen den vereinzelten Körper, die Gewohnheiten und Fähigkeiten hervorbringen, ist das Recht als Teil der Dispositive ganz wesentlich an der Konstitution von Wissen, Selbstverhältnissen und Identität beteiligt: »The modern regulatory aspect of law, then, ought [...] to be understood [...] as intervening in the social construction and government of the modern subject« (Tadros 1998: 93).

Foucault hatte schon früh festgestellt, dass soziale Praktiken Wissensbereiche und Formen von Subjekten erzeugen (2003b {1974}: 10). Die juristischen Praktiken sind dabei eine zentrale Form, in der »unsere Gesellschaft Typen von Subjektivität definiert hat, Formen von Wissen und damit auch Beziehungen zwischen dem Menschen und der Wahrheit« (13). Die rechtlichen Normierungen von Subjektivität sind danach keine Ideologie, das Rechtssubjekt also nicht wie bei Paschukanis eine in den Himmel gehobene Abstraktion des ›wirklichen‹ Menschen, sondern das Medium, durch welches die Subjekte real konstituiert werden (28). Aus den sozialen Praxen gehen Wahrheitsmodelle hervor, Macht-Wis-

30 Die Sicherheitsgesetzgebung nach den Anschlägen vom 11. September 2001 in den westlichen Metropolen ist ein markantes Bespiel für diese These. Wir haben im Anschluss daran gezeigt, dass eine regelrechte »Bevölkerungskartographie« im Gange ist (Buckel/Kannankulam 2002).

sen. Aus den Disziplinen etwa ein Überwachungs- und Prüfungswissen, in dessen Zentrum die durch lebenslange Kontrolle realisierte Norm steht (86). Das Recht stellt eine Wahrheitsbehauptung auf und übt darüber Macht aus – in seinen materiellen Effekten (wie den Urteilen) wie auch durch seine Fähigkeit, andere Wissensformen und Erfahrungen zu disqualifizieren, etwa die des Alltagsverstandes. Diese müssen erst wieder in eine andere Form übersetzt werden, bevor sie im Rechtssystem prozessiert werden können (Smart 1989: 11).

Judith Butler, die an diesem Punkt an Foucault anschließt, macht auf die naturalisierende Wirkung der rechtlichen Subjektivierung aufmerksam: »Unweigerlich ›produziert‹ die Rechtsgewalt, was sie (nur) zu repräsentieren vorgibt«. Das Gesetz produziert und verschleiert dann die Vorstellung von einem Subjekt vor dem Gesetz, behandelt es als naturalisierte Grundvoraussetzung, die die eigene regulierende Hegemonie des Gesetzes[31] rechtfertigt (Butler 1991: 17). Die Annahme, dass das Subjekt dem Gesetz logisch vorausgehe, könne als zeitgenössische Spur der Hypothese vom Naturzustand verstanden werden: »Die performative Beschwörung eines ungeschichtlichen ›vor‹ wird zur Begründungsprämisse, die eine vor-gesellschaftliche Ontologie der Personen sichert, die ihrerseits die Legitimität des Gesellschaftsvertrages begründen, indem sie frei einwilligen, regiert zu werden« (18). Insofern sind die juridischen Praxen performative Akte und die so produzierten Identitäten permanente performative Wiederholungen. Identität ist also das Produkt »wiederholter Darbietungen« (206). Performative Akte verschleiern durch die Logik der Inszenierung einer angeblich vorgängigen Substanz ihre produktive Wirkung (ebd.: 60 f., Villa 2003: 70 f.).

Die rechtlichen Praxen als »regulierte Wiederholungsprozesse« (213) generieren naturalisierend das gesellschaftliche Macht-Wissen über die Subjekte, welches im Zweifel durch die repressive Arbeitsweise des Rechts durchsetzungsmächtig wird. Die juristischen Praxen sind Teil der gesellschaftlichen Dispositive, die Subjekte produzieren. Dabei stehen die juridischen Gesetze dem Individuum ebenso wenig wie die moralischen einfach nur gegenüber, sind nicht schlichte Verhaltenskodifizierungen, sie müssen zu einem gewissen Grade auch gewollt und gelebt werden, als eigene Identität mitreproduziert werden.

Der rechtliche Code unterscheidet sich zwar vom moralischen dadurch, dass er im Zweifel oktroyiert werden kann. Aber keine moderne Gesellschaft würde funktionieren, wenn die Subjektivierung keinen Eingang in die Selbsttechnologien fände. Foucault schlussfolgert daher, dass das Gesetz (wenn auch nur *ein*) Teil der Geschichte der Techniken

31 Mit »Gesetz« ist bei Butler natürlich nicht nur das juristische Gesetz gemeint, sondern überhaupt die Grenzziehung zwischen innen und außen (Lorey 1996: 32 f.). Damit ist aber auch das juristische Gesetz umfasst.

und Technologien im Rahmen der auf das eigene Selbst gerichteten Praktiken ist (2004c: 149). Rechtliche Praxen generieren Identitätskonzepte und Normen der Lebensführung, die selbst Ergebnisse von Kräfteverhältnissen sind, aber gerade wegen ihres Exekutionspotentials eine besondere Wirkungsmacht entfalten. So schreibt noch das progressivste Anti-Diskriminierungsverbot die Formen von Identität fest, die als nicht zu diskriminierende gelten sollen.

Eine Gesellschaft von bloßen Rechtssubjekten kann es nach Foucault nicht geben. Der moderne, gouvernementalisierte Staat könnte niemals ausschließlich über solch abstrahierende Konstruktionen führen, sondern immer nur eine aus Lebewesen bestehende Bevölkerung. Aber dennoch ist genau diese Rechtssubjektivität ganz wesentlich beteiligt an der Konstruktion des modernen Subjekts, welches als solches regiert wird. Sämtliche Vorstellungen vom »autonomen«, mit »Willen« begabten, rationalen Akteur, der oder die auch gerade wegen seiner oder ihrer Autonomie sowohl Verträge abschließen als auch schuldig gesprochen werden kann, werden in keiner anderen Praxis so sehr vorausgesetzt und täglich neu reproduziert wie im Recht.

2.3.5 Kritik

Die Konfrontation der marxistischen Konzepte mit demjenigen Foucaults erweist sich als ein ergiebiges Verfahren, denn Foucaults Theorie bietet eine Alternative zu folgenden bislang benannten Schwierigkeiten: Er korrigiert eine eindimensionale, nur an einem Strukturprinzip entwickelte Gesellschaftstheorie (1), verzichtet daher weitgehend auf funktionalistische Begründungen (2), nimmt die Produktion von Subjekten als Ausgangspunkt anstelle immer schon vorausgesetzter Subjekte (3), löst konsequent sämtliche ›Verdichtungen‹ in soziale Verhältnisse auf (4), öffnet den Blick für andere Machttechnologien jenseits und in den ›Nischen‹ des Rechts (5) und ermöglicht schließlich mit seinem Entwurf zur Gouvernementalität eine andere Strukturierung des Verhältnisses von Staat und Recht (6).

Dessen ungeachtet muss jedoch auch sein Ansatz erweitert werden, nicht zuletzt, indem er noch einmal selbst aus der kritisierten marxistischen Perspektive betrachtet wird.

Feministische Erweiterung der Machtkonzeption

Das, was bei Poulantzas der »Vereinzelungseffekt« war, heißt bei Foucault »Individualisierung« oder »Subjektivierung«. An diesem Punkt konvergieren die beiden unterschiedlichen Theorieansätze ganz offensichtlich. Poulantzas sieht darin gar den »originellen Beitrag Foucaults«, den er selbst in seine Theorie aufnimmt. Alles läuft bei Foucault auf die Analyse des Subjekts hinaus. Genau an diesem Punkt konnten Feministinnen anschließen. Kein anderer Autor des kritischen Malestreams bietet eine so große Nähe für die zentralen Themen feministischer Theorie. Insbesondere das Interesse an Körper, Sexualität und der Konstruiertheit scheinbarer Entitäten boten ganz offensichtlich vielfältigere Anknüpfungspunkte (Munro 2001: 550) als die bisher diskutierten Autoren. Dennoch mussten zunächst auch hier bestimmte Annahmen seines Ansatzes korrigiert oder erweitert werden. Auch Foucault habe letztlich die Strukturkategorie Geschlecht systematisch ausgeblendet und bestimmte Weisen der männlichen Subjektivierung verabsolutiert (Bührmann 2004: 39). Sowohl die Hervorbringung des Systems der biologischen Zweigeschlechtlichkeit durch das »Geschlechterdispositiv« als auch die asymmetrische Positionierung von Männern und Frauen darin werden entgegen seiner eigenen These, dass keine Form von Subjektivität existiere, die nicht das Resultat historischer Konstitutionsbedingungen sei, nicht berücksichtigt (ebd.: 40: Bublitz 2001: 257). Auch in der Disziplinargesellschaft seien die Subjekte unterschiedlichen und widersprüchlichen Disziplinierungen unterworfen. Foucault beziehe diese Differenzierung nicht ein, was dazu führe, dass eine spezifische Form der Disziplinierung, nämlich die Zurichtung der Individuen zu Arbeitskräften für die Produktionsapparate, verabsolutiert werde. Ausgeblendet bleibt dadurch die widersprüchliche Disziplinierung von Frauen für die häusliche familiäre und insbesondere die generative Reproduktion (Bührmann ebd.: 43; Ott 1998: 45). Foucault teile damit den blinden Fleck derjenigen marxistischen Theorien, die er mit der Analyse der Disziplinen korrigieren will: »Man könnte sagen, dass er die Disziplinierung männlicher Körpersubjekte [...] und damit die ›Produktion‹ männlicher Körper beschreibt. Es ist daher kein Wunder, wenn Foucault von dem Körper spricht, und nicht sieht, dass nicht nur ein, sondern zwei differente Körper ›produziert‹ werden [...]« (Ott 1998: 45).

Insbesondere Butler hat den Ansatz Foucaults um die Analyse der geschlechtlichen Subjektivierung erweitert. Sie weist darauf hin, dass es sich bei dem modernen Subjekt von vorneherein um das männlich definierte Subjekt handelt. Das politische System bringe *geschlechtlich bestimmte Subjekte* entlang einer differentiellen Herrschaftsachse hervor (Butler 1991: 17). Andrea Bührmann schlägt daher vor, Foucaults Theorie um das Konzept der »geschlechtlichen Subjektivierungsweise« systematisch zu erweitern, das heißt, um »die Art und Weise, sich als männlich oder weiblich zu empfinden, bestimmte Verhaltensweisen geschlechtlich zu klassifizieren und Körper entweder als männlich oder weiblich zu erleben, darzustellen und auch von anderen geschlechtlich wahrgenommen zu werden« (2004: 242, Fn. 6). Diese Subjektivierungsweisen führten zu der Vorstellung, über ein eindeutiges natürliches und unveränderbares Körpergeschlecht zu verfügen. Von diesem »biologischen« Körper lasse sich dann eine bestimmte geschlechtliche Identität, versehen mit bestimmten Verhaltens- und Empfindungsweisen ableiten, über welche die vergeschlechtlichten Menschen als Frauen und Männer in ein hierarchisches Geschlechterverhältnis eingebunden werden (24). Die Geschlechterbeziehungen würden im Rahmen der »heterosexuellen Matrix« reguliert und verdinglicht, indem die Körper, die Geschlechtsidentitäten und das Begehren naturalisiert werden (Butler 1991:20, 219, Fn. 6). Dies führe zu einer »Metaphysik der Substanz« im Sinne einer »Geschlechter-Ontologie« (46ff.).

Diese Erweiterung hat ebenso Konsequenzen für das Konzept der Regierung der Bevölkerung. So zeigt *Hannelore Bublitz*, dass das Bevölkerungssubjekt sich zur gleichen Zeit konstituierte, als es darum ging, die biologische Begründung des Geschlechts zum Gegenstand eines Regierungs- und Regulierungswissens zu machen, das sich der Sorge um die Gesundheit, Lebensfürsorge, Fragen von Fortpflanzung, Vererbung und Hygiene annimmt (2001:257, Fn. 2). Das Geschlecht ist also eine zentrale Kategorie der Konstitution und Regulierung der Bevölkerung seit dem 19. Jahrhundert, somit der Konstitution und Ordnung moderner Gesellschaften überhaupt (257). Es sei der Kreuzungspunkt, an dem individuelle Subjektivierungsweisen und Technologien der Regierung der Bevölkerung sich verbinden. Über die »heterosexuelle Matrix« würden erstere mit Maximen der Fortpflanzung, der Gesundheit, der Lebensfürsorge und der Normalität der Bevölkerung verbunden (270).

Für den Subjektivierungseffekt des Rechts heißt das demnach, dass die regulierenden performativen Rechtspraxen als Moment des Geschlechterdispositivs in stetiger Wiederholung nicht *das* einheitliche moderne Subjekt, sondern hierarchisch vergeschlechtlichte Subjekte herstellen, die widersprüchlich diszipliniert sind und die Subjektivierungsweisen in ihren Selbsttechnologien imitieren (Butler).

Subjektlose Praxis

Wie ich gezeigt habe, geht Foucault ganz konsequent von den Praktiken und ihren Relationen aus (so auch Lorey 1996:60) und versucht alle geronnenen Entitäten theoretisch wieder aufzulösen bzw. als »Endformen« genealogisch zu entwickeln. Insofern verteidigt er sich zu Recht gegen den Vorwurf, eine neue Ontologie der Macht zu begründen. Dennoch gibt es einen Grund, warum dieser Vorwurf immer wieder neu erhoben wird, der nicht nur auf ein Missverständnis zurückzuführen ist. So kritisiert etwa Rehmann, von der angekündigten Vielfalt der Machtverhältnisse wäre zum Beispiel im Kontext der Disziplinargesellschaftsanalyse bald nichts mehr zu sehen. Macht werde nicht wirklich als Relationsbegriff behandelt, sondern ende »neo-nietzscheanisch als ein Subjekt mit nahezu unbegrenztem Erzeugerstatus « (Rehmann 2003: 70ff.). Poulantzas' Kritik geht in die gleiche Richtung: die Machtbeziehung habe immer nur sich selbst zur Grundlage. »Die Frage *welche Macht* und *wozu diese Macht* scheint bei ihm völlig ihre Gültigkeit verloren zu haben«. Diese Verabsolutierung der Macht führe trotz des eigenen Anspruchs unweigerlich zur »Vorstellung einer ›Meistermacht‹ [...]« (Poulantzas 1978: 136f., Herv. i.O.).

Der Vorwurf, die Macht habe immer nur sich selbst zur Grundlage, trifft Foucault nicht, denn sie entsteht auch bei ihm in den sozialen Verhältnissen. Dies ist nicht der Grund für den Eindruck vieler KritikerInnen, Foucault beschreibe die Macht als »Meistermacht«. Er rührt vielmehr daher, so meine These, dass Foucault ab einer bestimmten Ebene in unzulässiger Weise von den AkteurInnen dieser Verhältnisse abstrahiert – ganz ähnlich wie die Systemtheorie des Rechts. Das heißt, diese werden zwar logisch vorausgesetzt als diejenigen, zwischen denen die Kräfteverhältnisse bestehen, aber sie werden begriffslogisch unter »Verhältnis« subsumiert, ganz ähnlich wie bei Luhmann, dessen Kommunikation kommunizierende AkteurInnen voraussetzt, sie aber im Schatten des Nichtthematisierten stehen lässt, während das Spotlight nur den Effekt, die Kommunikation, beleuchtet.

Das soll nicht heißen, dass von den AkteurInnen als Letztzurechnungssubjekt auszugehen sei, ganz im Gegenteil, die Ausrichtung auf Praxis und Verhältnisse ist die einzige, welche Ontologien vermeidet. Das heißt aber umgekehrt auch nicht, dass von denjenigen, zwischen denen die Verhältnisse bestehen, sowie von den Materialisierungen der Praktiken abstrahiert werden kann. Foucault selbst thematisierte ganz zentral die Machtwirkung auf die Körper, die immer die Körper von irgendjemandem sein müssen. Doch seine Abstraktion von den »StrategInnen« führt den bekannten Funktionalismus mit sich, der sich etwa darin zeigt, dass die Disziplin sich notwendig in die Lücken der formalen Rechtsfreiheit einschreiben müsse, um den Produktionsprozess zu gewährleisten. Wieder scheint irgendein Metasubjekt schon zu wissen, was für die Reproduktion unverzichtbar ist. Das heißt, auch Foucault unterliegt trotz eines feingliedrigen, mikroprozessualen Ansatzes letztlich einer metaphysischen »großen Erzählung«.

Genau besehen beginnt diese Verdinglichung durch Abstraktion auf der Ebene der Machttechnologien. Sie sind es, die letztlich, und das zeigt schon die Sprache, bei Foucault zu Subjekten werden, sie werden »omnifunktional« (ebd.: 59). Foucault »passiert« dies nicht einfach, sondern er hält diese Abstraktion für gerechtfertigt, weil sie die beschriebene »Undurchdringlichkeit« der Machtverhältnisse aus der Perspektive einzelner AkteurInnen zum Ausdruck bringt. Wenn doch vielfältige Strategien sich verketten und den Subjekten entgleiten, wenn die Verhältnisse die Subjekte regieren und nicht umgekehrt, ist es dann nicht nur konsequent, auch von anonymisierten Machttechnologien zu reden? Seine Abstraktion in der Darstellung entspräche einer »Realabstraktion«.

Das Problem bei dieser Abstraktion ist aber, dass hier in der Theorie umfassender abstrahiert wird als »in der Sache selbst« (Adorno). Denn Foucault sieht im selben Atemzug von der ungleichen Verteilung von Macht im Kräfteverhältnis ab. Genau diese bringt er theoretisch zum Verschwinden und damit auch die Tatsache, dass, obwohl die Verhältnisse sich gegenüber *allen* AkteurInnen verselbständigen, es solche gibt, deren Position in der Kräfterelation es ihnen viel umfassender ermöglicht, den Machtwirrwarr zu durchdringen und darauf einzuwirken, vor allem aber in den Spielräumen der jeweiligen Verselbständigungen zu agieren.

Poulantzas hat dies sehr zutreffend für das Verhältnis der Klassen untereinander gezeigt: »Macht« heiße in diesem Verhältnis, die Fähigkeit einer oder mehrerer Klassen, ihre Interessen zu realisieren. Dies lege den Aktionsradius einer Klasse gegenüber den anderen fest. »Die Fähigkeit einer Klasse, ihre Interessen durchzusetzen, steht im Gegensatz zu der Fähigkeit (und den Interessen) anderer Klassen: *Das Machtfeld ist also strikt relational*« (ebd.: 134, Herv. i. O.). Die Macht einer Klasse sei zuerst ein Ausdruck ihrer objektiven Stellung innerhalb der ökonomischen, politischen und ideologischen Beziehungen. Diese Stellung umfasse die ungleichen Beziehungen von Herrschaft und Unterordnung, die in der gesellschaftlichen Arbeitsteilung verankert seien. Die Stellung jeder Klasse und damit ihre Macht sei somit begrenzt, das heißt, bestimmt und eingegrenzt durch die Stellung der anderen Klassen: »Die Macht ist also keine an eine Klasse ›an sich‹ im Sinne einer Vereinigung von Agenten gebundene Eigenschaft, sondern ergibt sich aus einem relationalen System von materiellen Stellungen, die von diesen oder jenen Agenten besetzt werden« (135). Die politische Macht drücke natürlich nicht nur die Stellung im Relationssystem aus, sondern auch die Organisiertheit einer Klasse und ihre konjunkturelle Klassenposition. Die politische Macht einer Klasse, das heißt, ihre Fähigkeit, ihre politischen Interessen zu realisieren, hänge demnach nicht nur von ihrer Klassenstellung ab, sondern auch von ihrer Position und Strategie den anderen Klassen gegenüber (ebd.). Das Konstitutionsfeld der Macht ist also eine *ungleiche Beziehung* von Kräfteverhältnissen und verweist auf ein materielles System der Aufteilung von Stellungen. Daher auch der Vorrang der Kämpfe bei Poulantzas sowie seine strategische Ausrichtung selbst des Staates (136). Jessop ist daher zu folgen, wenn dieser im Anschluss an Poulantzas fordert, einen »strategisch-relationalen« Ansatz zu entwickeln. Es macht eben einen Unterschied, ob man die strukturell vermittelte Fähigkeit besitzt, zum Beispiel einer Klasse die Wertform aufzuzwingen (Jessop 1985: 345) bzw. einem Geschlecht die Reproduktionsarbeit – oder nicht.

Die Analyse muss sich daher die Mühe machen, die AkteurInnen theoretisch und empirisch aus dem Machtwirrwarr herauszufiltern – ohne dass man sich je sicher sein könnte, alle und gar die wesentlichen gefunden zu haben. Das ist nun einmal die Gefahr der Spekulation, der eine kritische Theorie nicht entraten kann, will sie wesentliches über die Gesellschaft aussagen (Adorno 2003:140). Es ist darüber hinaus die Konsequenz einer wirklich mikropolitischen Analyse. Das Konzept der Hegemonie, wie es von Gramsci entwickelt und von Poulantzas auf den Staat angewendet wurde, kann eine sinnvolle Ergänzung Foucaults darstellen. Es ließe sich zudem mit dem Regierungskonzept verbinden. Damit lässt sich denken, dass sich die unterschiedlichen Machtverhältnisse nicht *irgendwie* zu größeren Formationen verkoppeln, sondern reguliert durch hegemoniale Projekte, dass Regierung kein anonymer Prozess ist, der eine einheitliche Bevölkerung reguliert, sondern der Notwendigkeit folgt, Partikularinteressen zu hegemonisieren. Die »Stellungen« der jeweiligen Einzel- oder Kollektivsubjekte ist ein Ergebnis der Kristallisierung oder materiellen Verdichtung vergangener Strategien (Jessop 1985:345). Ein strategisch-relationaler Ansatz muss also auf »wirkliche Strategien, Kalkulationen und kalkulierende Subjekte verweisen« (357). Natürlich können Strategien scheitern oder sich mit anderen Strategien zu nicht intendierten Folgen verflechten, und selbstverständlich verfügen die AkteurInnen aufgrund des Machtwirrwarrs nicht über omnipotente Fähigkeiten oder ein umfassendes Wissen. Ihre Strategien sind insofern Suchbewegungen (359).

Wenn also der Foucaultsche Ansatz um die Analyse konkreter Kräfteverhältnisse ergänzt werden muss, und damit um kalkulierende Subjekte, bleibt noch die Frage, ob dies mit seinem Subjektbegriff überhaupt möglich ist. Denn, wie Bröckling richtig festgestellt hat, existiert das Foucaultsche Subjekt nur im Gerundivum, »als zu explorierendes, zu normalisierendes, zu optimierendes, ästhetisch zu gestaltendes usw.«. Es ist nicht der letzte Zurechnungspunkt bzw. ein »imaginäres Personenzentrum«, sondern vielmehr »der Fluchtpunkt gleichermaßen unvermeidlicher wie unabschließbarer Definitions- und Steuerungsanstrengungen; nicht gefügiger Adressat, aber nicht eigensinniger point de résistance von Machtinterventionen, sondern immer schon deren Effekt« (Bröckling 2003:80). Das Subjekt ist also ein Machteffekt, aber es hat eine Materialität, es ist vorübergehend fixiert und handelt als solches, als Frau zum Beispiel oder als EigentümerIn von Produktionsmitteln oder beides zugleich. Es ist ein Ensemble von Subjektpositionen, zwischen denen Überdeterminierungen existieren, ein »fundamentaler Knotenpunkt« (Laclau/Mouffe 2000:155). Als solches ist es AkteurIn strategischer Praxen – auch wenn seine »Interessen« sich nicht per se aus seiner »objektiven Stellung« ergeben, wie Poulantzas dies dachte, sondern sich im Sinne Foucaults erst in der politischen Praxis herausbilden (160).

Erweiterung der Rechtstechnologie

Der eher traditionelle Aspekt der Rechtstechnologie bei Foucault liegt ganz wesentlich in seiner Strafrechtsfixierung begründet, in seiner Leitunterscheidung von Erlaubtem und Verbotenem. Diese müsste mit dem Rechtscode Luhmanns korrigiert werden, der von dem Dualismus von Recht und Unrecht ausgeht. Die Argumentation Foucaults könnte aufrechterhalten werden, gleichzeitig würde sich aber selbst noch die Rechtstechnologie als weniger repressiv ausweisen, als sich der Theoretiker der produktiven Macht dies vorstellte. Die Herstellung des modernen Subjekts würde dann weniger durch das Unterbinden bestimmter Verhaltensweisen, sondern deutlicher durch die (sanktionierte) Zur-Verfügungstellung (hegemonialer) Subjektivierungsweisen erfolgen.

Aber noch eine zweite Korrektur ist notwendig. Die Reduktion des Rechts auf eine Taktik der Gouvernementalität in seinem Spätwerk kann nicht überzeugen, da sie das Recht letztlich doch wieder auf eine Art instrumentelles Werkzeug der Regierung reduziert, ein Rückfall hinter seine bisherige Erkenntnis. Auch die Rechtstechnologie hat eine eigene Dichte und funktioniert nach einer eigenen »Logik«, das ist die historische Erkenntnis Kelsens. Natürlich hat Foucault auch die Taktik in einer verschobenen Weise benutzt, als Taktik ohne TaktikerIn. Aber da er sich nicht mehr dazu äußert, inwiefern sie zur Regierung der Bevölkerung dient, bleibt das, was unter Taktik des Gesetzes verstanden werden soll, zumindest eine Leerstelle.

Wendete man Foucault auf ihn selbst an, so müsste man zu dem Ergebnis kommen, dass das Recht über die Konstitution dieses Subjekts, der Bevölkerung, selbst funktioniert. Auch sie ist kein präexistentes Wesen, welches als Ensemble von biologischen Elementen und sozialen Praxen immer schon gegeben wäre und nur noch reguliert würde. Es bietet sich geradezu an, Foucault an dieser Stelle mit Poulantzas' Überlegungen zum Staat als Kohäsionsfaktor zu koppeln: Foucault selbst hatte bemerkt, dass der moderne Staat als Nachfolger der Pastoralmacht in einem Atemzug individualisiert und totalisiert. Poulantzas hatte nun der Technik des Gesetzes, insofern es als formaler Kohäsionsrahmen wirkt, genau diese Sanktionierung der Unterschiede bei gleichzeitiger Homogenisierung zugeschrieben. Die Bevölkerung, die biopolitisch reguliert und gouvernemental regiert wird, wird im Gesetz konstituiert als die Einheit der Subjekte als Volk und Nation. Damit verdeutlicht sich auch noch einmal der Zusammenhang von »Bevölkerung« und »Volk«. Letzteres ist die juridische Konstruktion des politisch zu regierenden Subjekts. Das könnte auch erklären, warum juridische Theorien der Macht sich auf diese juristische Konstruktion beschränken: weil sie es ist, die im offiziellen Machtcode, dem Recht, repräsentiert wird.

C Re*Konstruktion*: Subjektivierung und Kohäsion

Nachdem nun in Teil B zentrale rechtstheoretische Ansätze dargestellt und kritisiert worden sind, werde ich im folgenden den Versuch unternehmen, Elemente einer aktualisierten materialistischen Gesellschafts-Rechtstheorie systematisch zu entwickeln. Dabei sollen die kritisierten Theorien nicht einfach verworfen werden, sondern diejenigen Elemente durch die Kritik hindurch aufbewahrt werden, die zu wesentlichen Einsichten in den Zusammenhang von Recht und kapitalistischer Gesellschaft geführt haben.

Mein Argument lautet dabei, dass kapitalistische Verhältnisse mit dem modernen Recht eine besondere Machttechnologie hervorbringen, die zum einen in die Herstellung gegeneinander vereinzelter Subjekte involviert ist (Subjektivierung), zum anderen aber diese Einzelnen miteinander zu einem prekären gesellschaftlichen Ganzen verknüpft (Kohäsion). Weil sie eine spezifisch verselbständigte Form sozialer Verhältnisse darstellt, bezeichne ich sie im Anschluss an die Formanalyse als *Rechtsform*.

Damit unternehme ich den Versuch, zentrale Einsichten der Formanalyse und des französisch-italienischen Rechtstheoriestrangs miteinander zu verbinden. Um dorthin zu gelangen, sind jedoch zunächst einige Prämissen zu klären.

Ich beginne mit einer Rekapitulation des Begriffs des Kräfteverhältnisses, um sämtliche Aussagen von Anfang an relational auf die Verhältnisse zwischen den sozialen Individuen zurückzuführen. Denn nur wenn die Geschichte als eine von Menschen gemachte dechiffriert werden kann, besteht die Möglichkeit ihrer emanzipativen Veränderbarkeit, wird eine resignative Haltung gegenüber dem gesellschaftlichen Objektivitätsüberhang vermieden.

Einer der wesentlichen Effekte dieser kapitalistischen Verhältnisse ist die Produktion vereinzelter, vergeschlechtlichter und ethnisierter Subjekte, die auf eine spezifische Weise regiert werden. Diese moderne Subjektivierung bringt das Problem mit sich, welches Habermas unter dem Stichwort der »Integration« behandelte: Wie werden die gegeneinander subjektivierten Einzelnen miteinander zu einem gesellschaftlichen Ganzen verknüpft? Dazu ist es notwendig, die machttheoretischen Konzepte von Hegemonie und Regierung für die Rechtstheorie fruchtbar zu machen, um diese von subjektlosen, mechanistischen Konzepten zu lösen, die das Funktionieren der Form immer schon voraussetzen. In diesem analytischen Bezugsrahmen wird sich dann die Rechtsform als eine besondere Konsenstechnik erweisen, welche die Problematik der Hegemonie auf ihre Weise transformiert und dadurch zu einem wesentlichen Träger gesellschaftlicher Synthesis wird.

Die Arbeitsweise der Rechtsform – nicht ihre Ableitung – werde ich sodann in Anlehnung an Marx' Konzept der Warenform rekapitulieren und dabei besonders ihrer relationalen Autonomie Aufmerksamkeit widmen.

Damit eine solche Theorie nicht der Gefahr der Formanalyse erliegt, auf einer abstrakten Ebene stehenzubleiben und sich empirischen Untersuchungen historisch bestimmter Gesellschaftsformationen zu verschließen, werde ich im Anschluss die Institutionalisierung der Rechtsform konzeptualisieren, verstanden als historisch und räumlich konkrete Ausprägung einer Machttechnologie.

Der bedeutsame Frage des Emanzipationspotentials des Rechts wird nicht direkt im Anschluss an dieses Kapitel nachgegangen, sondern sie wird auf das Schlusskapitel verschoben (Teil E). Denn zuvor soll noch die empirische Analyse bestimmter institutioneller Veränderungen des Rechts im Kontext der Transnationalisierung (Teil D) den Blick für das demokratietheoretische Problem der sozialen Formen schärfen.

1. Erweiterte Kräfteverhältnisse

Mit Kräfteverhältnissen zu beginnen, bedeutet eine zur Luhmannschen Konzeption des Rechts, soweit er jenes als *System* auffasst, konträre Herangehensweise. Dadurch soll vermieden werden, dass die Verselbständigung zum »System« subjektlogisch immer schon vorausgesetzt wird. Vielmehr soll von Anfang an dem Sachverhalt Rechnung getragen werden, dass diese Verselbständigung nur *durch* die Praxen sozialer AkteurInnen *hindurch* denkbar ist.

Die vorgestellten materialistischen Theorien, so unterschiedlich sie auch sind, gingen davon aus, dass nicht die Endformen oder Hegemonieeffekte der Beginn einer Rechtstheorie sein dürfen, sondern die gesellschaftlichen Verhältnisse und Praxen. Sie bleiben in dieser Hinsicht der Marxschen Erkenntnis treu, dass die Ökonomie nicht von Dingen handelt, »sondern von Verhältnissen zwischen Personen« (Engels über Marx, MEW 13:476). Paschukanis sprach vom »Primat des Rechtsverhältnisses« gegenüber dem Normensystem; Poulantzas ging im Rückgriff auf Gramsci davon aus, dass die Produktionsverhältnisse als das Ensemble politischer, ökonomischer und ideologischer Praxen die Grundlage der Macht seien. Und Foucault schließlich bezog sich auf den bebenden Sockel der Kräfteverhältnisse, die aus der Gesamtheit des gesellschaftlichen Netzes hervorgehen.

1. Totalität

Während Neumann, Gramsci, Poulantzas und Paschukanis eine Art Primat der Produktionsverhältnisse errichteten, erweiterte Foucault den Begriff des Kräfteverhältnisses auf den gesamten sozialen Raum, ohne von einem privilegierten Ort der Macht auszugehen. Der Begriff umfasst bei ihm daher sowohl das Verhältnis im Produktionsprozess, zwischen den Geschlechtern, den »Ethnien«, den »Normalen« und den »Anormalen« etc.

Ich hatte herausgearbeitet, dass das »Primat des Seins« die zentrale materialistische Prämisse in Bezug auf die gesellschaftliche Totalität kennzeichnet. Totalität ist hierin identisch mit dem gesellschaftlichen Reproduktionsprozess. Dieser beinhaltet die Produktion – das heißt »die ganz bestimmte historische Art und Weise, in der in einer Gesellschaft die für das Leben der einzelnen Personen (physisch und/oder kulturell) erforderlichen Stoffe und Leistungen hervorgebracht und eingesetzt werden« (Ritsert 1988:64) – sowie die Zirkulation. Beide existieren immer schon innerhalb bestimmter Produktionsverhältnisse, die stets aufs Neue hergestellt, das heißt reproduziert, werden müssen.

Soll dieses Primat des Seins aufrechterhalten, *zugleich* jedoch der Pluralität gesellschaftlicher Strukturprinzipien und den vielfältigen Antagonismen Rechnung getragen werden, so kann die materielle Reproduktion der Gesellschaft nur dann im Zentrum der Theorie stehen, wenn sie selbst als vollständig überdeterminierte konzipiert wird, indem auf die theoretische *Privilegierung* eines Ortes verzichtet wird: sei es der Produktion, der Zirkulation oder der ökonomischen Verhältnisse überhaupt. Das heißt, es darf zu keiner naturalisierten Idealisierung kommen, wonach es doch noch in letzter Instanz ein ursprüngliches hegemoniales Zentrum gibt, welches die anderen determiniert. Die »erste geschichtliche Tat«, die Produktion des materiellen Lebens, von der Marx in der *Deutschen Ideologie* (MEW 3:28) sprach, ist unbestimmbar, weil überdeterminiert, und in diesem Werk letztlich auch nur der »geschichtlich überholten Frontstellung« (Reichelt 1973:46) in Auseinandersetzung mit dem deutschen Idealismus geschuldet (so auch Maihofer 1992:148ff.). Selbst in der Produktion im engeren Sinne ist von einer Artikulation sozialer Verhältnisse auszugehen. So ist etwa die Lohnarbeitskraft »als *ungeschlechtliche* nicht denkbar«, wie *Ursula Beer* festhält, »weil es sie als solche nicht gibt« (Beer 1990:263).

Die Frage der Totalität ist, wie die *Re*Konstruktion gezeigt hat, eine der zentralen Fragen materialistischer Rechtstheorie. Dies alles rekapitulierend schlage ich daher vor, von einer *pluralen Totalität* auszugehen, die als ihren Effekt aber ein hegemoniales Zentrum produzieren kann: Wie die Menschen arbeiten, produzieren, sich und ihre Produktionsbedingungen reproduzieren, ist für eine wirklichkeitsbezogene Analyse ausschlaggebend. Daraus folgt aber *keine* analytische *Vorrangstellung für die Dynamik der Vergesellschaftung,* vor allem deswegen nicht, weil die materielle Reproduktion als isolierter, nur ökonomisch begriffener Prozess bereits eine schlechte Abstraktion ist. Sie ist immer ein Ganzes aus ökonomischen, kulturellen, politischen und ideologischen Momenten. Das Recht darf also in keiner Weise aus einem Moment »abgeleitet« werden, sondern muss, worauf Maihofer insistierte, zur Vielzahl gesellschaftlicher Verhältnisse in Bezug gesetzt werden. Die moderne kapitalistische Gesellschaft ist demnach als eine unvollständige, komplexe Totalität und daher als Bedingung der Möglichkeit aller Einzelphänomene zu konzeptualisieren. Sie kann als *Effekt* ein »Zentrum« hervorbringen. Doch dann ist es ihr Produkt und liegt ihr nicht bereits immer schon zugrunde. Ein solcher hegemonialer Ort ist jeweils nur historisch bestimmbar, Ergebnis von Kämpfen und hegemonialen Praxen.[1] Die Einheit dieser unvollständigen Totalität ist eine äußerliche und wird durch kein grundlegendes Prinzip garantiert. Vielmehr sind die Mechanismen der Vereinheitlichung das zu Erklärende.

1 Diese Erkenntnis verdanke ich einer Diskussion mit Stephan Adolphs.

2. Relationale Machtbefugnisse

Die relationale Machttheorie, die mit sozialen Verhältnissen beginnt, kann darüber hinaus nicht von einem einfachen Kräfteverhältnis ausgehen. Hier ist Poulantzas in seiner Kritik an Foucault zuzustimmen. Die in Relation zueinander stehenden Kräfte haben nicht die jeweils gleichen Machtpotentiale, sondern verfügen über Machtbefugnisse, die sich aus ihren gesellschaftlichen Stellungen ergeben, oder in den Worten Jessops: »strukturell vermittelte Fähigkeiten« (Jessop 1985: 345), die wiederum in das Netz von Beziehungen und Kämpfen eingebunden sind.

Wenn es keine Gegebenheiten vor den Verhältnissen gibt, zugleich jedoch die Verhältnisse durch die Struktur vermittelt werden, dann sind Handeln und Strukturen nicht als zwei unabhängig voneinander gegebene Mengen von Phänomenen (als Dualismus) zu denken, sondern als »Dualität der Struktur«: Strukturen sind sowohl Medium wie auch Ergebnis der Praktiken (Giddens 1992: 77). Strukturen existieren überhaupt nur als raumzeitliche Phänomene, wenn sie sich in reproduzierten Praktiken realisieren (ebd.: 69: 223). Die laufende Neuproduktion erfolgt durch Reproduktion (Lamla 2003: 260), Handlungen werden in gleicher Weise Tag für Tag vollzogen (Giddens 1992: 37): »Das Alltagsleben ist repetitiv« (88). Marx hat das in der Aussage zum Ausdruck gebracht, dass die Menschen ihre eigene Geschichte machen, aber eben »nicht aus freien Stücken, nicht unter selbstgewählten, sondern unter unmittelbar vorgefundenen, gegebenen und überlieferten Umständen« (1989 {1852}: 267).

Wenn die Machtbefugnisse dabei ungleich verteilt sind, so ist das Erbe vergangener Kämpfe demnach eine strukturell eingeschriebene »strategische Selektivität«, die einige Kämpfe gegenüber anderen favorisiert (Jessop 1990: 309). Eine Struktur wirkt nicht gleichmäßig einschränkend oder ermöglichend für alle AkteurInnen (Jessop 2001: 56). Jessop schlägt deshalb vor, Strukturen als *strategische* zu begreifen (in ihrer Form, ihrem Inhalt und ihrer Wirkungsweise). Damit wird Struktur von Anfang an im Verhältnis zu Handlung – und umgekehrt – betrachtet (ebd.).

> »Dies beinhaltet die Frage nach der möglichen Privilegierung bestimmter AkteurInnen, Identitäten, Strategien, räumlicher und zeitlicher Horizonte sowie Handlungen gegenüber anderen durch eine Struktur, und die Untersuchung, auf welche Weise [...] AkteurInnen diese unterschiedlichen Privilegierungen unter Umständen bei der Wahl ihrer Vorgehensweise im Rahmen von strategischen Kontextanalysen berücksichtigen« (ebd., ähnlich Jessop 1997: 91, Fn. 6).

Strukturen sind also »Kristallisierung oder materielle Verdichtung vergangener Strategien« (Jessop 1985:345), die in den relationalen Machtverhältnissen den strategischen Rahmen abstecken. Die Differenz zu Luhmanns Systemtheorie, die auf Prozesse umgestellt hatte, ist, wie man sieht, an diesem Punkt gering, da auch hier die Strukturen als rekursiv produzierte aufgefasst werden. Die wesentliche Differenz zu diesem Ansatz liegt daher in der Betonung der reproduzierten strategischen Praxis von Subjekten. Das »Rechtssystem« bzw. die Rechtsform, wie ich sie nennen werde, wird durch diese strukturell vermittelten Kämpfe und Praxen hindurch in Gang gehalten.

II. Subjektivierung

Von Subjekten und deren Praxen auszugehen, heißt nun aber nicht, diese immer schon als die elementaren Einheiten einer Rechtstheorie vorauszusetzen, wie es bei Paschukanis angelegt war (so auch Maihofer 1992: 199). Vielmehr konstituieren die sozialen Verhältnisse erst diejenigen Entitäten, die dann als selbständige Essentialitäten erscheinen. Dies gilt in besonderem Maße für die Individuen, die weder Ursprung, noch eine Einheit, noch rationale sich selbst transparente AkteurInnen sind, sondern einer materialistischen Theorie als »Ensemble gesellschaftlicher Verhältnisse« gelten, wie Marx bereits in der 6. Feuerbachthese formulierte (MEW 3: 6), bzw. in der Sprache von Laclau/Mouffe: als »Ensemble von Subjektpositionen« (Laclau/Mouffe 2000: 52 f.).

Foucault hatte gezeigt, dass die unterschiedlichen Machtverhältnisse sich nicht nur in die Institutionen einschreiben, sondern vor allem Subjektivität hervorbringen – dass die wesentliche Wirkungsweise der Macht in jenen Verfahren verortet werden muss, die Menschen in Subjekte transformieren. Subjektivierung ist der folgenschwere Prozess, in welchem die Pluralität von Kräfteverhältnissen kulminiert. Die Pluralität der gesellschaftlichen Totalität entspricht somit einer Vielfältigkeit von Subjektivierungsprozessen. Das Ensemble von Subjektpositionen ist genauer betrachtet ein Ensemble gesellschaftlich hervorgebrachter und hierarchisierter Differenzen.

Mit dem Begriff der Differenz wird zum einen auf die soziale Konstruiertheit abgestellt, in Abgrenzung zu jeder Art von vorgesellschaftlicher »Natürlichkeit«, zum anderen aber darauf, »dass Kategorisierungen wesentliche soziale Konsequenzen zur Folge haben« (Elsuni 2006: 181; Crenshaw 1989). Mit der Betonung von Differenz soll nicht auf ein konfliktneutrales »Multikulti-Nebeneinander« (Engel/Schulz/Wedl 2005: 12) rekurriert werden, sondern auf die gesellschaftliche Hierarchisierung der Subjektpositionen. Nicht alle, aber wesentliche Differenzierungsprozesse entstehen in Unterdrückungsverhältnissen (Knapp 2005: 69), also in antagonistischen Kontexten.

Das zeigt bereits die in der materialistischen Tradition bekannteste Differenz, nämlich diejenige zwischen *Klassen.* Klassen konstituieren sich entlang des »Kampfes um das Surplusprodukt« entsprechend ihrer strukturellen Stellung im Reproduktionsprozess (Ritsert 1988: 74), also als EigentümerInnen an Produktionsmitteln oder auf der anderen Seite als bloße ArbeitskraftbesitzerInnen.

Die zweite seit langem (und häufig in der marxistischen Tradition reduktionistisch nur als »Nebenwiderspruch«) diskutierte Differenz ist die der *Zweigeschlechtlichkeit* innerhalb einer hierarchisierten Geschlechterordnung (vgl. etwa Becker-Schmidt 1990; Beer 1990; Bührmann 2004; Butler 1991; Maihofer 1995:2004; Pühl/Paulitz/Marx/Helduser 2004; Wetterer 2002). Diese Geschlechterordnung ist zugleich im Rahmen der »heterosexuellen Matrix« konstituiert, das heißt in einem Raster, welches die Körper, Geschlechtsidentitäten und das Begehren naturalisiert (Butler 1991:219, Fn. 6). Eine weitere hierarchisierte Differenz ist daher diejenige, welche durch *Heteronormativität* produziert und reguliert wird.

Schließlich stellt die nationale Vergemeinschaftung *Ethnisierung* als weitere Differenz her (Lenz 1996:39). Sie kann als ein Prozess verstanden werden, in welchem Menschen mittels ethnisierter Merkmale zu einer homogenen Gruppe konstruiert und hierarchisiert werden (Gutiérrez Rodríguez 1999:32). Diese ethnisierten Zuschreibungen bündeln sich mit antisemitischen und kolonialistischen Elementen in (neo)rassistischen Diskursen (Balibar/Wallerstein 1992).

Die vielfältigen Differenzen artikulieren sich zu den individuellen und kollektiven Subjekten. Dabei durchdringen sich die Herrschaftsverhältnisse gegenseitig, sie »durchkreuzen« sich, wie es zuerst feministische Rechtstheoretikerinnen im Konzept der »Intersectionality« ausgedrückt haben (für einen Überblick vgl. Elsuni 2006:180ff.; Engel/Schulz/Wedl 2005; Knapp 2005). Eine Kategorie ist nicht unabhängig von anderen zu denken, weil sie durch jene mit-konstituiert ist. Es geht daher nicht um ein bloßes Hinzuaddieren, sondern um ein Aufsuchen der unterschiedlichen Differenzen *innerhalb* der jeweils anderen (Brunner 2005:84):

> »Zwischen Kapitalismus und Sexualität lässt sich beispielsweise eine Verknüpfung konstatieren, die Heteronormativität mobilisiert. Heterosexualität ist in das Patriarchat als Grundlage eingeschrieben, weil es Zweigeschlechtlichkeit und eine hierarchische, binäre Anordnung von Geschlecht und Begehren hervorbringt und festigt. Dieses binäre, hierarchische Geschlechtersystem sichert wiederum die Reproduktion der Arbeitskraft im Kapitalismus, wobei die Naturalisierung von Geschlecht und Begehren innerhalb der heterosexuellen Matrix die geschlechtliche Arbeitsteilung stützt« (ebd.).

Im Rahmen einer materialistischen Rechtstheorie auf das Konzept der Subjektivierung einzugehen, erscheint mir gerade deswegen notwendig, weil die meisten bisherigen Ansätze, wie ich gezeigt habe, sich mit *einem* Strukturprinzip und damit auch nur *einer* Herrschaftsform begnügt haben. Wenn aber der Prozess der Herstellung der Subjekte in den Blick gerät, die Subjektivierung, dann gelangt man zu der Frage, wie die vielfältigen Verhältnisse das moderne Subjekt hervorbringen, welches so zentral für das Recht ist.

Wenn man das moderne Subjektivierungsregime genauer betrachtet, kulminieren die unterschiedlichen Machttechnologien in den vereinzelten Monaden (1), welche über einen vergeschlechtlichten, ethnisierten, individualisierten Körper sowie eine differente Identität verfügen (2) und politisch in dieser Vereinzelung reguliert werden (3), indem sie in ihren Selbsttechnologien als formal gleiche und freie, mit subjektiven Rechten ausgestattete Rechtssubjekte geführt werden (4):

ad (1) *WarenbesitzerInnen*: Balbus und Paschukanis hatten bereits angedeutet, welchen Subjektivierungseffekt die Warenform hervorbringt, indem sie zeigten, dass die Individuen unter der kapitalistischen Arbeitsteilung nicht als *soziale* Individuen handeln können, sondern nur als konkurrierende WarenbesitzerInnen. Sie sind der Gesellschaft entgegengesetzt, die Bedürfnisse der anderen bleiben ihnen strukturell gleichgültig. Jede/r andere Einzelne ist nicht die Bedingung der eigenen Freiheit, sondern deren Grenze. Vom gesellschaftlichen Zusammenhang, der sie zu jenen »vereinzelten Monaden« macht, wie Poulantzas schreibt, sind sie *als Einzelne* scheinbar abgedichtet und müssen in ihrer »fensterlosen Isoliertheit« (Adorno 1994 {1966}: 218 f.) erst wieder miteinander vermittelt, assoziiert werden (Derrida 1995: 243).

ad (2) *Differente Körper und Identitäten:* Diese vereinzelten Monaden werden über normalisierende Praxen an ihre Identität gefesselt und über die Dressur körperlich diszipliniert, indem Fähigkeiten und Gewohnheiten des Verhaltens als automatisiertes Können produziert werden – so auch die Fähigkeit zur Selbstführung. Diese »Individualität« wird ihnen in Form der hierarchisierten Differenzen bis in die Körperlichkeit hinein aufgeprägt. Sie ist also kein ursprünglicher und widerständiger Kern jedweder Subjektivität, sondern »das schmeichelhafte Vertrauen auf die Autarkie des Subjekts«, ist selbst schon Ergebnis desjenigen Prozesses, der die Einzelnen gegen die sie umgreifenden Zusammenhänge abdichtet (Adorno ebd.).

ad (3) *Politische Vereinzelung*: Das so vereinzelte Subjekt wird politisch über seine Identität reguliert und regiert, bis in die feinsten Gesten hinein, und entwickelt in seinen Selbsttechnologien ein Verhältnis zu dieser Identität. Poulantzas spricht in diesem Zusammenhang vom »Vereinzelungseffekt«, der die gesellschaftlich zugerichteten Monaden politisch-juridisch sanktioniert und institutionalisiert (Poulantzas 1978: 58).

ad (4) *Abstrakte Rechtssubjekte*: Die juridische Subjektivierung spielt in diesem Zusammenhang eine besondere Rolle: Sie produziert als regulierter Wiederholungsprozess die Rechtssubjektivität und damit genau jene Robinsonade des vereinzelten, rationalen, sich selbst durchsichtigen, geschlechtsneutralen, klassen-

> losen und einheitlichen modernen Subjekts, welches das Recht vorauszusetzen vorgibt. Treffend beschreibt *Peter Niesen* aus der Perspektive von Habermas und Maus diesen Vorgang: Die souveränen Einzelnen sind keine »natürlichen« Personen, »sondern rechtlich individuierte und durch die Rechtsform mit fundamentalen Ansprüchen versehene und voneinander separierte Akteure« (Niesen 2002: 51). Die Rechtstechnologie ist also an der Produktion der individualisierten Monaden beteiligt. *Zugleich* liegt in diesem Subjektivierungsverfahren jedoch ein zweites Moment begründet: Paschukanis und Balbus haben darauf hingewiesen, dass in der gleichen Weise, wie Produkte zu Waren werden, die Individuen im Recht in Rechtssubjekte transformiert werden. So wie die warenproduzierende Arbeit zu abstrakter Arbeit, zu Arbeit sans phrase wird, so werden konkrete Einzelne zu Rechtssubjekten. Im Rechtssubjekt lösen sich »alle konkreten Besonderheiten, die den einen Vertreter der Gattung homo sapiens von dem anderen unterscheiden« auf, »in der Abstraktion des Menschen überhaupt« (Paschukanis 1970 {1924}: 91). Das als Ensemble von *Differenzen* konstituierte Subjekt wird im Recht zu seinem Gegenteil: *gleich*.

Obwohl also die Subjekte gegeneinander individuiert und hierarchisiert werden, sowohl im Reproduktionsprozess, als auch in der Disziplinierung und in der politisch-juridisch sanktionierten Vereinzelung, werden sie über die Rechtsubjektivität zugleich homogenisiert. Dieser Vorgang ist ganz entscheidend für die Wirkungsweise der Rechtsform. Ich werde daher weiter unten im Zusammenhang mit der Kohäsionswirkung der Rechtsform wieder darauf zurückkommen.

III. Hegemonie

1. Hegemoniale Regierung

Es wäre nun aber ein Irrtum anzunehmen, dass die auf diese Weise gesellschaftlich produzierten Subjekte, *weil* sie gesellschaftlich konstruiert sind, in irgendeiner Weise auch gefügige AdressatInnen wären. Ganz im Gegenteil: die modernen Subjekte, als historische Formen des Menschen, als »autonome« Einzelne, denen als solche subjektive Rechte zukommen, zeichnen sich gerade dadurch aus, dass sie nicht unmittelbar beherrscht werden können.

Die Existenz stabiler Machtverhältnisse in den bürgerlichen Gesellschaften kann nicht mehr – darauf haben Gramsci und Foucault insistiert – mit einem juridischen Modell der Macht erklärt werden bzw. nicht mit dem Staat im engeren Sinne. Die liberale Regierung regiert durch den Vollzug der Freiheit (Foucault 2004b: 97) und erfordert den Konsens, die aktive Zustimmung der Regierten. Hegemonie ist dabei allerdings immer auch »gepanzert mit Zwang«, denn eine rein hegemoniale Regierung ist unter Bedingungen einer von vielfältigen Antagonismen durchzogenen Gesellschaft unwahrscheinlich. Deswegen hatte auch Foucault darauf hingewiesen, dass die Sicherheitsdispositive just in dem Moment ins Zentrum rücken, da die bürgerlichen Freiheiten durchgesetzt werden.

Auch die Gesellschaftstheorie von Habermas fokussiert wesentlich die Herstellung des gesellschaftlichen Konsenses. Der Unterschied zeigt sich aber gerade darin, dass Habermas die gesellschaftlichen Verhältnisse nicht als Kräfteverhältnisse, sondern als horizontale konzipiert. Deswegen fehlt seinen Ausführungen um verständigungsorientiertes Handeln von Anfang an die strukturelle Konflikthaftigkeit (ähnlich Mouffe 2005: 10), die eher als ein Zweites zum Handeln hinzukommt. Die Dissensgefahr ist zwar allgegenwärtig, allerdings nur in der Möglichkeit unterschiedlicher Weltsichten und nicht in den strukturellen Asymmetrien begründet.

Die Systemtheorie und auch die formanalytisch argumentierende Staatstheorie hatten das »Funktionieren« der Subjekte immer schon vorausgesetzt, so dass sie sich mit den Gründen dieses Funktionierens nicht beschäftigen mussten. Sogar die Foucaultsche Theorie machte, obwohl sie alle notwendigen Elemente dafür bereits aufwies, aufgrund ihres strukturalistischen Überhangs nicht Ernst mit einer tatsächlich relationalen Machttheorie, in deren Vordergrund die Praxis stehen muss. Und schließlich hatte sich auch bei Habermas in Bezug auf die Systeme das gleiche Problem gezeigt. Darin, dass durch das Ausblenden der Praxis in all diesen Ansätzen mechanistisch auf die Subjekte zugegriffen wird, sehe ich eine der zentralen Verkürzungen des Rechtsbegriffs und werde ihn deswegen um das Konzept der hegemonialen Regierungspraxis erweitern.

Wenn die Besonderheit bürgerlicher Herrschaft darin besteht, dass sie nicht mehr wesentlich repressiv funktioniert, dann ist das Feld der Hegemonie eröffnet. Für Paschukanis, der eher einer juridischen Theorie der Macht anhing, stellte sich die Frage nicht in dieser Weise. Gramsci und Poulantzas konzipierten Hegemonie als eine Praxis der herrschenden Klassen, die um ihre Interessen erfolgreich durchsetzen zu können, andere Interessen berücksichtigen und einbinden müssen. Foucault, der die Kräfteverhältnisse theoretisch erweiterte, zugleich aber auch entpersonalisierte, gelangte zu einer Machtausübung als Regierung der Bevölkerung, als biopolitische Regulation und Stimulierung von Selbsttechnologien.

»Regierung« geht im Gegensatz zu »Hegemonie« von einem allgemeineren Vorgang aus, nämlich von der Überlegung, dass der »abendländische Mensch« zunächst überhaupt einmal gelernt haben muss, sich führen zu lassen, »sich als Schaf unter Schafen zu betrachten« (Foucault 2004a: 194), ein keineswegs selbstverständlicher Vorgang, sondern der Effekt einer »als Angelegenheit des Hirtenstalls betrachteten Politik« (ebd.). Regiert wird also in der Tradition des christlichen Pastorats eine »Multiplizität in Bewegung« (ebd.: 188), die es prinzipiell gewöhnt ist, sich nicht als »Verein freier Menschen« (Marx) selbst zu regieren, sondern regiert bzw. in ihrem Verhalten geführt zu werden.

Während Foucault mit dieser vorgelagerten Überlegung eine klassenreduktionistische Sicht überwinden konnte, abstrahierte er doch zugleich mit dem Begriff der »Bevölkerung« und der subjektlosen Machttechnologie der Regierung gerade von den hierarchisierten Differenzen. »Bevölkerung« ist als Kategorie nur aufrechtzuerhalten, wenn sie als Ensemble von Klassen, Geschlechtern, Ethnien und anderen unfixierten sozialen Identitäten, als »Multitude«, gedacht wird, die in einen relationalen Kampf um Hegemonie verstrickt ist, *wenn also Regierung und Hegemonie miteinander verkoppelt werden.*

Regierung betont dabei die moderne Verhaltensführung der Subjekte in ihrem alltäglichen Leben, während Hegemonie die Kämpfe um Zustimmung zu dieser Führung in den Blick nimmt. Kämpfe um Hegemonie zielen innerhalb eines Regierungsprojektes auf die zum Führen von anderen eingesetzten Verfahren, sie sind Auseinandersetzungen um die Art, geführt zu werden, die Führenden, die Ziele, die Prozeduren und Methoden (ebd.: 292: 282). Jenseits dessen gibt es jedoch auch immer Widerstandsformen gegen die Macht als Verhaltensführung überhaupt. Hegemoniale Projekte zielen also auf das Erzeugen, die Reproduktion und die Transformation von Fremd- und Selbsttechnologien. Hegemonie wird damit für alle gesellschaftlichen Kräfte zum Problem.

Wenn man Foucaults Argument ernst nimmt, dass es keinen Generalstab der Macht gibt, dass man also gesellschaftliche Veränderung nicht als das Ergebnis eines bewussten Handelns oder einer Verschwörung konzipiert, gleichzeitig aber die Praxis sozialer AkteurInnen als entscheidend unterstellt, muss man den vorläufigen und prozesshaften Charakter der hegemonialen Projekte betonen. Es gibt nicht nur ein einziges solches Projekt, welches den gesamten gesellschaftlichen Zusammenhang dominieren könnte, sondern eine Vielzahl von konkurrierenden Projekten, entsprechend der Vielfältigkeiten der antagonistischen Differenzen.

Sowohl Poulantzas als auch Foucault gehen davon aus, dass mit dem Aufkommen des modernen Staates die zivilgesellschaftlichen Machttechnologien bzw. die in den zivilgesellschaftlichen Institutionen organisierte Zustimmung gouvernementalisiert werden. Die Staatspraxis wird zur vorherrschenden Form der Regierung (Foucault 2004a: 360) bzw. zur Organisation der Hegemonie. Die hegemonialen Projekte müssen also Staatsprojekte werden, um in die Regierung der Bevölkerung einzugehen. Diese wird geführt und reguliert über hegemoniale Subjektivierungsweisen, zum Beispiel über die abstrakte Rechtssubjektivität. Hegemoniale Regierung ist eine Kunst der Überzeugung. Zwar sind die Mechanismen der Disziplinierung bis in die feinsten Gesten und Gewohnheiten hinein, die Kontrolle und Ausrichtung an der Norm und auch unmittelbare Gewaltausübung nach wie vor in Kraft, als die »Kehrseite« der formalen Freiheit, als Ausdruck des problematischen Verhältnisses von Freiheit und Sicherheit im Zentrum der liberalen Regierung (Foucault 2004b: 98). Aber disziplinäre und rechtliche Zurichtung werden überdeterminiert und eingebunden in eine Kunst der Menschenführung, die auf einen Konsens zwischen staatlichen Führungstechniken und den Selbstverhältnissen der Subjekte angewiesen ist.

2. Routinisierte Wiederholung

Auch diese Form von Herrschaft, obwohl sie den Subjekten nicht mehr äußerlich bleibt, ist ganz offensichtlich prekär, denn sie hängt von der Zustimmung in der alltäglich gelebten Praxis der Regierten ab, sie muss also in einem regulierten Wiederholungsprozess täglich und stündlich neu hervorgebracht werden. Foucault hat überzeugend herausgearbeitet, dass die großen Hegemonie-Effekte sich in den Mikro-Beziehungen einnisten müssen, um wirksam zu werden. Eine Makro-Theorie der Macht, zum Beispiel des »Rechtssystems«, muss von den mikrologischen Mechanismen ausgehen. »Die alltäglichen Verrichtungen, die Gewohnheiten und Routinen, die in Fleisch und Blut übergegangen sind, stellen ein Verhaltenskapital, ein Fundus an Selbstverständlichkeiten und Praktiken dar, die wie von selbst geschehen« (Wetterer 2003:300). Das alltägliche Handeln ist demnach in einem weiten Maße durch routinisierte Wiederholungen geprägt, welche die vorherrschende Form der sozialen Alltagsaktivität sind und somit »der wichtigste Ausdruck der Dualität der Struktur in Bezug auf die Kontinuität sozialen Lebens« (Giddens 1992:336).

Diese Erkenntnis ist ausschlaggebend für eine demokratietheoretische Perspektive der Rechtstheorie. Denn Wiederholungen sind nach der Erkenntnis von Derrida und Butler immer Zitate der vorhergehenden Praxis, an deren vollständig identischer Wiederholung das Subjekt zwangsläufig scheitern muss, da die Möglichkeit der Verschiebung besteht (Butler 1991:213).

Eine hegemoniale Regierung muss sich in diese alltäglichen Routinen einschreiben, die als reproduzierte Praktiken Strukturen herausbilden und damit eine gewisse Kontinuität entwickeln. Dabei stellt sich die Frage, wie es konkurrierenden hegemonialen Projekten gelingen kann, sich durchzusetzen und tatsächlich in die Routinen einzugehen. Poulantzas hatte die Auffassung vertreten, dass dabei die Staatsapparate ausschlaggebend seien, die ein Ausarbeiten solcher Projekte ermöglichten. Ich schließe mich Poulantzas insofern an, als ich seine Überlegung teile, dass es einer materiellen Stütze zur Realisierung dieser Projekte bedarf, die über eine bestimmte »relative Autonomie« verfügt. Die strategische Selektivität, welche bestimmte Projekte begünstigt, muss sich in einer Sedimentierung zu Strukturen ausdrücken.

Anders als Poulantzas bin ich allerdings der Auffassung, dass diese materielle Stütze nicht erst im Staatsapparat zu finden und auch nicht auf diesen zu reduzieren ist. Vielmehr gibt es eine spezifische Form der Regulation routinisierter Praxis, die für die kapitalistischen Gesellschaften prägend ist. Sie organisiert nicht nur die dauerhafte regulierte Wiederholung, sondern verdinglicht sie im gleichen Atemzug, so dass die Einsicht in gesellschaftliche Verhältnisse besonders erschwert wird. Das ist der Moment, da der Einsatz einer reformulierten Formanalyse notwendig wird. Das Potential dieser Erkenntnisse, die in Bezug auf das Recht mit Paschukanis begonnen haben, kann sich in diesem Zusammenhang entfalten. Denn gelingt es Regierungspraxen, sich in die sozialen Formen einzuschreiben, werden sie in nicht zu unterschätzendem Maße von alltäglichen Infragestellungen »entlastet«.

Habermas' Konzept von System- und Lebenswelt folgt prinzipiell einer ähnlichen Vorstellung: Unterschiedliche Handlungsformen (kommunikative/strategische) sowie Konsensmechanismen (vorkategoriale, bewusste und systemische) ermöglichen die »Integration« der Gesellschaft. Allerdings schematisiert er das Soziale in zwei Welten mit unterschiedlichen Logiken. Von hier aus zeigt sich, dass der damit eingehandelte Dualismus zu überwinden wäre, indem man keine Aufteilung in gesellschaftliche *Sphären* vornimmt, sondern stattdessen die unterschiedlichen Formen von *Praxis* und *Konsenstechnologien* unterscheidet: politische Auseinandersetzungen um Hegemonie in der Form von argumentativem verständigungsorientiertem oder strategischem Handeln, routinisiertes Handeln sowie schließlich verdinglichtes routinisiertes Handeln. Dabei wird auch deutlich, dass es nicht nur die »Systeme« sind, die verständigungsorientiertes Handeln erschwerten Bedingungen unterwerfen, sondern ebenso bestimmte Weisen der Naturalisierung und Essentialisierung. Zugleich aber zeigt sich auch, dass selbst unter diesen Bedingungen der politische Kampf um Hegemonie, in Habermas' Worten: die Auseinandersetzung um kritisierbare Geltungsansprüche, nicht stillgestellt ist, sondern »den bebenden Sockel« auch des »systemischen« Handelns darstellt.

IV. Rechtsform

Sehen wir uns nun genauer an, *wie* sich Hegemonie ins Recht einschreibt. Dabei wird sich zeigen, dass die Rechtsform eine Konsens- und Kohäsionstechnologie ist, wie dies bereits Poulantzas vermutete: Es muss materielle Organisationsbedingungen der Hegemonie geben, die über eine relative Autonomie verfügen. Die von Paschukanis eingeleitete Rechtsformanalyse bietet sich als Erklärungsmodell dafür geradezu an.

Paschukanis betonte, dass es für eine materialistische Rechtstheorie nicht an erster Stelle auf eine ideologiekritische Position ankommt, die den *Inhalt* des Rechts ideologiekritisch dechiffriert, sondern auf die Frage der *Form*. An dieser epochalen Erkenntnis haben sich später die TheoretikerInnen der Staatsableitungsdebatte orientiert. Ich werde im folgenden die Erkenntnisse der Formanalyse für die Rechtstheorie reformulieren. Dabei besteht mein Ansatz darin, anstelle einer Ableitung der Rechtsform aus der Warenform die ihnen *gemeinsame Arbeitsweise* im Sinne Foucaults zu generalisieren, um daran anschließend die Spezifik der Rechtsform herausarbeiten zu können.

1. Gesellschaft – ein prekäres hegemoniales Projekt

Karl Marx hatte in der Auseinandersetzung mit der Warenförmigkeit die soziale Form des Wertes bzw. der Ware, des Geldes und des Kapitals theoretisch entwickelt. Ich orientiere mich – ganz ähnlich wie Paschukanis – an seiner Analyse der Wertform und versuche, durch das Nachzeichnen seiner Argumentation einen Ausgangspunkt für das Gemeinsame der unterschiedlichen Formen zu rekonstruieren.

1.1 Der Wert als soziale Form

Die Kritik von Marx an der Politischen Ökonomie seiner Zeit bildet dabei den Ausgangspunkt:

> »Die politische Ökonomie hat nun zwar, wenn auch unvollkommen Wert und Wertgröße analysiert und den in diesen Formen versteckten Inhalt entdeckt. *Sie hat niemals auch nur die Frage gestellt, warum dieser Inhalt jene Form annimmt* [...]« (MEW 23:94f., Herv. S.B.).

Marx' Vorwurf lief darauf hinaus, dass die Nationalökonomen trotz all ihrer Erkenntnisse von ihrem eigentlichen wissenschaftlichen Objekt keinerlei Bewusstsein erlangt hatten (Brentel 1989: 12). Diesem komme man nur auf die Spur, wenn man fragt, warum die Gesellschaftlichkeit der Arbeit im Kapitalismus die *Form* des Wertes annimmt. Damit verließ er das Terrain einer Ökonomietheorie, um, so Backhaus, »die *sozialen Bedingungen* aufzuzeigen, welche die Existenz der Wertform notwendig machen« (1969: 140, Herv. S. B.). Es kam ihm demnach nicht bloß darauf an, die mathematisierte Marktökonomie in die Soziologie hereinzunehmen, sondern genau das von der Ökonomie zu fordern, was sie nicht leistet: »nämlich die Rückübersetzung der ökonomischen Gesetze in geronnene menschliche Verhältnisse« (Adorno 1993: 239).

Was also sind die sozialen Bedingungen der sozialen Formen? Marx untersuchte die Verselbständigung einer ganz spezifischen Praxis: der für ihn unmittelbarsten Erscheinungsweise der *gesellschaftlichen Tätigkeit* (Lukács 1973: 498), der Arbeit. Dabei konnte er auf Hegels Überlegungen zur abstrakten Arbeit in der *Jenenser Realphilosophie* zurückgreifen (Hegel 1969: 214 f.), die bereits offensichtlich auf den Ansatz von Marx »vorausweisen« (Marcuse 1962: 78).

Karl Marx ging es darum zu zeigen, dass der Wert in dem Moment als soziale Eigenschaft von Dingen auftritt, »wo die Gesamtarbeit in einer ganz spezifischen Weise *problematisch* ist [...]« (Brentel 1989: 155, Herv. i. O.). Sie ist dies unter kapitalistischen Bedingungen deshalb, weil in der privaten Organisation der Produktion die konkret-einzelne Arbeit im Gegensatz zu anderen Produktionsweisen nicht bereits unmittelbar gesellschaftliche Form besitzt, sondern diese erst durch den Austausch erhält (ebd.): »Weil die Einzelnen ihre individuelle Arbeit in Gestalt *voneinander unabhängiger Privatarbeiten* verausgaben, müssen sie ihre Produkte tauschen. Denn dies ist die einzige Möglichkeit, dass sich ihre Privatarbeiten überhaupt als Bestandteile der *gesellschaftlichen Gesamtarbeit* betätigen« (Heinrich 1999: 207, Herv. i. O.). Dabei erlangen die Arbeitsprodukte die *gesellschaftliche* Eigenschaft, Wert zu besitzen, die sie mit anderen vergleichbar und daher austauschbar macht. Die Gesellschaftlichkeit der nur um des Profits willen erbrachten Privatarbeiten kann sich also erst über den Tausch als solche erweisen. Die ProduzentInnen stellen auf diese Weise einen gesellschaftlichen Zusammenhang her, der das unbewusste Resultat ihres Handelns ist. Marx stellt daher mit der Warenformanalyse die »fundamentale Frage, [...] in welcher Weise in einer Gesellschaft von *Privat*produzenten ein kohärenter gesellschaftlicher Zusammenhang hergestellt wird« (ebd.: 208), oder mit den Worten *Alfred Sohn-Rethels*, wie der »Daseinszusammenhang der Menschen zu einer lebensfähigen Gesellschaft« vermittelt wird (1970: 16). »Gesellschaftliche Synthesis«[2] hält

2 Mit Synthesis bezieht sich Sohn-Rethel auf die Kantische Erkenntnistheorie: darauf, dass Kant die Möglichkeit der Erkenntnis an die subjektive

»das Mannigfaltige der darin gegebenen arbeitsteiligen Beschäftigungen« zusammen (ebd.).[3]

Doch jene gesellschaftliche Synthesis muss nicht notwendig gelingen, und selbst wenn sie gelingt, bleibt sie prekär und existiert, in den Worten von Laclau und Mouffe, nur als Anstrengung, dieses unmögliche Objekt zu konstruieren (2000: 150). In einem kreuz und quer von vielfältigen Antagonismen durchzogenen Raum, in welchem hegemoniale Projekte miteinander konkurrieren, kann das Soziale[4] kein »genähter Raum« sein (130). Gesellschaft wird nicht als objektiv vorgegebene Totalität gefasst, »sondern als das komplexe und instabile Resultat vielfältiger politischer Artikulationen« (Müller/Christensen 2004: 175), in der Sprache von Habermas: als ein verzweigtes Netz kommunikativer Handlungen mit unterschiedlichen Komponenten (Habermas 1994: 107 f.) oder eben systemtheoretisch als Logik von Teilsystemen. Während Habermas hofft, dass es in diesem fragmentierten Raum kapitalistischer Gesellschaften mit der Lebenswelt einen privilegierten Punkt gibt, von dem aus über die Gesellschaft als Ganze vernünftig reflektiert werden könnte, gehen Luhmann und Teubner davon aus, dass die »Integration« sich nur unter der Logik der jeweiligen »Teilsysteme« vollziehen kann (Neves 2000: 47).

Mit Marx kommt man zu einem vermittelnden Ergebnis. Es gibt keinen privilegierten Ort mehr, von dem aus über das Ganze reflektiert werden könnte, aber stattdessen Träger gesellschaftlicher Synthesis, die ein Moment dessen aufbewahren, was Habermas an Hoffnungen in die Lebenswelt projiziert: Der Wert ist *ein* solcher Träger, eine »Form der *Einheit* gesellschaftlicher Arbeit unter den Bedingungen ihrer *systematischen Divergenz*« (Brentel 1989: 160, Herv.i.O.). Damit kann man die Wertform und im Anschluss auch die Rechtsform in der Sprache Foucaults desgleichen als »Technologie« bezeichnen. Technologien, so hatte ich festgehalten, entwickeln sich als spezifische Arbeitsweisen in konkreten Kontexten und antworten auf konkrete Probleme, deren vorläufige »Lösung« sie ermöglichen.

Fähigkeit zur Synthesis des je Mannigfaltigen gebunden hatte, an das »Ich denke – das all mein Denken begleitet« (Kant 1995 {1781}: 136).

3 Bei Holloway heißt es: »Eine nur aus Einzelheiten zusammengesetzte Welt wäre unvorstellbar und sie wäre unbewohnbar« (Holloway 2002: 80).

4 Laclau/Mouffe sprechen vom Sozialen (welches mit dem Diskurs gleichbedeutend ist) und nicht von »Gesellschaft«. Doch ihre These von der »Unmöglichkeit von Gesellschaft« (2000: 148 f.) richtet sich nur gegen einen spezifischen Begriff von Gesellschaft, nämlich den einer transparenten und sich selbst reproduzierenden Einheit (Stäheli 2000a: 36). Insofern ist der hier vertretene Gesellschaftsbegriff kompatibel mit demjenigen der Diskurstheorie.

Ob ein Produkt Wert hat, das heißt Teil der gesellschaftlichen Gesamtarbeit ist, ist per se problematisch und stellt sich immer erst im Nachhinein heraus. Die so erreichte Einheit ist eine mit der kapitalistischen Produktionsweise objektiv und gewaltsam erzwungene Einheit (161). Wert als Träger gesellschaftlicher Synthesis stellt dabei »in einer *irrationellen* Produktions- und Vergesellschaftungsweise das einzige ›Verfahren‹ dar, in dem diese Gesellschaft über eine (wenn auch verdinglichte und entfremdete) ›*rationelle*‹ Form und ein ›Bewusstsein‹, das heißt, eine begrenzte kalkulatorische Möglichkeit über ihren Gesamtzusammenhang besitzt« (ebd.).

Dies ist der systematische Zusammenhang, vor dessen Hintergrund Balbus von der auf-den-Kopf-gestellten Gesellschaftlichkeit spricht: Den immer schon *gesellschaftlichen* Einzelnen gerät ihre Gesellschaftlichkeit zu einem Zweiten, die sich hinter ihrem Rücken herstellt. Das »Leben des Ganzen«, hatte schon *Max Horkheimer* festgehalten, geht aus der Warenproduktion nur unter »ungeheuren Reibungen« und gleichsam als ein Zufall hervor (1937:258).

1.2 Rechtliche Kohäsionstechnik

Die Überlegung von Paschukanis und seinen Nachfolgern war nun, dass der »Wert« nicht der einzige Träger gesellschaftlicher Synthesis ist, nicht die einzige Möglichkeit, durch welche Menschen über ein begrenztes Verfahren der Erkenntnis ihres Gesamtzusammenhanges verfügen. Poulantzas hatte etwa den Staat als wesentlichen Kohäsionsapparat herausgearbeitet. Ähnlich argumentiert Joachim Hirsch:

> »Was aber für die Gesellschaftlichkeit der Arbeit gilt, gilt auch für die politische Gemeinschaftlichkeit: auch sie ist in einer arbeitsteiligen, konkurrenzvermittelten und von materiellen Klassenantagonismen geprägten Gesellschaft nicht unmittelbar herstellbar, sondern muss eine ebenso verdinglicht-objektivierte Gestalt annehmen – die den Individuen als äußerer Zwangszusammenhang entgegentretende politische Form oder der (bürgerlich-kapitalistische) Staat« (Hirsch 1994:164).

Und auch für das Recht lässt sich dies behaupten. War es gerade das Kennzeichen der bürgerlichen Gesellschaft, dass sie Subjekte als gegeneinander vereinzelte Monaden hervorbringt, so stellt sich die Frage, wie diese Subjekte überhaupt zu dem Ganzen, welches Foucault »Bevölkerung« und Poulantzas »Volk-als-Nation« nennt, artikuliert werden. Poulantzas bezeichnete sowohl den Staat, also die politische Gemeinschaft, als auch das Gesetz als »Kohäsionstechniken«.

Ich hatte bereits im Abschnitt zur Subjektivierung darauf hingewiesen, dass die Rechtsform nicht nur subjektivierend, sondern zugleich homogenisierend wirkt. Diese Argumentation gilt es nun weiterzuführen: rechtliche Praxen heben die vereinzelnde und hierarchisierende Subjektivierung nicht auf, verknüpfen aber die Subjekte zu einer äußeren Einheit. Das Schließen von Verträgen, die gerichtsförmige Austragung von Konflikten sowie Strafe und Verwaltungsakte sind die Art und Weise, in der die Subjekte ihre Gesellschaftlichkeit praktizieren. *Die Rechtsform produziert demzufolge Subjektivierung und Kohäsion.*

Es geht zusammengefasst nicht bloß um die Ermöglichung des Warentauschs durch das Recht, wie es bisher in der Tradition von Paschukanis gedacht wurde, sondern um eine viel umfassendere Thematik, um die skizzierte Vergesellschaftung, in welcher der soziale Zusammenhang per se prekär ist und sich erst über naturwüchsig entstehende Kohäsionstechniken herstellen kann, deren Funktionieren selbst unsicher bleibt. Wenn Vergesellschaftung nicht mehr von einem Prinzip ausgehend gedacht werden kann und das Soziale deswegen auch kein genähter Raum ist, wird die Einheit des Ensembles selbst zu einem hegemonialen Projekt (Laclau/Mouffe 2000: 100; Jessop 1990: 291), welches stets aufs Neue durchgesetzt werden muss – sich dafür aber auf Techniken wie das Recht stützen kann, die diese Vereinheitlichung regulieren.

2. Der Formbegriff

Meine zentrale Kritik am formanalytischen Ansatz bestand darin, dass dieser die Formen aus der »Funktion« für die kapitalistische Warenproduktion ableitete. Ich gehe demgegenüber davon aus, dass es darauf ankommt, die *Wirkungsweise* der Formen zu analysieren, welche dann unter Umständen ex post einen Effekt für die Warenproduktion haben kann.

In dieser Perspektive werde ich im folgenden die Kohäsionstechniken bzw. die sozialen Formen« analysieren. Richtungsweisend ist dabei die Definition von Joachim Hirsch:

> »Soziale Formen sind die verdinglichten und fetischisierten, nur durch theoretische Kritik zu entschlüsselnden Gestalten, die das wechselseitige Verhältnis der gesellschaftlichen Individuen in einer gegenüber ihrem bewussten Willen und Handeln verselbständigten Weise annimmt und die ihre unmittelbaren Wahrnehmungen und Verhaltensorientierungen prägen: Ware, Geld, Kapital, Recht, Staat. Indem sie das Handeln von Individuen und Klassen in einer von diesen nicht unmittelbar durchschaubaren Weise anleiten, machen sie grundlegende gesellschaftliche Antagonismen ›prozessierbar‹, d.h. sie gewährleisten, dass sich die Gesellschaft trotz und wegen ihrer Widersprüche erhält und reproduziert; ohne diese damit allerdings

aufzuheben. Eine ›formanalytische‹ Gesellschaftstheorie steht damit in einem klaren Gegensatz zu einer ›funktionalistischen‹« (Hirsch 1994:161).

Die Bestimmung der Rechts*form* soll in den folgenden Abschnitten entfaltet werden, jeweils verdeutlicht an der von Marx untersuchten sozialen Form, der Wertform.

2.1 *Wert und Wertform*

In welcher Weise funktioniert also der Wert als soziale Form? Waren, als Elementarformen kapitalistischer Vergesellschaftung, weisen die eigentümliche Eigenschaft auf, Wert zu besitzen. Diese nur scheinbare Sacheigenschaft lässt sich mit Marx als *Gesellschaftlichkeit der Arbeit* in der bürgerlichen Gesellschaft dechiffrieren – als abstrakt-allgemeine Arbeit. Damit ist nach Brentel bereits die eine Dimension sozialer Formen *(»Form I«)* benannt (Brentel 1989:13)[5]: Die Gleichheit der Privatarbeiten im Tausch ist keine einfache Eigenschaft, die ihnen ohne weiteres zukommt. Sie »ist vielmehr eine bestimmte, gesellschaftliche Beziehung zu allen anderen Privatarbeiten. Und erst aufgrund dieser nicht natürlichen, sondern spezifisch gesellschaftlichen Gleichheit kann man von abstrakter Arbeit sprechen« (Heinrich 1999:209). Die besondere Arbeit des Privatindividuums muss, um gesellschaftliche Wirkung zu haben, sich als ihr unmittelbares Gegenteil, als abstrakt allgemeine Arbeit, darstellen.

Obwohl »Wert« ein soziales Verhältnis ist, erscheint die Werteigenschaft als eine Sacheigenschaft der Arbeitsprodukte (Brentel 1989:13). Diese Eigenschaft kommt zunächst den Waren in ihrem Doppelcharakter (Gebrauchswert und Tauschwert) zu, sie muss jedoch, wie Esser festgestellt hatte (vgl. Teil B), eine »wirklich selbständige« Existenzform annehmen in der Naturalform einer anderen Ware. Der Wert existiert also nur in einer spezifischen Wert-Form oder Erscheinungs- bzw. Existenzform. Damit sind wir bei der zweiten Dimension der Wertform angelangt *(»Form II«)* (14). Denn die Verwandlung von Waren in Wertzeichen geht im Kopf durch bloße Abstraktion vor sich, »aber im wirklichen Umtausch ist eine wirkliche Vermittlung notwendig, ein Mittel, um diese Abstraktion zu bewerkstelligen« (MEW 42:77). Die im Kopf hergestellte Einheit ist eine »bloß imaginäre Einheit«, »beim

5 *Helmut Brentel* unterscheidet drei Form-Dimensionen (I-III), wobei die unter 1.1 dargestellte »Gesellschafts-Form« *(»Form III«)* (1989:154), bzw. in den Worten Krahls: »der materialistische Begriff der allgemeinen Form« (Krahl 1985:348), der Bestimmungsgrund der anderen beiden Dimensionen ist.

wirklichen Austausch muss die Abstraktion wieder vergegenständlicht, symbolisiert, durch ein Zeichen realisiert werden« (78).

Die Formen I und II, Wert und Wert-Form, sind also sinnlich-übersinnlich, sowohl Verhältnis als auch Ding: einerseits etwas rein Gesellschaftliches, andererseits aber immer auch verdinglichtes Dasein (ebd.). Die Ware ist zwar ein Doppeltes, doch der Warenkörper zeigt nur, dass er Gebrauchswert ist. Der Wert kann daher nur als gesellschaftliche Eigenschaft im gesellschaftlichen Verhältnis zu einer anderen Ware erscheinen, benötigt eine eigene Wertform (Heinrich 1999: 222). »Das Problem der Wertform, der selbständigen Darstellung des Wertes im Tauschwert«, so Krahl, »ist also das seiner versachlichenden Selbstdarstellung« (1985: 36). Der Tauschwert bleibt eine inhärente Qualität der Waren, während er zugleich außer ihnen existiert. Im Geld tritt er der Ware als etwas anderes gegenüber. »Der in der Ware eingehüllte innere Gegensatz [...] wird also dargestellt durch einen äußeren Gegensatz« (Marx zit. n. Backhaus 1969: 141). Dementsprechend ist die Ware nicht nur bloßer Gebrauchsgegenstand sondern ebenso Verkörperung gesellschaftlicher Verhältnisse (Postone 1982: 16; Krahl 1985: 348).

2.2 *Realabstraktion*

Wie geht nun aber die Entäußerung des immanenten Widerspruches zu einer eigenständigen Existenz, der Existenz- oder Erscheinungsform der sozialen Form vor sich? Die Verwandlung von Produkten in Waren ist, wie sich gezeigt hat, nur dadurch möglich, dass sie auf Gleiches reduziert werden. Dies findet in der Abstraktion statt. Die AkteurInnen sehen beim Tausch der Waren sowohl von den konkreten Eigenschaften der Arbeit ab, die sie hervorbringen, als auch von persönlichen Eigenschaften der KäuferInnen und VerkäuferInnen. Sie abstrahieren von den Besonderheiten der Produktionsprozesse und von den Gebrauchswerten der Erzeugnisse.

Abstraktion ist zunächst keine nur diesen Verhältnissen immanente Praxis, sondern, wie Ritsert feststellt, steckt Abstraktion, das heißt das Absehen von an sich feststellbaren Merkmalen, in jeder noch so konkreten Erfahrung. Abstraktion von anderen Möglichkeiten des Vorgehens charakterisiert jede Handlung. »Es kann keine vollständige Erfahrung [...] irgendeiner wie immer auch konkreten Situation geben, worin wir uns befinden« (Ritsert 1998: 333).

Abstraktionen sind gedankliche Tätigkeiten, begriffliche Operationen. Die spezifisch Marxsche Entdeckung, worauf insbesondere Sohn-Rethel und Adorno Wert legten, war es aber nun, dass »die Begrifflichkeit nicht nur in den Köpfen der Philosophen, sondern in der Wirklichkeit der Sache selbst steckt [...]« (Adorno 1997: 503). Abstraktion wird *real* gesellschaftlich vollzogen, als »Realabstraktion« (Sohn-Rethel 1970:32). In den Tauschvorgang geht ein Moment der Begrifflichkeit mit ein, er ist eine objektive Reduktion auf Gleiches, egal ob die Menschen darüber reflektieren oder nicht (Adorno 1997:504):

> »In dessen universalem Vollzug, nicht erst in der wissenschaftlichen Reflexion, wird objektiv abstrahiert; wird abgesehen von der qualitativen Beschaffenheit der Produzierenden und Konsumierenden, vom Modus der Produktion, sogar vom Bedürfnis, das der gesellschaftliche Mechanismus beiher, als Sekundäres befriedigt. Primär ist der Profit« (Adorno 1995a:13).

Mit der Realabstraktion grenzte sich Marx von Hegel in der Weise ab, dass die Abstraktion nicht mehr das ausschließliche Privileg des Denkens ist (Sohn-Rethel 1970:33):

> »Das Wesen der Warenabstraktion aber ist, daß sie nicht denkerzeugt ist, ihren Ursprung nicht im Denken der Menschen hat, sondern in ihrem Tun. [...] Während die Begriffe der Naturerkenntnis Denkabstraktionen sind, ist der ökonomische Wertbegriff eine Realabstraktion. Er existiert zwar nirgends anders als im menschlichen Denken, er entspringt aber nicht aus dem Denken. Er ist unmittelbar gesellschaftlicher Natur, hat seinen Ursprung in der raumzeitlichen Sphäre zwischenmenschlichen Verkehrs. Nicht die Personen erzeugen diese Abstraktion, sondern ihre Handlungen tun das, ihre Handlungen miteinander« (34f.).

Die Abstraktionsvorgänge werden von den AkteurInnen selbst im Verlauf ihrer tatsächlichen Tauschhandlungen vollzogen, und müssen nicht erst vom Beobachterstandpunkt aus konstruiert werden (Ritsert 1998:335). Die Abstraktion geht routiniert und unbewusst vor sich, es handelt sich um ein »Nicht-Wissen im Wissen selbst« (Reichelt 2002:152): »Indem sie ihre verschiedenartigen Produkte einander im Austausch als Werte gleichsetzen, setzen sie ihre verschiedenen Arbeiten einander als menschliche Arbeit gleich. Sie wissen es nicht, aber sie tun es« (MEW 23:88).

Die Gleichsetzung, die für die Wert- wie für die Rechtsform eine so wesentliche Rolle spielt, bleibt den Beteiligten selbst undurchsichtig, es geht überhaupt nicht um einen intellektuellen Abstraktionsvorgang; die Abstraktion vollzieht sich vielmehr durch die Handlungen der Tauschenden hindurch (Heinrich 1999:209). Unabhängig davon, was diese Feststellung für die Erkenntnistheorie bedeutet, so bedeutet sie zugleich eine Theorie der Verselbständigung menschlicher Handlungen, die das unmittelbare Verständnis sozialer Verhältnisse verhindert. Routinisierte Handlungen zeichnen sich zwar grundsätzlich dadurch aus, dass sie »wie von selbst geschehen« auf der Basis eines »praktischen

Bewusstseins« (Giddens). Formgeleitete routinisierte Handlungen sind darüber hinaus jedoch dem »diskursiven Bewusstsein« nicht unmittelbar zugänglich, da sie erst theoretisch entschlüsselt werden müssen, im Zweifelsfalle sogar durch »kontraintuitives« theoretisches Wissen, wie Habermas es formulierte.

Soziale Formen erfordern daher eine Fetischtheorie: Sie sind nichts anderes als geronnene menschliche Verhältnisse, verdecken dies jedoch zugleich. Die Rechtssystemtheorie formuliert genau besehen einen ähnlichen Gedanken – ihre »Fetischtheorie« tritt in der Begrifflichkeit der ›Paradoxie‹ auf. Die prinzipielle Unentscheidbarkeit, der Eintritt der Politik in das System, ist letztlich Ausdruck der nur prekär gelingenden Verdinglichung. Verschiedene Techniken müssen invisibilisieren, dass auch das System, die soziale Form, letztlich nicht mehr ist als geronnene und reproduzierte soziale Verhältnisse.

Das ist weder das Ergebnis eines metaphysischen Subjekts noch des strategischen Handelns mächtiger AkteurInnen – selbst diese sind den Formen unterworfen. Der Fetischismus steht daher im Mittelpunkt der Marxschen Theorie der Macht (Holloway 2002: 59) und lässt sich nicht auf den Waren- und Geldfetisch beschränken. Insbesondere *Georg Lukács* hat schon frühzeitig mit der Terminologie der »Verdinglichung« darauf aufmerksam gemacht, dass die Verhältnisse zwischen Personen den Charakter der Dinghaftigkeit und damit eine ›gespenstige Gegenständlichkeit‹ erhalten, die in ihrer strengen, scheinbar völlig geschlossenen Eigengesetzlichkeit jede Spur ihres Wesens, nämlich Beziehung zwischen Menschen zu sein, verdeckt (Lukács 1968: 257). *Axel Honneth* reformuliert diesen Gedanken für das Verhältnis der Subjekte untereinander als »Anerkennungsvergessenheit«, das heißt, als Prozess, in dem im Wissen um andere Menschen sowie in ihrem Erkennen das Bewusstsein verloren geht, »in welchem Maße sich beides ihrer vorgängigen Anteilnahme und Anerkennung verdankt« (Honneth 2005: 68).

Jacques Derrida hat seine Analyse des Fetischkapitels als »Gespenstertheorie« formuliert: der Charakter des Fetischs ist seine ›Gespenstigkeit‹, die Produktion des Spuks (Derrida 1995: 234). Spuk heißt nicht einfach Vergeistigung, also Verselbständigung des Geistes im Hegelschen Sinne, sondern meint eine Verselbständigung, die *verwirklicht* wird, indem sie einen Leib erhält, d.i. zum Gespenst, wird (200). Die bloß imaginäre Abstraktion im Kopf, wie Marx oben sagte, wird vermittelt durch die Verleiblichung des Gespenstes. Gerade die aufgeklärte kapitalistische Gesellschaft der erweiterten Reproduktion wird das religiöse Moment nicht los, und stattdessen beherrscht von »Okkultismus, Obskurantismus und Unreife von vor der Aufklärung«, wird zu einer »kindischen oder primitiven Menschheit« (241), den Gespenstern unterworfen (244). Diese Verselbständigung ist der irreduzible spezifische Charakter des Gespenstes (234).

Habermas' und Luhmanns Systemkonzeptionen stellen genau auf diesen verdinglichten Mechanismus ab, arrangieren sich dann jedoch entweder resignativ oder affirmativ damit. Sie haben insofern Recht, als die sozialen Formen gerade aufgrund der Verdinglichung besonders hartnäckige Konsenstechniken darstellen. Unrecht aber haben sie, wenn sie davon abstrahieren, dass selbst diese widerständigen Undurchdringlichkeiten in alltäglichen Routinen hergestellt werden müssen.

2.3 Verselbständigung sozialer Verhältnisse: Verdinglichung, Naturalisierung und Co

Honneth hat jüngst darauf hingewiesen, dass es Anzeichen dafür gibt, dass der Begriff der ›Verdinglichung‹, der das Leitmotiv der Sozialkritik der 20er und 30er Jahre des letzten Jahrhunderts war, eine Renaissance erleben könnte (2005: 11 f.). Während Marx die Verdinglichung auf die sozialen Formen zurückgeführt hatte, unterstellen Foucault und Derrida einen umfassenderen gesellschaftlichen Vorgang. Beide gehen zwar von anderen theoretischen Prämissen aus als Marx, also nicht von der Warenproduktion, sondern von Sprache, Diskursen oder Machtverhältnissen, kommen aber ebenfalls zum Ergebnis einer Verselbständigung gesellschaftlicher Verhältnisse. Bei Foucault hat die Darstellung gezeigt, dass ihn die Vorstellung eines ›Wirrwarrs‹ von Machtverhältnissen, die an allen gesellschaftlichen Ecken und Enden entstehen und die sich zu größeren Formationen verketten, dazu brachte, von einer gesellschaftlichen Anonymität auszugehen, unabhängig von möglichen Abstraktionsvorgängen sozialer Formen. Es liegt also eine ganz ähnliche Vorstellung wie bei Marx zugrunde.

Derrida kritisiert aber an Marx, dass jener die Gespenstigkeit einzig und allein auf die Warenproduktion zurückführe, so dass sie mit der Veränderung der Produktionsweise verschwände (1995: 258). Er geht demgegenüber davon aus, dass Vergesellschaftung a priori Gespenster und Spuk hervorbringe. Er erläutert dies am Unterschied von Tausch- und Gebrauchswert. So scheint der Gebrauchswert bei Marx unproblematisch zu sein, er war intakt, bevor der Tauschwert die Bühne betrat – rein und einfach, ohne mysteriöse Eigenschaften (237), mit sich selbst identisch. Diesen Ursprung des Gespenstischen lehnt Derrida ab (251). Denn auch der Gebrauchswert sei gesellschaftlich bestimmt. Es gebe keinen reinen Gebrauch, seine Bedeutung sei gesellschaftlich überdeterminiert, historisch kontingent. Der Fetisch der sozialen Formen ist nicht die einzige Verselbständigung. Sprache etwa tritt den gesellschaftlichen Subjekten immer schon als ein nach eigenen Regeln funktionierendes System gegenüber. Auch Diskurse entwickeln eine *»Eigendynamik semantischer und kultureller Prozesse«* (Bublitz 2003: 7, Herv. i. O.).

Insofern will Derrida von einer Hantologie[6] anstelle von Ontologie sprechen (1995:253).

Der Widerspruch zwischen beiden Ansätzen ist jedoch nur ein scheinbarer, denn die Gesellschaft, in welcher die Machtstrategien sich myriadenhaft zu einem gesellschaftlichen Spuk verketten, ist nichts prinzipiell von dem Marxschen Fetisch Verschiedenes. Die moderne kapitalistische Gesellschaft, auf die sich Derrida und Foucault beziehen, ist ein »erster wirklich globaler Typ gesellschaftlicher Organisation in der Geschichte [...]« (Giddens 1992:237; vgl. auch Adorno 1995a:9), der überhaupt dem Begriff der »Vergesellschaftung« seinen Sinn gibt, der immer weitere Sektoren in seinen Bann zieht und nicht existieren kann, ohne die »Produktionsverhältnisse, also sämtliche gesellschaftlichen Verhältnisse fortwährend zu revolutionieren« (MEW 4:465). Der Objektivitätsüberhang ist gerade sein Kennzeichen. Adorno spricht in diesem Zusammenhang in Anlehnung an *Emile Durkheim* von »Undurchdringlichkeiten«, an denen man Gesellschaft als sich verselbständigte Objektivität zu spüren bekomme, die das Moment der Unansprechbarkeit haben (Adorno 1993:66, 69). Das *spezifisch Gesellschaftliche* besteht im Übergewicht von Verhältnissen über die Menschen (Adorno 1995a:9).

Soziale Formen sind also längst nicht die einzigen »Undurchdringlichkeiten«, insofern haben Derrida und Foucault Recht (so auch kritisch gegen Lukács: Honneth 2005:97 f.). Die Besonderheit der sozialen Formen, das was man den Spuk im engeren Sinne nennen könnte, besteht aber gerade darin, dass die Verhältnisse nicht nur komplex und daher undurchschaubar sind, sondern dass sie verdecken, dass sie soziale Verhältnisse sind und sich in diesem Sinne *verdinglichen*. Man kann dies an Derridas Beispiel des Gebrauchswertes zeigen: So ist er zwar überdeterminiert, es gibt keinen unmittelbaren vorgesellschaftlichen Gebrauch, aber die Ware ist als Gebrauchswert tatsächlich insofern nicht »mysteriös«, als es offensichtlich bleibt, dass es sich hier um einen durch menschliche Tätigkeit veränderten Naturstoff handelt (MEW 23:85). Dies ist beim Tauschwert längst nicht mehr sichtbar, da er sich nur in einer anderen Ware, also verdinglicht, darstellen kann.

Eine Theorie, welche die Verselbständigung menschlichen Handelns in den Blick nähme, müsste sich dem Phänomen umfassender widmen, zunächst der allgemeinen Verselbständigung, die durch die moderne kapitalistische Gesellschaft als solche hervorgebracht wird, und daran anschließend den spezifischen Verdinglichungs- oder auch Naturalisie-

6 »Hantologie« meint die Lehre von der Heimsuchung, vom Spuk. »Hantologie« wird im Französischen ähnlich ausgesprochen wie Ontologie. Derrida will damit zeigen, dass schon im Begriff eingeschrieben ist, dass jede Lehre vom Sein immer schon eine vom Nicht-Sein, von den Gespenstern, ist.

rungsweisen. Eine auffällige Parallele besteht etwa zur Zweigeschlechtlichkeit, die als »Verkörperung gesellschaftlicher Verhältnisse« kaum weniger passend beschrieben wäre als die der gesellschaftlichen Arbeit in der Ware. Die Einsicht in ihre gesellschaftliche Konstruiertheit wird hier durch einen anderen Mechanismus bewerkstelligt: den der Biologisierung des sozialen Verhältnisses, welche für das Alltagshandeln ebenso undurchdringlich bleibt wie der Warenfetisch. Die Verselbständigungen verweisen allesamt darauf, dass die moderne bürgerliche Gesellschaft über keine oder nur sehr rudimentäre Prozeduren der Selbstaufklärung und kollektiven Selbstregierung verfügt.

Im folgenden werde ich mich der spezifisch juridischen Art und Weise der Verselbständigung zuwenden, dem Faszinosum jeder Rechtstheorie, welches sein Wirken dem hybriden Charakter seiner normativen Faktizität verdankt. In den dargestellten Theorien wurde es bisher in den Begriffen der »relativen Autonomie« bzw. der »relativen Unabhängigkeit« und der »internal-external-dialectic« verhandelt. Ich werde zeigen, dass diese scheinbare Undurchdringlichkeit, ähnlich wie der Tauschwert, in ein soziales Verhältnis aufgelöst werden kann.

2.4 *Rechtsform*

2.4.1 Subjektivierung und Kohäsion

Mit der Wert- oder Warenform ist in der Marxschen Tradition *eine* soziale Form beschrieben worden. Sie prozessiert die Bedürfnisbefriedigung durch gesellschaftliche Arbeit in der kapitalistischen auf Privat- und Mehrwertproduktion basierenden Gesellschaft. Paschukanis hat nun in der Rechtsform eine weitere soziale Form ausgemacht. Wenn seine Behauptung richtig ist, dann müsste sie ebenfalls ein soziales Verhältnis darstellen, welches sich durch Abstraktion verselbständigt und eine eigene Form, das heißt, eine selbständige objekthafte Qualität, ausbildet, die dem unmittelbaren Zugriff des Alltagshandelns entzogen ist, dieses jedoch anleitet und dadurch zu einer Kohäsionstechnologie wird.

Ich habe zu zeigen versucht, dass das Recht an der Subjektivierung maßgeblich beteiligt ist. Dabei findet ein ähnlicher Mechanismus statt wie bei der Gleichsetzung der Arbeitsprodukte, den Balbus den »Mechanismus des Ersetzens« genannt hatte. Die Gleichheit verschiedener Arbeiten kann nur in einer Abstraktion von ihrer wirklichen Ungleichheit bestehen (MEW 23:87f.), nämlich »in der Reduktion auf den gemeinsamen Charakter, den sie als Verausgabung menschlicher Arbeitskraft, abstrakt menschliche Arbeit, besitzen«. Auch die Rechtssubjekte werden als abstrakt gleiche zueinander in Verbindung gesetzt. Die gesellschaftlich produzierte Gleichheit durch Abstraktion ist, so kann man schlussfolgern, der zentrale Modus, um Inkommensurables kommensurabel zu machen. In dieser Perspektive wird deutlich, dass nicht nur ökonomische (Klassen-)Differenzen und Antagonismen prozessiert werden, wie die verengte Diskussion um die Produktions-/Zirkulationssphäre nahelegte, sondern Differenzen überhaupt. Zudem erfüllt die Rechtsform damit keine »Funktion«, sondern erzeugt eine Wirkung. Dass dadurch auch die WarenbesitzerInnen zu Rechtssubjekten werden und die Waren getauscht werden können, ist ein Effekt.

Inkommensurabel sind die gesellschaftlichen Monaden in ihrer Parzellierung gegeneinander. Rechtliche Praxen schaffen eine eigene Parzellierung und organisieren *zugleich* die Neuzusammensetzung des gesellschaftlichen Körpers. Die Gleichheit der Rechtssubjektivität ist eine Weise, die Verbindung je individuierter Gesellschaftsmitglieder zu ermöglichen, sei es über Verträge, über Gesetze oder über Gerichtsentscheidungen. »Abstract and equal subjects, the atoms of the legal relationship, cannot relate to each other according to principles of ›traditional‹ privilege, but do so by means of *contract*, which is the *formalisation of mutual recognition of equal subjects*«, schreibt China Miévielle in der Tradition von Paschukanis (Miéville 2005: 88, Herv. i.O.).

Recht bietet so aber nicht nur ein Forum, in dem Konflikte ausgetragen werden können, »Streit« wie Paschukanis dachte, sondern ist allgemeiner ein formaler Kohäsionsrahmen für die individuierten Monaden. Das Formale und Abstrakte steht in diesem Sinne tatsächlich in enger Beziehung zu den realen Fraktionierungen der gesellschaftlichen Arbeitsteilung und zur Individualisierung (Poulantzas 1978: 79). Im Zivilprozess etwa werden *gesellschaftliche* Momente, in welche der Streit zweier Rechtsparteien eingebettet ist, prozedural auf die Agenda gesetzt, wie etwa Fragen der Minderjährigkeit, der Deliktsfähigkeit, Fragen von »Treu und Glauben«, von Irrtümern und Sachmängelhaftung. In den Verfassungsprozessen wird das Verhältnis von Einzelnem und Gesellschaft nach formalen Prüfungskriterien operationalisiert und »abgewogen«. In diesem Sinn lässt sich auch Paschukanis' Aussage reinterpretieren, dass das Rechtsgewebe »die Kette durch gegenseitige Forderungen miteinander verbundener Subjekte [...]« sei (Paschukanis 1970 {1924}: 75). Über formalisierte Prozeduren und abstrahierende Normen wird Gesellschaft nachträglich in die sozialen Beziehungen hereingeholt, werden die divergenten Einzelnen zu einem sozialen Gewebe verknüpft. Verknüpfen lassen sie sich jedoch nur über die abstrakte Gleichsetzung in der Rechtssubjektivität.

Unter dieser Perspektive lässt sich auch das Luhmannsche Diktum, dass es beim Recht ausschließlich um Normativität geht, verstehen. Nur normativ werden die Einzelnen als Gleiche miteinander in Beziehung gesetzt. Normativität ist aufgrund von Abstraktionsvorgängen vom Hier und Jetzt möglich. Formabstraktionen ermöglichen die Prozessierbarkeit gesellschaftlicher Widersprüche. Marx hat das am Beispiel des Austauschprozesses aufgezeigt, der funktioniert, obwohl die Widersprüche weiter existieren. »Die Entwicklung der Ware hebt diese Widersprüche nicht auf, schafft aber *die Form, worin sie sich bewegen können. Dies ist überhaupt die Methode, wodurch sich wirkliche Widersprüche lösen«* (MEW 23:118: Herv. S.B.). Widersprüche bewegen sich in der Form – ein Widerspruch ohne Synthese also: eine Paradoxie.

Die Subjekte behandeln sich im Modus des Rechtssubjekts tatsächlich als Gleiche unter Gleichen, als solche, die ›frei‹ sind, Verträge einzugehen. Gleichgültig, ob es sich um einen Arbeits-, Ehe-, Miet- oder Kaufvertrag handelt, immer muss die Praxis abstrakt gleiche Vertragsparteien kontrafaktisch unterstellen. Beim Ehevertrag etwa wird das hierarchische Geschlechterverhältnis juridisch in eines zwischen Gleichen transformiert. ›Kapitalist‹ und ›Arbeiter‹ behandeln sich in ihren rechtlichen Praxen als Gleiche, auch wenn ihnen das im Moment des Handelns unbewusst bleibt. Ein Brötchenkauf etwa findet im routinisierten Alltagshandeln als schlichter Austausch von einem Arbeitsprodukt gegen Geld statt. Weder reflektieren die Subjekte die Gleichsetzung der Arbeit in der Geldform, noch ist ihnen überhaupt bewusst, dass damit ein Vertrag zustande kommt, der zwei gleiche Rechtssubjekte zur Voraussetzung hat. Sie wissen es nicht, aber sie tun es. Ihre Handlungen sind Realabstraktionen bzw. performative Akte, welche die Gleichheit der Subjekte in diesem Moment herstellen. Geht der Kauf problemlos über die Bühne, wird dies nicht thematisch. Erst wenn dieses Vertragsverhältnis gestört wird, wird ihr Verhältnis rechtlich codiert. Bei Verträgen, die der Schriftform bedürfen, ist die rechtliche Codierung von Anfang an präsent, nicht jedoch die performative Produktion von Rechtssubjektivität. Am ehesten noch tritt sie hervor, wenn es sich um Unternehmensformen handelt, die privatrechtlich als »juristische Personen« behandelt werden (vgl. §§ 21-89 BGB), als solche also, die nur durch das Recht Subjektcharakter erhalten.

Dieser Mechanismus wirkt nicht nur im Privatrecht. So unterstellen die juridischen Praxen des Strafrechts, in denen das Verhältnis zwischen einem einzelnen Subjekt und der Staatsgewalt im Mittelpunkt steht, ein zurechnungsfähiges, autonomes Subjekt bzw., wenn etwa fehlende »Schuldfähigkeit« festgestellt wird, wird dies explizit als Abweichung von der Norm mit einer Ausnahmeregel belegt. Das Rechtssubjekt in seiner Doppelexistenz als empirisch-reales und imaginäres stellt ebenfalls eine Realabstraktion dar (so auch Harms 2000:123, Fn.625). Es zeigt sich auch an diesem Punkt der Analyse, dass die Rechtsabstraktionen von beispielsweise Klassen- und Geschlechterdifferenzen oder von der »geheimen Stätte der Produktion« (Marx), die »verhüllende Funktion« des Rechts, die Franz Neumann ausgemacht hatte, Ausdrücke dieses »Modus der Kodierung der Wirklichkeit« (Balbus) sind und damit eher ein Produkt dieser gesellschaftlichen Strukturen, denn eine verschwörerische Strategie. Soziale Differenzierungselemente sind für das Recht »geradezu unfassbar« (Adler 1964 {1922}: 36).

Aber noch weitergehend: gerade der Modus der Abstraktion, die Kompatibilisierung konkret unterschiedlicher Einzelner, ist eine Ermöglichungsbedingung qualitativer Antagonismen. Nur *weil* sich die AlltagsagentInnen im Recht als formal gleiche und freie begegnen können, bleiben strukturell die Differenzen verdeckt, und somit dethematisiert. Dem Recht gelingt es darüber auch, sich als ausschließlicher Machtcode, als Code organisierter öffentlicher Gewalt, zu präsentieren, wie Foucault gezeigt hatte. *Zugleich* jedoch, und das hatte bisher der materialistischen Rechtstheorie Schwierigkeiten bereitet, *können* sich die Subjekte als Kehrseite der Abstraktion auch als formal Gleiche und Freie begegnen. Abstraktion ist Ermöglichungsbedingung von Gesellschaft in dem *doppelten Sinne*. Daher stellt Andrea Maihofer zutreffend fest, dass die Abstraktheit des modernen Rechts *sowohl* seine Stärke *als auch* seine strukturelle Grenze ist (Maihofer 1992: 205).

2.4.2 Verdinglichung durch Verfahren

Wenn sich im Recht die Gesellschaftlichkeit der Subjekte ausdrückt, so bleibt diese doch wie die Wertabstraktion ein rein gesellschaftlich Imaginäres. Wie findet dieses Imaginäre Eingang in die gesellschaftliche Praxis? Wie wird es bewerkstelligt und symbolisiert? Recht erlangt eine materielle Existenzweise (Maihofer) in der Rechtsform II[7], in den juridischen Verfahren. Dort können nur bestimmte juridische Argumente von einem Korpus spezialisierter Juristen vorgetragen werden. Das moderne Recht entwickelte sich gleichursprünglich mit dem modernen Beamtentum, das heißt, einer spezialisierten durch langjährige Vorbildung fachgeschulten hochqualifizierten geistigen Arbeiterschaft (Weber 1980 {1921}: 831). Die Gerichtsprozesse, die Gesetzgebungs- oder Verwaltungsverfahren überlassen das Recht nicht den Alltagshandlungen der Subjekte, codieren diese Praxen juridisch. Sie interpretieren nach bestimmten Regeln die soziale Wirklichkeit als rechtliche, als Rechtskommunikation im Sinne Luhmanns. Die einzelnen AkteurInnen sind nicht mehr in der Lage, auf ihre eigenen Verhältnisse zuzugreifen, wenn sie erst einmal in diese Verfahren Eingang gefunden haben. Diese beinhalten sowohl eine spezifische Sprache, ein technisches Wissen, unter Umständen aber auch architektonische Besonderheiten, soziale Ausschließungsmechanismen, eigene Zeitvorgaben und ähnliches mehr, führen also ein »Eigenleben« (Luhmann 1969: 47).

7 Mit einem diskurstheoretischen Hintergrund könnte man hier auch von einem »Rechtsdiskurs« sprechen. »Rechtsform II« bezieht sich auf die Formeinteilung von Brentel, s. o.

In der Auseinandersetzung mit Habermas hatte sich gezeigt, welche zentrale Bedeutung diese Verfahren für die moderne Rechtsform haben: »Sie sortieren die Themen und Beiträge, Informationen und Gründe so« (Habermas 1994:414), dass nur solche Argumente die Verfahrens-»Filter« passieren können, die zum einen juridisch sind und zum anderen hegemoniale Gültigkeit beanspruchen können. Sie exkludieren die Subalternen und sind das klassische Terrain juristischer Intellektueller, welche die Techniken der juristischen Argumentation beherrschen sowie juridisch diszipliniert sind. Poulantzas und Foucault waren sich einig, dass der kapitalistische Staat bzw. die säkularisierte Form der Pastoralmacht, das Verhältnis von geistiger Arbeit und politischer Herrschaft, von Wissen und Macht, vollendet (Wissel 2007: 77). Die politische wie auch die rechtliche Form befinden sich auf der Seite der geistigen Arbeit, organisieren darüber Hegemonie und regieren Bevölkerung.

Dass in den juridischen Verfahren argumentiert werden muss, stellt nach der Erkenntnis von Habermas den kommunikativen Widerspruch auf Dauer und verwandelt ihn dadurch in eine Produktivkraft (Habermas 1994: 57), welche die soziale Integration bewirken kann. Mit den Erkenntnissen von Gramsci und Foucault ist dieser Gedanke so zu reformulieren, dass die Verfahren Konsenstechnologien sind, die über das kommunikative Handeln den Konsens in einer prozeduralen Weise herstellen. Jedes Argument muss verallgemeinerungsfähig sein und sich auf den Kontext anderer Argumente beziehen.

Ich hatte mit der Systemtheorie gegen Habermas argumentiert, dass auch das Recht systemisch bzw., in der hier verwendeten Terminologie, rechtsförmig funktioniert, dass dies aber nicht bedeutet, dass deswegen das Handeln stillgestellt wird. Es zeigt sich nun, was dies konkret bedeutet: Die kommunikativ Handelnden werden in bestimmte Verfahren hereingezwungen, in denen ihnen ihr eigenes soziales Verhältnis entgleitet. Nicht sie selbst, sondern die juristischen Intellektuellen argumentieren nach bestimmten Techniken. Insofern wird kommunikatives Handeln nicht prinzipiell stillgestellt, sondern bestimmte Subjekte werden exkludiert, aber immer nur auf der Basis, dass sie in ihren Alltagspraxen diese exkludierenden Verfahren samt ihrer Spielregeln akzeptieren und sich entsprechend verhalten. Die Streitparteien eines Zivilprozesses können zwar das Verfahren unterbrechen und sich nach anderen Gerechtigkeits- oder pragmatischen Gesichtspunkten »außergerichtlich« einigen. Dadurch jedoch wird die Erzeugung rekursiver Rechtsoperationen abgebrochen. Genausowenig dürfen RichterInnen im Strafprozess die Prozessordnung ignorieren und das Verfahren einstellen, weil ihnen der Angeklagte nach ihren eigenen Moralvorstellungen als »unschuldig« erscheint. Auch die Rechtsform II wird letztlich durch die Praxis von Subjekten reproduziert, sofern diese sich regieren lassen, so wie sie jeden Morgen aufstehen, zur Arbeit oder zur Schule gehen, die Straßenverkehrsordnung akzeptieren, an Wahlen teilnehmen oder Ursprungsfamilien gründen.

Als Ergebnisse dieser Verfahren transformieren sich die ursprünglichen sozialen Verhältnisse in Gerichtsentscheidungen, Akten, Gesetzbücher, Straßenschilder (als spezifische Formen des Verwaltungsakts), bis hin zu Abschiebungen und Einkerkerungen. Die Prozeduren, die Kirchheimer als bloß »technisches Recht« abgetan hatte, dass nämlich Entscheidungen der jeweiligen sozialen Kräfteverteilung entrissen werden und in die Sphäre des Rechts entrückt sowie juristisch codiert werden, erweisen sich hier nicht als das Ende der Rechtsform, sondern als deren Wesen. Die Rechtsform II schafft eine neue Realität mit eigener Dignität: eine kontrafaktische Faktizität (Brunkhorst), die sich abschottet gegen unmittelbare Zugriffe. Das gesellschaftliche Verhältnis, welches die Rechtsform I darstellt, ist dasjenige der Subjekte zueinander. Es verselbständigt sich in der Rechtsform II, den juridischen Verfahren als Ensemble von Praxen und Institutionen. Das ursprüngliche soziale Verhältnis geht in den Verfahren der Rechtsform auf, in denen sich die Beteiligten wie in einem Spinnennetz verfangen, und wird darin verformt. Verfahren werden dadurch zu normalisierenden Prozeduren, in denen die Streitparteien in Verteidigung ihrer Rechtsangelegenheiten die Erfahrung der Abstraktion von ihrer Subjektivität machen: »of being written into the relevant doctrinal script, the erasure of their subjectivity in order to become the necessary kind of legal subjects. [...] Legal subjects are thus locked in the house of law [...]« (Hunter 2006:40).

Das auf diese Weise in den Verfahren hergestellte Rechtssubjekt erscheint in der Konsequenz so, als ginge es dem Recht voraus und würde von diesem lediglich reguliert. Seine Eigenschaften (Gleichheit, Freiheit, Autonomie, Zurechnungsfähigkeit) erscheinen als natürliche Eigenschaften. Es entsteht ein Rechtsfetischismus, der sowohl die Einsicht in seine Konstruiertheit verhindert, als auch Vorstellungen von Gesellschaft, die sich ohne Recht(sform) reproduzieren könnte. Recht hört scheinbar auf, ein soziales Verhältnis zu sein und wird stattdessen zum ewig währenden, quasi anthropologischen Medium von Vergesellschaftung. Insofern verdinglicht es sich: indem es zur Eigenschaft von Gesellschaft per se wird. Unsichtbar ist darin, dass es vielmehr einer hinter dem Rücken sich herstellenden Gesellschaftlichkeit (Form III) korrespondiert.

2.4.3 Relationale Autonomie

Die Verselbständigung sozialer Verhältnisse ist zugleich die Bedingung ihrer »relativen Autonomie«. Die spezifische kapitalistische Vergesellschaftung kreiert soziale Formen, »ökonomische« nicht weniger als rechtliche oder politische. Es ist die Autonomisierung und Fetischisierung jener Verhältnisse, die eine eigene Materialität dieser Formen ermöglicht. Bloßer »Schein« können sie dann nämlich nicht mehr sein, »insofern die Menschen tatsächlich abhängig werden von diesen ihnen undurchsichtigen Objektivitäten« (Adorno 1997: 508). Sie sind »nicht nur ein falsches Bewusstsein, sondern zugleich auch Realität [...]. Dass also die Kategorien des Scheins in Wirklichkeit auch Kategorien der Realität sind, das ist Dialektik« (ebd.), was sich bereits daran zeigt, dass das Durchschauen dieses ›Scheins‹ nichts an der Materialität ändert. So kann der verurteilte Straftäter nicht durch das Bewusstsein der Rechtsform sich vor der Strafe retten; so sind die Verträge einzuhalten, selbst wenn sie nur verdinglichte Formen menschlicher Sozialität sind.

Die Selbstreferentialität des Rechts, die sich bei Luhmann zu einem Rechtssystem ausdifferenziert, ist im Prinzip die gleiche Entdeckung. Wenn er behauptet, dass die Ausdifferenzierung eines »operativ geschlossenen Rechtssystems« durch rekursive Bezugnahme rechtlicher Operationen auf rechtliche Operationen erfolgt, und damit eine beabsichtigte Tautologie benennt (Luhmann 1995: 57), oder wenn Kelsen die Systemtheorie vorwegnehmend die »Eigengesetzlichkeit« von Normensystemen beschwört (Kelsen 1981: 80), so beschreiben sie die fetischisierte Verselbständigung der Rechts*form*.

Die Formanalyse macht deutlich, dass gesellschaftliche »Subsysteme« nicht funktionalistisch »abgeleitet« werden müssen. Recht existiert nicht, *um* eine gesellschaftliche Funktion (ob Warentausch, Erwartungsstabilisierung oder Herstellung der Einheit des Machtblocks) *zu* erfüllen. Vielmehr kann man genealogisch die Entwicklung der sozialen Formen verfolgen als Ergebnis der Verselbständigung gesellschaftlicher Verhältnisse, die über einen bestimmten Zeitraum eine gewisse Festigkeit gewinnen und in ihrer fetischisierten Form dem unmittelbaren Handeln und daher auch der Veränderung zunächst entzogen sind. Dass sie dabei auch gesellschaftliche Widersprüche prozessieren, die Form bilden, in der jene sich bewegen können, ist Ergebnis eines Suchprozesses und Bedingung ihres Fortbestandes, nicht jedoch die zugewiesene Leistung.

Jene Autonomie ist allerdings eine *relative*. Autonomie und Relativität erscheinen zunächst als nicht zu vereinbarende Widersprüche. Sie sind dies aber nur für eine nicht-dialektische Theorie. Dialektik denkt die Anwesenheit des bis zum Gegensatz Verschiedenen im jeweils Anderen oder die Einheit des Entgegengesetzten (vgl. Daniel 1983: 139 ff.). Die Autonomie des Rechts ist eine historisch spezifische, Ergebnis der Verselbständigung sozialer Verhältnisse. Als solche ist sie jedoch immer schon Moment der gesellschaftlichen Totalität. Autonom ist das Recht nur in Abstraktion von dieser Totalität, relativ jedoch *in Relation* zu den anderen Praxen und Verhältnissen oder Machttechnologien und vor allem zum gesellschaftlichen Zusammenhang. »Relativ« wird immer wieder als »gradualisierter Autonomiebegriff« (Luhmann 1995: 64) missverstanden, das heißt, als ein solcher, der ein Mehr oder Weniger von Autonomie thematisiere. Dieser wird dann zugleich in dualistischer Manier als logisch widersprüchlich abgelehnt. Selbst Luhmann scheitert letztlich an dieser Vorstellung und bleibt einem Kantischen Begriff der Dialektik verhaftet, das heißt, einem negativ konnotierten der Antinomien, in dem es nur ein Entweder/Oder gibt. Die auf Hegel zurückgehende Dialektik hingegen geht von der »absoluten Vermitteltheit eines jeglichen Seienden« aus (Adorno 1995b: 275) – eine pure Autonomie, und sei sie auch noch so sehr an der Autopoiesis gehärtet (Luhmann 1995: 65), ist danach eine bloße Fiktion – ein »Reflexionsstopp«. Um aber der Möglichkeit interessierter Missverständnisse vorzubeugen, soll im Fortgang nicht mehr von relativer sondern von *relationaler* Autonomie[8] die Rede sein.

Die eigene Dichte ist es auch, die zentral ist für die Frage, ob eine gesellschaftliche Norm Teil der Rechtstechnologie ist, oder ob es sich nur um »Attrappen von Rechtlichkeit« handelt. *Nur dann* wenn die Rechtsform in ihrer relationalen Autonomie vorliegt, die den unmittelbaren Zugriff selbst mächtiger gesellschaftlicher AkteurInnen verunmöglicht oder zumindest erheblich erschwert, kann in bürgerlich-kapitalistischen Gesellschaften in Bezug auf soziale Normen von »Recht« gesprochen werden. Die von Franz Neumann konzipierte Unterscheidung liegt genau hier begründet. Die Rechtsform ist immer schon, das hat Foucault gezeigt, in ein Korrelationssystem von Machttechnologien eingebunden. Andere Technologien nisten sich in ihren Nischen ein und überdeterminieren sie. Aber dennoch behält sie eine relationale Autonomie zu diesen Techniken. Erst wenn diese nicht mehr gegeben ist, wenn etwa unmittelbare Gewaltverhältnisse, also die alte repressive Form der Macht sie implodieren lässt, wird die »Eigengesetzlichkeit« zerstört und diese Technologie der Macht erodiert. Die konkreten Bedingungen, welche relationale Autonomie generieren, müssen je historisch spezifisch untersucht werden. Die entscheidende Frage ist, ob einem bestimmten Recht die Möglichkeit eröffnet ist, sich nach seiner eigenen Logik zu entwickeln, ohne dass seine eigenständige Reproduktion permanent in Frage gestellt wird. Eine dritte außerhalb der Konfliktparteien stehende Instanz (im Normalfall ein Gericht) ist eine conditio sine qua non. Man kann aber nicht a priori das Gewaltmonopol für die Autonomisierung verantwortlich machen. Es ist *eine zentrale* Ermöglichungsbedingung,

8 Auf diese Idee hat mich Katrina Blindow auf dem Blockseminar »Zur Aktualität von Gramscis Staats- und Hegemonietheorie« im Sommer 2004 gebracht.

aber nicht die einzige. Entscheidender noch ist es, dass das Recht gesellschaftlich praktiziert wird, wie Maihofer zutreffend hervorhebt.

Auch erklärt die Verselbständigung der rechtlichen Institutionen, warum das Recht nach Neumanns Erkenntnis »zweiseitig« ist, also auch den Schwachen wenigstens rechtliche Chancen einräumt (Neumann 1967 {1937}: 75). Es ist eine *materielle* Verdichtung von Kräfteverhältnissen. Für Poulantzas' Problematik, relationale Autonomie begründen zu müssen, heißt dies darüber hinaus, dass eben jene fetischisierte, verdinglichte Selbständigkeit der sozialen Formen eine eigene Logik und Widerständigkeit gegenüber sozialen Kräfteverhältnissen mit sich führt. Auch die mächtigsten AkteurInnen verfügen nicht über die sozialen Formen, sondern müssen sich in ihnen ebenso bewegen.

2.4.4 Aus dem Inneren der Rechtsform

Wenn die in Teil A vertretene Auffassung zu Luhmanns Systemtheorie richtig ist, nach der sie eine zwar affirmative, aber durchaus angemessene Beschreibung der Verdinglichung sozialer Verhältnisse ist, kann sie hier als immanente Beschreibung hilfreich sein für die Darstellung der *konkreten Mechanismen* der eigenen Dichte des Rechts. Sie antwortet gleichsam auf die Frage, *wie* die Verselbständigung faktisch operationalisiert wird, wie sie als Rechtsförmigkeit die Durchschaubarkeit des Rechts sowie den unmittelbaren Zugriff auf es verhindert.

Selbstreproduktion

Zunächst ist die »operative Geschlossenheit« – verstanden als quasi-systemische Abschottung der Rechtsform – der Modus der Undurchdringlichkeit. Im Gegensatz zu den normativ-demokratischen Konzeptionen von Habermas und Maus, die eine interne Hierarchie der Rechtsakte mit der demokratischen Gesetzgebung an der Spitze vorsehen, zeichnet sich die realexistierende Verselbständigung der Rechtsform dadurch aus, dass diese Rechtsakte zirkulär (»hyperzyklisch«) miteinander verkettet sind. Dadurch entsteht eine rechtsinterne Rechtsbildung, die jeweils selbst über die binäre Codierung, die anwendenden Programme und die Rechtsgeltung Recht hervorbringt.

Darüber produziert, artikuliert und reflektiert sie die Komponenten der Rechtsform eigenständig, so dass Volkssouveränität konterkariert wird und bestenfalls noch als Selbstbeschreibung dafür dient, neue rechtsinterne Verknüpfungen zu ermöglichen. Die Praxis der rechtserzeugenden AkteurInnen hat nur wenig mit dem Alltagsverstand einer selbstorganisierenden Gesellschaft gemein. Es kommt zu permanenten Verschiebungen in der Rechtsanwendungs- und Rechtsprechungspraxis, die mit dem Begriff der »Rechtsfortbildung« fast schon euphemistisch beschrieben sind. So fällt auch die rechtsstaatliche Bindung staatlicher

Apparate an die »Programmierung durch die Basis« (Maus) dieser Verselbständigung zum Opfer. In der Verselbständigung, die soziale Formen kennzeichnet, besteht der strukturelle Grund für die Rechtsstaats- und Demokratieresistenz des modernen Rechts – und zugleich die Invisibilisierung dieses Vorgangs. Denn rechtliche Diskurse werden unzugänglich für außerrechtliche Momente. Die nicht-rechtliche Welt wird, wenn sie rechtlich codiert wird, in die Rechtspraxis eingearbeitet. »Das wilde Denken außerhalb des Rechts kann keine Relevanz beanspruchen [...]«, schreibt Luhmann treffend (Luhmann 1995:368). Es kann sich seinen Weg nur über die Filter ins Recht bahnen, immer um den Preis, dass rechtlich inkompatible Momente selektiert werden.

Damit zeigt sich auch schon der zweite Effekt der Verselbständigung: Die Rechtsform verschafft einen Aufschub, eine Verzögerung und Erschwerung des Durchgriffs unmittelbarer Machtansprüche (Fischer-Lescano/Christensen 2005:240). In dieser Dualität liegt der ambivalente Charakter des Rechts begründet, der »Schnittpunkt von Emanzipation und Gewalt« (Negt 1975:31).

Und zugleich ist dies die Art und Weise, in der die Abstraktion von den gesellschaftlich produzierten und hierarchisierten Differenzen in actu funktioniert. Nur die rechtliche Konstruktion des Rechtssubjekts als formal gleiches, freies und autonomes wird in der Rechtsform prozessiert, nicht die Differenzen. Soll versucht werden, sie dennoch ins Recht aufzunehmen, kann dies nur unvollkommen mit wiederum rechtlichen Mechanismen erfolgen, wie etwa der Beweislastumkehr zugunsten der materiell schwächeren Prozesspartei[9] oder über die »Drittwirkung der Grundrechte«, zum Beispiel als »Durchscheinen« in einfachgesetzlichen Generalklauseln, so dass sie auch gegen private mächtige Streitparteien und nicht mehr nur gegen den Staat geltend gemacht werden können. So werden etwa Verträge als sittenwidrig angesehen, wenn sie beim Zustandekommen ein strukturelles Ungleichgewicht ausgenutzt haben.[10]

Dogmatik

Innerhalb des Verselbständigungsprozesses spielt die juristische Methodik, im kontinentaleuropäischen Rechtssystem als Dogmatik bezeichnet, eine entscheidende Rolle. Die »Selbstbeschreibung« ermöglicht überhaupt erst die Selbstreferenz und den Aufbau einer Ordnung, wie Teubner gezeigt hatte. Darüber verortet sich der Einzelfall im Kontext früherer und späterer Unterscheidungen. Er setzt voraus, dass schon

9 So etwa in der »Hühnerpestentscheidung« des Bundesgerichtshofes: BGHZ 51:91 ff.

10 So etwa die Bürgschaftsentscheidung des Bundesverfassungsgerichts von 1993: BVerfGE 89 214 = NJW 1994, 36.Vgl. aber zur Kritik der Begründung: Teubner (2000).

vorher Fälle entschieden wurden und nachher Fälle entschieden werden (Luhmann 1995:350). Damit dieses rekursive Netzwerk erkannt werden kann und eine Koordination der Entscheidungen ermöglicht wird, bedarf es einer gewissen Redundanz, einer Formelhaftigkeit und Wiederholbarkeit. Dogmatik stellt eine relative Konsistenz im Verhältnis einer Vielzahl von Entscheidungen zueinander sicher. So wird die Desintegrationsgefahr durch eine bloße Menge von Einzelentscheidungen, die einander nichts zu sagen haben – was die Paradoxie der Rechtsform sichtbar machen könnte – normalisiert: mit der Subsumtionstechnik, dem Gutachtenstil, der Etablierung einer »herrschenden Meinung« und der Disziplinierung der juristischen Subjekte (Buckel 2002). Ab dem 18./19. Jahrhundert entwickelte sich auf diese Weise das strukturelle Bezugsgerüst, das Gewebe von Entscheidungsgesichtspunkten (Luhmann 1995:367).

Robert Alexy benennt die Funktionsweise der Dogmatik folgendermaßen: Zunächst wirkt sie stabilisierend, das heißt, bestimmte einmal gefundene Lösungen werden über lange Zeiträume fixiert und damit reproduzierbar: »Würde man jeweils neu diskutieren, bestünde die Möglichkeit, dass man [...] jeweils zu anderen Ergebnissen gelangt« (1983:326f.). Zudem arbeitet sie entlastend: Ohne besonderen Anlass ist eine erneute Überprüfung der Rechtsfigur nicht notwendig (329), sie kann in routinisiertem Handeln verwendet werden. Darüber hinaus ermöglicht sie eine immer weitere Ausdifferenzierung und eine vereinfachte, systematische Darstellung der Rechtsnormen nach Maßgabe der zwischen ihnen bestehenden Abhängigkeitsbeziehungen (328, 331). Schließlich speichert sie eine Vielzahl von Lösungsmodellen, die den jeweils neu Anfangenden nicht einfallen würden (332). Damit schottet sie sich gegen ein ständiges und grenzenloses (rechtspolitisches) Hinterfragen ab und fungiert als »Stoppregel für Begründung suchendes Räsonieren« (Luhmann 1995:387).

Hegemoniale Entparadoxierung

An dieser Stelle begegnet man innerhalb der Rechtsform ihrer Paradoxie, dem Widerspruch, den sie prozessiert: Die juristische Argumentation ist eine entparadoxierende Regulation. Die verselbständigte Gestalt der Rechtsform gründet auf unsicherem Boden. Was Recht und dementsprechend Unrecht ist, ist durch die Rechts*form* selbst nicht vorgegeben, sondern das Ergebnis hegemonialer Kämpfe, die über den Formzwang der Dogmatik allerdings normalisiert werden. Hegemoniale Führung schreibt sich in diese Argumentationsform ein. Gerade wenn man fragt, warum sich in der Rechtsprechung genau diese *spezifische* Argumentation durchsetzt und keine andere, wie etwa ein »Recht am Unternehmen« sich begründen ließ, nicht aber ein »Recht auf Arbeit«, zeigt sich das Politische in der Rechtsform. Die machtbasierten Entscheidungen, die letztlich abgesichert durch Argumentationsfiguren getroffen werden, sind keinesfalls willkürlich. Sie folgen zum einen den dogmatischen Anforderungen der Rechtsform und zum zweiten den universalisierbaren hegemonialen Projekten. Dadurch sind sie alles andere als Willkürentscheidungen einzelner Staatsagenten.

Formal zeigt sich die Einschreibung der Hegemonie darin, dass die Konsistenz der dogmatischen Argumente immer nur relational existiert, entsprechend der relationalen Autonomie der Rechtsform. Denn die Argumente basieren wesentlich darauf, dass sie vorangegangene Argumente wiederholen – eine identische Wiederholung ist jedoch unmöglich. Hierbei können sich also bereits hegemoniale Verschiebungen ereignen. Das Hinterfragen lässt sich nicht in der radikalen Weise stoppen, wie es Luhmann vorschwebte, der bei einer »kommunikationstheoretischen Buchstäblichkeit« stehen blieb (Stäheli 2000b: 284) und in alteuropäischer Weise die Begründung als richtige Exegese eines Textes postulierte. Dogmatische Begründungen erzeugen vielmehr Texte, und Texte erhöhen die Möglichkeiten, ›Nein‹ zu sagen (Fischer-Lescano/Christensen 2005: 226). Hegemoniale Entscheidungen lösen nur *vorübergehend* die Paradoxie. In antagonistischen Kämpfen gelingt es dabei einem Netzwerk sozialer AkteurInnen, eine bestimmte Weltsicht konsensual zu universalisieren, die sich in die Rechtsform einschreiben kann. Doch aufgrund der antagonistischen Struktur der Entscheidung ist das gegen-hegemoniale Projekt immer schon in Planung: »Every hegemonic order is susceptible of being challenged by counter-hegemonic practices, i. e. practices which will attempt to disarticulate the existing order so as to install another form of hegemony« (Mouffe 2005: 18).

Hegemoniale Projekte können sich also insofern auf die Rechtsform stützen, als in dieser von den juristischen WissensarbeiterInnen die Projekte in der speziellen juristischen Argumentation ausgearbeitet werden. Das Recht ermöglicht so eine Vereinheitlichung divergierender Projekte. Es stellt geradezu den idealtypischen formalen Kohäsionsrahmen dar, weil es in seiner eigenen Struktur, seiner Abstraktheit und Angewiesenheit auf formalisierte Begründung, auf Universalität angelegt ist (ausführlich dazu: Buckel/Fischer-Lescano 2007b).

Die materielle Stütze der Verselbständigung

Entscheidungszwang und Rechtskraft – institutionalisiert in Gerichten – sind bei Luhmann nicht zu Unrecht die Stütze der Verselbständigung des Rechts. Dass Gerichte letztendlich entscheiden müssen und diese Entscheidungen zumindest vorübergehend tatsächlich von einer dauernden Infragestellung »entlasten«, folgt aus der Tatsache, dass die Rechtsform sich nur dann durchsetzen kann, wenn sie sich im *Einzelfall* bewährt, weil nur dann das rekursive Netzwerk der Rechtsoperationen sich schließt. Recht, welches nicht angewendet würde, würde an einer

Stelle aus dem Zirkel heraustreten. Nicht erst Luhmann sondern schon *Hans Kelsen* hatte daher der Gerichtsbarkeit innerhalb des Rechtssystems eine besondere Stellung eingeräumt. Er hatte zurecht betont, dass »one should not overlook the important fact that in the last analysis the law is not what the legislator more or less clearly sets forth or what the rule of custom more or less comprehensibly implies. The law is what the court finally decides« (1941: 575). Zwar werden viele, wenn nicht sogar die meisten Rechtskommunikationen außerhalb juridischer Institutionen geführt, aber nur vor dem materiellen Hintergrund, dass sie immer auch gerichtsförmigen Verfahren zugänglich wären. Die rechtskräftige Entscheidung beendet »in letzter Instanz« einen möglichen infiniten Regress, der das Anknüpfen von Rechtsdiskursen destruieren würde und damit die Verselbständigung unmöglich machte.

Selbstverständlich sind auch diese Entscheidungen wiederum neue Texte, deren Bedeutung nicht ein für alle Mal fixiert werden kann, sondern die der hegemonialen Praxis zugänglich ist. Aber die letztinstanzliche Entscheidung fixiert zumindest für einen historischen Moment eine bestimmte Bedeutung, so dass jene wirkungsmächtig werden kann. Sie »friert« die sozialen Verhältnisse für einen bestimmten Zeitpunkt »ein« und ermöglicht darüber die Herausbildung daran anknüpfender Entscheidungen. Eine Bedeutungsveränderung ist zunächst einmal aufgeschoben. Das Justizverweigerungsverbot gekoppelt mit der Rechtskraft ist tatsächlich die Stütze der Rechtsform. Gerichte als deren Institutionalisierung sind deswegen von ganz herausragender Bedeutung für die relationale Autonomie des Rechts. Ohne eine starke gerichtliche Institutionalisierung (inklusive umfassender Klagerechte und Zuständigkeiten) kann sich diese nicht herausbilden. Mächtige AkteurInnen können an deren Stelle die Bedeutung dessen, was »Recht« ist, okkupieren und eine Art Legendenrecht anstoßen.

Fetisch und Paradoxie

Das Paradoxiemanagement der sozialen Formen prozessiert gesellschaftliche Widersprüche, das heißt, es hebt den Widerspruch (die Gründungsparadoxie) gerade nicht auf, sondern hält ihn in Gang. Die Verknüpfung der »fensterlosen Einzelnen« erfolgt ohne Masterplan und Steuerungssubjekt, dezentral über anonyme verselbständigte Mechanismen. Die Paradoxie wird demnach als permanentes Risiko mitprozessiert. Luhmann argumentiert nun, dass dies invisibilisiert werden müsse. Die Formanalyse zeigt, dass das ganz wesentlich durch den Fetischcharakter der sozialen Formen erzeugt wird, das heißt, durch ihre Verdinglichung, welche die Rechtsform gar nicht erst als soziales Verhältnis erscheinen lässt. Dadurch erhält die Gründungsparadoxie ihre Stabilität. Allerdings, und das hat die Diskussion der Paradoxologie der Systemtheorie ebenfalls gezeigt, lauert im Herzen der Rechtsform selbst die Subversion: dass nämlich einmal der Anschluss der Rechtsoperationen nicht mehr gelingen könnte. Gerade weil die Rechtsform politisch überdeterminiert und kein unumkehrbares Prinzip darstellt, weil sie in den täglichen Praxen hervorgebracht werden muss, von AkteurInnen, die sie zunächst nicht als ihre eigene Praxis begreifen können, ist ihre Geltung zutiefst unbestimmt.

v. Institutionalisierung der Rechtsform

Um der Erkenntnis des letzten Kapitels Rechnung zu tragen, dass die Formanalyse nicht auf dieser Abstraktionsebene stehen bleiben darf, war es zunächst notwendig, über eine duale Strukturtheorie historische Veränderbarkeit durch Praxis in den Blick zu nehmen. Im Anschluss daran ist es möglich, auf eine niedrigere Abstraktionsebene zu gelangen, die es methodisch erlaubt, konkrete Gesellschaftsformationen zu untersuchen: konkrete Institutionenensembles.

Soziale Formen stellen ein zentrales *Strukturprinzip* kapitalistischer Vergesellschaftung dar. Strukturprinzipien sind die am weitesten in Raum und Zeit ausgreifenden Strukturmomente (Giddens 1992:69). Sie sind die Organisationsprinzipien, die Typen von Gesellschaften spezifizieren, indem sie ein Institutionengefüge konstituieren. Diese vernetzten Institutionenensembles wiederum sind, folgt man *Anthony Giddens*, die grundlegendsten Identifikationsmerkmale einer Gesellschaft (ebd.:223, 218). *Christoph Görg* hat darauf hingewiesen, dass Giddens in dieser Konzeption gerade die sozialen Formen als spezifische Form der Verselbständigung struktureller Momente ausblendet (Görg 1994:54). Und tatsächlich nennt Giddens als unterscheidendes Strukturprinzip der Klassengesellschaften des modernen Kapitalismus das Auseinandertreten von Staat und ökonomischen Institutionen, die dennoch aufeinander bezogen bleiben (Giddens 1992:238), was aber genau betrachtet eine Abstraktionsebene zu tief ansetzt, nämlich bereits bei den Institutionen. Analytisch angemessener wäre es, von politischen, ökonomischen und rechtlichen Formen zu sprechen. Nach dieser Verschiebung kann man das Verhältnis von Strukturprinzipien und Institutionen betrachten.

1. Institutionen – eine niedrigere Abstraktionsebene

Institutionen sind die historisch und zeitlich konkreten Ausprägungen der Strukturprinzipien. Foucault hatte darauf insistiert, dass die Machttechnologien das Entscheidende sind, und die Institutionen eher der äußere Rahmen, die Apparatur mit eigenen Regeln und Mechanismen der Selbsterhaltung. Die Machttechnologien werden dadurch auf Dauer gestellt und erhalten eine gewisse Stabilität: »Das Institutionelle an Institutionen betrifft immer Stabilität« (Göhler zit. nach Brodocz 2003:38). Joachim Hirsch spricht daher davon, dass sich die sozialen Formen in den Institutionen *materialisieren* (Hirsch 1994:173). Mit Maihofer könnte man dies auch so formulieren, dass sie eine »materielle Existenzweise« in ihnen erhalten: Die Form benötigt, um Realität zu erhalten, eine institutionelle Basis, gegen die sie sich jedoch auch aufgrund der in ihr eingelagerten Antagonismen richten kann (Hirsch 1994:175). Für die Verfahren der Rechts*form* heißt das, dass sie sich in je zeitlich und räumlich unterschiedlicher Weise in den Institutionen der spezifischen Gesellschaftsformationen materialisieren: im Bundesverfassungsgericht anders als im Europäischen Gerichtshof oder im US-amerikanischen Supreme Court. Auch die unterschiedlichen Teildisziplinen des privaten und öffentlichen Rechts sind historische Ausprägungen der allgemeinen Rechtsform. Soziale Formen hängen also von der konkreten Art der Institutionalisierung ab und existieren nur in den institutionellen Apparaten, formanalytisch gesprochen als »Form II«.

1.1 Verschränkung verschiedener Strukturprinzipien

Die sozialen Formen sind die *kapitalismusspezifischen* Strukturprinzipien. Mit ihnen ist in keiner Weise das gesamte Institutionensystem dieser Gesellschaften erklärt. Wenn man der Vielfältigkeit moderner Herrschaftstechnologien gerecht werden will, muss man zur Kenntnis nehmen, dass moderne Gesellschaften »nicht unter den Bedingungen einer politischen *Tabula rasa*, auf der Basis ursprünglicher Prinzipien, sondern auf den historisch veränderlichen Grundlagen vergangener Gesellschafsformen und Diskurse errichtet« wurden (Jessop 2001:68).

So existiert etwa ein »ererbter patriarchaler Kontext« (ebd.), der innerhalb des Kapitalismus' neu konfiguriert wird. Die Rechtsform verkettet sich in den Institutionen mit anderen Strukturprinzipien, das heißt, mit anderen sozialen Formen, Machttechnologien und Subjektivierungsweisen, die sich ebenfalls in die Apparate einschreiben. So ist es kein Zufall, dass Paschukanis den engen Zusammenhang von Recht und Warenproduktion thematisierte. Die privatrechtlichen Verträge sind immer ein Gesamt von Rechts- und Wertform. Zugleich ist die Rechtsform in einer spezifischen Weise mit der politischen Form institutionell verwoben. Aber auch Zweigeschlechtlichkeit und Heteronormativität artikulieren sich mit der rechtlichen Praxis. Natur und Gesellschaft wurden erst in der bürgerlichen Gesellschaft in einem Ausmaß und mit einer Subtilität verzweigeschlechtlicht und zugleich naturalisiert, so dass es erst hier gelang, die Spuren der sozialen Konstruiertheit vollends zu eliminieren (Wetterer 2002:113). Hierarchisierte Zweigeschlechtlichkeit ist insofern die Art und Weise, wie patriarchal-heterosexistische Herrschaftsverhältnisse sich in die modernen Institutionen einschreiben und dort systematisch mit der Rechtsform verschränken. Diese Verschränkung konnte sich vor allem deswegen in einem Suchprozess herausbilden, weil die Rechtsform zugleich individualisierend und totalisierend verfährt. Einerseits sanktioniert sie vorgefundene gesellschaftliche Sub-

jektivierungsweisen, andererseits schließt sie sie gerade durch ihre Abstraktionsleistung zu einem hegemonialen Ganzen zusammen und prozessiert damit zugleich ihre antagonistische Position.
Will man den Blick erweitern und nicht nur die Materialisierung der Rechtsform in den Institutionen betrachten, sondern die Gesamtheit der gesellschaftlich verstreuten Rechtspraxen, so könnte man von den Dispositiven des Rechts sprechen. Diese enthalten mehr als nur die in den Institutionen verdichtete Rechtsform; sie artikulieren auch die noch nicht institutionalisierten Diskurse über das Recht, die Versuche, einen bestimmten Diskurs zu hegemonialisieren, sowie die Alltagspraxen.
Das Gesamt der gesellschaftlichen Dispositive bildet den historischen Block, also das kohärente Ensemble von Zwangs- und Konsenstechniken, welches sich über einen längeren Zeitraum hinweg reproduziert. Die Analyseperspektive hängt davon ab, welches Phänomen man untersuchen will. Entscheidend ist nur, genau zu reflektieren, auf welcher Abstraktionsebene argumentiert wird. Auf derjenigen der Rechtsform, des historischen Blocks, des Dispositivs oder der Institution.

1.2 Institutionen und Alltagshandeln

Je weiter die Strukturprinzipien sich über die Institutionen in Raum und Zeit ausdehnen können, desto größer kann ihre Widerstandskraft gegen Veränderungsversuche werden (Giddens 1992: 224). Denn Institutionen entwickeln nach und nach eine »*longue durée*«, die dem Leben der in einer bestimmten Gesellschaft geborenen Individuen sowohl vorausgeht, als sie auch überdauert (ebd.: 223). Wir werden in eine Welt geboren, wie *John Holloway* formuliert, die bereits immer schon vorgeformt ist, »bevor wir anfangen kritisch zu reflektieren« (2002: 65). Die Strukturprinzipien sind daher als institutionalisierte dem Alltagshandeln in einer Weise immanent, die seine »unmittelbaren Wahrnehmungen und Verhaltensorientierungen« (Hirsch) prägt. *Angelika Wetterer* spricht daher auch im Zusammenhang der Konstruktion von Geschlecht von einem »Verdeckungszusammenhang« (2002: 159), in welchem die Konstruktion den KonstrukteurInnen *systematisch* verborgen bleibt. Denn im routinierten Alltagshandeln ist das handlungsrelevante Wissen, das praktische Bewusstein, immun gegenüber den immer schon vorausgesetzten institutionalisierten Strukturprinzipien (ebd.: 160). Diese erlangen aufgrund der longue durée eine alltagsweltliche Plausibilität. Hier zeigt sich also die Verbindung der allgemeinen »Gespenstigkeit« sozialer Verhältnisse mit ihrer permanenten Hervorbringung im alltäglichen Handeln, bis zu dessen »Entlastung« durch die Sedimentierung in Institutionen.

1.3 Apparate

Neben den sozialen Formen sowie den anderen Machttechnologien muss man sich nun noch die Materialität ansehen. Der Begriff des »Apparates« dient sowohl bei Poulantzas als auch bei Foucault im Anschluss an Althusser zur Benennung der Materialität und der äußerlichen Einheit bestimmter Praxen. Es bietet sich daher an, Foucault darin zu folgen und Institutionen in Apparate einerseits und Machttechnologien andererseits analytisch zu trennen. Die Machttechnologien bezeichnen darin die jeweilige Wirkungsweise der Macht (Subjektivierung, Disziplinierung, gesellschaftliche Kohäsion etc.), während die Apparatur die dazu notwendigen Mechanismen der Eigendynamik repräsentieren. Letztlich sind auch Institutionen nichts anderes als soziale Praxen – aber sie sind hierin vorübergehend fixiert. Indem sich etwa die Verfahren der Rechtsform auf Dauer durch routinisierte Praxen reproduzieren und daher institutionalisieren, indem sie ein ausdifferenziertes Gerichtssystem, spezialisierte JuristInnen, eine Pluralität kodifizierter Rechtsnormen, eine spezifische Praxis der juristischen Argumentation und der Filtrierung der nicht juristischen ›Realität‹, Normprojektionen, Legalität und Illegalität etc. hervorbringen, entsteht auf diese Weise eine Eigenwelt des Rechtlichen, die ein eigenes Bestandsinteresse entstehen lässt, welches in den sozialen Praxen der RechtsakteurInnen, insbesondere der Bürokratie artikuliert wird.

Dass die historisch und räumlich verschiedenen Rechtsapparate miteinander in Konflikt geraten können und durch die gesellschaftlichen Widersprüche geprägt sind, hat Poulantzas plausibel beschrieben. Ein vernetztes Ensemble diverser Apparate ist nur durch hegemoniale Projekte herstellbar und prägt dann eine konkrete Gesellschaftsformation. Ein Handeln gegen die Institutionen ist zwar immer möglich, weil deren Materialität nicht ewig und unüberwindbar ist. Es bleibt immer Spielraum für Handlungen, die strukturelle Zwänge überwinden oder umgehen (Jessop 1992: 58). Ihr Erfolg ist jedoch unwahrscheinlicher und wesentlich aufwendiger herzustellen, insbesondere für diejenigen, die von der strategischen Selektivität benachteiligt werden. Zudem kann strategisches und selbst routinisiertes Handeln scheitern: »Denn Subjekte sind nie einheitlich, verfügen nie über das volle Wissen über die Bedingungen ihrer strategischen Handlungen, können nie ihre bevorzugten Strategien vollständig realisieren und müssen immer mit gleichem Widerstand von Akteuren rechnen, die andere Strategien und Taktiken verfolgen« (ebd.).

2. Zum Verhältnis von Recht und Staat

Relational autonom ist die Rechtsform nicht nur in Bezug auf die ökonomische, sondern auch auf die politische Form. Wie man vor allem bei Blanke et al. sehen konnte, wurde die eigene Dichte des Rechts zwar in erster nicht jedoch in zweiter Hinsicht anerkannt. So war es lediglich das Medium, über welches der Staat in die Gesellschaft einwirken konnte. Auch Poulantzas' Theorie wies eine Art ›Staatsüberhang‹ auf. Der Grund ist leicht einsehbar: Das moderne, rationale Recht und der moderne Nationalstaat sind eng miteinander verwoben. So werden alle rechtlichen Institutionen staatlich organisiert und die zwangsweise Durchsetzbarkeit des Rechts, die repressive Seite der Rechtstechnologie, ist gebunden an eine außerökonomische Zwangsgewalt. Zugleich ist die Rechtsform eine Beschränkung unmittelbarer staatlicher Gewalt (so auch Habermas 2004: 119). Luhmann geht davon aus, dass die Angewiesenheit beider Systeme, Politik und Recht, aufeinander so offensichtlich sei, dass dadurch die funktionale Differenzierung schwer zu erkennen sei (Luhmann 1995: 150). Diese institutionelle Symbiose ist es, die auch die materialistische Theorie in ein rechtstheoretisches Dilemma geführt hatte, nämlich in die Unterthematisierung der Rechtsform. Es entsteht der Eindruck, Recht sei im Kontext staatstheoretischer Abhandlungen immer schon mitverhandelt. Dies negiert allerdings seine eigene Materialität, die sich nicht auf die des Staates reduzieren lässt.

Um die ›Ausdifferenzierung‹ sichtbarer zu machen, schlage ich vor, zwischen der notwendigen Artikulation von politischer Form und Rechtsform auf der abstraktesten Analyseebene der *Strukturprinzipien* einerseits und der historisch und räumlich spezifischen *institutionellen* Ausprägung von Gesetz und Nationalstaat andererseits zu unterscheiden. Die Analyseebenen dürfen nicht miteinander vermischt werden, weil andernfalls historische Erscheinungsformen mit Strukturprinzipien verwechselt werden:

Bereits auf der Ebene der Strukturprinzipien der *kapitalistischen* Gesellschaften ist festzustellen, dass beide Formen eigenständig wirken, aber zugleich aufeinander verwiesen sind. Die Rechtsform ist immer auch ein Reflexionsprozess, in welchem die Alltagspraxis ein Verhältnis zu sich selbst entwickelt. In der juristischen Kommentar- oder Fachliteratur oder den Gerichtsentscheidungen werden etwa Fragen der Zurechnung von Handlungen zu Subjektartefakten bzw. Kollisionen von gesellschaftlichen Normen thematisiert. Recht ist dabei eine spezifische Reflexionstechnologie, welche in verselbständigten Verfahren juristischer Argumentation konkrete gesellschaftliche Praxen einfängt und rechtlich umhegt. Recht bringt so die Praxen in eine hegemoniale

Ordnung, formalisiert sie und erlaubt es dadurch, einen Punkt zu fixieren, der dann wiederum politisch umkämpft werden kann (ähnlich Puntscher Riekmann 1998: 139). Die politische Form, die ihrem Inhalt nach die Kunst der Verhaltensführung, der Regierung der Bevölkerung, prozessiert, reflektiert, wie Paschukanis zeigte, in ihren formaldemokratischen Verfahren *öffentlich* die rechtlichen Normen. Während die Rechtsform folglich soziale Praxen und die daraus entstehenden Normen verrechtlicht und so in eine gewisse operationalisierbare Form bringt, setzt die politische Form in ihren Verfahren die so entwickelten Normen den hegemonialen Kämpfen um die Art und Weise des Regierens aus. Hegemonie ist den beiden Formen jeweils auf unterschiedliche Weise inhärent.

Juridische und politische Form sind als Strukturprinzipien kapitalistischer Gesellschaften prinzipiell aufeinander verwiesen, da die Rechtstechnologie in dieser Produktionsweise gouvernementalisiert ist. Da die politische Form nicht ausschließlich hegemonial funktioniert, sondern, worauf vor allem Gramsci und Poulantzas Wert legten, mit Zwang gepanzert ist, stellt sie mit den Zwangsmechanismen *eine mögliche* materielle Stütze für die Durchsetzbarkeit der rechtsförmigen Normen bereit. Das darf allerdings nicht darüber hinwegtäuschen, dass auch andere Technologien der Macht, ganz offensichtlich zum Beispiel die Disziplinierung, an dieser Durchsetzung beteiligt sind. Die politische Form beinhaltet also ein breites Reservoir an gouvernementalisierten Machttechnologien, mit welchen die Rechtsform jeweils spezifisch verkoppelt ist.

Beide Formen können sich schließlich auseinander entwickeln, etwa wenn die Sozialstruktur einer Gesellschaft sich verändert und die politische Entwicklung krisenbedingt dem nicht mehr folgen kann, wie Neumann und Kirchheimer betonten. Der politische Prozess ist, solange er formal demokratisch organisiert ist, per se langsamer als der juridische, der am Einzelfall ansetzen kann. Unter solchen Bedingungen können sich die Kämpfe um die Regierungsweise hauptsächlich in die Rechtsform, in die Einbruchstellen der Begründung der Dogmatik, verlagern, so dass die politisch gesetzten Normen vom bloßen Wortlaut her noch die gleichen bleiben mögen, ihre Faktizität sich aber längst verschoben hat.

Auf der Ebene der Institutionen lässt sich die historisch spezifische Verbindung zwischen Recht und Politik eindeutiger darstellen. Foucault hatte gezeigt, dass die Einheit von Staat und Recht ein *historisches* Ergebnis ist. Er betonte, dass die Symbiose von Recht und Staat erst in der zweiten Hälfte des europäischen Mittelalters sich herauszubilden begann bzw. die Voraussetzungen für ihre Verbindung geschaffen wurden, indem sich die rechtliche Macht in den Händen der Feudalherren zentralisierte. Zu dieser Zeit kann man noch nicht von Staaten im modernen Sinn sprechen. Daher kannte etwa das germanische Recht keine institutionalisierte politische Form, das heißt, keine öffentliche Instanz, die in Rechtsstreitigkeiten eingriff, »niemanden, der die Aufgabe hätte, in Vertretung der Gesellschaft, der Gruppe, der Macht oder des Machthabers als Ankläger gegen den Einzelnen aufzutreten« (Foucault 2003b {1974}: 54). Erst im 12. und 13. Jahrhundert entstand eine Rechtsform,[11] auf welche die Mächtigen zurückgreifen konnten. Da die hauptsächlich durch Raub und Krieg vor sich gehende Zirkulation von Gütern in Rechtsstreitigkeiten festgeschrieben wurde (ebd.: 62), versuchten die Mächtigen diese Rechtsstreitigkeiten unter ihre Kontrolle zu bringen, um zu verhindern, dass die Betroffenen ihre Verhältnisse selbst regelten. Erst jetzt mussten sich die Individuen einer äußeren Macht beugen. »Wir können darin sehen, wie die staatliche Macht das gesamte gerichtliche Verfahren des Hochmittelalters, den gesamten Mechanismus der Lösung von Rechtsstreitigkeiten zwischen Individuen an sich reißt« (ebd.: 66).

Dieser Vorgang der Institutionalisierung von Rechts- und Politikform findet, wie *Max Weber* gezeigt hatte, seinen Höhepunkt im modernen Staat, der schließlich Rechtsprechung und physische Gewalt monopolisiert. Das heißt, seit der Entstehungsphase der kapitalistischen Gesellschaften, in welcher sich sowohl die politische als auch die rechtliche Form als wesentliche Trägerinnen sozialer Synthesis herausbildeten, war ihre Entwicklung miteinander verkoppelt (Weber 1980 {1921}: 816). Die Institutionalisierung der Rechtsform fand im institutionellen Gerüst des Nationalstaates, als historisch spezifische Ausprägung der politischen Form, statt.

Auch das Auseinandertreten beider Formen lässt sich an den Institutionen demonstrieren: Ein gutes Beispiel hierfür ist etwa das Bürgerliche Gesetzbuch, welches 1900 in Kraft trat, wechselnde politische Regime relativ unverändert überdauerte und in seinem dynamischsten Teil, dem Schuldrecht, erst einhundert Jahre später verändert wurde. Während dieses Jahrhunderts hatte aber die Rechtsprechung die Bedeutung der Normen längst der Realität der jeweiligen Sozialstruktur angeglichen (vgl. etwa Knieper 1996).

Rechtsform und politische Form sind auf der Ebene der Institutionen in einer spezifischen Weise miteinander artikuliert. Daraus lässt sich die Frage entwickeln, ob und wie sich diese Trennung/Verbindung (Hirsch) unter Bedingungen der Transnationalisierung verändert. Gerade wenn die aktuelle Literatur diesen Transformationsprozess als einen massiven Wandel von Nationalstaatlichkeit beschreibt (Esser 1999; Brand/Görg 2003; Hardt/Negri 2002; Hirsch 2005; Jessop 2002; Shaw 2000), liegt

11 Foucault versteht unter »Rechtsform« nicht die formanalytische Kategorie, sondern eher traditionell die Form des Rechts.

die Vermutung nahe, dass sich auch die Institutionalisierung der beiden Formen relevant verändert.

Das werde ich im folgenden Kapitel untersuchen. Es trägt der Erkenntnis der vorangegangenen *Re*konstruktion Rechung, dass eine materialistische Rechtstheorie nicht auf eine a-historische Analyse der Rechtsform hinauslaufen darf. Dazu war es zunächst notwendig, die Theorie selbst so zu operationalisieren, dass sie über die Anerkennung unterschiedlicher Abstraktionsniveaus grundsätzlich in die Lage versetzt wird, ihre Kategorien für empirische Sachverhalte zu öffnen. In einem zweiten Schritt soll nun die gesellschaftliche Entwicklung in den Blick genommen werden, welche die aktuelle Institutionalisierung der Rechtsform kennzeichnet.

Waren die 1980er und '90er Jahre geprägt von der Diskussion um die »Materialisierung« des Rechts im Kontext der Transformation des Sozialstaats (vgl. etwa Habermas 1994: IX. Kapitel; Maus 1986c), so steht heute zweifellos die ›Globalisierung‹ des Rechts im Zentrum theoretischer Diskussionen (u. a.: Brunkhorst 2005; Buckel 2003; Fischer-Lescano/Teubner 2006b; Günther/Randeria 2001; Hanschmann 2006; Habermas 2004; Maus 2002; Santos 1995a; Teubner 1996; Zürn/Wolf 2000). Anstelle des unbestimmten Begriffs der ›Globalisierung‹ werde ich im folgenden von ›Transnationalisierung‹ sprechen. *Trans*nationalisierung markiert im Kern einen Unterschied zu *Inter*nationalisierung. Während letztere einer Praxis entspricht, »in der die Staaten nicht nur für die Setzung des innerstaatlichen Rechts verantwortlich sind, sondern auch für das zwischen den Staaten vereinbarte und deren Rechtsverhältnisse normierende Recht«, verweist das Adjektiv »transnational« auf Prozesse, Institutionen und AkteurInnen jenseits der Nationalstaaten (Hanschmann 2006: 347, 352).

Anstatt nun einen Überblick über diese mittlerweile sehr umfassende theoretische Diskussion zu geben, werde ich mich einem exemplarischen *empirischen* Phänomen zuwenden und es mit den bisherigen Ergebnissen konfrontieren. Dabei möchte ich die nachstehende Untersuchung nicht als Beleg meiner Theorie verstanden wissen, sondern als eigenständigen Beitrag zur Aktualisierung der materialistischen Rechtstheorie. Insbesondere das verselbständigte Arbeiten sowie die relationale Autonomie der Rechtsform, insbesondere im Verhältnis zur politischen Form, lassen sich wesentlich eindrücklicher herausarbeiten, als dies eine theoretische Analyse vermag.

Wenn die Rechtsform der kapitalistischen Vergesellschaftung als spezifische Subjektivierungs- und Kohäsionstechnik gleichursprünglich mit dem modernen Staat und dessen Monopol legitimer Gewaltsamkeit entstanden ist, welchen Veränderungen ist sie dann im Kontext von Entnationalisierung, Entstaatlichung und Internationalisierung (Jessop) ausgesetzt? Dabei gehe ich davon aus, dass wir nicht zu ZeugInnen ihres postmodernen »Absterbens« werden, sondern dass sich vielmehr ihre Institutionalisierung verändert. Es gibt keinen Grund zu der Annahme, dass das Recht weltweit auf dem Rückzug wäre – trotz solcher Phänomene wie der Sicherheitsgesetzgebung in der Folge des »11. September« oder der »biopolitischen Lager« in Guantanamo oder Ceuta. Denn zugleich kommt es zu einer »geradezu explosionsartigen Vervielfältigung voneinander unabhängiger, global agierender und zugleich sektoriell begrenzter Gerichte« (Fischer-Lescano/Teubner 2006b: 8). Die Rechtsform war selbst im Nationalstaat niemals vollständig durchgesetzt, der schließlich über »das höchste Gewalt- und Terrormonopol« verfügte (Poulantzas 1978: 68). Welche materielle Existenzweise erhält sie folglich unter diesen veränderten gesellschaftlichen Bedingungen?

D Rechtsapparate jenseits des Nationalstaats

»Politikwissenschaftler, die sich mit Europa befassen, sollten das Recht nicht übersehen«(Joerges 2002: 1).

1. Methodische Vorüberlegungen

Das Gemeinschaftsrecht ist exemplarisch für die Transnationalisierung des Rechts, obwohl es auf die geographischen Grenzen EU-Europas bezogen bleibt. Die Vorstellung, dass die ›Globalisierung‹ überall auf der Welt die gleichen Verhältnisse schafft, im globalen Norden wie im Süden, leidet systematisch an einer problematischen Verallgemeinerung von Phänomenen.

Die Völkerrechtlerin *Anne-Marie Slaughter* argumentiert beispielsweise, dass die Rechtsglobalisierung der Versuch eines harmonischen Zusammenarbeitens der Rechtssysteme der Welt sei. Er rufe die »Vision einer globalen Rechtsgemeinschaft [hervor], die nicht nur aus dem Internationalen Gerichtshof in Den Haag besteht, sondern auch aus nationalen Gerichten, welche rund um die Welt zusammenarbeiten« (Slaughter 2000: 1114, übers. S.B.). Das global integrierte Rechtssystem basiere auf »einer einzigen globalen Ökonomie, in der die Grenzen immer irrelevanter werden, und einem sie begleitenden Rechtssystem, in welchem die prozessführenden Parteien multiple Foren auswählen können, aber jedes dieser Foren ein gleiches Interesse darin sieht, den Streit zu lösen« (1115).

Eine solche harmonische Interpretation verfehlt nicht nur die Realität der globalen Favelas dieser Welt, sie ist zugleich auch nicht in der Lage, das Verhältnis der Rechtsapparate angemessen zu beschreiben, wie die folgende empirische Untersuchung zeigen wird. Vielmehr steht Slaughters Theorie exemplarisch für den in den Metropolen produzierten Globalisierungsdiskurs, der suggerieren möchte, es wäre möglich, Aussagen über *das* globale Recht zu treffen, obwohl bei genauerer Betrachtung nur die metropolitane Lebensweise und ihre Rechtsform auf die gesamte Welt übertragen werden.

Klaus Günther und *Shalini Randeria* wie auch *Boaventura de Sousa Santos* hingegen versuchen, der Problematik gerecht zu werden, indem sie Erkenntnisse rechtspluralistischer Theorien der Peripherie aufnehmen (Günther/Randeria 2001; Santos 1995a). Ich möchte im folgenden einen zweiten Weg einschlagen und folge dabei der Interpretation der Transnationalisierung, die darauf insistiert, dass der geographische Raum, der für Produktionsstrategien zu erobern versucht wird, nicht die Welt ist, »sondern nur ein bestimmter Teil dieser Welt, nämlich die sogenannte Triade: Japan/Pazifischer Raum, Westeuropa, Nordamerika – also das Zentrum der kapitalistischen Weltökonomie« (Esser 1999: 133; ähnlich auch Jessop 1997). Die Europäische Integration ist danach ein Versuch, »im Rahmen dieser Weltmarktkonkurrenz innerhalb der Triade ein eigenständiges europäisches Gesellschafts- und Politikprojekt aufzubauen [...]« (Esser 2005: 24). Sie ist Reaktion und Motor der Transnationalisierung und dieser somit inhärent. Die Transnationalisierung des Rechts zeigt sich in Europa deswegen vor allen Dingen als Europäisierung. Die Aussagen, die im Anschluss an diese Untersuchung möglich sind, sind demnach strikt begrenzt auf das »europäische Gesellschaftsprojekt«, allerdings als eines, welches immer schon *innerhalb* der Weltgesellschaft und als deren Ausdruck sich herausbildet.

Der von mir analysierte Wirklichkeitsausschnitt besteht in der Grundrechte-Rechtsprechung des Europäischen Gerichtshofes. Ich werde mich also nicht auf die Etappen der Durchsetzung der europäischen Rechtsform in Form des Vorrangs von europäischem Recht vor nationalem sowie seiner unmittelbaren Wirkung konzentrieren. Denn dies ist ein hinlänglich analysierter Vorgang, der außerdem bereits politikwissenschaftlich-empirisch in der beeindruckenden Untersuchung von *Karen Alter* (2001) dargestellt wurde. Diesen Sachverhalt werde ich daher in Anlehnung an Alter sekundäranalytisch nur kurz skizzieren, um den Kontext der Grundrechtsentwicklung zu verdeutlichen.

Die Grundrechte-Rechtsprechung drängt sich als bemerkenswertes Beispiel für die Verselbständigung des Rechts geradezu auf, weil sich an ihr idealtypisch zeigen lässt, wie die Rechtsform sich jene eigene und verdinglichte Realität schafft, die im vorausgegangenen Kapitel theoretisch entwickelt wurde. Denn bis zum heutigen Tage gibt es keine gesetzliche Positivierung einzelner europäischer Grundrechte.[1] Bis

1 Der naheliegende Einwand, Großbritannien kenne schließlich ebenfalls keine geschriebene Verfassung, geht insofern fehl, als sich das EG-Rechtssystem *gerade nicht* für das Common Law entschieden hat, und der EuGH daher auch nicht nach Case Law Prinzipien verfahren kann. Vielmehr hat Großbritannien mit dem »European Communities Act« von 1972 die quasi-verfassungsrechtlichen Prinzipien der Gemeinschaftsordnung, gekennzeichnet vor allem durch die gemeinschaftliche Rechtsetzung, in sein eigenes Rechtssystem inkorporiert, was zu der »wohl tiefgreifendsten Rechtsveränderung« im englischen Recht geführt hat (Blumenwitz 2003: 92). Außerdem wurde 1998 auch die Europäische Menschenrechtskonvention durch den Human Rights Act zum Bestandteil der britischen Rechtsordnung und begründet unmittelbare Rechtsansprüche für die

zum Vertrag von Maastricht 1993 gab es noch nicht einmal eine primärrechtliche Anerkennung europäischer Grundrechte. Dies ist nicht verwunderlich, denn die politische und ökonomische Modernisierung Westeuropas nach dem Zweiten Weltkrieg durch die Schaffung der Europäischen Gemeinschaften war alles andere als ein politisches Verfassungs-, sondern vielmehr ein transnationales Elitenprojekt, welches lange Zeit in stiller Diplomatie, von der öffentlichen Meinung abgeschottet und bis heute eher unter ›ökonomischen Imperativen‹ vorangetrieben wurde (Ziltener 1999: 102). Die im ersten Verfassungskonvent entwickelte Grundrechte-Charta (ABlEG Nr. 364 v. 18. 12. 2000: 1) ist nach wie vor nicht rechtsverbindlich, vor allem deswegen, weil der europäische Verfassungsvertrag, in welchen sie inkorporiert wurde, an der Ratifizierung durch die Mitgliedsstaaten gescheitert ist. Der Versuch, die Grundrechte *politisch* (im engeren Sinne) zu institutionalisieren, ist bisher also nach allen Regeln der Kunst missglückt. Der Europäische Gerichtshof allerdings hat dessen ungeachtet bereits vor mehr als 35 Jahren die Existenz von Gemeinschaftsgrundrechten behauptet. Diese erstaunliche Diskrepanz zu verfolgen verspricht wesentliche Einsichten in die europäische Rechtsform.

Meine *theoretische Fragestellung* lautet daher: Welche Rolle spielte die Grundrechte-Rechtsprechung des Europäischen Gerichtshofes bei der Herausbildung und Institutionalisierung einer europäischen Rechtsform?

Daraus ergeben sich drei empirische Fragekomplexe:

1. Wie konnte es gelingen, Grundrechte rechtlich zu institutionalisieren, obwohl dies politisch gescheitert war?
2. Was hat den Europäischen Gerichtshof dazu veranlasst, europäische Grundrechte zu entwickeln?
3. Welchen Einfluss hatte die Entwicklung von Grundrechten auf das Verhältnis zwischen nationaler und supranationaler Institutionalisierung der Rechtsform?

Diese Fragen werde ich im folgenden bearbeiten, indem ich in drei Zwischenergebnissen auf jeweils eine Frage antworte, um zum Schluss diese in einer Synthese zusammenzufassen, welche die theoretische Hauptfragestellung beantworten wird.

Im Unterschied zu Alter greife ich dafür nicht auf ExpertInneninterviews zurück, sondern auf eine Dokumentenanalyse, welche die von der Rechtspraxis verwendeten Rechtsfiguren in Bezug auf die europäischen Grundrechte rekonstruiert. Die dogmatisch vorgetragenen Argumente

Einzelnen, auf die sich inzwischen eine umfangreiche Rechtsprechung englischer Gerichte stützt (Walter 2005: 13 f.). Im übrigen ist auch das angelsächsische Verfassungsrecht geprägt von der Souveränität des Parlaments und der Herrschaft des Gesetzes (vgl. Franz Neumann, 1967b: 40, 52).

sollen dabei in ihrer Eigenlogik nachvollzogen und gesellschaftstheoretisch übersetzt werden.[2] Indem ich mich der Rechtsprechung und nicht dem Gesetzgebungsprozess zuwende, greife ich auf die in Teil C entwickelte theoretische Einsicht zurück, dass sich die Rechtsform gerade durch ihr verselbständigtes rekursives Netzwerk auszeichnet, in welchem die Gerichte die zentrale Stütze darstellen. Es handelt sich bei den Texten daher um solche, die von den juridischen Intellektuellen verfasst sind und sich an eben solche richten. Selbst wenn es in den jeweils verhandelten Fällen um konkrete Streitparteien geht, so kommt es doch auf sie gerade nicht an. Sie werden in den Verfahren, in denen sich die Rechtsform verselbständigt, exkludiert. In den Worten Teubners: Aus diesem materiellen Unterbau werden Momente herausgezogen, die zum »Systemaufbau« benutzt werden (Teubner 1989: 33). Das heißt, es geht um die Selbstbeschreibung und Selbstreflexion der Rechtsform oder in anderen Worten: um das Vertiefen in die selbstreferentielle »Sprache des Rechts«. In ihr soll nachgezeichnet werden, wie die normalisierende Entparadoxierung der rechtlichen Unentscheidbarkeit in der juristischen Argumentationstechnik ins Werk gesetzt wurde.

Die Dogmatik abstrahiert wesensmäßig von den sozialen Kontexten ihres Entstehens, insbesondere von den Kräfteverhältnissen. Diese müssten durch andere Methoden oder im Rückgriff auf sekundäranalytische Ergebnisse ergänzt werden. Eine solche umfassende Untersuchung war im Kontext dieser schwerpunktmäßig *theoretischen* Arbeit nicht zu leisten. Daher muss diese Einschränkung mitreflektiert werden.

Beginnen werde ich mit einer Sekundäranalyse der Ergebnisse von Karen Alter und damit mit dem Institutionalisierungsprozess der europäischen Rechtsform. Dann erst werde ich mit meiner eigenen Ana-

2 Mit dem Materialcorpus bin ich folgendermaßen verfahren: Zunächst habe ich aus den einschlägigen juristischen Kommentaren und Lehrbüchern die zentralen Kategorien herausgearbeitet. Diese wurden sodann durch die Auswertung der Literaturmeinung, das heißt vorliegend 15 deutsche und englischsprachige einschlägige Fachzeitschriften, die europaweite Literatur verarbeitet haben, vertieft. Schließlich habe ich die dort als wesentlich eingestuften Urteile des Europäischen Gerichtshofes (EuGH) und des Bundesverfassungsgerichts (BVerfG) auf ihre Argumentationsfiguren hin untersucht. Ergänzend habe ich an einer Stelle auf die Ergebnisse eines leitfadengestützten ExpertInneninterviews (zit. als EI 2003) zurückgegriffen. Dieses Interview habe ich gemeinsam mit Maria Brauner und Gerrit Klüter im Rahmen des Empiriepraktikums »Neue Staatlichkeit in Europa« am Fachbereich Gesellschaftswissenschaften der Universität Frankfurt im Sommersemester 2003 durchgeführt. Es wurde mit einem Richter der Kammer an dem deutschen Verwaltungsgericht geführt, welche die Entscheidung vor dem Bundesverfassungsgericht durch eine Vorlage initiiert hatte.

lyse der Entwicklung von Grundrechten durch den EuGH beginnen, indem ich zunächst seine zentrale Begründungsfigur, die allgemeinen Rechtsgrundsätze, darstelle. Im Anschluss daran folgt die berühmte Auseinandersetzung zwischen dem Bundesverfassungsgericht und dem Europäischen Gerichtshof um den Durchgriff auf die Grundrechte. Schließlich folgt die Darstellung der inkrementellen Ausdehnung der EuGH-Rechtsprechung, nachdem die Grundrechte einmal etabliert waren, um zum Schluss die theoretische Synthese zu präsentieren, welche die Konsequenzen für die Transnationalisierung des Rechts diskutieren wird.

II. Die Durchsetzung der europäischen Rechtsform

Bevor ich mit der Dogmatikanalyse beginne, soll zunächst der institutionelle Kontext skizziert werden, vor dessen Hintergrund die Grundrechtsentwicklung entstand.

1. Die Anfangsphase

Wenn Karen Alter feststellt, dass der EuGH heute die wahrscheinlich einflussreichste existierende internationale Rechtsinstitution sei (2001: 229), so legt sie zugleich Wert darauf, dass dies das überaus bemerkenswerte Ergebnis einer jahrzehntelangen Entwicklung ist, die ganz anders begonnen hatte:

In den Gründungsverträgen von 1957 war das bereits 1952 im Rahmen der Montanunion geschaffene höchste europäische Gericht noch schwach institutionalisiert. Es bestand im übrigen bis zum Jahr 1999 ausschließlich aus männlich subjektivierten Richtern (Berghahn 2001: 235). Die ihm zugedachte Rolle bestand darin, »die supranationalen Gemeinschaftsinstitutionen in Schach zu halten« (Alter 2001: 5, übers. S. B.). Insbesondere die Hohe Behörde und später die Kommission besaßen umfangreiche Kompetenzen. Der EuGH sollte sowohl die Mitgliedsstaaten als auch die Privatunternehmen vor exekutiven Übergriffen bewahren (6).

In den gesamten 1960er und frühen 70er Jahren gelangten nur selten Fälle vor das Gericht, vor allem weil die Kommission es ablehnte, Vertragsverletzungsverfahren in Gang zu bringen. Sie war weitgehend bereit, Kompromisse zu machen und ging davon aus, dass rechtliche Mittel nicht funktionieren könnten, solange es keinen politischen Willen dafür gab (213). Außerdem wurden die EuGH-Doktrinen in den Mitgliedsstaaten kaum rezipiert. Die nationalen Richter besaßen geringe europarechtliche Kenntnisse, so dass sie gewöhnlich ohne eine Referenz an den EuGH entschieden (214). Klare Verletzungen des europäischen Rechts blieben daher bestehen und Grundprinzipien der Römischen Verträge wurden missachtet, während die EuGH-Richter in Luxemburg auf Fälle warteten (ebd.: 209). Es gab in den 1960er Jahren viele Ausnahmen und tolerierte Verletzungen des Rechts, da jeder Staat versuchte, seinen Markt zu schützen und Vorteile für die nationalen ProduzentInnen und ArbeiterInnen zu schaffen. Das Rechtssystem war aber auf die Kommission und die Mitgliedsstaaten angewiesen (212). Zusammenfassend kann man daher festhalten, dass »in its original incarnation the Court was much like other international legal bodies – underused. [...] Most importantly, the original legal system protected national sovereignty. It relied largely on diplomacy and political will [...]« (16).

In den 1950er und 60er Jahren, als das Haupttätigkeitsfeld der europäischen Instanzen die Etablierung einer Zollunion war, blieben die Rechts-, Sicherheits- und Herrschaftsfunktionen nationalstaatlich organisiert (Ziltener 1999: 105). Der »keynesianische Wohlfahrtsnationalstaat« basierte im Vergleich zur heutigen Situation auf einer relativ geschlossenen nationalen Volkswirtschaft sowie der ›Souveränität‹ seiner staatlichen Institutionen. Er regierte die nationale Bevölkerung auf der Grundlage von nationalen hegemonialen Auseinandersetzungen (Jessop 1997: 56f.). In diesem Umfeld konnte sich keine europäische Rechtsform etablieren. Es gab zwar rechtliche Regeln, aber deren relationale Autonomie gegenüber politischen Prozessen war so gut wie nicht vorhanden. Es konnte sich keine rekursive Vernetzung von Rechtsakten durchsetzen.

2. Die Transformation

Dieser Zustand änderte sich allmählich – institutionell gesehen vor allem über einen »relativ obskuren Rechtsmechanismus« (Alter 2001: 1), das Vorabentscheidungsverfahren nach Art. 234 EG.[3] Er besagt, dass der EuGH damit vor allem über Auslegungen des Vertrages und Handlungen der Gemeinschaftsorgane entscheidet (Abs. I a-b). Die Besonderheit besteht darin, dass er diese Prüfung nur vermittelt über die mitgliedsstaatlichen Gerichte durchführen kann. In einem nationalen Verfahren legt das Gericht, bevor es seine eigene Entscheidung fällt, dem EuGH *vorab* eine Auslegungsfrage in Bezug auf das Gemeinschaftsrecht vor: »Wird eine derartige Frage einem Gericht eines Mitgliedsstaates gestellt und hält dieses Gericht eine Entscheidung darüber zum Erlass seines Urteils für erforderlich, so kann es diese Frage dem Gerichtshof zur Entscheidung vorlegen« (Abs. II). Letztinstanzliche nationale Gerichte sind sogar zum Vorlegen verpflichtet (Abs. III). Dies war das »Schlupfloch« (Alter) zur Transformation des europäischen Rechts, so kontraintuitiv dies auf den ersten Blick auch erscheinen mag. Der EuGH sollte mit diesem Verfahren nämlich eigentlich die Gültigkeit und Interpretation *europäischen* Rechts kontrollieren. Was er jedoch tatsächlich nach und nach tat, war, die *nationalstaatlichen* Regelungen auf ihre Vereinbarkeit mit europäischem Recht zu prüfen. Der damalige Richter am EuGH,

3 Im folgenden beziehe ich mich aus Gründen der Übersichtlichkeit ausschließlich auf die aktuelle Bezifferung des Amsterdamer Vertrages.

Frederico Mancini, erklärt die Vorgehensweise des Gerichts dabei folgendermaßen: es habe im Bewusststein, dass nur Gemeinschaftsmaßnahmen interpretiert werden durften, den nationalen Gerichten niemals erklärt, dass sie berechtigt seien diese Grenze zu übertreten. Allerdings deutete der Gerichtshof an, bis zu welchem Ausmaß ein bestimmter Typ nationaler Gesetzgebung kompatibel sei: »Der nationale Richter wurde so Hand in Hand bis zur Tür geführt. Die Schwelle zu übertreten, war sein Job, doch dieser war nicht schwierigerer als ein Kinderspiel« (Mancini 1989: 606, übers. S. B.).

Die Richter des EuGH gingen darüber hinaus dazu über, nationalstaatliche Richter zu den Verfahren in Luxemburg einzuladen, als eine anfängliche Strategie, Verfahren zu akquirieren (EI 2003) (vgl. zur Bedeutung solcher »face-to-face-meetings« auch (Slaughter 2000: 1120 ff.)).

Die Transformation dieses Verfahrens wurde durch den EuGH dogmatisch vorangetrieben durch die Schaffung von zwei ausschlaggebenden Rechtsfiguren, die zum einen die Durchsetzbarkeit des europäischen Rechts betrafen (Vorrang des Gemeinschaftsrechts) als auch zum anderen privaten Streitparteien Zugang zum EG-Rechtssystem verschafften (unmittelbare Wirkung), um nationale Politiken zu korrigieren. Bei der Ratifizierung war es allgemein akzeptiert, dass die Römischen Verträge früheres nationales Recht änderten. Unklar war hingegen, was passieren würde, wenn Staaten neues Recht schufen, das EG-Vorgaben verletzte (Alter 2001: 17). Darauf antworteten die beiden Rechtsfiguren.

2.1 »Unmittelbare Wirkung« und »Vorrang« des Gemeinschaftsrechts

Der EWG-Vertrag hatte also entsprechend völkerrechtlichen Vorbildern lediglich Klagen der Kommission und der Mitgliedsstaaten wegen Vertragsverletzungen vorgesehen. In der *Van Gend en Loos*-Entscheidung von 1963, also noch mitten in der Anfangsphase des europäischen Rechts, legte der EuGH den »Grundstein« (Joerges 2002: 5), um diese Beschränkung zu überwinden. Er vertrat zum ersten Mal die Ansicht, dass der Vertrag eine unmittelbare Wirkung für die Einzelnen entfalten könne. Dazu berief er sich auf die generelle Struktur und den »Geist« des Vertrages: Der Gemeinsame Markt als Ziel des EWGV betreffe neben den Staaten auch private AkteurInnen direkt; die Präambel des Vertrages sei an die »Völker Europas« gerichtet, und schließlich sei der Vorabentscheidungsmechanismus speziell für die Nutzung von privaten, nationalstaatlichen Streitparteien kreiert worden. Daraus schlussfolgerte das Gericht, die BürgerInnen müssten sich vor den nationalen Gerichten auf das Gemeinschaftsrecht berufen können, denn die Gemeinschaft stelle

> »eine neue Rechtsordnung des Völkerrechts dar [...], zu deren Gunsten die Staaten, wenn auch in begrenztem Rahmen, ihre Souveränitätsrechte eingeschränkt haben, eine Rechtsordnung, deren Rechtssubjekte nicht nur die Mitgliedsstaaten, sondern auch die Einzelnen sind« (EuGH Rs. 26/62: Slg. 1963: 1 – Van Gend en Loos, 24 f.).

Nach dieser Entscheidung sendeten nationale Gerichte dem EuGH eine Vielzahl von anderen Vorlagen, die fragten, ob unterschiedliche Bestimmungen des Vertrags unmittelbare Wirkungen entfalteten (Alter 2001: 18).

Der zweite Baustein war die Rechtsfigur des »Vorrangs des Gemeinschaftsrechts«, die in der Entscheidung im Fall *Costa/E.N.E.L.* 1964 als zwingende Implikation der Lehre von der unmittelbaren Wirkung eingeführt wurde. Wenn individuelle europäische Rechte irgendeine Bedeutung haben sollten, musste europäisches Recht höherrangig sein als nationales. Der Fall wurde durch einen italienischen Juristen ausgelöst, der die Strategie verfolgte, die Suprematie des europäischen Rechts zu befördern. Sein unmittelbares Eigeninteresse war gering, was sich auch daran zeigt, dass der Streitwert umgerechnet ganze 3 Dollar betrug (Alter 2001: 19).

Der EuGH hatte sich nun mit dem Problem auseinanderzusetzen, das das italienische Gericht zeitgleich auch dem italienischen Verfassungsgericht vorgelegt hatte. Zur selben Zeit hatten also zwei völlig unterschiedliche Gerichte, die sich beide an keine höhere Instanz gebunden fühlten, aufgrund der Verfahrensmöglichkeiten die Chance, über die Vereinbarkeit eines mitgliedsstaatlichen Rechtsaktes mit dem Gemeinschaftsrecht zu entscheiden. Das italienische Verfassungsgericht entschied als erstes, dass der Fall niemals vor den EuGH hätte gesandt werden dürfen, da EG-Recht nicht höherrangig sei.

Die erfolgreiche Strategie des Gerichtshofes bestand aber darin, einerseits zu erklären, dass europäisches Recht sehr wohl höherrangig sei, denn Wortlaut und »Geist« des Vertrages hätten zur Folge, »dass es den Staaten unmöglich ist, gegen eine von ihnen auf der Grundlage der Gegenseitigkeit angenommenen Rechtsordnung nachträglich einseitige Maßnahmen ins Feld zu führen« (EuGH Rs. 6/64: Slg. 1964: 1251 – Costa/ENEL, 1269 f.). Wenn also das italienische Recht Gemeinschaftsrecht verletzt *hätte, wäre* es rechtswidrig gewesen. Zugleich jedoch erklärte der Gerichtshof, dass dies nicht der Fall gewesen sei. Da kein Politikwechsel verlangt worden war, gab es für die italienische Regierung keinen Grund darauf zu antworten. »The ECJ precedent stood even though no one had really accepted its key tenet, and the Italian Constitutional Court had actually rejected the supremacy claim« (Alter ebd.).

Die beiden Entscheidungen waren in der »Rechtsgemeinschaft« durchaus umstritten. Denn die teleologische Auslegungsmethode des EuGH (vgl. dazu Müller/Christensen 2003: 67 ff., 166 ff.), die sich auf den Sinn und Zweck des Vertrages bezieht, folgte vorliegend ganz offensichtlich dem Ziel der Verbesserung der Effektivität des europäischen Rechtssystems (Alter 2001:20) und bedrohte dadurch die nationale Rechtsprechungshoheit. Dies wurde in den 1960er Jahren weitgehend nicht akzeptiert. Mit den beiden Entscheidungen waren allerdings die Grundlagen gelegt für die »Konstitutionalisierung« des europäischen Rechtssystems (Weiler 1991:2413), die seit der Mitte der 1970er Jahre dynamischer voranschritt und durch die Einheitliche Europäische Akte und den Vertrag von Maastricht in den 1990er Jahren noch vorangetrieben wurde. Solange die beiden Doktrinen im Grundsatz gelten, so Joerges, hat man es mit einer supranationalen Rechtsordnung zu tun, die sich von den üblichen Regelungen nationalstaatlicher Außenverhältnisse signifikant unterscheidet (Joerges 2002:7), denn sie enthält Keimformen eine radikalen Transformation bisheriger internationaler Beziehungen, in den Worten von Habermas, eine »Umformung des internationalen Rechts, als eines Rechts *der Staaten*, in ein Weltbürgerrecht als ein Recht *von Individuen«* (Habermas 2004:123, Herv. i. O.).

2.2 *»Doctrinal Negotiation«*

Eine Stärkung des Gemeinschaftsrechts geht zwangsläufig einher mit einem gleichzeitigen Kompetenzzuwachs des EuGH: So besagen die beiden Doktrinen implizit, dass die Kompetenz zur Bestimmung der Geltungsansprüche des Gemeinschaftsrechts dem EuGH zustehen muss (Joerges 2002:6). Aber wie konnte der EuGH für sich selbst diese neuen Kompetenzen beanspruchen? »Surprisingly it was asked to make these revolutionary pronouncements by national courts themselves« (Alter 2001:17), das heißt, von wenigen Richtern, die provokante Vorlagefragen zum EuGH schickten. Die Rechtsfälle waren eher technisch und die politische Auswirkung der Entscheidungen eher unbedeutsam. »But from a legal perspective, the decisions were revolutionary«, schlussfolgert Alter (ebd.). Über die zahlreichen Referenzen an den Gerichtshof konnte dieser inkrementell den Bereich des europäischen Rechts ausdehnen. Wenn seine Prinzipien einmal Unterstützung in den nationalen Rechtsgemeinschaften erfahren hatten, war er bereit, kühner die nationalen Politiken herauszufordern. Die größere Anzahl von Fällen erzeugte ein dichteres Netz von Präzedenzfällen. Die größere Sicherheit, wie der EuGH entscheiden würde, vergrößerte wiederum die Bereitschaft privater Streitparteien, Fälle vorzubringen (218). Das Vorabentscheidungsverfahren war dabei die *materielle Stütze*, welche die von Alter sogenannte »doctrinal negotiation« hervorgebracht hat (38). Es ist nicht das Urteil des EuGH, welches unmittelbar durchgesetzt werden muss, was angesichts des Fehlens einer supranationalen »kasernierten Gewalt« (Habermas) große Schwierigkeiten produzieren würde, sondern die Urteile der nationalen Gerichte, die ganz traditionell auf die nationalstaatlichen Gewaltmonopole durchgreifen können.

Es besteht heute Einigkeit darüber, dass die Durchsetzung der beiden Rechtsfiguren nur durch diese Entwicklung des Vorabentscheidungsverfahrens möglich geworden ist, welche die Mitgliedsstaaten bei der Vertragsunterzeichnung nicht vorhergesehen hatten (Elsig 2002: 86). Denn die Vorstellung, dass nationale Gerichte Gemeinschaftsrecht gegen ihr nationales Recht anwenden könnten, war bei den Vertragverhandlungen der Römischen Verträge niemals diskutiert worden. Diese Verhandlungen waren allein von Politikern geführt worden (Alter 2001: 8, Fn. 12), deren Entscheidungen den Kriterien der politischen Form folgen und die daher die Eigendynamik der Rechtsform nicht antizipierten. Indem die nationalen Gerichte europäisches Recht implementierten, konnten die Regierungen es nicht mehr ignorieren.

Für die unterinstanzlichen Gerichte bot der EuGH einen hervorragenden Stützpunkt: Wollten sie die oberinstanzlichen nationalen Gerichte umgehen oder deren Rechtsprechung ändern, so konnten sie vor dem Europäischen Gerichtshof vorlegen. Wenn sie befürchten mussten, dieser würde unliebsame Entscheidungen treffen, vermieden sie eine Lesart, welche eine Vorlage zur Folge gehabt hätte (49). Empirische Untersuchungen gehen davon aus, dass weitaus mehr Fälle vor das höchste europäische Gericht hätten gelangen können, de facto aber nur 22-25 Prozent aller möglichen Fälle dort landeten (34). Die mitgliedsstaatlichen RichterInnen erhielten so in gewissem Umfang die Möglichkeit, die Entwicklung des europäischen Rechts mit zu beeinflussen: »Insofern kann man, wenn man einen Bereich vor sich hat, in dem man eine Lücke im europäischen Recht entdeckt hat, [...] auch aus taktischen Überlegungen eine Vorlage machen« (EI 2003).

2.3 *Institutionelle Eigendynamik*

Obwohl also in der Anfangsphase der EWG das institutionelle Ensemble Europas sich noch nicht stabil herausgebildet hatte, begann sukzessive die Strategie der »Monnetschen Integrationsweise« (Ziltener 1999: 200) zu wirken: Politische Auseinandersetzungen wurden vermieden und stattdessen ein langsames und fortschreitendes Zusammenschweißen von Gewohnheiten und Interessen im Rahmen einer europäischen Bürokratie betrieben (Altiero Spinelli, zit. n. Ziltener 1999: 103). Während die politische Entwicklung durch Intergouvernementalismus und Integrationskrisen geprägt war, schritt die europäische Rechtsintegration wirkungsvoll voran (Weiler 1991: 2410).

Als sich sodann mit dem Binnenmarkt in den 1980er Jahren ein hegemoniales Projekt durchsetzte (vgl. dazu Bieling/Steinhilber 2000a), welches sich in der EEA, den Verträgen von Maastricht, Amsterdam und Nizza niederschlug, und sich nach der fordistischen Integrationskrise Mitte der 1970er Jahre die »wettbewerbsstaatliche Integrationsweise« zu etablieren begann (Ziltener 1999: 200), hatte sich die Rechtsentwicklung bereits soweit verselbständigt, dass die rechtlichen Regulationen sich nunmehr, vorangetrieben durch das neue Integrationsprojekt, zur europäischen Rechtsform entfalten konnten. Der EuGH hatte sich an vorderer Stelle in dieses Projekt eingereiht. Mit seiner *Cassis de Dijon*-Entscheidung etwa (EuGH 1979: Rs. 120/78: Slg. 1979: 649), mit welcher er das »Prinzip gegenseitiger Anerkennung« und damit eine von positiven politischen Harmonisierungsmaßnahmen unabhängige Marktintegration (Joerges 2002: 11) etablierte, beschleunigte er den Prozess der Binnenmarkt-Herausbildung (Ziltener 1999: 142) und profitierte zugleich von dessen hegemonialer Dynamik.

In den von mir entwickelten Kategorien kann man das Ergebnis so zusammenfassen, dass die europäische Rechtsform allmählich Gestalt annahm und der EuGH sich zu einem machtvollen Apparat entwickelte, dessen institutionelle Eigendynamik eine materielle Existenzweise der europäischen Rechtsform ermöglichte. Die Verwendung des Vorabentscheidungsverfahrens durch die europäischen Gerichte stellt dabei den Paradefall einer internen Rechtsreproduktion dar: Ein politisch nicht vorhergesehener Prozess fand seinen Ausgang in einer Verfahrensvorschrift, die einer anderen Intention geschuldet war. Auf dieser materiellen Grundlage gelang es den Gerichten, ein dichtes Netz von Fällen und damit die Rekursivität von rechtlichen Akten anzustoßen. Dabei verschoben sich institutionelle Arrangements, indem die mitgliedsstaatlichen Gerichte ihre rein nationalstaatliche Institutionalisierung nach und nach verloren und integraler Bestandteil eines europäischen Institutionenensembles wurden. Dabei ist es interessant, dass das Problem des fehlenden Gewaltmonopols auf europäischer Ebene de facto kompensiert wird: Der Europäische Gerichtshof verfügt vermittelt über die mitgliedsstaatlichen Gerichte über ein Netzwerk nationalstaatlicher Gewaltmonopole.

Mit der Rechtsfigur der unmittelbaren Wirkung des Gemeinschaftsrechts für die Einzelnen entwickelte sich zudem ein erster Ansatz eines europäischen Rechtssubjekts, das im Grundsatz ein Marktsubjekt blieb. Auf jenes musste sich der EuGH berufen, wollte er die direkte Wirkung des Gemeinschaftsrechts in den Nationalstaaten proklamieren. Rechtssubjektivität einzelner AkteurInnen war notwendig, um Einzelfallentscheidungen als Anknüpfungspunkte zu initiieren. Damit begann sich auch in Europa die Kohäsionstechnik der Rechtsform herauszubilden.

III. Die ›Erfindung‹ der europäischen Grundrechte

Dieser sehr geraffte Überblick ist nur der Rahmen einer Entwicklung, die ich erst jetzt genauer untersuchen werde. Denn in der bisherigen Darstellung wurde das dritte und wesentliche Moment der Entstehung einer europäischen Rechtsform ausgeblendet: »the well-known evolution of a higher law of human rights« (Weiler 1991:2437). Die europäischen Grundrechte stehen für mehr als lediglich den Vorrang des europäischen Rechts: Sie stehen für dessen Legitimität, ohne die es schlechterdings nicht hegemonial werden kann.

1. Allgemeine Rechtsgrundsätze

1.1 Verselbständigungsnormen

Das geschriebene europäische Gemeinschaftsrecht kannte mehr als vierzig Jahre lang keine Grundrechte. Bis heute gibt es keinen rechtsverbindlichen Grundrechtskatalog. Dieser Bereich war lange Zeit die ausschließliche Domäne der europäischen Nationalstaaten. Die Europäische Gemeinschaft kannte bestenfalls grundrechtsähnliche Rechte wie die vier wirtschaftlichen Grundfreiheiten (Waren-, Personen-, Dienstleistungs- und Kapitalverkehrsfreiheit), deren grundrechtlicher Charakter wegen ihres »funktionalistischen Binnenmarktbezugs« (Kühling 2003:628) jedoch umstritten ist. Vielmehr weisen die Grundfreiheiten die Form von »transnationalen Integrationsnormen« auf, die unterschiedliche Rechtsordnungen vereinheitlichen (Kingreen 2004:574).

Positivierte Grundrechte gab es im europäischen Raum jenseits der Nationalstaaten nur in dem *nicht zum E(W)G-System gehörenden Regime* der Europäischen Menschenrechtskonvention (EMRK) und dem sie schützenden Europäischen Gerichtshof für Menschenrechte (EGMR). Die EMRK stellt einfaches Völkerrecht dar – kein supranationales Rechtssystem wie das Gemeinschaftsrecht. Letzteres kann, wie die Darstellung gezeigt hat, Vorrang und unmittelbare Wirkung in den Mitgliedsstaaten beanspruchen, wohingegen die EMRK etwa vom Bundesverfassungsgericht lediglich zur Auslegung *deutscher* Grundrechte herangezogen wird. Die Versuche der rechtswissenschaftlichen Literatur, eine über diese bloße Auslegungshilfe hinausgehende Bindungswirkung zu begründen, wurden durch die Rechtsprechung nicht aufgenommen (Walter 2005, Rdnr. 13). Die Rechtsprechung des EGMR ist allerdings nach diversen institutionellen Korrekturen in Zusatzprotokollen mittlerweile mit 13.858 Beschwerden im Jahre 2001 selbst so erfolgreich, dass »das Individualbeschwerdeverfahren in Straßburg an seinem eigenen Erfolg zu ersticken« droht (Rdnr. 11). Doch auch das ist eine relativ junge Entwicklung, die zu Beginn der EuGH-Grundrechte-Rechtsprechung nicht absehbar war.

Nach einer anfänglichen ablehnenden Haltung des EuGH gegenüber der Anerkennung von Grundrechten (Nachweise bei Kühling 2003: 586; Walter 2005, Rdnr. 20) begann er seine Grundrechte-Rechtsprechung im Jahre 1969, also nur wenige Jahre nach den beiden supranationalen Doktrinen, was bereits auf den engen Zusammenhang verweist. Die dafür verwendete dogmatische Argumentationsfigur sah folgendermaßen aus: Der EuGH antwortete auf die Vorlagefrage eines deutschen Gerichtes, welches die Auslegung einer europäischen Richtlinie erbeten hatte.

> »Bei dieser Auslegung enthält die streitige Vorschrift nichts, was die in den allgemeinen Grundsätzen der Gemeinschaftsrechtsordnung, deren Wahrung der Gerichtshof zu sichern hat, enthaltenen Grundrechte der Person in Frage stellen könnte« (EuGH Rs. 296/69 – Stauder, Slg. 1969: 419 (425, Rdnr. 7)).

Dies ist die einzige Aussage, in welcher die Grundrechte erwähnt werden – und sie wird eher nebenbei geäußert, in einem sogenannten »obiter dictum« (Kühling 2003: 587). Der EuGH knüpft nicht an eine bestehende Rechtsprechung an und führt auch keine Grundrechtsprüfung durch. Weder hatte das vorlegende Verwaltungsgericht Stuttgart seine Vorlagefrage auf die Grundrechte bezogen, noch argumentierte die Kommission in diese Richtung. Aufgebracht hatte die Thematik der Generalanwalt, der sich auf die Auffassung »vieler Autoren« der rechtswissenschaftlichen Literatur bezog, die gefordert haben sollen, »durch wertende Rechtsvergleichung [...] gemeinsame Wertvorstellungen des nationalen Verfassungsrechts [...] zu ermitteln, die als ungeschriebener Bestandteil des Gemeinschaftsrechts bei der Setzung sekundären Gemeinschaftsrechts beachtet werden müssten« (EuGH a. a. O: 428).

Darauf antworteten die Richter des EuGH. Der Gerichtshof erwähnte also en passant die Existenz europäischer Grundrechte, die in »allgemeinen Grundsätzen der Gemeinschaftsrechtsordnung«, also »ungeschriebenem« Recht, wie der Generalanwalt behauptete, enthalten und durch Rechtsvergleichung zu entwickeln seien. In diesen wenigen Sätzen sind bereits viele der zukünftigen Argumentationstaktiken in Bezug auf die Grundrechte enthalten. Bereits die nächste Entscheidung des EuGH mit Grundrechtsbezug ein Jahr später greift diese nur nebenbei geäußerten Argumente in der Weise auf, als besäßen sie eine lange Rechtsprechungstradition:

> »denn die Beachtung der Grundrechte gehört zu den allgemeinen Rechtsgrundsätzen, deren Wahrung der Gerichtshof zu sichern hat. Die Gewährleistung dieser Rechte muss zwar von den gemeinsamen Verfassungsüberlieferungen der Mitgliedsstaaten getragen sein, sie muss sich aber auch in die Struktur und die Ziele der Gemeinschaft einfügen« (EuGH Rs. 11/70 – Internationale Handelsgesellschaft, Slg. 1970: 1125 (1135, Rdnr. 4)).

Wieder wird die Existenz von Grundrechten als selbstverständlich behauptet, wieder wird auf die »allgemeinen Rechtsgrundsätze« verwiesen, und wieder wird zur Gewinnung der Grundrechte auf die »gemeinsamen Verfassungsüberlieferungen« rekurriert, allerdings nicht ohne ein weiteres Element hinzuzufügen: den später sogenannten »Gemeinschaftsvorbehalt« (Kühling 2003: 591), das heißt, dass die Grundrechte, die durch die Rechtsvergleichung gewonnen werden, in einem zweiten Schritt auf ihre eigenständige Ausprägung unter Berücksichtigung der Ziele und Aufgaben der Gemeinschaft zu prüfen sind (Cole/Haus 2003: 761). Diese Korrektur erweitert den Gestaltungsspielraum des EuGH noch einmal erheblich (Ehlers 2005: 9).

Bezeichnenderweise führte der EuGH in diesem Urteil aber keine Grundrechtsprüfung durch, sondern prüfte stattdessen die angegriffene Handlung lediglich auf ihre »Verhältnismäßigkeit«. Es lag bisher auch keine Methode zur Prüfung der Grundrechte vor, die Rechtsvergleichung wurde nur proklamiert. *Rudolf Wiethölter* hat eine methodisch ähnliche Rechtsprechung des Bundesgerichtshofes in Zivilsachen, die bezeichnenderweise das Recht am Unternehmen begründet hatte, als die Schaffung von »Legendenrecht« bezeichnet (1970: 122). Welche ›Legende‹ wird hier entwickelt? Es gäbe Grundrechte, *obwohl* sie nicht in den Verträgen positiviert wurden. Sie seien Bestandteil allgemeiner Rechtsgrundsätze, die sich dadurch auszeichnen, dass sie *ungeschrieben* sind. Ungeschrieben heißt, es gibt keinen Anknüpfungspunkt in bestehenden einschlägigen Rechts*texten*. Das heißt weiterhin, dass das Gericht seinen eigenen Spielraum immens vergrößert, denn es ist an keinen »Wortlaut« gebunden.

Dies zeigt eine genauere Betrachtung dieser Allgemeinen Rechtsgrundsätze (ARG).[4] So heißt es etwa in einer Auffassung der Literatur:

> »Ungeklärt ist nach wie vor der eigentliche Geltungsgrund für die allgemeinen Rechtsgrundsätze der Gemeinschaft. Literatur und Rechtsprechung haben sich zwischenzeitlich mit der pragmatischen Auffassung begnügt, die Geltung allgemeiner Rechtsgrundsätze sei gewohnheitsrechtlich anerkannt« (Lecheler 2003: 345).

4 Traditionelle Beispiele für die ARG sind z. B. »Treu und Glauben«, das Diskriminierungsverbot, das Gebot der »Gemeinschaftstreue« etc.

Selbstverständlich gab es Versuche, den »Geltungsgrund« der allgemeinen Rechtsgrundsätze zu finden. Wegen des Prinzips der enumerativen Einzelermächtigung (Art. 5 I EG), also der Kompetenzbeschränkung der EG/EU auf die in den Verträgen ausdrücklich normierten Kompetenzen, muss sich die Zuständigkeit des EuGH für die Grundrechte aus den Verträgen herleiten. Dazu wird Art. 220 I EG in der Literatur herangezogen (Lecheler 2003: 339; Streinz 2001, Rdnr. 356; Cole/Haus 2003: 761). Er definiert die Aufgaben des EuGH in der Weise, dass dieser im Rahmen seiner Zuständigkeiten »die Wahrung des Rechts bei der Auslegung und Anwendung dieses Vertrags« gewährleisten solle. Dies mache »deutlich, dass die Zuständigkeit des EuGH über das geschriebene Normgefüge des EG-Vertrags hinausreicht und auch ungeschriebene Normen der Gemeinschaftsrechtsordnung umfasst«, diese Norm demnach als eine »klare Absage an einen rigorosen Gesetzespositivismus« zu deuten sei (Calliess 2005: 930; so auch Lecheler 2003: ebd.). Noch emphatischer betont Pernice den dahinter ausgemachten Gedanken, nämlich dass mit dem Begriff »Recht« der »Inbegriff der Gerechtigkeitsidee der europäischen Verfassungskultur in das Gemeinschaftsrecht einbezogen« sei (Pernice zit. nach Streinz 2001: ebd.).

Diese Argumentation kann ihren legendenrechtlichen Charakter nicht verhüllen, denn man kann den »Herren der Verträge« kaum unterstellen, sie hätten mit der Verwendung des Begriffes »Recht« eine antipositivistische, sie selbst entmächtigende Intention verfolgt: »Es kann schwerlich angenommen werden, dass hier dem Begriff des Rechts ein so weitreichender Gehalt unterstellt werden sollte«, schreiben Müller/Christensen völlig zutreffend, denn »ein solcher über die positiven Gesetze hinausgehender Begriff der Gerechtigkeit würde als holistisches Konzept die spezifisch europarechtliche Systematik der primärrechtlichen Bindungen richterlichen Handelns ganz auflösen [...]«, so dass er in der Praxis auf eine Willkürentscheidung der jeweils letzten Instanz der Handlungskette hinausliefe (Müller/Christensen 2003: 442).

Die Argumentationsfigur ist allerdings nicht neu. Den Begriff »Recht« in einen Gesetzestext aufzunehmen, bietet paradoxerweise den einfachsten Anknüpfungspunkt für Rechtsfortbildungen. So hatte sich Ingeborg Maus vehement, durch Verweis auf die historischen Protokolle des Parlamentarischen Rates, gegen einen ganz ähnlichen Vorgang gewendet, nämlich gegen die Behauptung des Bundesverfassungsgerichts, die Formulierung in Art. 20 III GG, dass die Rechtsprechung an »Gesetz und Recht« gebunden ist, beinhalte die verfassungsmäßige Verankerung einer zweistufigen Legalität (Maus 1986a: 46 f.).

Ein weiterer Begründungsversuch besteht in dem Rückgriff auf die Rechtsquellenlehre des Völkerrechts (Bleckmann 1993: 825), was an sich bereits widersprüchlich ist, da die E(W)G längst eine eigenständige, supranationale Bedeutung gegenüber dem Völkerrecht erlangt hat. Art. 38 I c des Statuts des Internationalen Gerichtshofes (IGH) nennt als Rechtsquelle »die von den zivilisierten Nationen anerkannten allgemeinen Rechtsgrundsätze«. Aber selbst im Völkerrecht sind diese Grundsätze umstritten, da sie nicht auf dem Willen der Staaten basieren und daher »die Opposition aller Positivisten« gefunden haben (Paech/Stuby 2001: 469f., Rdnr. 108). Sie spielen daher im Völkerrecht eine untergeordnete Rolle (Bleckmann 1993: 826).

Die Begründungen sind wenig überzeugend. Letztlich – so ist Müller/Christensen zuzustimmen – reduziert die traditionelle Lehre die damit verbundenen methodischen und normativen Probleme auf »ein einziges ontologisches Postulat [...]. ›Es gibt allgemeine Rechtsgrundsätze‹« (2003: 156).

Diese Auffassung ist allerdings inzwischen so selbstverständlich, dass sogar der erste Positivierungsversuch der Grundrechtscharta [ABl. C 364 I v. 18. 12. 2000] in Abs. 4 der Präambel betont, dass sie in der Charta lediglich »sichtbarer gemacht werden«. Selbst Art. 6 II EU-Vertrag, also die erste Verankerung von Grundrechten in den Gründungsverträgen (Hilf/Schorkopf 2005: Rdnr. 41), kann letztlich als Nachpositivierung dieser Rechtsprechung gelesen werden. So verlangt er, dass die Grundrechte von der Union zu achten sind »wie sie sich aus den gemeinsamen Verfassungsüberlieferungen der Mitgliedstaten als allgemeine Grundsätze des Gemeinschaftsrechts ergeben«.[5]

Nur selten wird dies grundsätzlich kritisiert. Eine Ausnahme stellt allerdings *Christian Calliess* dar, Mitherausgeber einer der führenden Kommentare zum EU/EG-Vertrag: Die Grundrechte seien für die Grundrechtsträger nicht sichtbar und würden rein richterrechtlich entwickelt. Das sei ein »für eine Rechtsgemeinschaft (vgl. Art. 6 I EU) nicht akzeptabler Zustand« (2001: 262). Ähnlich argumentiert auch *Thorsten Kingreen*, Autor in unterschiedlichen Kommentaren, der zu diesem Zeitpunkt allerdings noch hoffte, der Verfassungsvertrag würde bald in Kraft treten, so dass die Grundrechte damit »das Arkanum prätorischer Rechtsfortbildung« verließen (Kingreen 2004: 570):

> »Für den positivistisch geschulten Juristen war die Beschäftigung mit den Grundrechten der Europäischen Union bis vor kurzem nicht sonderlich erquicklich. Im EG- und EU-Vertrag suchte man sie bis 1992 vergebens und musste sich auf die – anfangs noch nicht einmal belegte – Einsicht des EuGH verlassen, dass sie dennoch existieren« (ebd.).

5 Als zweite Quelle wird die EMRK erwähnt, ebenfalls entsprechend der (späteren) Rechtsprechung des EuGH, dazu weiter unten.

1.2 Zwischenergebnis 1

Bereits an dieser Stelle ist es möglich auf *Frage 1* zu antworten, warum Grundrechte rechtlich entwickelt werden konnten, obwohl dies im politischen Prozess noch undenkbar war:

Die Allgemeinen Rechtsgrundsätze (ARG) verdeutlichen, dass im Gewand der alten Rechtsquellenhierarchie-Lehre rein rechtsimmanente Normen geschaffen wurden, die eine Verselbständigung der Rechtspraxis ermöglichten – und das obwohl die Begründung misslungen ist. Der EuGH hatte die ARG sowie die darin enthaltenen Grundrechte schlichtweg behauptet, während die Literatur nach Konstruktionen suchte, welche ihre Geltung legitimieren könnten. Wir haben es hier also mit dem Beginn einer klassischen Entparadoxierungs-Rechtsfigur zu tun.

Aus einer rechtsstaatlichen Perspektive ist diese Entwicklung bedenklich. Dies mag verwundern, da Grundrechte als die ranghöchsten subjektiven Rechte gerade die einzelnen GrundrechtsträgerInnen mit jenen Freiheits- und Gleichheitsansprüchen ausstatten, die für das moderne Recht ausschlaggebend sind. Die Gefahr besteht aber nicht in den Grundrechten selbst, sondern in der Verfügungsmacht der Apparate über sie. Der Bezug auf eine überpositive Wertordnung, häufig in kritischem Bezug auf *Carl Schmitt* als »zweistufige Legalität« bezeichnet, ermöglicht es den Apparaten nämlich, sich aus den ›Fesseln‹ politisch verfasster Rechtstexte herauszuwinden. Denn: wer ›kennt‹ das ungeschriebene Recht? Faktisch die »letzte Instanz der Handlungskette« und das heißt in dem Fall: die Gerichte. Der Verfassungsjurist *Helmut Ridder* hatte anlässlich der Auseinandersetzung des Bundesverfassungsgerichts mit der *Lüth*-Entscheidung (BVerfGE 7, 198 ff.) betont, dass eine emphatische Bezugnahme von Gerichten auf die Grundrechte noch lange nicht bedeuten muss, dass diese auch ernst genommen werden. Wie er an der sogenannten »Wechselwirkungslehre« des Bundesverfassungsgerichts gezeigt hat, kann diese Bezugnahme sogar »das genaue Gegenteil« bedeuten (1975:79 ff).

Die für Habermas entscheidende politische Autonomie durch diskursive Meinungsbildung, das Demokratieprinzip, wird durch diese judikative Rechtssetzung stillgestellt. Subjektive Rechte müssen, wie die Darstellung in Teil A gezeigt hat, immer Ergebnis und Voraussetzung politisch autonomer Rechtssetzung sein. Eine demokratische Vergesellschaftung verlangt, dass Verfassungsinnovationen, und seien es auch Menschenrechte, an der Basis monopolisiert sind (Maus 1992b:235). Der *Durchgriff auf überpositives Recht* darf unter dieser Perspektive ausschließlich denen gemeinsam zukommen, die keine Funktionäre sind (Maus 1995:552). Die folgende Darstellung wird diese Problematik noch deutlicher hervortreten lassen, weil sie zeigen wird, dass der

EuGH nicht die subjektiven Rechte der Einzelnen im Auge hatte, als er die Grundrechte schuf, die er vielmehr nebenbei produzierte, sondern seine eigene institutionelle Autonomie.

Die Verselbständigung sozialer Verhältnisse in sozialen Formen unterläuft demokratische Institutionen – und an dieser Stelle sieht man idealtypisch ihr Wirken: Durch eine Legendenrechtsbildung verschafft sich das oberste Europäische Gericht einen Referenzpunkt jenseits des positiven und daher vom europäischen Gesetzgeber zu beeinflussenden Rechts. Der EuGH selbst, die nationalen Rechtsprechungen, die Kommentar- sowie die Lehrbuchliteratur knüpfen fortan immer wieder daran an, verschieben ihn und dehnen ihn aus.

Die relationale Autonomie der Rechtsform zeigt sich an diesem Punkt in der Möglichkeit ihrer Selbstreproduktion und Selbstbeobachtung. Sie ist relational autonom insbesondere gegenüber der politischen Form. Letztere konnte ihre Fragmentierung, die sich in ihrer besonderen Institutionalisierung in Europa ausdrückte, nicht überwinden. Politische Verfahren zeichnen sich durch ein öffentliches Austragen von Antagonismen aus, das in Europa lange Zeit nur über das Einstimmigkeitsprinzip zu einem Abschluss zu bringen war, während die rechtsförmigen Verfahren die hegemoniale Auseinandersetzung in eine scheinbar unpolitische juristische Argumentation verlagern und über Entscheidungen im Einzelfall wirksam werden lassen können. Sie konnten so zum »Motor der Integration« werden und bis zum heutigen Tage die politische Form in gewisser Weise substituieren, was zugleich das Auseinandertreten der beiden Formen in Europa zeigt. Daran kann man die eigene Materialität sozialer Formen erkennen: Die Rechtsform ist alles andere als ein Reflex oder eine Unterabteilung »*der* Ökonomie« oder der Politik. Die Antwort auf *Frage 1* muss daher lauten, dass die Grundrechte aufgrund der eigenen Materialität der Rechtsform – jenseits der politischen Verfahren – entwickelt werden konnten.

Soweit ist die Entstehung der Rechtsfigur der in den ARG enthaltenen Grundrechte nachgezeichnet. Was aber bis jetzt noch ungeklärt bleibt, sind die Hintergründe für diese Entwicklung. Was hat den EuGH dazu veranlasst, diese so offensichtliche Legendenrechtsfigur zu entwickeln? Warum gerade Grundrechte? Welche Rechtsparadoxie sollte damit reguliert werden? Dazu muss ich wieder auf den zuvor skizzierten historischen Kontext zurückkommen.

2. Konkurrenz der Apparate um den Durchgriff auf die oberste Referenznorm

Die Grundrechte-Rechtsprechung kam nicht aus dem Nichts und entsprang genauso wenig einer »List der Vernunft«. Sie entstand vielmehr in einer institutionellen Auseinandersetzung, die mit dem Begriff des »kritischen Dialogs« (Kühling 2003: 587) eher euphemistisch beschrieben ist. Treffender ist Alters »doctrinal negotiation«, da sie den *politischen* Charakter dieses Vorgangs bezeichnet. ›Dialog‹ impliziert, wie Alter feststellt, ein Gespräch unter Gleichen, welches das vernünftigste, weil gegenseitig akzeptierte Ergebnis produziert, gewissermaßen das Ergebnis eines Habermasianischen prozeduralen Prozesses. Eine Verhandlung hingegen geht von konkurrierenden Interessen aus, in denen die Streitparteien Kompromisse eingehen, welche die jeweiligen Machtpotentiale reflektieren (Alter 2001: 38).

2.1 EuGH ./. BVerfG

Die Auseinandersetzung begann mit dem vom EuGH beanspruchten Vorrang und der unmittelbaren Wirkung des Gemeinschaftsrechtes vor nationalstaatlichem Recht. Es gibt zwischen beiden Rechtsordnungen keine höherrangige Norm, die den Vorrang regeln könnte. Doch der vom EuGH proklamierte supranationale Vorrang vor nationalen Grundrechten bedeutete den Vorrang vor jedwedem, auch dem höchsten nationalen Recht, selbst die tradierten lex-posterior- und lex-specialis-Regeln[6] werden dadurch ausgehebelt (Jarras/Saša 2004: 2). Die nationalstaatlichen Rechtsnormen werden im Falle einer Kollision mit Gemeinschaftsrecht zwar nicht nichtig, doch dürfen sie insoweit nicht angewendet werden (ebd.: 4). Für die mitgliedsstaatlichen höchsten Gerichte musste dieser Anwendungsvorrang des europäischen Rechts zum Zeitpunkt der damaligen nationalstaatlich verfassten Konstitution Europas provozieren.

Bereits in der Rechtssache *Internationale Handelsgesellschaft* zeigte sich, was für den Europäischen Gerichtshof und die Gemeinschaftsrechtsordnung auf dem Spiel stand, wenn es nicht gelingen sollte, die beanspruchte Supranationalität des EG-Rechts zu rechtfertigen. So machte das Frankfurter Verwaltungsgericht in seinem Vorlagebeschluss an den EuGH deutlich,

6 Sie besagen, dass neueres bzw. spezielleres Recht, älteres bzw. allgemeineres Recht verdrängt.

> dass die Gemeinschaftsverordnungen, obwohl sie keine deutschen Gesetze seien, »die durch das Grundgesetz garantierten elementaren Grundrechte und die wesentlichen Strukturprinzipien des nationalen Rechts beachten« müssten, andernfalls »breche sich der Vorrang des übernationalen Rechts an den Grundsätzen des deutschen Grundgesetzes« (EuGH Rs. 11/70 – Internationale Handelsgesellschaft, Slg. 1970: 1125 ,1127f.).

Damit lag die Gefahr für die Gemeinschaftsrechtsordnung auf der Hand: ein möglicher »ungeschriebener Vorbehalt zugunsten der Verfassungen der Mitgliedsstaaten«, so die Stellungnahme der Regierung der BRD (a.a.O.: 1131), der den Vorrang des Gemeinschaftsrechts brechen könnte. Auch die deutsche Argumentation bezog sich also wiederum auf »ungeschriebenes« Recht, um allerdings den Vorrang der *nationalen* Verfassung zu begründen. Dies hätte aber bedeutet, dass die Vorrang-Doktrin gescheitert wäre.

Der EuGH reagierte prompt: Die »einheitliche Geltung des Gemeinschaftsrechts würde beeinträchtigt«, wenn Grundsätze des nationalen Rechts herangezogen würden. Die Gültigkeit der Handlungen von Gemeinschaftsorganen könne nur am Gemeinschaftsrecht gemessen werden,

> »denn dem vom Vertrag geschaffenen, somit aus einer autonomen Rechtsquelle fließenden Recht können wegen seiner Eigenständigkeit keine wie immer gearteten innerstaatlichen Rechtsvorschriften vorgehen, [...] wenn nicht die Rechtsgrundlage der Gemeinschaft selbst in Frage gestellt werden soll« (a.a.O. 1135, Rdnr. 3).

Der Drohung, Gemeinschaftsrecht könne die nationalstaatliche Befolgung versagt und durch nationales Recht korrigiert werden, hält er die Drohung entgegen, damit würde die »Rechtsgrundlage der Gemeinschaft« in Frage gestellt. Es kann nur ein Recht das höchste in Europa sein, so das Argument, und dieses muss das Gemeinschaftsrecht sein, welches wegen seiner »Eigenständigkeit« unabhängig vom nationalen Rechts sein müsse.

Doch diese Behauptung alleine hätte keine Gefolgschaft bewirken können. Denn sie war ungefähr so plausibel – je nach Perspektive – wie die des Vorrangs des nationalen Rechts. Nachdem das starke mitgliedsstaatliche Argument »Grundrechte« lautete, musste der EuGH mit dem gleichem Argument antworten, nämlich mit dem oben bereits zitierten wiederholten Bekenntnis zu den – allerdings europäischen – Grundrechten und einer ersten halbherzigen Prüfung der Verhältnismäßigkeit.

Doch damit war der Fall nicht abgeschlossen. Denn in der Folge wandte sich die Klägerin an das deutsche Bundesverfassungsgericht (BVerfG), um nun dort die Verordnung anzugreifen. In der Sache kam das BVerfG zwar zum gleichen Ergebnis wie der EuGH – dass die Verordnung nicht gegen Grundrechte verstoße – seine Prüfung stellte allerdings einen Affront gegen den EuGH dar und wurde unter dem Namen *Solange I* bekannt (BVerfGE 37, 271 ff.).

Das deutsche Verfassungsgericht tat genau das, was der EuGH als absolut inakzeptabel erklärt hatte, es maß die *europäische* Verordnung an *deutschen* Grundrechten. Die Rechtfertigung dieses Vorganges ist kennzeichnend:

> Der »gegenwärtige Stand der Integration« entbehre »noch eines unmittelbar demokratisch legitimierten, aus allgemeinen Wahlen hervorgegangenen Parlaments, das Gesetzgebungsbefugnisse besitzt«, sowie insbesondere »eines kodifizierten Grundrechtskatalogs, dessen Inhalt ebenso zuverlässig und für die Zukunft unzweideutig feststeht wie der des Grundgesetzes« (ebd.: Rdnr. 44).

Es ›konterte‹ also genau besehen damit, dass ein bloß ungeschriebener Grundrechtsbestand nicht den gleichen Schutz gewährleiste wie die nationalen Grundrechtskataloge. Hatte sich der EuGH also notgedrungen auf die Grundrechtsargumentation eingelassen, so wurde er nun damit vorgeführt, dass es gar keine sichtbaren Grundrechte auf EG-Ebene gäbe. Damit wurden die Anforderungen an einen möglichen Vorrang europäischen Rechts sehr hoch angesetzt und durchaus als auf absehbare Zeit unerfüllbar gedacht (Wallrabenstein 2002: 385). Insbesondere die Forderung nach einem »unzweideutigen« Feststehen ist auffallend, denn damit wird genau die Paradoxie jeden Rechts, dass es niemals unzweideutig feststehen kann, dass es immer auf einer Unentscheidbarkeit beruht, machtvoll übertönt. Das Bundesverfassungsgericht selbst hatte sich zu diesem Zeitpunkt bereits mit diversen Rechtsfiguren, zum Beispiel der »objektiven Wertordnung«, selbst von einem solchen unzweideutigen Verfassungsrecht weit entfernt (vgl. etwa die Kritik von Maus 1992a: 236).

Die Europäischen Gemeinschaften befanden sich 1975 in der Integrationskrise, so dass das Urteil auch Ausdruck einer »europafeindlichen Tendenz« war (Kokott 1998: 121). Das Bundesverfassungsgericht selbst war gespalten in EuropakritikerInnen und -befürworterInnen, das Urteil erging mit fünf zu drei Stimmen. Die Richter Rupp, Hirsch und Wand stützen die Argumentation vom Vorrang des Gemeinschaftsrechts auch vor nationalem Verfassungsrecht, wie aus ihrer abweichenden Stellungnahme zu ersehen ist (BVerfGE 271, 295 f.). Noch war das deutsche Verfassungsgericht aber die materielle Verdichtung eines stark national geprägten Kräfteverhältnisses.[7]

7 Einen ähnlichen Vorgang gab es vor dem italienischen Verfassungsgericht: Corte Costituzionale, EuR 1974, 255, 262. Für weitere Beispiele siehe (Alter 1995).

Die Auseinandersetzung, die nur schwierig selbst mit dem Begriff der »Verhandlung« zu umschreiben ist, setzte sich fort in der Drohung der Europäischen Kommission mit der Einleitung eines Vertragsverletzungsverfahrens gegen Deutschland aufgrund der Verfassungsgerichtsentscheidung (Kokott 1998: 119). Aber auch dieses Verfahren leitete sie nicht ein, so dass die Fortführung des Konfliktes wiederum dem EuGH überlassen blieb. Dieser antwortete 1979. Die Richter des EuGH hatten in der Rechtssache *Hauer* (EuGH Rs. C 44/79 – Hauer, Slg. 1979: 3727) zu prüfen, ob eine EG-Verordnung gegen das Eigentumsrecht oder die Berufsfreiheit verstieß. Wiederum reagierten sie mit einer ›Doppelstrategie‹. Zunächst stellten sie fest, dass eine Prüfung anhand nationaler Grundrechte die Einheit des Gemeinschaftsrechts gefährden würde. Drastischer als beim ersten Mal fügten sie hinzu, dass dies »unausweichlich die *Zerstörung der Einheit des gemeinsamen Marktes und eine Gefährdung des Zusammenhalts der Gemeinschaft* zur Folge« habe (ebd., Rdnr. 14, Herv. S. B.). Das heißt, der EuGH berief sich nicht mehr nur auf die Eigenständigkeit des Gemeinschaftsrechts, sondern teleologisch auf die realgesellschaftlichen, politischen Konsequenzen ihrer Zerstörung, nämlich die Zerstörung des gemeinsamen Marktes und der Gemeinschaft selbst. Es werden also argumentativ starke Geschütze aufgefahren, die in ihrer Adressierung der deutschen Verfassungsgerichtsbarkeit eine selbstbezügliche Dogmatik verlassen.

Wie zur Besänftigung führte er in einem zweiten Schritt dann allerdings eine bis dahin nicht erfolgte relativ präzise Grundrechtsprüfung durch, die sowohl die Normen der Europäischen Menschenrechtskonvention (EMRK)[8] als auch die der diversen nationalstaatlichen Verfassungen untersuchte und daraus »Schutzbereiche« und »Schranken« entwickelte. Das Ergebnis schließlich überprüfte er noch einmal auf die Verhältnismäßigkeit hin (ebd., Rdnr. 17).

Diese Strategie erwies sich als erfolgreich. Als 1986 das BVerfG nämlich die nächste Gelegenheit zur ›Antwort‹ erhielt, fiel seine zweite zentrale Entscheidung zu dieser Thematik, *Solange II* (BVerfGE 73, 339), ganz anders aus. Es kam einstimmig zu einem Rechtsprechungswandel. Sein Beschluss endete bereits in der Zulässigkeitsprüfung, denn es hielt nunmehr fest, dass Vorlagen nach Art. 100 I GG, also konkrete Normenkontrollen, über die Anwendbarkeit von Gemeinschaftsrecht nicht mehr zulässig seien. Das heißt, es untersuchte erst gar nicht in einer »Begründetheitsprüfung«, ob ein deutsches Grundrecht verletzt sein könnte, sondern wies die Klage bereits aus formalen Gründen zurück. Denn dem EuGH wurde jetzt zugesprochen, einen wirksamen Schutz der Grundrechte zu gewährleisten. *Solange* dies der Fall sei, werde das

8 Die EMRK als Rechtserkenntnisquelle hatte er allerdings bereits 1974 in der Rechtssache *Nold* (EuGH, Slg. 1974, 491 Rdnr. 13) erwähnt.

BVerfG seine Gerichtsbarkeit nicht mehr ausüben (ebd., Rdnr. 132). Dies wurde maßgeblich an der »prinzipiellen Haltung, die der Gerichtshof mittlerweile« einnehme, festgemacht, nämlich an der spezifischen Verbindung des Gemeinschaftsrechts mit den nationalen Verfassungen und der EMRK (ebd., Rdnr. 128).

Dieses rechtsvergleichende Vorgehen des EuGH hatte von Bogdandy so kommentiert, dass »diese sehr umsichtige Strategie des EuGH« nicht notwendig gewesen wäre. Denn die Grundrechte hätten auch auf der Basis der Vorschriften des EG-Vertrages entwickelt werden können, »was zu einem weitaus autonomeren Menschenrechts-Fall-Recht geführt hätte« (2000: 1333). Doch an der Rechtsprechung des BVerfG wird deutlich, dass dies so einfach nicht möglich war. Strikte Autonomie war nicht zu erlangen. Denn die Extrapolation aus den *nationalen* Verfassungen sowie der von vielen europäischen Staaten ratifizierten EMRK war ein notwendiges Zugeständnis an die nationalen Gerichte, um deren Zustimmung zu erhalten, eine notwendige Voraussetzung für das Erreichen von Hegemonie.

Wesentlich für diese Entschärfung des Konflikts durch den faktischen Rückzug aus einem rechtlich nach wie vor beanspruchten Terrain (G. Hirsch 1996: 2464) war außerdem die Tatsache, dass der Senat inzwischen komplett gewechselt hatte und die Zeit aufgrund des Binnenmarktprojektes insgesamt integrationsfreundlicher war, was auch an der im gleichen Jahr beschlossenen Einheitlichen Europäischen Akte abzulesen ist (Kokott 1998: 121; Caspar 2000: 351).

Zwar konnte der EuGH in den folgenden Jahren seinen Rechtsprechungsbereich im Kontext der Grundrechte-Rechtsprechung ausdehnen und die europäische Rechtsform, wie oben dargestellt, in ihrer relationalen Autonomie herauszubilden helfen. Doch die Auseinandersetzung über den Zugriff auf die höchsten europäischen Rechtsnormen war keinesfalls beendet, sie verschob sich nur an eine andere ›Front‹.

1993 kam es erneut zu einem innerdogmatischen Angriff des BVerfGs auf die vorrangige Geltung des Gemeinschaftsrechts. Dieses Mal ging es um eine Frage mit erheblicher inhaltlicher Tragweite, nämlich darum, ob das deutsche Zustimmungsgesetz zum EU-Vertrag von Maastricht verfassungsgemäß war – es handelte sich um die sogenannte *Maastricht*-Entscheidung (BVerfGE 89, 155). Das Verfassungsgericht verließ zunächst nicht die Linie seiner *Solange-II*-Rechtsprechung. Den dort ausgesprochenen generellen Prüfungsverzicht unter aufschiebend bedingtem Vorbehalt (»solange«) wiederholte es und wies konsequenterweise die Verfassungsbeschwerde insofern als bereits unzulässig zurück, als sie sich auf die Verletzung deutscher Grundrechte (Art. 1, 5, 12 und 14 GG) berief. Allerdings wurde die bisherige Begründung des Prüfungsverzichts verschoben. Die europafreundliche *Solange-II*-Entscheidung hatte argumentiert:

> »*Solange* die Europäischen Gemeinschaften, insbesondere die Rechtsprechung des Gerichtshofs der Gemeinschaften einen wirksamen Schutz der Grundrechte gegenüber der Hoheitsgewalt der Gemeinschaften *generell gewährleisten*, der dem vom Grundgesetz als unabdingbar gebotenen Grundrechtsschutz im wesentlichen gleichzuachten ist, zumal den Wesensgehalt der Grundrechte generell verbürgt, wird das Bundesverfassungsgericht seine Gerichtsbarkeit über die Anwendbarkeit von abgeleitetem Gemeinschaftsrecht [...] nicht mehr ausüben und dieses Recht mithin nicht mehr am Maßstab der Grundrechte des Grundgesetzes überprüfen« (BVerfGE 73, 339, Rdnr. 132, Herv. S. B.).

Derselbe Umstand wird nun in der *Maastricht*-Entscheidung so dargestellt:

> »Das Bundesverfassungsgericht gewährleistet durch seine Zuständigkeit (Solange I und II), dass ein wirksamer Schutz der Grundrechte für die Einwohner Deutschlands auch gegenüber der Hoheitsgewalt der Gemeinschaften generell sichergestellt [...] ist [...]. Das Bundesverfassungsgericht sichert so diesen Wesensgehalt auch gegenüber der Hoheitsgewalt der Gemeinschaft [...]. Allerdings übt das Bundesverfassungsgericht seine Gerichtsbarkeit über die Anwendbarkeit von abgeleitetem Gemeinschaftsrecht in Deutschland in einem ›*Kooperationsverhältnis*‹ zum Europäischen Gerichtshof aus, in dem der Europäische Gerichtshof den Grundrechtsschutz in jedem Einzelfall für das gesamte Gebiet der Europäischen Gemeinschaften garantiert, das Bundesverfassungsgericht sich deshalb auf eine generelle Gewährleistung der unabdingbaren Grundrechtsstandards beschränken kann« (ebd.: 174 f., Herv. S. B.).

Die frühere Entscheidung stellte demnach heraus, dass das deutsche Verfassungsgericht keine Grundrechtsprüfung von Gemeinschaftsrecht mehr vornehmen wird, solange der Grundrechtsschutz generell gewährleistet sei. Es behielt sich also die Zuständigkeit nur noch für den hypothetischen Fall vor, dass der EuGH grundsätzlich und total unfähig oder unwillig werden sollte, Grundrechte zu schützen (Kokott 1998: 122).

Die *Maastricht*-Entscheidung reformuliert dieses Ergebnis nun aber in der Weise, dass daraus eine Aussage über das Verhältnis zwischen Bundesverfassungsgericht und EuGH abgeleitet wird. Dieses Verhältnis wird als »Kooperationsverhältnis« bestimmt, in welchem der EuGH die Einzelfallprüfung vornehme und das BVerfG hingegen die »generelle Gewährleistung« des Grundrechtsstandards. Diese Verschiebung fügt der Solange-II-Entscheidung keinen ihr nicht bereits inhärenten Bedeutungsinhalt hinzu, sondern expliziert die Ambivalenz, welche bereits im Begriff »solange« enthalten war. Das geschieht allerdings so, dass die generelle Grundrechtsgewährleistung durch das Bundesverfassungsgericht gegenüber der EU hervorgehoben wird. Damit spricht es sich in dem »Kooperationsverhältnis« das Letztentscheidungsrecht zu. Der EuGH scheint fast zu einem Ausführungsorgan des BVerfG zu werden.

Auch wenn das BVerfG damit also seine bisherige Linie nur wiederholt, pointiert es sie durch »eine konfrontative Stimmlage« (Nettesheim 2001:688), die dann den Ausschlag für Spekulationen gab, dass es eines Tages diese »judikative Selbstermächtigung« (Caspar 2000:351) nutzen könnte, um doch wieder deutsche Grundrechte gegen Gemeinschaftsrecht vorzubringen. Das heißt, es gelang ihm, ohne Rechtsprechungsänderung, sein Drohpotential erneut zu dokumentieren. Mehr als eine Drohung schien nicht durchsetzbar, da das Kräfteverhältnis eindeutig war: Der Vertrag hatte die volle Unterstützung des deutschen Parlaments (Kokott ebd.:128).

In der Literatur wurde diese selbst beanspruchte Letztentscheidungsbefugnis des nationalen Verfassungsgerichts als »Damoklesschwert« bezeichnet, welches ständig über der europäischen Integration kreise, so dass der Begriff des Kooperationsverhältnisses eine »Worthülse« sei, die »als Mittel zur Übermalung eines eher aggressiven Verständnisses der Rolle des BVerfG im Integrationsprozess« gedient habe (Nettesheim 2001:689), bzw. »blanker Euphemismus«, da durch eine tatsächlich durchgeführte Nachkontrolle »der Ernstfall eingetreten [wäre] – mit unkalkulierbaren Auswirkungen für den weiteren Verlauf der europäische Integration« (Caspar ebd.:360). Die Gemeinschaft könne »an den Rand des Abgrunds« geführt werden (G. Hirsch 1996:2463).

Verstärkt wurde die Drohgebärde dadurch, dass das BVerfG darüber hinaus das Zustimmungsgesetz an Art. 38 GG, das heißt, an den Verfassungsprinzipien von Demokratie und Souveränität maß, auch wenn es die Beschwerde letztlich als »unbegründet« abwies. Dazu entwickelte es die Doktrin der »ausbrechenden Hoheitsakte« (»ultra vires«): In denjenigen Fällen, in denen die Rechtsakte der europäischen Organe aus den »Grenzen der ihnen eingeräumten Hoheitsrechte« ausbrächen, sprach es sich erneut das Letztentscheidungsrecht darüber zu, diese in Deutschland für nicht verbindlich zu erklären (BVerfGE 89, 188). Damit wurde ein neuer, ein zweiter Argumentationsstrang eröffnet, nachdem der erste, der Grundrechtsstrang, etabliert war (so auch G. Hirsch 1996:2458). Bemerkenswert ist an dieser Rechtsprechung, dass zu den besagten Organen auch der EuGH selbst gehören könnte, wenn das Verfassungsgericht zu der Auffassung gelangte, er überschritte die Grenzen der zulässigen Rechtsfortbildung (ebd.:2460).

Diese Rechtsprechung brüskierte die Richter des Europäischen Gerichtshofs. Daher mahnte der damals noch am EuGH tätige deutsche Richter Günter Hirsch das Verfassungsgericht 1996 in einem Aufsatz, durch die Beanspruchung des Letztentscheidungsrechts nicht selbst die Grenzen zulässiger Rechtsfortbildung zu überschreiten (ebd.:2464).

Den Hintergrund bildete unter anderem die erneute Legitimationskrise der EU-Apparate angesichts der gravierenden Übertragung von Hoheitsbefugnissen an die Gemeinschaft durch den Vertrag von Maastricht. Wenn man bedenkt, dass das Urteil trotz dieser institutionellen Verschiebungen, die in Dänemark 1992 zunächst dem Vertrag die Zustimmung in einem Volksentscheid versagten, zu der Auffassung gelangt war, dass das entsprechende Zustimmungsgesetz dennoch nicht verfassungswidrig war, weil »die demokratische Legimitation durch die Staatsvölker« noch hinlänglich gewährleistet sei und »hinreichend bedeutsame geeignete Aufgabenfelder für die Staaten« verblieben (BVerfGE 89, 155, 186), so ist es wieder nur die *methodische Vorgehensweise*, das heißt, dass überhaupt eine Prüfung von Gemeinschaftsrecht durch ein nationales Verfassungsgericht vorgenommen wird, nicht das Ergebnis selbst, welches den ›Skandal‹ ausmachte. Dieses Ergebnis – die Grundrechte-Rechtsprechung unangetastet zu lassen, aber dennoch eine Warnung an den EuGH auszusprechen – war ein Kompromiss im Senat des Verfassungsgerichts als Ausdruck der Ambivalenz in Bezug auf Europa. Die Reformulierung und Entwicklung des »Kooperationsverhältnisses« wird dem maßgeblichen Einfluss des europakritischen Verfassungsrichters *Paul Kirchhof* zugeschrieben (Caspar 2000: 351). *Juliane Kokott*, heute selbst Generalanwältin am EuGH, weist zudem auf die zentrale Ausbildung der jeweiligen VerfassungsrichterInnen hin, auch wenn man diese nicht überschätzen dürfe: Während einige RichterInnen international-rechtlich ausgebildet waren (etwa an der Harvard Law School oder dem Max-Planck-Institut für ausländisches öffentliches Recht und Völkerrecht), war Kirchhof Professor für nationales öffentliches Recht an der Universität Heidelberg (Kokott 1998: 123). »Es gab in Deutschland, ganz besonders in der Anfangsphase ganz massive Ängste und zwar nicht nur beim BVerfG, sondern auch bei den Obergerichten, z. B. dem Bundesfinanzhof, der sich jahrelang geweigert hatte, gewissen Rechtssprüche vom EuGH, etwa die unmittelbare Wirkung von Richtlinien, zu akzeptieren. Es gibt ältere Richter, die das anders gelernt haben, sie haben Schwierigkeiten, dies zu akzeptieren« (EI 2003).

Es zeigt jedoch noch etwas Zweites: Dieser Kompromiss erforderte eine neue Rechtsfigur, welche die Argumentationsstrategie verschob. Denn der einmal betretene dogmatische Weg, hier der Grundrechte-Rechtsprechung, kann nicht einfach wieder verlassen werden, ohne willkürlich zu erscheinen und das heißt: die Paradoxie der Unentscheidbarkeit zu offenbaren.

Die Ambivalenz des Urteils zeigte sich auch darin, dass das Maastricht-Urteil eine weitere ungewöhnliche Auswirkung hatte: Es entfachte eine Art Scheindiskussion. In den folgenden sieben Jahren gewannen in der deutschen Literatur diejenigen die Überhand, die, wie etwa der ehemalige Bundesminister *Rupert Scholz*, massive Mängel des Grundrechtsschutzes behaupteten, somit an die »generelle Prüfungskompetenz« des BVerfG appellierten und eine Rückkehr zu *Solange I* forderten (Kokott ebd.: 127). Und so gingen in der Rechtspraxis tatsächlich mehrere Gerichte dazu über, EG-Akte selbst zu prüfen (ausführlich dazu G. Hirsch 1996: 2460 ff.). Gerichte unterstellten etwa, dass einige arbeitnehmerfreundliche Entscheidungen des EuGH in Deutschland unanwendbar sein könnten (Kokott, ebd.: 129). *Martin Nettesheim* schlussfolgert, dass die »neunziger Jahre [...] rückblickend in grundrechtlicher Hinsicht [...] als Phase der Unsicherheit und Orientierungslosigkeit« erscheinen (Nettesheim 2001: 688). In dieser Phase erhofften sich »EuroskeptikerInnen«, dass das beim BVerfG anhängige Normenkontrollverfahren zur Bananenmarktverordnung der EG endlich die ersehnte Rückkehr zur nationalen Grundrechtshoheit bringen würde.

2.2 *Die Bananenmarktverordnung*

Dabei ging es um folgendes: Durch diese am 1.7.1993 in Kraft getretene Bananemarktverordnung (VO 404/93) wurden die Kapitalinteressen deutscher Importeure, die ihre Bananen von multinationalen US-amerikanischen Unternehmen aus Mittel- und Südamerika bezogen, massiv beeinträchtigt. Ziel der Verordnung war die Bevorzugung von Bananen aus den anbauenden Mitgliedsstaaten (Spanien, Portugal, Griechenland) sowie der sogenannten »Kolonialbananen«, also derjenigen, die Frankreich und England zu bevorzugten Konditionen aus den ehemaligen Kolonien bezogen, gegenüber den marktbeherrschenden sogenannten »Dollarbananen«. Letztere wurden vor allem aus Ländern Mittelamerikas über US-amerikanische Großkonzerne eingeführt. Mit diesen Bananen konnten die »Gemeinschaftsbananen« auf internationalen Märkten in Preis und Qualität nicht mithalten. Dieses Ziel versuchte die Verordnung durch die Einrichtung von Zöllen und (de-facto) Kontingenten sowie einem komplizierten Vergabesystem für Einfuhrlizenzen zu erreichen.

Davon waren allerdings nicht nur das US-Kapital, sondern auch die deutschen ImporteurInnen betroffen. Das in ihren Schiffen und einer aufwendigen Kühlkette gebundene Kapital wurde von dieser abrupten Abschottungsstrategie unerwartet getroffen, so dass sie in massive Schwierigkeiten gerieten und zum Teil Konkurs anmelden mussten (EI 2003). Während nun die USA im Interesse ihrer Unternehmen das Streitschlichtungspanel der WTO anrief, mussten die deutschen importierenden Unternehmen vor dem nationalen Verwaltungsgericht gegen die Maßnahmen vorgehen. Sie trafen dabei auf eine Kammer, die darin eine Verletzung von Grundrechten sah und zunächst vor dem EuGH wegen Grundrechtsverletzung vorlegte. Der EuGH entschied jedoch in einer kurz gehaltenen Prüfung, die dem Gemeinschaftsgesetzgeber einen weiten Ermessensspielraum zusprach (EuGH Rs. C-280/93, Slg. 1994, I-4973), dass keine grundrechtlichen Bedenken vorlägen. Doch die KlägerInnen, die von US-amerikanischen Unternehmen finanziell und mit international erfahrenen AnwältInnen unterstützt wurden (EI 2003), wurden erneut vor der gleichen Kammer des Verwaltungsgerichts vorstellig und beantragten eine Vorlage an das Bundesverfassungsgericht. Die Gründe, die der Interviewexperte für die Motivation zur Vorlage vorbringt, sind bemerkenswert: Die Kammer sei durchaus der Auffassung gewesen, dass massive Eingriffe in Grundrechte stattgefunden hätten: »Wir haben uns natürlich geärgert, weil der EuGH unsere Vorlage sehr knapp behandelt hat und den Grundrechten sehr wenig Wert beigemessen hat« (EI 2003). Die »überschießende« Motivation habe aber in etwas ganz anderem bestanden: nämlich in der Furcht vor dem Verlust der Loyalität gegenüber dem Gemeinschaftsrecht in Deutschland: »Weil es nicht sein kann, dass jeder deutsche Richter, wenn er irgendwie verfassungsrechtliche Probleme erkennt, das EU-Recht außer Anwendung lässt« (ebd.). Zu dieser Stimmung sei es auch deswegen gekommen, weil Kirchhof von Tagung zu Tagung gereist sei und verkündet habe, dass die Verordnung gegen Art. 12 und 14 GG verstoße und der EuGH die Grundrechte nicht achte. »Es war die Frage der Loyalität zum EU-Recht, die jedenfalls vom Teil der rechtswissenschaftlichen Diskussion aufgehoben werden sollte. Dann haben wir uns gedacht, dass wir in der Kammer eigentlich Europäer sind und uns dem EU-Recht verpflichtet fühlen« (ebd.).

Wie entschied nun das deutsche Verfassungsgericht? Paul Kirchhof ist vor Beendigung des Verfahrens ausgeschieden, die anderen Verfassungsrichter teilten seine Auffassung nicht und wiesen die Vorlage bereits in der Zulässigkeit ab. Das vorlegende Verwaltungsgericht hatte also anders, als der erste Eindruck vermuten lässt, die Absicht, den anhaltenden Streit um den Vorrang des europäischen Rechts, der gezielt strategisch verstärkt worden war, zu beenden. Das Bundesverfassungsgericht sollte eine endgültige Entscheidung treffen, die diesen Streit beendete. So geschah es dann auch zugunsten des Vorrangs des europäischen Rechts: »Das war eigentlich ein Ergebnis, was wir gerne gesehen haben« (EI 2003).

Ganz in der Logik seiner früheren Argumentation beendete also das BVerfG die Spekulationen im Jahr 2000 durch einen Beschluss in dieser Sache (E 102, 147). Es habe nicht bewiesen werden können, »dass der jeweils als unabdingbar gebotene Grundrechtsschutz [im Gemeinschaftsrecht, S.B.] generell nicht gewährleistet ist« (Rdnr. 62). Diese »zugangserschwerende Hürde« für Verfassungsbeschwerden gegen Gemeinschaftsrechtsakte (Nettesheim 2001: 689) hatte bereits seit der *Solange-II*-Entscheidung bestanden. Doch sie war durch die Betonung des »Kooperationsverhältnisses« kurzfristig geschwächt worden. Nun aber wendete das Bundesverfassungsgericht sich explizit und (abgesehen von der »ultra vires«-Rechtsprechung, die nicht aufgehoben wurde) von seiner konfrontativen Praxis ab. Damit sollten auch die nationalen Gerichte zum Schweigen gebracht werden, deren vielstimmige Kompetenzanmaßungen nicht nur für den EuGH sondern auch für das BVerfG zum Problem geworden waren. Dies geschah durch eine Warnung nunmehr an diese unterinstanzlichen Gerichte, implizit jedoch auch an die juristische Literatur:

> »Deshalb muß die Begründung der Vorlage eines nationalen Gerichts oder einer Verfassungsbeschwerde [...] im Einzelnen darlegen, daß der jeweils als unabdingbar gebotene Grundrechtsschutz generell nicht gewährleistet ist. Dies erforderte eine Gegenüberstellung des Grundrechtsschutzes auf nationaler und auf Gemeinschaftsebene [...]. Die Begründung der Vorlage verfehlt die besondere Zulässigkeitsvoraussetzung bereits im Ansatz, weil sie auf einem Mißverständnis des Maastricht-Urteils beruht. Das vorlegende Gericht meint, das Bundesverfassungsgericht übe seine Prüfungsbefugnis nach dem Maastricht-Urteil entgegen der Solange-II-Entscheidung ausdrücklich wieder aus, wenn auch in Kooperation mit dem Europäischen Gerichtshof. Diese Aussage kann dem Maastricht-Urteil nicht entnommen werden« (BVerfG, ebd., Rdnr. 64 f).

Die Warnung verschob die Argumentation demnach erneut, indem sie erklärt, wie *Solange II* und *Maastricht* zu verstehen seien: die Prüfungsbefugnis werde *nicht* wieder ausgeübt. Dies ist ein eindeutiges Bekenntnis zu Europa, was jedoch nicht darüber hinwegtäuschen darf – das haben die Verschiebungen gezeigt –, dass diese neue Argumentation auch wieder von einer zukünftigen europakritischen Argumentation herausgefordert werden könnte. Sie erhöht allerdings die Anforderungen an den argumentativen Aufwand.

2.3 *Der Doppelcharakter der Grundrechte*

Die bis hierhin nachgezeichnete Auseinandersetzung um den Vorrang des jeweiligen Rechts wurde nicht zufällig mit der »Waffe« der Grundrechte geführt, woraufhin *Astrid Wallrabenstein* hinweist:

> »Vergleichbar dem deutschen Rechtssystem, in dem die Grundrechte das vielleicht wichtigste ›Mittel‹ des Bundesverfassungsgerichts sind, mit dem es alle anderen staatlichen Organe kontrolliert, sind auch im Europarecht die Grundrechte ein ›Machtinstrument‹ vor allem des EuGH. Mittels der Grundrechte – neben anderen – ist es

> dem EuGH möglich, sämtliches ›Europarecht‹, seien dies Rechtsakte der EG-Organe oder mitgliedsstaatliche Maßnahmen mit Europarechtsbezug, zu überprüfen« (Wallrabenstein 2002: 383).

Zum einen ermöglichen gerade die Grundrechte, weil sie in der Normenhierarchie den höchsten Stellenwert einnehmen, die Kontrollierbarkeit aller Rechtsentscheidungen. Doch damit ist ihr Normcharakter nur zur Hälfte erläutert. Die zweite Wirkungsweise lässt sich anhand der »ganz herrschenden Meinung« der Rechtswissenschaft in Bezug auf die Frage der Gründe für die Grundrechtsschöpfung durch den EuGH zeigen. Die dogmatischen Interpretationen sind sich einig, dass

> »die bedrohliche Lücke der fehlenden Grundrechtssicherung im Gemeinschaftsrecht dessen Legitimität, Vorrang und einheitliche Anwendung in Frage stellte« (Kühling 2003: 587; Walter 2005: Rdnr 3). »Die Lösung konnte daher nur darin liegen, einen umfassenden und effektiven Grundrechtsschutz auf Gemeinschaftsebene zu garantieren« (Ehlers 2005: Rdnr. 5). »So musste sich zwangsläufig mit der Intensivierung der Rechtssetzung der EG zugleich deren Begrenzung durch Grundrechte durchsetzen« (Hilf/Schorkopf 2005: Rdnr. 51).

Auffällig in den Argumentationen ist die Häufigkeit von Begriffen wie »zwangsläufig«, »bedrohlich« und eine Art determinierte »Lösung«. Sie verdeutlichen die herrschende Vorstellung über das moderne Recht, nämlich die seiner Legitimationsbedürftigkeit. Grundrechte kristallisieren sich dabei als Archetypen von »Legitimationsnormen« (Kingreen 2004: 575) heraus. Kingreen legt Wert darauf, dass der EG-Vertrag, anders als nationale Verfassungen, nicht der Legitimation diente, sondern zunächst allein der Integration. Das erkläre auch das frühe und zahlreiche Vorhandensein transnationaler Integrationsnormen, vor allem der Grundfreiheiten, und das anfängliche Fehlen von Legitimationsnormen (ebd.). Die Grund- und Menschenrechte gehörten zu den Strukturmerkmalen der Mitgliedsstaaten und bildeten dort eine wichtige Legitimationsquelle, so dass selbst die richterrechtliche Grundrechtsentwicklung in Europa nicht ausreiche, denn ihr fehle »die politische Symbolkraft eines geschriebenen Grundrechtskatalogs […]« (Bieber/Epiney/Haag 2005: § 2: Rdnr. 10). Insofern entspreche die Positivierung in Art. 6 II EU-Vertrag der »Einsicht, dass die EU als politisches System nur Akzeptanz, Unterstützung und Legitimation der Einzelnen erhalten kann, wenn dieses System einen effektiven Grundrechtsschutz sichtbar gewährleistet« (Hilf/Schorkopf 2005: Rdnr. 42). Wenn man bedenkt, dass die rechtsförmige Integration in Europa voranschritt, während die politische Jahrzehnte hinterherhinkte, dass es gerade in politischen Krisenzeiten der Gemeinschaft der EuGH war, der einem Stillstand der Integration entgegensteuerte (Calliess 2005: 931), so zeigt sich die Brisanz der fehlenden »Legitimation« der »Rechtsgemeinschaft«, wie sie Günter Hirsch beschreibt:

> »Die Europäische Gemeinschaft bezieht ihre Legitimation, ihren politischen Rang und ihren Zukunftsanspruch aus ihrer Eigenschaft als Rechtsgemeinschaft, ja sie ist im eigentlichen nur eine solche. Sie hat weder Polizei- noch Militärgewalt, nicht einmal eigene Vollstreckungsorgane. Deshalb kommt der normativen Kraft der Rechtsakte von Gemeinschaftsorganen, ihrer einheitlichen Geltung und identischen Anwendung für die Funktionsfähigkeit der Gemeinschaft schlechthin existentielle Bedeutung zu. Das Recht ist gleichsam sowohl der Stoff, aus dem die Gemeinschaft geschaffen wurde, als auch der Stoff, den sie selber schafft« (G. Hirsch 1996: 2463; ähnlich Calliess, a. a. O.: 931).

Mit den Grundrechten, so Calliess, hat sich der EuGH im interessierten »Marktbürger« einen Verbündeten geschaffen, um die dem Gemeinschaftsrecht inhärenten Vollzugs- und Umsetzungsschwächen zu überwinden: »Der effet utile[9] und die Rechtsstellung der Bürger tauchen als Argumentationstopoi daher nicht zufällig in so vielen rechtsfortbildenden Entscheidungen des EuGH auf. Sie bilden zwei Argumentationslinien, die fast symbiotisch die richterliche Rechtsfortbildung im Gemeinschaftsrecht stützen« (Calliess 2005: 931). Die Grundrechte-Rechtsprechung des EuGH wird inzwischen einhellig als »one of the ECJ's greatest achievements in the process of constitutionalizing the founding Treaties« (von Bogdandy 2000: 1320), bzw. als »wahre Erfolgsstory« (Lecheler 2003: 341) gerühmt.

2.4 *Zwischenergebnis 2*

Aus dem Vorangegangenen folgt die Beantwortung von *Frage 2* nach der Rolle des Europäischen Gerichtshofes in der Grundrechts-Entwicklung:

36 Jahre waren seit dem ersten EuGH-Urteil zum Vorrang des Gemeinschaftsrechts vergangen, bis auch das deutsche Verfassungsgericht seinen Widerstand (vorerst) aufgab. Diese Entwicklung war von Anfang an prekär und kontingent. Sie verdeutlicht aber, dass an diesem Punkt eine gesellschaftliche Auseinandersetzung in dem Gerüst der Dogmatik geführt wurde, die ihre eigenen Gesetzmäßigkeiten produzierte. Die zentrale Unentscheidbarkeit bestand in dem Widerspruch zwischen

9 Effet utile meint die praktische Wirksamkeit des Gemeinschaftsrechts (Streinz 2001: Rdnr. 398), ein Prinzip, das aus Art. 10 EG entwickelt wurde.

dem stark institutionalisierten nationalstaatlichen Recht und dem neu entstehenden Gemeinschaftsrecht. Welches von beiden vorrangiges Recht ist, lässt sich nur politisch, nicht logisch begründen, so dass der genuin politische und fragile Charakter dieser Dogmatik aufscheint. Die Paradoxie des Gemeinschaftsrechts hätte an diesem Punkt dazu führen können, dass die Anschlussfähigkeit seiner Rechtsoperationen in Frage gestellt worden wäre. Damit wäre eine Verselbständigung dieser Rechtsmaterie zu einer sozialen Form, sehr erschwert, wenn nicht sogar abgebrochen worden. Es war also eine normalisierende Regulation, die Entwicklung von Gemeinschaftsgrundrechten, notwendig, die selbst wieder hätte scheitern können. Letztendlich ist es gelungen, die Paradoxie, dass der Vorrang des Gemeinschaftsrechts eine antagonistische Entscheidung war – die jahrzehntelang umkämpft blieb – in dogmatische Figuren aufzulösen und damit zu invisibilisieren.

Ich hatte im vorigen Kapitel die Institutionen als Komplex von Machttechnologien und Apparaten analysiert, wobei der »Apparat« für die vorübergehend fixierte Eigendynamik, Materialität und Einheit bestimmter Praxen steht. Die Verfahren der Rechtsform werden darin durch die routinisierte Wiederholung dieser Praxen auf Dauer gestellt. Diese Eigendynamik der longue durée zeichnet sich unter anderem dadurch aus, dass unterschiedliche Apparate in Konkurrenz zueinander geraten können, wenn die Reproduzierbarkeit ihrer Praxen in Frage gestellt wird. *Gesellschaftliche* Widersprüche, wie vorliegend derjenige zwischen einer nationalen und einer supranationalen Vergesellschaftung inklusive aller konfligierenden Interessen, transformieren sich in der Rechtsform in Paradoxien, die der normalisierenden Regulation bedürfen. Auf der Ebene der Institutionen schreiben sie sich vermittelt über die Machttechnologien in jene ein und können zu einer Konkurrenz der Apparate führen. Die »doctrinal negotiation« über die Grundrechte-Rechtsprechung in Europa zeigt dies exemplarisch: Unterschiedlich verortete Apparate konkurrieren um die höchsten Referenznormen, um ihre jeweilige institutionelle Eigenständigkeit durchzusetzen oder zu verteidigen. Diese Konkurrenz spielt sich nicht nur zwischen dem EuGH und den nationalen Gerichten ab. Dies ist nur ein begrenzter Ausschnitt der Wirklichkeit. Je gravierender die alten nationalstaatlich verfassten Institutionenensembles aufbrechen, desto deutlicher tritt eine Vielfältigkeit von Konflikten hervor. Systemtheoretiker sprechen daher von einer »heterarchischen Gerichtsorganisation des Weltrechts«, die nicht-nationale Institutionen genauso umfasst, wie nationalstaatliche Gerichte, sofern sie über globale Rechtsfragen entscheiden (Fischer-Lescano 2003:739). Bereits die Betrachtung eines einzigen weiteren Gerichts würde die Auseinandersetzungen vervielfältigen. So kollidierten Entscheidungen des EGMR etwa sowohl mit denjenigen des Bundesverfassungsgerichts (EGMR NJW 2004:2647ff.) *als auch* mit denjenigen des EuGH, insbesondere, seit der EGMR sich für befugt hält, über den Umweg des mitgliedsstaatlichen Rechtsaktes, der ein Hoheitsrecht auf die EG übertagen hat, mittelbar Gemeinschaftsrechtsakte zu überprüfen (Cole/Haus 2003:765). KritikerInnen sprechen daher bereits vom »Rechtsprechungsbermudadreieck« zwischen Karlsruhe, Straßburg und Luxemburg (Lenz zit. nach Cole a.a.O.).

Die Grundrechte dienten den Apparaten zur Begründung des Vorrangs ihrer jeweiligen Rechtsordnung. Sie sind in dieser Hinsicht demnach Referenznormen, die ein immanentes Bezugssystem der Rechtsform konstruieren.

Doch die Grundrechte sind, wie die Darstellung zeigt, nicht nur ›funktionalistische‹ Integrationsnormen, die den Apparaten ihre Eigendynamik sichern können. Das zweite entscheidende Moment ihres spezifischen Normcharakters hat die Literatur als Legitimationseigenschaft bezeichnet. Darin kommt zum Ausdruck, dass die Rechtsform sich nur dann verselbständigen kann, wenn es ihr gelingt, sich als selbstverständliche und universelle Art und Weise der Vergesellschaftung zu präsentieren, wenn sie, wie Poulantzas schreibt, zur »einheitsstiftenden ideologischen Instanz« wird und die Rolle des gesellschaftlichen Imaginären einnehmen kann, die in frühen Gesellschaften die Religion innehatte (Poulantzas 1978:80; vgl. Teil B). Dann kann sie sogar die politische Form vorübergehend substituieren.

Zu dieser Instanz wird sie nur vermittelt über Normen wie die Grundrechte, da diese die höchsten subjektiven Rechte sind, welche das hegemoniale moderne freie, gleiche und autonome Rechtssubjekt konstituieren. Sie sind entscheidende Elemente der Kohäsionstechnik, die diese Rechtssubjekte nur als solche miteinander verknüpfen kann, nämlich unter Absehung ihrer vergeschlechtlichten, ethnisierten und Klassensubjektivierung. Die Auseinandersetzung der Rechtsapparate um die höchsten Referenznormen, die über dogmatische Argumente geführt wurde, fand vermittelt über die hegemonialen Subjektivierungs- und Kohäsionsnormen der Grund- und Menschenrechte statt. Es besteht also ein dialektischer Zusammenhang zwischen der objektiven und der subjektiven Wirkung der Grundrechte, den Calliess als Zusammenhang von effet utile und subjektiven Rechten bezeichnet hatte.

Hegemonie und Dogmatik sind in einer Weise miteinander vermittelt, die allmählich europäische Grundrechte produziert. Diese wiederum werden, weil die Rechtstechnik gouvernementalisiert ist, Teil einer europäischen Kunst der Führung und Regulierung der Bevölkerung. Die gouvernementalen Verfahren haben ihre Stützpunkte in unterschiedlichen nationalen und supranationalen Apparaten. Die Grundrechte als Bestandteil der europäischen Rechtsform produzieren und ermöglichen die Selbsttechnologie, sich als ein mit subjektiven Rechten ausgestattetes, abstraktes Subjekt zu verstehen, das sich als solches auf andere gouvernementale Machttechnologien beziehen kann. Weil die Rechtsform der offizielle Code der Macht ist, wird die hegemoniale Auseinandersetzung in die Grundrechte verlagert. Damit wird jedoch zugleich das Terrain des Rechts anerkannt.

3. Inkrementelle Ausdehnung der Kompetenzen

Was zunächst ein Zugeständnis des EuGHs war, entwickelte sich in der Folgezeit als geeignete Kompetenzausweitungstechnik. Denn nachdem die Grundrechte einmal entwickelt waren, bestand für den EuGH die Möglichkeit, nicht nur EG-Recht sondern auch mitgliedsstaatliches Recht an ihnen zu messen, vor allem über das Vehikel des Vorabentscheidungsverfahrens, das sich zu einem Kontrollverfahren mitgliedstaatlichen Rechts entwickelt hatte. Nachdem also der acquis communautaire um die Grundrechte erweitert worden war, standen sie auch als Kontrollnormen zur Verfügung. »Die Diskussion um einen europäischen Grundrechtsschutz ist deshalb immer auch – möglicherweise sogar vor allem – eine Diskussion um Kompetenzen der EG bzw. der EU einerseits und mitgliedsstaatlicher Handlungsspielräume andererseits«, schlussfolgert Wallrabenstein (2002: 384). Dabei wird sogar davon ausgegangen, dass ein geschriebener Grundrechtskatalog erst recht »eine kompetenzerweiternde und unitarisierende Wirkung« haben könnte (Ehlers 2005: 391, Fn. 55). Wie nun die Grundrechte-Rechtsprechung auf die Mitgliedsstaaten angewendet wurde, soll im folgenden gezeigt werden.

3.1 Der »Bumerang« der Gemeinschaftsgrundrechte

Alter hat auf den inkrementellen Stil der Entscheidungsfindung des EuGH hingewiesen: Wenn seine Prinzipien in den nationalen Rechtsgemeinschaften einmal Unterstützung erfahren hatten, wandte er sie viel kühner an. Diese inkrementelle Strategie sei wesentlich, um Legitimation zu erlangen (Alter 2001: 218). Ein gutes Beispiel für den Inkrementalismus war die neue Rechtsprechungslinie zu den Grundrechten, die 1986 und damit zum Zeitpunkt der integrationsfreundlichen *Solange-II*-Rechtsprechung des BVerfG und zunächst gar nicht explizit mit einer Grundrechtsprüfung begann. In der Rechtssache *Klensch* (EuGH verb. RS. 201 und 202/85 – Klensch, Slg. 1986: 3477) hatte die Luxemburger Regierung eine Verordnung zu Milchquoten in nationales Recht umgesetzt. Sie hatte sich unter mehreren Varianten für eine bestimmte entschieden, für welche sie von mehreren Molkereien vor einem nationalen Gericht verklagt wurde. Als dieses dem EuGH vorlegte, bestand der Generalanwalt Sir Gordon Slynn ganz in der bisherigen Tradition darauf, dass das in Anspruch genommene Diskriminierungsverbot ausschließlich auf Gemeinschaftsorgane gerichtet sei, »nicht aber auf die Maßnahmen [...], die von Mitgliedsstaaten zur Durchführung dieser Vorschriften getroffen werden« (ebd.: 3500). Die Richter des EuGH allerdings waren zu der Überzeugung gelangt, dass das Diskriminierungsverbot als Ausdruck des allgemeinen Gleichheitsgrundsatzes auch für die Mitgliedsstaaten verbindlich sei, »wenn diese die Marktorganisation durchführen« (ebd.: 3507, Rdnr. 8). Das hier entwickelte Argument hieß demnach, dass die nationalstaatlichen Regierungen, die lediglich EG-Recht *durchführen*, zu »agencies« (Weiler) der EG werden, die auch als solche zu behandeln, nämlich zu kontrollieren sind. Die erste von bisher zwei Konstellationen, die aber erst im folgenden Urteil explizit entwickelt wurde, war also eine »Durchführungskonstellation« (Scheuing 2005: 163). Die »grundlegende Ausgangsentscheidung« (ebd.) war dann die Rechtssache *Wachauf* (EuGH Rs. 5/88 – Wachauf, Slg. 1989: 2609). Hier nahm der EuGH eine explizite Grundrechtsprüfung vor und endete mit der Schlussfolgerung:

> »Da auch die Mitgliedsstaaten diese Erfordernisse [des Grundrechtsschutzes, S. B.] bei der Durchführung der gemeinschaftsrechtlichen Regelung zu beachten haben, müssen sie diese soweit irgend möglich, in Übereinstimmung mit diesen Erfordernissen anwenden« (2639 f., Rdnr. 19).

Diese Argumentation zeichnet sich im Gegensatz zur im letzten Abschnitt dargestellten Rechtsprechung dadurch aus, dass sie keine neue Rechtsfigur schafft, sondern eher die schon bestehende Rechtsfigur ausweitet. Dies stellt den weitaus häufigeren Fall der Veränderung von Rechtsprechungslinien dar. Er ist unauffälliger und kann seine Willkürlichkeit im Angesicht der Unentscheidbarkeit besser verhüllen. Dies zeigt sich hier an der Selbstverständlichkeit, mit welcher einfach davon ausgegangen wird, dass die Mitgliedsstaaten die Grundrechte bei der Durchführung zu beachten haben – so als wäre dies der Logik der Kompetenzverteilung immer schon inhärent gewesen. Mit keinem Wort kamen die Richter in der Sache *Klensch* auf die Gegenposition des Generalanwalts zu sprechen. In der Sache *Wachauf* wird bereits suggeriert, es sei selbstverständlich, dass auch die Mitgliedsstaaten an die Grundrechte gebunden sind (»*Da* auch die Mitgliedsstaaten [...]«). Kein Wunder also, dass sich diese Rechtsprechung anfangs eher unbemerkt vollzog (Scheuing 2005: 164). Inzwischen ist die Durchführungskonstellation auch auf das Durchführen von Richtlinien ausgedehnt worden, bei denen im Unterschied zu Verordnungen ein wesentlich größerer Spielraum besteht, weil nur das Ziel, nicht Form und Mittel vorgegeben sind (Art. 249 III EG). Dieser Spielraum müsse unionsgrundrechtskonform ausgelegt werden. Verstößt die Richtlinie insgesamt gegen Gemeinschaftsrecht, so muss sie sogar mit einer Nichtigkeitsklage angefochten werden (Ehlers 2005: 34).

Doch die Entwicklung geht noch wesentlich weiter. Denn zusätzlich zur »Durchführungskonstellation« entwickelte der EuGH Anfang der 1990er Jahre eine noch »kühnere«: die »Einschränkungskonstellation«. In der Rechtssache *ERT* (EuGH Rs. C 260/89 – ERT, Slg. 1991: I-2925), in der es um die Kollision zwischen den europäischen Wettbewerbsregeln der Waren- und Dienstleistungsfreiheit und den Interessen eines öffentlichen Rundfunks in Griechenland ging, kam der EuGH zu folgendem Ergebnis:

> »Fällt eine solche [nationale] Regelung dagegen in den Anwendungsbereich des Gemeinschaftsrechts, so hat der Gerichtshof, wenn er im Vorabentscheidungsverfahren angerufen wird, dem vorlegenden Gericht alle Auslegungskriterien an die Hand zu geben, die es benötigt, um die Vereinbarkeit dieser Regelung mit den Grundrechten beurteilen zu können, deren Wahrung der Gerichtshof zu sichern hat und die sich insbesondere aus der Europäischen Menschenrechtskonvention ergeben« (ebd., Rdnr. 42).

Die Argumentationsfigur wird weiter ausgedehnt. Nicht nur wenn der Mitgliedsstaat Gemeinschaftsrecht durchführt, sondern wenn seine Regelungen überhaupt in dessen »Anwendungsbereich« fallen, müssen diese den Grundrechten entsprechen. Die Durchführung wird in dem Sinne eine Unterfigur der allgemeineren Formulierung des Anwendungsbereichs. Letzterer soll Fälle »mit hinreichend engem Gemeinschaftsrechtsbezug« herausfiltern (Scheuing 2005: 164). Was nun mit »Einschränkungskonstellation« gemeint ist, macht die Fortsetzung der Argumentation in der Rechtssache *ERT* deutlich:

> »Insbesondere wenn ein Mitgliedstaat sich auf Artikel 66 in Verbindung mit Artikel 56 beruft, um eine Regelung zu rechtfertigen, die geeignet ist, die Ausübung der Dienstleistungsfreiheit zu behindern, ist diese im Gemeinschaftsrecht vorgesehene Rechtfertigung im Lichte der allgemeinen Rechtsgrundsätze und insbesondere der Grundrechte auszulegen. Die in Artikel 66 in Verbindung mit Artikel 56 vorgesehenen Ausnahmen können daher für die betreffende nationale Regelung nur dann gelten, wenn sie im Einklang mit den Grundrechten steht, deren Wahrung der Gerichtshof zu sichern hat« (EuGH a. a. O., Rdnr. 43).

Damit ist folgendes gemeint: Die Grundfreiheit für Dienstleistungen kann in Art. 66, 56 EGV (heute 46, 55 EG) durch nationale Sonderregelungen »aus Gründen der öffentlichen Ordnung, Sicherheit oder Gesundheit« (Art. 46, 1 EG) ihre Schranke finden. Doch diese muss (durch eine Schranken-Schranke) selbst wieder gerechtfertigt werden.

Und dafür dienen die Grundrechte. Die mitgliedsstaatlichen Handlungen können also auch dann anhand der Gemeinschaftsrechtsgrundrechte überprüft werden, wenn jene *Grundfreiheiten* einschränken. Durch diese Argumentation wird die Grundrechtsprüfung also in die Grundfreiheitenprüfung hereingeholt. *Jürgen Kühling* hat darauf hingewiesen, dass die »potenzielle Reichweite der Bindung der Mitgliedsstaaten [...] angesichts der ausufernden Regelungsbreite des Gemeinschaftsrechts außerordentlich umfangreich [...]« geworden ist (2003: 607). Er warnt zudem davor, dass diese Rechtsprechung, liefe sie auf eine vollständig Bindung hinaus, eine »erhebliche Desintegrationsgefahr« auslösen würde, da dies einen »fundamentalen Schritt hin zu einer föderalen Ordnung« bedeutete, so dass »große Vorsicht« geboten sei (609 f.).

Doch schon im selben Jahr, da Kühling dies schreibt, gerät diese Rechtsprechung in Bewegung (Scheuing 2005: 176). So geht *Dieter H. Scheuing* in der Rechtssache *Steffensen* (EuGH, Rs. C-276/01 – Steffensen, Slg. 2003: I-3735) davon aus, dass dort bereits die nächste Konstellation entwickelt wurde (vgl. 167 ff.). Scheuing begrüßt diese Entwicklung, weil durch sie ein »übernationaler Rechtsschutz« gesichert werde. Zu den Rechtsschutzmechanismen der EMRK und des EMGR träten die effektiveren Schutzmechanismen des Gemeinschaftsrechts hinzu, so dass nicht nur Vertragsverletzungsverfahren und Staatshaftungsklagen in Betracht kämen:

> »Vielmehr können auch, längst bevor jeweils nach Erschöpfung des innerstaatlichen Rechtswegs eine Individualbeschwerde zum EGMR möglich wird, unterinstanzliche mitgliedsstaatlichen Gerichte schon zu einem früheren Zeitpunkt europäische Grundrechtsprobleme mittels Vorabentscheidungsersuchen vor den EuGH bringen« (ebd.: 180).

Kingreen hingegen steht dieser Entwicklung wie auch Kühling kritisch gegenüber: Bereits mit der Rechtsprechung zu den Grundrechten als »Schranken-Schranken« der Grundfreiheiten, mutierten letztere zu einer »zweiten Grundrechtsschicht« (Kingreen 2004: 575). Wegen der vom EuGH vertretenen Weite des Schutzbereichs der Grundfreiheiten werde ein Dominoeffekt von erheblicher Brisanz angestoßen:

> »Denn wenn die Grundfreiheiten jegliche nationale Regulierung erfassen, die auch grenzüberschreitende Auswirkungen hat (auch wenn sie gar nicht ursächlich auf dieser beruht), dann sind die Mitgliedsstaaten letztlich in weiten Bereichen auch an die Unionsgrundrechte gebunden und sind die nationalen Grundrechte nicht mehr anwendbar« (ebd.: 576).

Wallrabenstein schlussfolgert daher, dass die Forderung nach einem europäischen Grundrechtsschutz, die zunächst zur Erhaltung mitgliedsstaatlicher Kompetenzen gedacht war, sich nun als »Bumerang« erweise, der mitgliedstaatliche Entscheidungsspielräume gefährde (Wallrabenstein 2002: 385). Daran wird auch die während des EU-Gipfels von Nizza im Dezember 2000 feierlich verabschiedete (ABlEG Nr. 364 v. 18. 12. 2000: 1) und mittlerweile fast unverändert in den Vertrag für eine Verfassung für Europa (VVE) (ABlEG Reihe C, Nr. 310 v. 16. 12. 2004) inkorporierte Grundrechte-Charta, die erste wirkliche Positivierung, nichts ändern. Denn wenn sie eines Tages rechtsverbindlich sein sollte, ist die »herrschende Meinung« der Literatur sich bereits jetzt darin einig, dass dies den EuGH nicht davon abhalten wird, mit seiner prätorischen Grundrechtsschöpfung fortzufahren. Die zukünftige Einbruchstelle für diese Entwicklung ist bereits gut zu erkennen. So sind in der Verfassung die Rechtsquellen für die Grundrechte gedoppelt. Einerseits sind sie im Grundrechtsteil positiviert, andererseits ist jedoch in Art. I-9 Abs. 3 (VVE) das bisher in Art. 6 II EU enthaltene Bekenntnis enthalten, dass die Grundrechte zu den allgemeinen Grundsätzen des Unionsrechts zählen. Das könnte wiederum als ein Verweis auf die Kompetenznorm des dann ehemaligen Art. 220 EG (nämlich Art I-29 I VVE) verstanden werden, die den EuGH zur Entwicklung allgemeiner primärrechtlicher Rechtsgrundsätze berechtige. Grabenwarter fragt daher kritisch: »Was aber ist der Zweck einer solchen Regelung in einem Verfassungsgefüge, das mit 54 Artikeln ohnehin über einen im weltweiten Vergleich sehr umfangreichen Katalog an Grundrechten verfügt?« Ein Gericht, das nun einmal im Gegensatz zu den meisten Verfassungsgerichten jahrzehntelang mit ungeschriebenen Grundrechten operiert hatte, wird schnell dazu verleitet, unter diesen Voraussetzungen bei Bedarf den geschriebenen Grundrechtekatalog zu umgehen (Grabenwarter 2004: 568).

3.2 Zwischenergebnis 3

Es hatte sich in der Auseinandersetzung mit Poulantzas' Staatstheorie gezeigt, dass die Einheit konkurrierender Apparate auf ein hegemoniales Projekt angewiesen ist. Diese Angewiesenheit wurde in den nordwestlichen Nationalstaaten nur selten offensichtlich, da die Dauerhaftigkeit der jeweiligen durchgesetzten Institutionenensembles diesen Sachverhalt verdunkelte und die Einheit als formale Hierarchie erscheinen ließ. Dabei handelt es sich also um einen Ausdruck der durch die longue durée produzierten Materialität. Nun kam es aber – und das ist die Antwort auf *Frage 3* nach der Auswirkung der Grundrechte auf das Verhältnis von nationalem und europäischem Recht – mit der EG/

EU zu einem Aufbrechen dieser etablierten Institutionenordnung und einer Neukonfiguration, die immer noch im Werden ist. Die Stabilität der Relationen der Apparate ist prekär. Die *Solange-II*-Entscheidung fällt genau in die Phase der Euphorie des Binnenmarktprojektes. Dieses hegemoniale Projekt ist allerdings aufgrund seiner neoliberalen ökonomistischen Ausrichtung selbst prekär und erzeugt permanente Widersprüche, die sich immer wieder zu Krisen verdichtet haben. *Maastricht* und *Bananenmarktordnungs*-Entscheidung reflektieren unterschiedliche Stadien der Durchsetzung dieses Projektes.

Die EEA, der Maastrichter sowie der Amsterdamer Vertrag brachten einen »substanzielle[n] Wechsel im institutionellen Rahmenwerk« mit sich (Bornschier 2000: 12): eine stärkere Rolle des europäischen Parlaments, die Verabschiedung vom ausschließlichen Einstimmigkeitsprinzip im Ministerrat, die mit dem Binnenmarktkonzept verbundene Fokussierung auf die nicht-tarifären Handelshemmnisse, eine gemeinsame Währungspolitik, die Unionsbürgerschaft, die Vergemeinschaftung der Asyl-, Migrations- und Visapolitik, die Ergänzung des Gerichtssystems um ein Gericht erster Instanz u.ä. Somit veränderte sich auch die Institutionalisierung der politischen Form gravierend. Insofern sind weniger die Konflikte zwischen den Apparaten erstaunlich, als vielmehr die Tatsache, dass sich trotzdem eine relativ stabile Neukonfiguration entwickeln konnte. Dies spricht für die gelingende, wenn auch immer prekäre, Hegemonie des Binnenmarktprojektes.

Die Entwicklung verdeutlicht darüber hinaus, dass institutionelles richterliches Handeln strategisch ist, worauf auch Karen Alter in Abgrenzung zu neofunktionalistischen Argumentationen großen Wert legt. Gerichte handelten strategisch angesichts von anderen Gerichten und politischen Körperschaften. Sie bezogen den politischen Kontext, in welchem sie operierten, in ihre Strategien mit ein, denn sie wollten keine Antwort provozieren, die gerichtliche Autorität abbauen oder ihre Entscheidungen aufheben würde (Alter 2001: 46). Sie führen also das durch, was Jessop, eine »strategische Kontextanalyse« genannt hat (Jessop 2001: 56, vgl. Teil C, 215). Dass die Grundrechte-Rechtsprechung immer weiter ausgedehnt wird, ist kein teleologisch notwendiges Ergebnis einer sich immer weiter ausdehnenden Rechtsform, sondern ein der strategischen Selektivität von Strukturen und Institutionen geschuldetes Produkt von hegemonialen Auseinandersetzungen. Gerichtliches Handeln hat einen genuin politischen Charakter – und gerade deswegen können Strategien auch scheitern oder sich mit anderen Strategien so verbinden, dass niemand mehr einen Zugriff auf die Einzelstrategien hat, es somit zu einer Strategie ohne Strategen im Foucaultschen Sinne kommt. Die Strategie des EuGH selbst, möglichst viele Rechtsbereiche ins Gemeinschaftsrecht zu ziehen und damit Kompetenzen der europäischen Institutionen, inklusive seiner eigenen, auszuweiten, war bisher die erfolgreichere – selbstverständlich nicht nur wegen einer geschickten Taktik, sondern vor allem deswegen, weil er sich auf die strategische Selektivität des Binnenmarktprojektes stützen konnte.

Diese hegemonialen Auseinandersetzungen fanden *innerhalb der Rechtsform* in der Dogmatik statt, also einer eigenen Logik folgend, die sowohl den politischen Charakter als auch die Durchschaubarkeit sozialer Verhältnisse verdunkelt. Dies ist aus einer normativen Perspektive zu kritisieren. So sehr es auch zu begrüßen ist, dass die nationalstaatlichen Apparate sukzessive mit supranationalen Rechtsschutzmechanismen überzogen werden, so ernüchternd wirkt die Tatsache, dass dies wiederum nur von einem anderen, supranationalen Apparat ausgeht, der selbst immer auch seiner eigenen – und keiner demokratischen – Gesetzmäßigkeit gehorcht. Die von Ingeborg Maus in Erinnerung gerufene Machtasymmetrie zwischen den Einzelnen und den Staatsapparaten ermöglicht es in normativer Hinsicht nicht, die Inhaltsbestimmung der Grundrechte letzteren zu überlassen. Im Gegenteil, sie müssten daran strikt gebunden sein. Grundrechtskreation kann nur durch diejenigen erfolgen, denen diese Rechte zustehen. Denn »wenn der richtige Inhalt und Gebrauch der Freiheitsrechte feststeht, ehe die Bürger darüber befunden haben, ist es mit der Freiheit schon zu Ende« (Maus 1995: 550). Erneut zeigt sich an dieser Stelle, dass demokratietheoretische Prämissen unter Bedingungen kapitalistischer Rechtsförmigkeit strukturell ausgehebelt werden, dass somit die ans Recht geknüpften Hoffnungen von Maus und Habermas systematisch enttäuscht werden müssen. Die normativen Einwände gegen die asymmetrische Machtposition der europäischen Apparate erscheinen chancenlos gegen einen hegemonialen Grundrechtsdiskurs, der das Ergebnis und das Funktionieren für relevanter hält als das Verfahren seines Zustandekommens. Damit wird umgestellt von »Input-« auf »Output-Demokratie«, welche demokratische Selbstorganisation letztlich auf alteuropäische »Polis-Romantik« (Höreth 1999: 84) reduziert.

Rechtsförmigkeit ist allerdings *prinzipiell* über ihr Funktionieren definiert, d.h. darüber, ob es den Rechtsoperationen gelingt, aneinander anzuknüpfen. Dies wird, wie ich zu zeigen versucht habe, über eine dogmatische Operationalisierung bewerkstelligt, in welcher »Rechtsstaat« und »Demokratie« lediglich Argumente sind, die sich keinesfalls in einem Diskurs durchsetzen müssen. Denn die der Sprache immanenten Rationalitätsannahmen werden in diesem institutionalisierten Diskurs von hegemonialen Begründungen zur Entparadoxierung der Unentscheidbarkeit überdeterminiert. »Output-Legitimation« ist insofern nur die affirmative aber treffende Beschreibung dieses Vorgangs. Rechtsform und Demokratie sind, wie bereits Neumann und Kirchheimer in ähnlicher Weise festgestellt hatten, inkompatibel, denn »Output-Legitimation«, so *Hauke Brunkhorst* in normativ-kritischer Perspektive,

»hat überhaupt nichts Spezifisches mit Demokratie zu tun. Die einzige demokratische Form der Legitimation ist die über den *input* der Volkswillensbildung: die Herrschaft *durch* das Volk. Während es ohne procedurale *input*-Legitimation gar keine Demokratie gibt, gibt es im Licht möglicher *output*-Legitimation jede Menge funktionaler Äquivalente zur Demokratie. Als Herrschaft *für* das Volk hat sich die Monarchie in Europa immer legitimiert, und das [...] ist Scheindemokratie, fauler Zauber, Ideologie« (Brunkhorst 2002b: 11 f.).

IV. Theoretische Schlussfolgerungen

Welche Rolle spielte also nun die Grundrechte-Rechtsprechung des Europäischen Gerichtshofes bei der Herausbildung und Institutionalisierung einer europäischen Rechtsform? Welche Schlussfolgerungen können daraus für die Transnationalisierung der Rechtsform gezogen werden?

In Europa hat sich tatsächlich eine neue Rechtsform herausgebildet, deren relationale Autonomie und Institutionalisierung mit der nationalstaatlichen durchaus vergleichbar ist, und dies, obwohl es weder einen europäischen Staat noch ein solches Gewaltmonopol gibt. Die Mechanismen der Verselbständigung sind demnach historisch kontingent. Entscheidend ist aber, dass eine eigenständige Institutionalisierung als Existenzweise (Form II) der Rechtsform möglich wird. Diese sieht in Europa anders aus als in den Nationalstaaten: Es gibt nur zwei supranationale Gerichte, die netzwerkartig mit den nationalen Gerichten verwoben sind. Der EuGH selbst tritt dabei »sowohl als *Verfassungsgericht* wie auch als oberstes Verwaltungsgericht sowie als, Zivil-, Arbeits-, Steuer-, Sozial- und (eher potenziell) Strafgericht in Erscheinung« (Calliess 2005:929, Herv. i.O.). Die europäische Rechtsform unterscheidet sich in ihrer Materialisierung zugleich auch entscheidend von den internationalen Knoten im »transnationalen regulativen Netzwerk«. *Jens Wissel* (2007: 127f.) hat gezeigt, dass letztere sich gerade durch eine »geringere materielle Dichte« auszeichnen. Das führt zu einer großen Flexibilität, welche es ermöglicht, Widerständen durch Verlagerung von Macht auf andere Apparate auszuweichen.

An dem dargestellten Auseinandertreten von Rechts- und politischer Form lässt sich empirisch etwas demonstrieren, was theoretisch bestenfalls logisch überzeugen konnte: dass das Recht eine eigene Dynamik besitzt und keine bloße Unterabteilung des Staates darstellt. Rechtsform und politische Form sowie ihre jeweiligen Apparate können sich durchaus unabhängig voneinander entwickeln. Die empirische Untersuchung ermöglicht es danach, eine theoretische Erkenntnisgrenze zu überwinden, die aus der longue durée der nationalstaatlichen Einheit beider Formen resultierte. Sie gestattet es, die relationale Autonomie beider Formen zur Kenntnis zu nehmen. Selbstverständlich bleibt die Rechtsform auch in der EU immer noch auf die politische Form verwiesen, da beide in einem Gesamt von Institutionen materialisiert sind, die sich gegenseitig stützen. Selbst wenn die Rechtsform der Motor der Integration war, so war sie das immer nur in Koexistenz mit den Institutionen der politischen Form.

Wesentlich ist darüber hinaus, dass die Rechtsform sich nicht selbst inaugurierte, sondern nur durch die Praxis strategisch handelnder AkteurInnen hindurch. Es hatte sich gezeigt, dass die europäischen Richter versuchten, mittels einer strategischen Kontextanalyse die Befugnisse ihres Apparates auszudehnen. Damit stießen sie auf den Widerstand nationaler Apparate, wie ich exemplarisch am Bundesverfassungsgericht gezeigt habe.

Die Richter waren selbstverständlich nicht die einzigen Akteure der Grundrechtsentwicklung. Weil ich jedoch die Selbstreproduktion der Rechtsform aus ihrem Inneren heraus nachgezeichnet habe, lässt sich über die gesellschaftlichen AkteurInnen innerhalb des Kräfteverhältnisses schwerlich etwas aussagen. Nur im Rückgriff auf andere Untersuchungen kann man zumindest aus *klassentheoretischer Perspektive* andeuten, dass die Grundrechte-Rechtsprechung sich auf das neoliberale Binnenmarktprojekt stützen konnte, welches vorrangig den Wettbewerbsinteressen der europäischen transnational ausgerichteten Unternehmen (TNC) diente. Die bis dahin betriebenen fordistischen, nationalen Krisenstrategien mit ihren protektionistischen Elementen und ihrer fragmentierenden Wirkung auf den Gemeinsamen Markt wurden zunehmend von ökonomischen, aber auch politischen supranationalen AkteurInnen als Hindernis betrachtet (Ziltener 1999: 136). Im Unterschied zu den US-amerikanischen und japanischen TNCs hatten die europäischen keine starke »Heimatbasis«, das heißt, keinen Markt auf dem eine ausreichende Skalenökonomie durchgesetzt werden konnte; sie waren daher vergleichsweise schwach (Bornschier 2000: 24 f.): »The supranational political entrepreneurs in Europe were well aware of these transitions by the end of the 1970s and the beginning of the 1980s« (ebd.: 18). So initiierte die Kommission den Round Table of Industrialists, an dem alle großen europäischen Konzerne beteiligt waren und der im Prinzip das »Weißbuch« zum Binnenmarkt 1985 initiierte (van Appeldoorn 2000; Bornschier 2000: 19; Ziltener 1999: 136). In dieser »transnationalen inneren Bourgeoisie«, wie Jens Wissel diese Klassenfraktion im Anschluss an Poulantzas nennt (2007: 117 ff.), hatten die Richter ›Verbündete‹, denen wegen ihrer transnationalen Ausrichtung an einer starken Rechtsform in Europa gelegen war.[10] Die Darstellung der Herausbildung der europäischen Rechtsform kann so die These *Stephen Gills* (2000) vom »neuen Konstitutionalismus« stüt-

10 So heißt es auch im Interview: »Im Wirtschaftsrecht ist sie [die Akzeptanz des EuGH] viel größer, weil alle letztlich vom Binnenmarkt profitieren. Es gibt Investitionssicherheit, Sicherheit wo man in Europa Geschäfte machen kann und eine gewisse Gleichartigkeit der Wettbewerbsbedingungen. Insofern ist es zumindest für die Wirtschaftsunternehmen positiv. [...] Ich wüsste nicht, wie man in so einem Raum relativ einheitliche Lebensverhältnisse rechtlich schaffen könnte ohne ein einheitliches Gericht« (EI 2003).

zen: die Annahme einer politisch-juridischen Institutionalisierung der Transnationalisierung der Klassenverhältnisse. Der »disziplinierende Neoliberalismus« als hegemoniales Projekt versucht, politische Entscheidungen zu entdemokratisieren und neoliberale Politiken durch internationale Abkommen zu zementieren. Der Prozess der juridischen Konstitutionalisierung, das heißt die Arbeitsweise der Rechtsform, kommt in diesem stark akteurszentrierten neo-gramscianischen Ansatz allerdings zu kurz. Insofern kann die vorliegende Arbeit rechtstheoretische Erkenntnisse beisteuern, vor allem über die eigene Materialität der Rechtsform. So hatten gerade die Entscheidungen zur Bananenmarktordnung gezeigt, dass sich auch die stärksten ökonomischen Interessen nicht einfach unmittelbar ihr eigenes Recht schaffen können.

Aus *geschlechtertheoretischer Perspektive* lässt sich an dieser Entwicklung zugleich die Verkopplung unterschiedlicher Strukturprinzipien darstellen: Die geschlechtsspezifische Arbeitsteilung verband sich mit der Rechtsform im »Herrengremium« des EuGH in einer Weise, in der die Rechtsförmigkeit mit ihren Gleichheits- und Freiheitsunterstellungen quer zu der ausschließlich männlichen Besetzung lag. Daher konnten Frauen zur Durchsetzung ihrer Interessen trotz der personellen Besetzung des EuGH, sofern es um Fragen formaler Gleichbehandlung ging, strategisch auf das Gemeinschaftsrecht zugreifen (Berghahn 2001:235; Chichowsi/Stone Sweet 2004). Gleichzeitig reproduzieren die Grundrechte der europäischen Rechtsform gerade wegen ihrer Abstraktionsleistungen die Konstruktion eines geschlechtsneutralen Grundrechtssubjekts, welches im offiziellen Code der Macht die realgesellschaftliche Unsichtbarmachung des Geschlechterverhältnisses prozessiert.

Die traditionelle europäische Integrationsweise über die Eigendynamik der ökonomischen und der rechtlichen Form, die an dieser Stelle vor allem ökonomische und rechtliche AkteurInnen hervortreten lässt, ist ein gutes Beispiel für einen Vorrang der Ökonomie, welcher ein *Effekt* der Totalität anstelle einer zugrundeliegenden Entwicklungsdynamik ist. Es war und ist eine politische Strategie, mangels politischer Durchsetzbarkeit vor allem die ökonomisch-rechtliche Entwicklung zum determinierenden Ort der europäischen Entwicklung zu machen.

Auf der Ebene der Institutionen lässt sich feststellen, dass die neue Ordnung quer zur alten durch ein allmähliches Verschieben der tradierten Elemente entsteht. *Sonja Punscher Riekmann* hat in ihrer Analyse der Europäischen Integration darauf Wert gelegt, dass dies die Stunde der Apparate sei. Sie hat dazu die Integration mit der Zentralisierung moderner Nationalstaaten verglichen und festgestellt, dass sich Integrationsprojekte im allgemeinen auf die »Technik der kommissarischen Verwaltung« stützen (1998:6, 58). Darunter versteht sie eine besondere Variante bürokratischer Herrschaft (73), die nicht in einem klaren hierarchischen Verhältnis stattfindet, sondern durch die Organisierung eines Netzes interagierender Akteure des Zentrums und der Peripherie. Die Kommissare seien die »Meister des Irregulären«, da die Verwandlung der alten Ordnung notwendig Leerstellen schafft, in denen das Alte verschwindet und das Neue noch nicht klar in Erscheinung getreten sei (12). Das *Kommissarische* an dieser Verwaltung besteht genauer betrachtet gerade in der Abwesenheit formal-demokratischer Auseinandersetzungen, wie sie die politische Form kennzeichnen. Die Europäische Integration war gerade nicht als hegemoniales sondern als Elitenprojekt angelegt, welches in einer »passiven Revolution«, also ohne hegemoniale Initiative, ohne aktiven Konsens, von »oben« über die Staatsapparate erfolgreich betrieben wurde (Buci-Glucksmann/Therborn 1982:130; Bieling/Steinhilber 2000b:109).

Bei der innerkapitalistischen Umstrukturierung erhalten die bürokratischen Apparate eine besondere Bedeutung: Viele antagonistische Kräfte liegen über Kreuz miteinander. Die Apparate und die in sie eingeschriebenen Machttechnologien haben in dieser Situation aufgrund der Materialität ihrer longue durée aber einen gewissen Bestand: Die Rechtsform funktionierte in ihrer Selbstbezüglichkeit in den Einzelfallentscheidungen. Die longue durée selbst hatte sich unter anderem auch in der Ausbildung der Richter und ihrem Engagement für eine bestimmte Auffassung des Rechts gezeigt. Das »Selbsterhaltungsinteresse« der Apparate (Esser/Fach/Väth 1983:17) vermittelt sich also auch über die *institutionelle Subjektivierung*. So kann man mit Gramsci argumentieren, dass die juridischen Intellektuellen der Bürokratie, als Organisatoren gesellschaftlicher Hegemonie im Medium des Rechts, in einer historischen Periode, in welcher der Hegemonieapparat brüchig wird, eine relational autonome Rolle spielen können (Buci-Glucksmann 1981:98).

Doch gerade wegen der gesellschaftlichen Transformation im Verborgenen, bleibt die Praxis der kommissarischen Verwaltung immer nur halblegitim, haftet ihr der Geruch des Fragwürdigen an (Puntscher Riekmann 1998:61). Selbst das Binnenmarktprojekt war lediglich ökonomisch über die Mobilisierung von »Wettbewerbsfähigkeit« vorherrschend geworden. Politisch war es ein Elitenprojekt wie alle vorangegangenen europäischen Projekte. Es konnte die Apparate einen, nicht jedoch die Regierung einer europäischen Bevölkerung über eine »Weltanschauung« ermöglichen. Das Scheitern des Verfassungsvertrages zeigt die Krise des ökonomistischen Binnenmarktprojektes an.

In diesem Kontext konnten die Grundrechte wegen ihres Doppelcharakters wiederum die Schwäche der politischen Form zumindest teilweise substituieren. Wie gezeigt sind sie zunächst idealtypische innersystemische Referenzpunkte für die Selbstreproduktion der Rechtsform. Zugleich stellen sie jedoch hegemoniale Legitimitätsnormen dar. Als solche sind sie Ermöglichungsbedingungen einer rechtlichen Verselbständigung, weil es keine unpolitische, rein technische Verselbständigung geben kann. Das rekursive Netzwerk von Rechtsoperationen funktioniert, anders als systemtheoretische Konzepte vermuten, nur hegemonial. Daher sind die Grundrechte in der Lage, einer gesellschaftlichen Ordnung, die nicht politisch-kollektiv hergestellt wurde, vorübergehende Legitimität zu verschaffen. Sie sind insofern unter diesen Bedingungen »Platzhalter demokratischer Legitimation« (Brunkhorst 2002a: 211): Die europäische Bevölkerung ist von der politischen Entwicklung der EU so gut wie ausgeschlossen. Diese stellt ihr aber über die Grundrechte wenigstens prinzipiell eine Form zur Verfügung, über welche sie zwar nicht ihre politische Autonomie im Sinne von Habermas, aber immerhin ihre private ausüben kann.

Damit bin ich schließlich beim Effekt der Grundrechtsentwicklung angekommen: bei der Etablierung eines europäischen Rechtssubjektes. Erst mit den Grundrechten kann die europäische Rechtsform sowohl als Subjektivierungs- als auch als Kohäsionstechnologie funktionieren. In der Untersuchung haben freilich diejenigen, die sich auf die Grundrechte beziehen können, keine Rolle gespielt, obwohl sie doch die TrägerInnen dieser Rechte sind. Die Darstellung folgt an diesem Punkt der realgesellschaftlichen Entwicklung, denn daran, dass nicht die Einzelnen die AutorInnen ihrer Grundrechte waren, diese vielmehr in einem institutionellen Auseinandersetzungsprozess entstanden sind, zeigt sich, dass es auf sie gerade nicht angekommen war. Das wird nicht zuletzt dadurch deutlich, dass der EuGH lange Zeit bei der konkreten Grundrechtsprüfung keine Verletzung von europäischen Grundrechten angenommen hat (Caspar 2000: 358; Ehlers 2005, Rdnr. 5). Das heißt, die vom EuGH entwickelten Gemeinschaftsgrundrechte sind zwar zum Bestandteil einer europäischen Bevölkerungstechnologie geworden, jedoch ohne dass die Subjekte sich bisher in ihren Selbsttechnologien erfolgreich auf sie beziehen konnten – also ohne dass sich die juristische Subjektivierungsweise vollständig entfaltet hat.

Betrachtet man die Europäische Integration nicht unter einer verengten etatistischen Perspektive, sondern unter derjenigen der Gouvernementalität, das heißt, von der Technologie der Macht und nicht von der Institution her, so kann man die hier gewonnenen Ergebnisse so deuten, dass die Regierung der Bevölkerung nunmehr in einem größeren Netz von Apparaten stattfindet, in welches die Regierten eingewoben werden. Gouvernementalität ist keineswegs auf den Nationalstaat begrenzt. Die Europäisierung des Rechts im Kontext der Globalisierung kann dabei so gefasst werden, dass sich die Rechtsform in ein erweitertes materielles Gerüst jenseits der Nationalstaaten einschreibt und darüber an Regierung Teil hat. Europäisierung des Rechts bedeutet demnach das Entstehen einer europäischen Rechtsform in der Matrix eines erweiterten Apparateensembles.

Dieses Apparateensemble durchkreuzt die unterschiedlichen nationalen, sub- und transnationalen Räume (z.B. als Komplex von Verwaltungs-, Verfassungs- und supranationalen Gerichten). Räume sind, nach der Erkenntnis von Poulantzas, selbst gesellschaftlich produziert und das Ergebnis sozialer Auseinandersetzungen. Sie können nur für eine bestimmte Zeit fixiert werden (dazu ausführlich Wissel 2007: 135 ff.). Deswegen sind Metaphern, wie die eines ›Mehrebenensystems‹, missverständlich, weil mit dem Bild der »Ebenen« die Vorstellung von abgeschlossenen Räumen nach dem Modell von Containern hervorgerufen wird, während es eher um rivalisierende sozial produzierte Räume geht.

Rechtsförmigkeit bedeutet grundsätzlich ein ›Demokratiedefizit‹, das hat nicht zuletzt die Rechtsprechungsanalyse gezeigt. Doch umso größer diese allgemeine Invisibilisierungsapparatur wird, umso dringlicher ist es, dass ein radikaldemokratischer Ansatz entwickelt wird, der sich nicht mehr der Hoffnung einer Demokratisierung *über* das Recht hingibt, sondern zunächst einmal eine Demokratisierung *der* Rechtsform fordert. Dafür will ich im anschließenden und letzten Kapitel einige Überlegungen vorstellen.

E Selbstregierung

»Die Revolution vollzieht nicht nur die Evolution, sie korrigiert *auch deren Verlauf«(Brunkhorst 2002a: 16).*

In den vorangegangenen Kapiteln habe ich versucht zu demonstrieren, welche Erkenntnisse eine gesellschaftstheoretisch argumentierende, reformulierte, materialistische Theorie zur Analyse des Rechts beitragen kann. Das moderne Recht als Subjektivierungs- und Kohäsionstechnologie zu begreifen, bietet die Möglichkeit, die in Vergessenheit geratenen marxistischen Ansätze sowohl an aktuelle rechtstheoretische Diskussionen anschlussfähig zu machen, als auch über empirische Untersuchungen konkrete Gesellschaftsformationen zu analysieren, um insbesondere einen Beitrag zum Globalisierungsdiskurs zu leisten.

Doch damit kann diese Arbeit nicht enden. Denn wenn das Ziel einer Theorie in der Tradition von Karl Marx, wie ich in der Einleitung festgestellt hatte, gerade in einer »Weltverfassung« jenseits der Dichotomie von Materialismus und Idealismus besteht, in der die Menschen ihre Geschichte selbst machen, dann stellt sich nach den bisherigen Ergebnissen umso dringlicher die Frage nach dem Emanzipationspotential des Rechts. Dieser Frage möchte ich mich nun abschließend zuwenden. Meine Antwort muss zwangsläufig kursorisch ausfallen, da ein umfassendes Alternativkonzept den Rahmen dieser Arbeit sprengen würde. Die abschließenden Thesen haben daher vorläufigen Charakter, und sollen vor allem die Konsequenzen der bisherigen Ergebnisse hervorheben.

Recht und Emanzipation sind ideengeschichtlich eng miteinander verbunden. Der »Gehorsam« gegen das selbstgegebene Gesetz sei Freiheit, heißt es bereits bei Rousseau (1994 {1762}: 23). Kant reformuliert die Vorstellung in der Weise, dass es nur die gesetzgebende Gewalt des Volkes sein könne, von der alles Recht ausgehen soll und die niemandem Unrecht tun könne, weil alle über einen jeden dasselbe beschließen (1993 {1797}: 432). Das demokratische Prinzip der Theorie und Praxis des 18. Jahrhunderts, die gesellschaftlichen Verhältnisse vollständig unter die Kontrolle der gesellschaftlichen Basis zu bringen, war eine entscheidende Veränderung, etwas wirklich Neues in der Matrix des gesellschaftlich Imaginären (Laclau/Mouffe 2000: 195). Die Idee entstand just in dem Augenblick, als die säkularisierte Pastoralmacht damit begann, die »Multitude« in ihren alltäglichen Praxen als »Bevölkerung« zu regieren. Die RevolutionärInnen des 18. Jahrhunderts verfassten demgegenüber eine radikale Demokratiekonzeption, die davon ausging, dass »eine andere Welt möglich« sei (Hardt/Negri 2004: 307), eine Welt, in der die vergesellschafteten Menschen nicht *regiert werden*, sondern *sich selbst regieren*, als Vereinigung freier Menschen, wie Marx es pointierte. Diese Konzeption einer sich selbstorganisierenden Gesellschaft wurde von Anfang an im juridischen Code der Macht formuliert. Der Kern der Utopie hieß daher »Volkssouveränität«, was gleichbedeutend war mit der »gesellschaftlichen Kompetenz der Selbstgesetzgebung« (Maus 1992b: 36). Der »Volks«-Begriff war deswegen ein rein verfassungsrechtlicher, der über die juristische Herstellung eines »Volkes« zugleich die Konstitution des demokratischen Souveräns bestimmte. »Volk« war gleichbedeutend mit Rechtsgemeinschaft und abstrahierte gerade von Abstammung und Boden, während im 20. Jahrhundert der »nationalsozialistische Missbrauch des Begriffs den Sieg davontrug« (Maus 2002: 247).

Das Fortschreiten der kapitalistischen Vergesellschaftung hat, wie Habermas gezeigt hat, die Hoffnung auf eine intentional herbeigeführte und kontinuierlich aufrechterhaltene Assoziation nach und nach als idealistisch erscheinen lassen (Habermas 1994: 65). Heute werden die radikaldemokratischen Konzeptionen des 18. Jahrhunderts nur noch an einem Maßstab politischer Beteiligung gemessen, der bereits der schlechten Realität angepasst ist (Maus, ebd.: 8; ähnlich Hardt/Negri, ebd.). Das Feld des Politischen wird auf die Verwaltung dieser sozialen Positivität begrenzt. »Aber ohne Utopie, ohne die Möglichkeit der Negation einer Ordnung über jenen Punkt hinaus, an dem wir in der Lage sind, sie ernsthaft zu bedrohen«, schreiben Laclau und Mouffe zutreffend, »gibt es überhaupt keine Möglichkeit der Konstitution eines radikalen Imaginären [...]« (a.a.O.: 235). Deswegen halten auch die normativen Theorien des Rechts und auch Teubners Selbstregulations-Ansatz an der Möglichkeit einer »demokratischen Selbstorganisation einer Rechtsgemeinschaft« (Habermas ebd.: 12) im Unterschied zu Luhmanns Systemtheorie fest.

Dieses normative Telos demokratischer gesellschaftlicher Selbstorganisation liegt auch der vorliegenden Arbeit zugrunde: Die Assoziation freier Menschen ist keine liberale Utopie, wie Laclau und Mouffe meinen (a.a.O.: 219), sondern die grundlegende normative Prämisse der an Marx anknüpfenden Gesellschaftstheorie. Sie setzt darauf, dass die Menschen in der gesellschaftlichen Organisation ihres Lebens nicht »regiert« werden, sondern auf »das Potential eines Einverständnisses von Menschen und Dingen« zugreifen können (Adorno 1969: 153).

Das Konzept einer Demokratisierung über das Recht muss nach den bisherigen Ergebnissen verschoben werden: hin zu einer Demokratisierung des Rechts, bzw. der Rechtsform. Denn die Rechtsformanalyse hat gezeigt, dass die Systemtheorie gegenüber der Diskurstheorie insofern Recht behält, als das als Medium der Selbstorganisation konzipierte Recht seinen AutorInnen entgleitet. Die Rechtsform verselbständigt sich gegenüber ihren ProduzentInnen in gleicher Weise wie die Organisation der gesellschaftlichen Bedürfnisbefriedigung in der Ware, so dass die Emanzipation der Subalternen, ihre Fähigkeit zur Selbstregierung, geradezu verhindert wird (Demirović 1997: 152).

Auf den folgenden Seiten werde ich daher zum Schluss dieser Arbeit versuchen, einige Gedanken zu entwickeln, mit denen eine solche Verschiebung beginnen müsste. Zunächst will ich aber danach fragen, welches Emanzipationspotential die Rechtsform unter den gegebenen Verhältnissen aufweist, um daran anschließend nach einem diese überschreitenden Potential Ausschau zu halten. Es geht in diesem Kapitel folglich um die »possibilities for emancipatory politics both through law and against law« (Cutler 2005: 528).

1. Das Emanzipationspotential des Rechts

Der »Modus gesellschaftlicher Selbstprogrammierung« (Frankenberg 2003:8) *über* das Recht im Sinne einer Programmierung an der gesellschaftlichen Basis (Maus a.a.O.:178), die anschließend von den Staatsapparaten umgesetzt wird, welche lediglich die Form von Subsumtionsautomaten annehmen dürfen, wird durch die Rechtsförmigkeit strukturell unterlaufen. Das heißt aber nichts Geringeres, als dass Rechtsstaatlichkeit und Demokratie in den bestehenden Verhältnissen tatsächlich zu den schwer erträglichen Luhmannschen »Selbstmissverständnissen« der Moderne gehören. Franz Neumann und Otto Kirchheimer haben dieses Strukturdefizit schon früh benannt und zugleich in aller Deutlichkeit gezeigt, dass es in letzter Konsequenz, in den säkularen Krisen des Kapitalismus, ein Terrorregime instituieren kann.

Wenn auch das Recht kapitalistischer Gesellschaften den Legitimitätsanforderungen seiner eigenen Selbstbeschreibung nicht gerecht wird, so erzeugt es dennoch drei nicht zu unterschätzende Effekte:

1. Formale Anerkennung: Die Rechtsform hat, wie gezeigt, maßgeblichen Anteil an der Subjektivierung. In der abstrakten Verallgemeinerung zum Rechtssubjekt erzeugt sie den ambivalenten Effekt der formalen Anerkennung der Einzelnen als Gleiche und Freie. Maihofer hatte Wert darauf gelegt, dass diese immerhin formale gegenseitige Anerkennung in der Form gelebter Praxis stattfindet, und daher keine »bloße Ideologie« ist, sondern eine materielle Existenzweise besitzt (1992:195). Auch wenn die Rechtsform nur »fensterlose Einzelne« verknüpft, sie also ausschließlich nach dem »Prinzip der Einzelheit« anerkennt (Honneth 1989), so ermöglichen diese »minimalen Anerkennungsgarantien des Rechts« den Subjekten immerhin, dass ihre personalen Eigenschaften berücksichtig werden (Honneth 2005:101). Dass dies keine Selbstverständlichkeit ist, zeigen die Kämpfe der alten sowie der neuen Frauenbewegung, die überhaupt erst einmal für Frauen diesen Status erkämpfen mussten (vgl. Dackweiler 1995; Holland-Cunz 2003). Das verdeutlicht zugleich, dass die Rechtsform zwar diese Rechtssubjektivität produziert, ihre Durchsetzung aber immer von sozialen Kämpfen abhängt.

Die Kehrseite besteht allerdings darin, dass diese formale Anerkennungsweise von der Besonderheit der Subjekte abstrahiert sowie darüber zugleich die Fiktion des souveränen, einheitlichen Individuums festigt und damit »a specifically masculinist discourse of rights«, so dass aus feministischer Perspektive das Recht ein zutiefst paradoxes Medium ist: »rights secure our standing as individuals even as they obscure the treacherous ways that standing is achieved and regulated« (Brown 2002:430f.).

2. *Wissenstechnik*: Ich hatte versucht zu zeigen, dass die kapitalistische Vergesellschaftung nur rudimentäre Verfahren ihrer Selbstaufklärung besitzt. Die Rechtsform ist ein solches Verfahren, in welchem die Einzelnen überhaupt über ein begrenztes Wissen ihres gesellschaftlichen Zusammenhanges verfügen. Auch wenn dieses Wissen im juridischen Code auftritt und unter Umständen nur einer kleinen Elite von WissensarbeiterInnen zugänglich ist, so speichert die Rechtsform doch zum einen das aktuelle Reflexionsniveau einer Gesellschaft und stellt zum anderen Verfahren bereit, dieses weiterzuentwickeln. Die juristische Argumentation, die weit über die aktuelle Gesellschaftsformation hinausgreift, bis hin zu römischen Rechtsfiguren etwa, welche rechtsgeschichtlich begleitet und rechtstheoretisch reflektiert werden können, bietet ein Reservoir von Erkenntnissen aktueller und vergangener Gesellschaften, inklusive der jeweiligen antagonistischen Konflikte und hegemonialen Projekte. Dabei codiert sie allerdings die nicht hegemonial gewordenen Positionen als Unrecht. Die antagonistische Entparadoxierung produziert als ihren Effekt Recht und Unrecht und damit »unterworfenes Wissen« (Foucault 1999:15).

3. *Aufschub der Macht*: Der wichtigste Effekt der Rechtsform, der immer wieder ihren ambivalenten Charakter unter ihrer verdinglichten Arbeitsweise hervorscheinen lässt, ist der Aufschub an Macht, den sie bedeutet. Dieser resultiert genau aus jenem Prozedere der Abstraktion und Verselbständigung, welches zugleich die Verunmöglichung gesellschaftlicher Selbstorganisation begründet. Wenn Antagonismen über die sozialen Formen prozessierbar werden, lassen sie die Machtverhältnisse unberührt, transzendieren jedoch *zugleich* ihr unmittelbares Gewaltpotential, zwingen die Auseinandersetzungen in eine formale Prozedur hinein, welche die direkte Herrschaftsausübung, das »Recht« des Stärkeren etwa, blockiert bzw. aufschiebt. In diesen Verfahren muss argumentiert und begründet werden, außerdem ist in ihnen eine Reihenfolge und eine Form von Argumentationen vorgegeben. Darüber hinaus lagern sich in ihnen gesellschaftliche Schutzmechanismen ab, wie etwa das Gesetzlichkeitsprinzip im Strafrecht oder die Überprüfbarkeit von Entscheidungen über mehrere Instanzen hinweg.

In der Verselbständigung und dem relationalen »Eigenleben« der Rechtsform liegt zugleich auch eine Verschiebung dieser Machtverhältnisse. Sie ist eine verselbständigte Konsenstechnik, welche der Funktionsweise der Hegemonie ein Relais für die Verallgemeinerung von Interessen bietet. Deswegen können sich immer auch schwächere Kräfte auf die Rechtsform stützen. Daher schreiben sich gesellschaftliche Kräfteverhältnisse als solche *Verhältnisse*, also relational, in sie ein, nur so weit, wie eine bestimmte Norm hegemonial werden konnte.

Die in der Rechtsform erreichten und materialisierten Rechte können gerade wegen ihres Eigenlebens nicht einfach umgangen werden und stellen daher durchaus »Waffen« in gesellschaftlichen Konflikten dar, die auch den schwächeren Positionen zur Verfügung stehen. Gerade dieser Doppelcharakter der Rechtsform, dass sie zum einen ein strukturelles Hindernis gesellschaftlicher Emanzipation darstellt, zum anderen jedoch zumindest einen Aufschub, wenn nicht gar einen Schutz vor unmittelbarer Gewalt darstellt, macht ihre Komplexität aus, die nicht zu einer Seite hin theoretisch aufgelöst werden kann.

Dies gilt auch für die Grundrechte-Rechtsprechung. Die Grundrechte haben sich als die der Rechtsform immanenten Verselbständigungsnormen erwiesen, zugleich stellen sie jedoch auch eine hegemoniale Subjektivierungsweise dar, welche immerhin die historische, westliche Form der Dignität der Person produziert (Mouffe 2005: 126). Sie lassen sich also nicht auf ihre »systemintegrative Funktion« reduzieren (Brunkhorst 2002a: 16). Denn sind sie einmal etabliert, so können sie ihre Wirkung entfalten. Die Einzelnen können sich auf sie beziehen, sie für ihre eigenen Projekte in Anspruch nehmen. Sie werden zu einem Element innerhalb der strategischen Selektivität der Struktur. Der Fall des italienischen Juristen, der die *Costa/E.N.E.L.*-Entscheidung angestoßen hat, zeigt, wie strategisches Handeln auf die sedimentierten Rechtsnormen zugreifen kann. Bezeichnend an diesem Beispiel ist, dass es sich dabei um einen Juristen handelte, der überhaupt über das notwendige Wissen verfügte, welche strategische Selektivität die Struktur des Europarechts zur Verfügung stellt. Das gleiche gilt für die Bezugnahme des US-Kapitals auf die Rechtsform während der Auseinandersetzung um die Bananenmarktverordnung der EG. Zunächst wurde vermittelt über die amerikanische Regierung das Streitschlichtungspanel der WTO gegen die Europäische Gemeinschaft angerufen. Zugleich aber unterstützten sie in derselben Angelegenheit die deutschen Importeure ihrer Waren in Rechtsstreitigkeiten vor einem deutschen Verwaltungsgericht, dem Bundesverfassungsgericht und schließlich dem EuGH. Dieser Vorgang zeigt zugleich die in die Rechtsform eingelassene strategische Selektivität: Obwohl in ihr alle als Gleiche unterstellt werden, erfordert ihre Inanspruchnahme ein Wissen und materielle Ressourcen, welche nicht allen Subjekten gleichermaßen zugänglich sind. Wie etwa sollten sich die MigrantInnen, die an den Grenzen der EU mit militärischen Mitteln abgewiesen werden, auf ihre Grundrechte berufen?

Versuche von JuristInnen, politische Machtverhältnisse über die strategische Bezugnahme auf das Recht zu verschieben, sind zahlreich, sie basieren genau auf jener »Eigenlogik« der Rechtsform. Ein aktuelles Beispiel ist etwa die Strafanzeige[1] des Berliner Rechtsanwalts und Mitglieds im Republikanischen Anwaltsverein im Namen des »Center for Constitutional Rights« in New York gegen den ehemaligen US-Verteidigungsminister Rumsfeld und weitere hohe US-Beamte wegen des Vorwurfs, Kriegsverbrechen und Folter zum Nachteil irakischer Internierter im Gefängnis Abu Ghraib in den Jahren 2003 und 2004 begangen beziehungsweise angeordnet zu haben. Das Besondere des Falles liegt darin, dass die Anzeige gegen Mitglieder der US-amerikanischen Exekutive in Deutschland stattfand, auf der Grundlage des neuen Völkerstrafgesetzbuches (BGBl I 2002, 2254 v. 30.06.2002), welches im Zusammenhang mit der Etablierung des Internationalen Strafgerichtshofes die Grundlage für die Strafbarkeit von »ausländischen« TäterInnen in Deutschland, die Taten im »Ausland« begangen haben, geschaffen hat – ein Straftatbestand, der bis dahin unter der nationalstaatlichen Verfasstheit nicht verfolgt werden konnte.

Rechtsförmigkeit muss, verglichen mit unmittelbaren Gewaltverhältnissen, auch als gesellschaftliche Errungenschaft im Sinne Franz Neumanns interpretiert werden. Oskar Negt hatte darauf insistiert, dass »jede Überwindung bloß formaler Gerechtigkeit, die deren begrenzte Emanzipationsstufe nicht überschreitet, die nicht weiterführt, [...] einen geschichtlichen Rückfall« darstellt (1975:44). Hierauf zielt auch die Kritik an der »Absterbethese« von Paschukanis. Diese Schutzdimension des Rechts werde darin unterschätzt. Ein Absterben führe dann zwangsläufig zur Rückkehr der Macht des Stärkeren und zu Volksjustiz. Ungeachtet der sonstigen Problematik der Absterbethese verfehlt diese Kritik allerdings ihr Ziel. Ein Absterben der Rechtsform *im Kapitalismus* würde in der Tat zu diesen Prozessen führen. Neumann hatte gerade den Nationalsozialismus als eine solche kapitalistische Gesellschaft im Ausnahmezustand und damit ohne Rechtsform sowie ohne politische Form beschrieben. Daraus darf aber nicht folgen, dass die Rechtsform inklusive ihrer »negativen Seite« in alle Ewigkeit und für alle zukünftigen Gesellschaftsformationen zu perpetuieren sei.

1 http://www.ccr-ny.org/v2/legal/september_11th/docs/complaint_in%20German1_dienstag1.pdf und http://www.ccr-ny.org/v2/legal/september_11th/docs/Complaint_In-German2_dienstag2.pdf.

2. Ausweitung der Demokratie

2.1 Exit aus der juridischen Konzeption der Demokratie

Die Konsequenzen für eine Demokratisierung der Verhältnisse sind nach den bisherigen Überlegungen offensichtlich. Ganz entscheidend wird es darauf ankommen, die *juridische Konzeption der Demokratie* zu verlassen, und zwar aus zwei miteinander zusammenhängenden Gründen:

Der erste folgt unmittelbar aus den vorangegangenen Gedanken. Recht ist in kapitalistischen Gesellschaften nicht das neutrale Medium der Vermittlung zwischen Selbstgesetzgebung und politischer Umsetzung, sondern eine verselbständigte Kohäsionstechnologie, eine die den sie tagtäglich herstellenden ProduzentInnen entgleitet und ihnen als Technologie der Macht gegenübertritt. Die verdinglichten und naturalisierten Formen sozialer Verhältnisse verweisen darauf, dass die moderne bürgerliche Gesellschaft über keine oder nur sehr rudimentäre Prozeduren der Selbstaufklärung und kollektiven Selbstregierung verfügt. Bereits in der Auseinandersetzung mit der Theorie von Habermas war ich zu dem Schluss gelangt, dass sich hierin eine der zentralen Hürden demokratischer Verfasstheit offenbart, die nicht expertokratisch hingenommen werden darf.

Der zweite Grund folgt aus der Kritik Foucaults. Die Rechtsform ist »nur« der offizielle Code der Macht und verdeckt unter ihrer Funktionsweise die anderen Machttechnologien: die Disziplinen, die biopolitische Regulierung über die Sicherheitsdispositive, die gouvernementale Führung. Subjektivierung erfolgt nicht nur über das Recht, sondern ganz wesentlich über das Gesamt des modernen Subjektivierungsregimes. Wenn man so will, verfolgte bereits der Diskurs der 1920er und 30er Jahre, der eine Ausweitung der Demokratie auf die Fabriken verlangte, oder die Proklamation der Frauenbewegung, dass das Private politisch sei, ein ähnliches Anliegen. Eine Demokratisierung nur der offiziellen Politik unterliegt dem Missverständnis einer juridischen Theorie der Macht, das darin besteht, dass Machtverhältnisse nicht innergesellschaftlich sondern lediglich im »politischen System« verortet werden. Das ist selbst bereits eine Wirkung der Macht.

Beides zusammengenommen, die Verdinglichung sozialer Verhältnisse zu sozialen Formen sowie die Pluralität von Machttechnologien, zeigt, worum es bei dem Verlassen des Paradigmas der juridischen Theorie der Demokratie geht: um eine grundlegende Ausweitung des Demokratiekonzeptes. Das heißt, es kommt darauf an, Prozeduren zu entwickeln, mit denen die Subjekte nicht nur AutorInnen ihrer Gesetze, sondern des Netzes der sie umgebenden politischen Verhältnisse würden. Der Gedanke der »Selbstgesetzgebung« wird damit übertragen auf plurale gesellschaftliche Räume: »*dann hört die Demokratie* hier auf, *nur politische Verfassung zu sein und wird zur Verfassung der gesamten Gesellschaft* [...]« (Abendroth 1968: 139). Dies entspräche einer Verschiebung der Konzeption des »demokratischen Positivismus« (Niesen/Eberl 2006), nämlich des Gedankens, dass eine »adäquate Verfassungstheorie« heute

> »kaum anders denn als Ausweitung dieses Verfahrensprinzips [die Sachrichtigkeit der Entscheidung aus ihrer demokratischen Organisationsform zu folgern] auf den gesamtgesellschaftlichen Zusammenhang, als ›total‹ verstandene Selbstbestimmung, interpretiert werden« kann (Maus 1976: 17).

Die »tiefe subversive Macht des demokratischen Diskurses« liegt, wie Laclau und Mouffe zutreffend festgestellt haben, gerade in der Ausweitung von Gleichheit und Freiheit auf immer größere Bereiche. Er kann als Ferment in den verschiedenen Formen des Kampfes gegen Unterordnung wirken (2000: 196). Ein emanzipatives Projekt muss sich daher selbst vollständig auf dem Feld der demokratischen Revolution verorten: »Nicht in der Preisgabe des demokratischen Terrains, sondern im Gegenteil gerade in der Ausdehnung des Feldes demokratischer Kämpfe auf die ganze civil society und den Staat liegt die Möglichkeit für eine hegemoniale Strategie der Linken« (219).

2.2 Ein gegenhegemoniales demokratisches Projekt

Die Frage, wie eine Gesellschaft ohne soziale Formen und andere Verdinglichungen, ohne Disziplinierung, oder wie die Abschaffung sämtlicher Unterdrückungsverhältnisse möglich wäre, führt zwangsläufig zu Antinomien, da sämtliche Konzeptionen einer anderen Vergesellschaftung mit den Denkformen und Praxen der heutigen Gesellschaft belastet sind. Über den »Stand der Versöhnung« lässt sich nur spekulieren (Adorno 1969: 153), das heißt, es lassen sich eher prinzipielle Aussagen aus einer Negation der heutigen Verhältnisse heraus treffen.

Ein gutes Beispiel dafür ist etwa die Frage, die *Isaac D. Balbus* aus Diskussionen kolportiert (1977: 583): wie nämlich Konflikte nach einem »Absterben« des Rechts überhaupt gelöst werden sollen. Das Problem dieser Frage liegt bereits in der Prolongierung heutiger Konflikte in die Zukunft. Sie unterstellt immer schon eine Ontologie des Antagonismus, ähnlich wie die Demokratietheorie von Chantal Mouffe, die sich bezeichnenderweise zur Begründung dieser Vorstellung an dem »Begriff des Politischen« von Carl Schmitt (1987) orientiert. Diesen »ineradicable character of antagonism«, welcher sich im »inescapable moment of decision« zeige, stellt sie dem Habermasianischen Konzept eines rationalen Konsenses entgegen (2005: 10ff). Damit wird sie jedoch weder Habermas gerecht, der immerhin die Bedingungen der Möglichkeit eines rationalen Konsenses in der Sprache fundierte, noch gelingt es ihr, antagonistische Verhältnisse als *historisch bedingte* Form menschlicher Verhältnisse zu konzeptualisieren.

Das zweite Problem bei dieser Fragestellung besteht darin, dass Recht damit wesentlich als Konfliktlösungsinstanz beschrieben wird. Dagegen hatte schon Luhmann zu Recht eingewendet, dass es dafür eine Vielzahl gesellschaftlicher Äquivalente gibt. Mit Foucault kann man zudem festhalten, dass sämtliche Subjektivierungstechnologien an der Einhegung und Erzeugung gesellschaftlicher Konflikte beteiligt sind. Nimmt man hingegen ernst, dass die Rechtsform neben ihrer Subjektivierungsweise vor allem eine Kohäsionstechnologie ist, so muss die Frage nach der Bedeutung des Absterbens des Rechts weniger auf die Konflikte, sondern vielmehr auf die gesellschaftliche Kohäsion jenseits des Rechts abzielen.

Die dritte Schwierigkeit liegt darin, dass die Perspektive nicht prozesshaft angelegt ist. Im Hier und Jetzt zu fragen, wie eine Vergesellschaftung ohne soziale Formen, also auch ohne die Rechtsform, denkbar ist, fragt von einer Warte aus, die nur die Abschaffung, nicht jedoch den Weg dahin thematisiert. Dem liegt im Prinzip ein »jakobinischer« Revolutionsbegriff zugrunde, der impliziert, der revolutionäre Akt hätte einen grundlegenden Charakter, es gäbe einen Punkt der Konzentration der Macht, von dem aus die Gesellschaft reorganisiert werden könnte (Laclau/Mouffe 2000: 221). Das hieße aber, alle unterschiedlichen Technologien der Macht und sämtliche Unterdrückungsverhältnisse müssten zeitgleich erodieren, was letztlich nur möglich wäre, wenn sie alle auf einen gemeinsamen Grund zurückzuführen wären. Doch diese Annahme wurde in der vorliegenden Arbeit als reduktionistisch verworfen.

Stattdessen muss es um Demokratie als Prozess gehen, um Demokratisier*ung*. Das wäre der mögliche Inhalt eines emanzipativen gegenhegemonialen Projektes, welches an allen sozialen Orten alternative Praktiken organisiert. Als gegenhegemoniales Projekt ist es selbst in seinen Grundzügen bereits demokratisch, weil es auf die Artikulation unterschiedlicher Kämpfe gegen die verschiedenen Typen von Unterdrückung ausgerichtet sein muss.

Im Zentrum steht die Frage nach alternativen Subjektivierungs- und Kohäsionsformen, die sich einem gouvernementalen Geführt-Werden widersetzen. Welche Subjektivierungsweisen wären vorstellbar, die *soziale* Subjekte hervorbrächten, und über welche Mechanismen müsste das Soziale selbst, »the common« in der Sprache von Hardt und Negri (2004: 196ff.), produziert werden?

Juridisch-politische Kohäsionstechnologien, so hatte ich argumentiert, vereinheitlichen die gesellschaftlichen Monaden im Volk-als-Nation. Wie könnten demgegenüber Formen des Zusammenlebens und der Verfasstheit des öffentlichen Lebens als das Werk einer irreduziblen Vielheit organisiert werden? *Paolo Virno* macht den methodischen Vorschlag, das spinozistische Konzept der multitudo, das einst dem Konzept des »Volks« entgegengesetzt war, wieder fruchtbar zu machen. Während »Volk« gerade für die Vereinheitlichung stehe, beinhalte der Begriff der Multitude die politische Existenzform der Vielen als Vieler (2005:26), eine nicht-repräsentative Form der Demokratie, eine »Republik der Multitude« (95).

Diese Republik der assoziierten Individuen muss vor allem »die immer noch naturwüchsige kapitalistische Arbeitsteilung [...] selbst zur Disposition der kollektiven Selbstbestimmung stellen. Dies erst würde es ermöglichen, die kollektiven Willensbildungsprozesse und Verallgemeinerungsverfahren zu rationalisieren und einen neuartigen Typ von Allgemeinwillen auszubilden, der Führung und Regierung erübrigt« (Demirović 1997:163).

Michael Hardt und Antonio Negri gehen wie Virno davon aus, dass die postfordistische Vergesellschaftung ein Niveau von Selbstorganisation verlange, welches die ProduzentInnen in einer paradoxen Weise subjektiviert: Zum einen werden die kommunikativen, beziehungsintensiven, kooperativen und erfinderischen Fähigkeiten zu einem Bestandteil der Arbeitskraft (so auch Gorz 2000:61 f.). Damit würden die Produktionsmittel der immateriellen Arbeit in die Subjekte verlagert: nämlich Wissen, Kommunikation, Affekte, Information (Hardt/Negri 1997:21). Zugleich werden diese Fähigkeiten jedoch als Selbsttechnologien autoritär eingefordert: »Seid Subjekte« (Lazzarato 1998:42). Die immateriellen ArbeiterInnen müssen miteinander diskutieren, sich abstimmen, sich ausdrücken und zuhören können und bereit sein, sich selbst in Frage zu stellen, zu lernen und sich fortwährend weiterzuentwickeln (Gorz 2000:45).

Hardt und Negri gehen nun davon aus, dass an diese Subjektivierung für eine andere Vergesellschaftung angeknüpft werden könnte, weil die Einzelnen darüber eine »kooperative Autonomie« entwickelten, die unter den gegebenen Herrschaftsverhältnissen jedoch reguliert und kontrolliert wird (2000:392). Sie unterstellen also ein Potential zur Selbstregierung im Bereich der Produktion und kommen zu dem Schluss:

> »What the multitude produces is not just goods or services; the multitude also and most importantly produces cooperation, communication, forms of life, and social relationships. The economic production of the multitude, in other words, is not only a *model* for political decision-making but also tends itself to *become* decision-making« (2004:339, Herv. i. O.).

Diese Vorstellung ist nicht unproblematisch, weil sie die autoritäre Subjektivierung zur Voraussetzung hat. Andererseits werden Herrschaftsverhältnisse grundsätzlich kaum bessere Ausgangsbedingungen produzieren. Der Ansatz weist zumindest methodisch in die Richtung einer alternativen Produktion des »common«. Sie verabschiedet sich von einer juridischen Konzeption der Demokratie und fragt nach »Selbstgesetzgebungs«-Möglichkeiten jenseits des Rechts, nach alternativen Subjektivierungsformen. Denn zum »Absterben« der sozialen Formen kann nur eine soziale Subjektivierung führen, in der die Subjekte, wie schon Hegel schrieb, die anderen Subjekte nicht als Grenze sondern als Bedingung der eigenen Freiheit begreifen können, in der »Vereinigung freier Individuen« (vgl. hierzu Becker/Brakemeier 2004).

Die Veränderungen der gesellschaftlichen Arbeitsteilung sind jedoch nur ein Moment eines gegenhegemonialen Projekts »da es notwendig ist, die kapitalistischen Produktionsverhältnisse abzuschaffen, die die Quelle zahlreicher Unterordnungsverhältnisse sind. Aber der Sozialismus ist *einer* der Bestandteile eines Projektes für radikale Demokratie, nicht umgekehrt« (Laclau/Mouffe, ebd.: 221).

Neben einer alternativen Kohäsionspraxis bzw. als deren zweite Dimension müssen neue Formen der Subjektivität entwickelt werden, wie Foucault sie gefordert hatte, dass wir nämlich »die Art von Individualität, die man uns jahrhundertelang auferlegt hat, zurückweisen« und »uns das, was wir sein könnten, ausdenken und aufbauen« (1994 {1982}: 250). Das hieße, die konstituierende Matrix der Macht umzuarbeiten. Die Möglichkeit dazu sieht Butler im Anschluss an Foucault darin, dass das Subjekt niemals vollständig konstituiert ist, sondern immer wieder neu unterworfen und produziert werden muss. Es existiert daher die »stets vorhandene Möglichkeit eines bestimmten Prozesses der Umdeutung« (1993: 45).

Eine ähnliche Strategie verfolgt *John Holloway*, indem er darauf besteht, dass die sozialen Formen keine unveränderlichen Gegebenheiten sind, sondern »tobende, blutige Schlachtfelder« (2002: 110). Es hatte sich gezeigt, dass die Rechtsform in den täglichen Routinen produziert werden muss, dass ihre Struktur nichts anderes als sedimentierte Praxen ist, dass im Inneren der Rechtsform die Paradoxie lauert. »Anders ausgedrückt, kann die Existenz gesellschaftlicher Verhältnisse nicht von ihrer Konstituierung getrennt werden. Ihre Existenz ist ihre Konstituierung, ein ständig erneuerter Kampf gegen die Kräfte, die sie zu untergraben versuchen« (111). Holloway verdeutlicht dies für die Wertform am Alltagshandeln der AkteurInnen:

> »Jedes Mal, wenn ein kleines Kind Süßigkeiten aus einem Laden nimmt, ohne sich darüber im Klaren zu sein, dass dafür Geld im Austausch gegeben werden muss, jedes Mal, wenn Arbeiter sich wei-

> gern, vom Markt diktierte Fabrikschließungen oder Arbeitsplatzverluste hinzunehmen, jedes Mal, wenn die Ladenbesitzer von São Paulo zur Sicherung ihres Eigentums die Ermordung von Straßenkindern unterstützen, jedes Mal, wenn wir unsere Fahrräder, Autos oder Häuser abschließen – steht der Wert, als eine Form, in der wir uns gegenseitig aufeinander beziehen, in Frage, ist er ein ständig umkämpftes Objekt, wird seine Bildung in einem ständigen Prozess unterbrochen, wieder aufgenommen und wieder unterbrochen« (109).

Parallel zu alternativen Formen der gemeinsamen Produktion des Sozialen kommt es demnach auf gegenhegemoniale Alltagsroutinen an. Die täglichen mikropolitischen Selbsttechnologien, welche soziale Formen, Geschlechter, Sexualitäten, Wahnsinn etc. hervorbringen, müssen Verfahren zugänglich sein, in denen sie reflektiert und gemeinsam »umgedeutet« werden können.

Es käme also auf ein gegenhegemoniales Projekt an, welches die Verhältnisse der gegeneinander vereinzelten Subjekte allmählich verschiebt, so dass diese ihre »habituell erstarrte Perspektive« verlassen könnten, die ihnen die interessierte Anteilnahme an Personen und Geschehnissen verunmöglicht (Honneth 2005: 63). Dies könnte Vermittlungen, wie die der Rechtsform, überflüssig machen. Die Artikulation der unterschiedlichen Kämpfe um Anerkennung zu einem gegenhegemonialen Projekt, wäre »der Versuch, erweiterten Formen der reziproken Anerkennung institutionell und kulturell zur Durchsetzung zu verhelfen« (Honneth 1994: 149). Dabei müssten diese gemeinsamen Kämpfe zugleich die Anerkennung antizipieren, die unter den herrschenden Bedingungen versagt bleibt (263).

2.3 Demokratisierung des Rechts

Zum Schluss stellt sich die Frage, welche Rolle der Rechtsform in diesem Projekt zukäme. Auf sie wird man nicht von heute auf morgen verzichten können. Die sozialen Formen müssen allmählich mit demokratischen Verfahren umhegt werden, welche bewusst mit diesen Formen umgehen. Für die Rechtsform bedeutete dies, dass Prozeduren einzurichten sind, die ihren begrenzten Charakter eines Reflexions- und Anerkennungsprozesses nutzen, um ihn allerdings zugleich aus der Sphäre der Geheimwissenschaft herauszuholen.

Poulantzas hatte darauf hingewiesen, dass die von jeder Staatsbürgerin verlangte Kenntnis des Rechts nicht einmal Gegenstand eines besonderen Schulfaches ist. Dadurch werden die Subjekte abhängig von und untergeordnet unter die kleine Elite juristischer ExpertInnen: »Das moderne Gesetz ist ein *Staatsgeheimnis* und begründet ein Wissen, das von der Staatsräson in Beschlag genommen wird« (Poulantzas 1978:82).

Zuallererst müsste demnach – und zwar bei weitem nicht nur über die schulische Disziplinierung – das in der Rechtsform aufgespeicherte Wissen sowie die Verfahren seiner Herstellung demokratisiert werden, so dass die Subalternen dazu in die Lage versetzt würden, die strategische Selektivität in Anspruch zu nehmen und sie damit zugleich zu verschieben. Dafür kommt es darauf an, den Verselbständigungsmechanismus der Rechtsform offen zu legen, nämlich die Verfahren der juristischen Argumentation. Das liefe darauf hinaus, die »Rechtswelt zu entzaubern«, wie es *Rudolf Wiethölter* schon 1968 forderte, und das rechtliche Jonglieren mit Systematik und Dogmatik zu entmythologisieren (1968:26). Dies wäre gleichbedeutend mit dem »Decodieren« des Rechtsfetischismus, wie es Balbus vorgeschwebt hatte.

Wenn erst einmal ein umfassenderes juristisches Wissen gesellschaftlich zirkulierte und strategisch eingesetzt werden könnte, würde die gesellschaftliche Auseinandersetzung über den Sinn einer solchen Kohäsionstechnologie überhaupt erst beginnen können, die sich heute größtenteils hinter dem Rücken der Einzelnen abspielt. Die Rechtsverfahren müssen daher so verändert werden, dass ihre Ergebnisse für alle nachvollziehbar und ihre hegemonialen Entscheidungen offengelegt werden. Dann handelte es sich tatsächlich um »Recht-Fertigungen« (Wiethölter 2003:19).

Doch wohlgemerkt – dies ist kein Plädoyer für eine Art von »Juristensozialismus«, sondern lediglich der erste Schritt hin zu einer Demokratisierung der Rechtsform. Ohne eine zeitgleiche emanzipative Subjektivierung und eine alternative soziale Kohäsion würden solche Transformationen leer laufen.

Die empirische Untersuchung hat zudem vor Augen geführt, dass auch die Rechtsform längst nicht mehr ausschließlich nationalstaatlich institutionalisiert ist. Die Apparate, in welche sie sich einschreibt, sind Teil eines erweiterten Ensembles, eines transnationalen Kontrollregimes, welches Hardt und Negri »Empire« nennen. Deswegen muss die Demokratisierung der Rechtsform von Anfang an in ein kosmopolitisches, demokratisches Projekt eingebunden sein (Young 2003), welches sich schöpferisch in die Architektur des »Empire« einschreibt (Adolphs/Hörbe/Rau 2002) und dessen Matrix der Macht umarbeitet. Die Herren des europäischen Gerichtshofs mögen sich verwundert die Augen reiben, wenn sie eines Tages verpflichtet sind, ihr Wissen zur »Recht-Fertigung« zur Verfügung zu stellen.

Literatur

Abendroth, Wolfgang (1968): »Zum Begriff des demokratischen und sozialen Rechtsstaates im Grundgesetz der Bundesrepublik Deutschland«. In: Ernst Forsthoff (Hg.), *Rechtsstaatlichkeit und Sozialstaatlichkeit.* Darmstadt, 114-144.

Adler, Max (1964 {1922}): *Die Staatsauffassung des Marxismus. Ein Beitrag zur Unterscheidung von soziologischer und juristischer Methode.* Darmstadt.

Adolphs, Stefan (2003): *Der Staat nach der Krise des Fordismus – Nicos Poulantzas und Michel Foucault im Vergleich.* Diplomarbeit am Fachbereich Gesellschaftswissenschaften der Johann Wolfgang Goethe-Universität. Frankfurt am Main.

– (2007): »Biopolitik und die anti-passive Revolution der Multitude«. In: Marianne Pieper/Thomas Atzert/Serhat Karakayali (Hg.), *Empire und die biopolitische Wende.* Frankfurt am Main/New York.

Adolphs, Stefan/Hörbe, Wolfgang/Rau, Alexandra (2002): »Der Begriff des politischen Subjekts hat seinen Gehalt verändert«. In: *Subtropen*, 16 v. 8.8.2002.

Adorno, Theodor W. (1969): »Zu Subjekt und Objekt«. In: *Stichworte. Kritische Modelle* 2. Frankfurt am Main, 151-168.

– (1974): *Philosophische Terminologie II.* Frankfurt am Main.

– (1993): *Einleitung in die Soziologie* (1968). Nachgelassene Schriften. Abt. IV: Vorlesungen, Bd. 15: hrsg. v. Christoph Gödde. Frankfurt am Main.

– (1994 {1966}): *Negative Dialektik.* Gesammelte Schriften, Bd. 6: 8. Aufl. Frankfurt am Main.

– (1995a): »Gesellschaft«. In: *Soziologische Schriften I*, Gesammelte Schriften, Bd. 8. Frankfurt am Main, 1.-2. Aufl., 9-19.

– (1995b): *Kants ›Kritik der reinen Vernunft‹ (1959).* Nachgelassene Schriften. Abt. IV: Vorlesungen, Bd. 4: hrsg. v. Rolf Tiedemann. Frankfurt am Main.

– (1997): »Theodor W. Adorno über Marx und die Grundbegriffe der soziologischen Theorie. Seminarmitschriften«. In: Hans-Georg Backhaus (Hg.), *Dialektik der Wertform: Untersuchungen zur Marxschen Ökonomiekritik.* Freiburg, 501-510.

– (2002): *Ontologie und Dialektik (1960/61).* Nachgelassene Schriften. Abteilung IV: Vorlesungen, Bd. 7: hrsg. v. Rolf Tiedemann. Frankfurt am Main.

– (2003): *Vorlesung über Negative Dialektik. Fragmente zur Vorlesung 1965/66:* Nachgelassene Schriften, Abt. IV: Vorlesungen, Bd. 16: hrsg. v. Rolf Tiedemann. Frankfurt am Main.

Agamben, Gorgio (2002): *Homo sacer. Die souveräne Macht und das nackte Leben*, Frankfurt am Main.

Alexy, Robert (1983): *Theorie der juristischen Argumentation. Die Theorie des rationalen Diskurses als Theorie der juristischen Begründung*. Frankfurt am Main.

Alter, Karen J. (1995): »Explaining National Court Acceptance of European Court Jurisprudence: A Critical Evaluation of Theories of Legal Integration«. In: Slaughter, Anne-Marie/Stone Sweet, Alec/Weiler, J. H. H. (Hg.), *The European Court and National Courts – Doctrine and Jurisprudence. Legal Change in its Social Context*, Oxford, 227-255.

– (2001): *Establishing the Supremacy of European Law. The Making of an International Rule of Law in Europe*. Oxford u. a.

Althusser, Louis (1968): *Für Marx*. Frankfurt am Main.

– (1977): *Ideologie und ideologische Staatsapparate. Aufsätze zur marxistischen Theorie*. Hamburg u. a.

– (1978): *Die Krise des Marxismus*. Hamburg.

Anderson, Perry (1979): *Antonio Gramsci. Eine kritische Würdigung*. Berlin.

Arthur, Chris (1978): Introduction. In: Pashukanis, Evgeny. *Law and Marxism: A General Theory*. London.

Backhaus, Hans-Georg (1969): »Zur Dialektik der Wertform«. In: Schmidt, Alfred (Hg.), Beiträge zur marxistischen Erkenntnistheorie. Frankfurt.

– (1997): »Zuvor: Die Anfänge der neuen Marx-Lektüre«. In: *Dialektik der Wertform: Untersuchungen zur Marxschen Ökonomiekritik*. Freiburg, 9-40.

Bader, Veith-Michael (1977): »Kritik an Burkhard Tuschling: Rechtsform und Produktionsverhältnisse. Zur materialistischen Theorie des Rechtsstaats«. In: Abendroth-Forum (Hg.), *Marburger Gespräche aus Anlaß des 70. Geburtstages von Wolfgang Abendroth*. Marburg, 288-294.

Balbus, Isaac D. (1977): »Commodity Form and Legal Form: an Essay on the ›Relative Autonomy‹ of the Law«. In: *Law and Society Review*, H. 11, 571-588.

Balibar, Étienne (1991): »Foucault und Marx. Der Einsatz des Nominalismus«. In: François Ewald/Bernhard Waldenfels (Hg.), *Spiele der Wahrheit. Michel Foucaults Denken*. Frankfurt am Main, 39-65.

Balibar, Étienne/Wallerstein, Immanuel (1992): *Rasse – Klasse – Nation. Ambivalente Identitäten*. 2. Aufl. Hamburg u. a.

Bast, Jürgen (1999): *Totalitärer Pluralismus. Zu Franz L. Neumanns Analysen der politischen und rechtlichen Struktur der NS-Herrschaft*. Tübingen.

Becker, Jens/Brakemeier, Heinz (Hg.) (2004): *Vereinigung freier Individuen. Kritik der Tauschgesellschaft und gesellschaftliches Gesamtsubjekt bei Theodor W. Adorno*. Hamburg.

Becker-Schmidt, Regina (1990): »Individuum, Klasse und Geschlecht aus der Perspektive der Kritischen Theorie«. In: Wolfgang Zapf (Hg.), *Die Modernisierung moderner Gesellschaften. Verhandlungen des 25. Deutschen Soziologentages in Frankfurt am Main 1990*. Frankfurt am Main/New York, 383-394.

Beer, Ursula (1990): *Geschlecht, Struktur, Geschichte. Soziale Konstituierung des Geschlechterverhältnisses.* Frankfurt am Main u. a.

Benhabib, Seyla (1993): »Feminismus und Postmoderne. Ein prekäres Bündnis«. In: Seyla Benhabib/Judith Butler/Drucilla Cornell/Nancy Fraser (Hg.), *Der Streit um Differenz. Feminismus und Postmoderne in der Gegenwart.* Frankfurt am Main, 9-30.

Berghahn, Sabine (2001): »Auf Alders Schwingen oder auf dem Rücken des Stiers? Zum Vorankommen von Frauen- und Gleichheitsrechten in der Europäischen Union«. In: Eva Kreisky/Sabine Lang/Birgit Sauer (Hg.), *EU. Geschlecht. Staat.* Wien, 231-249.

Bieber, Roland/Epiney, Astrid/Haag, Marcel (2005): *Die Europäische Union. Europarecht und Politik.* 6. völl. neu bearb. Auflage. Baden-Baden.

Biebricher, Thomas (2006): »Macht und Recht: Foucault«. In: Sonja Buckel/Ralph Christensen/Andreas Fischer-Lescano (Hg.). *Neue Theorien des Rechts.* Stuttgart, 139-162.

Bieling, Hans-Jürgen (2001): »Sozialstruktur und gesellschaftliche Entwicklung: zwischen funktionaler Differenzierung und kapitalistischer Organisationsstruktur«. In: Alex Demirović (Hg.), *Komplexität und Emanzipation. Kritische Gesellschaftstheorie und die Herausforderung der Systemtheorie Niklas Luhmanns.* Münster, 149-176.

Bieling, Hans-Jürgen/Steinhilber, Jochen (2000a): *Die Konfiguration Europas. Dimensionen einer kritischen Integrationstheorie.* Münster.

– (2000b): »Hegemoniale Projekte im Prozess der europäischen Integration«. In: Dies. (Hg.), *Die Konfiguration Europas. Dimensionen einer kritischen Integrationstheorie.* Münster, 102-130.

Blanke, Bernhard (1975): Theorien zum Verhältnis von Staat und Gesellschaft. In: Ders./Jürgens, Ulrich/Kastendiek, Hans (Hg.), *Kritik der Politischen Wissenschaft. Analysen von Politik und Ökonomie in der bürgerlichen Gesellschaft.* Frankfurt am Main /New York, 201 ff.

Blanke, Bernhard/Jürgens, Ulrich/Kastendiek, Hans (1974): »Zur neueren marxistischen Diskussion über die Analyse von Form und Funktion des bürgerlichen Staates, Überlegungen zum Verhältnis von Politik und Ökonomie«. In: *Prokla,* Nr. 14/15, 51-102.

Blanke, Thomas (1984): »Kirchheimer, Neumann, Preuß: Die Radikalisierung der Rechtstheorie«. In: Joachim Perels (Hg.), *Recht, Demokratie und Kapitalismus. Aktualität und Probleme der Theorie Franz L. Neumanns.* Baden-Baden, 163-194.

Bleckmann, Albert (1993): »Die Rechtsquellen des Europäischen Gemeinschaftsrechts«. In: *Neue Zeitschrift für Verwaltungsrecht, H.* 9, 824 ff.

Blumenwitz, Dieter (2003): *Einführung in das anglo-amerikanische Recht. Rechtsquellenlehre, Methode der Rechtsfindung, Arbeiten mit praktischen Rechtsfällen.* 7. Aufl., München.

Bolsinger, Eckard (2001): »Autonomie des Rechts? Niklas Luhmanns soziologischer Rechtspositivismus – Eine kritische Rekonstruktion«. In: *Politische Vierteljahresschrift,* H. 1/2001, 3-29.

Bommes, Michael (1999): *Migration und nationaler Wohlfahrtsstaat. Ein differenzierungstheoretischer Entwurf.* Opladen/Wiesbaden.

Bornschier, Volker (2000): Western Europe's Move toward Political Union. In: Ders. (Hg.), *State-building in Europe. The Revitalization of Western European Integration.* Cambridge/New York, 3-37.

Brand, Ulrich/Görg, Christoph (2003): *Postfordistische Naturverhältnisse. Konflikte um genetische Ressourcen und die Internationalisierung des Staates.* Münster.

Brentel, Helmut (1989): *Soziale Form und ökonomisches Objekt: Studien zum Gegenstands- und Methodenverständnis der Kritik der politischen Ökonomie.* Opladen.

Bröckling, Ulrich (2003): »Das demokratisierte Panopticon. Subjektivierung und Kontrolle im 360°-Feedback«. In: Axel Honneth/Martin Saar (Hg.), *Michel Foucault. Zwischenbilanz einer Rezeption. Frankfurter Foucault-Konferenz 2001.* Frankfurt am Main, 77-93.

Brodocz, André (2003): *Die symbolische Dimension der Verfassung. Ein Beitrag zur Institutionentheorie.* Wiesbaden.

Brown, Wendy (2002): »Suffering the Paradoxes of Rights«. In: Dies./Janet Halley (Hg.), *Left Legalism/Left Critique.* Durham & London, 420-434.

Brunkhorst, Hauke (2002a): *Solidarität. Von der Bürgerfreundschaft zur globalen Rechtsgenossenschaft.* Frankfurt am Main.

– (2002b): »Verfassung ohne Staat? Das Schicksal der Demokratie in der europäischen Rechtsgenossenschaft«. In: *Leviathan*, H. 4/2002, 1-14.

– (2005): »Demokratie in der globalen Rechtsgenossenschaft. Einige Überlegungen zur poststaatlichen Verfassung der Weltgesellschaft«. In: *Zeitschrift für Soziologie: Sonderheft Weltgesellschaft.*

Brunner, Georg (2005): »Sexualität und Spätkapitalismus – revisited? Queer-politische Praktiken im Kontext neoliberaler Verhältnisse«. In: *femina politica*, H. 1/2005, 82-92.

Bublitz, Hannelore (2001): »Geschlecht als historisch singuläres Ereignis: Foucaults poststrukturalistischer Beitrag zu einer Gesellschafts-Theorie der Geschlechterverhältnisse«. In: Gudrun-Axeli Knapp/Angelika Wetterer (Hg.), *Soziale Verortung der Geschlechter. Gesellschaftstheorie und feministische Kritik.* Münster, 256-287.

– (2003): *Diskurs.* Bielefeld.

Buci-Glucksmann, Christine (1981): *Gramsci und der Staat. Für eine materialistische Theorie der Philosophie.* Köln.

Buci-Glucksmann, Christine/Therborn, Göran (1982): *Der sozialdemokratische Staat. Die ›Keynesianisierung‹ der Gesellschaft.* Hamburg.

Buckel, Sonja (2002): »Die Mechanik der Macht in der juristischen Ausbildung«. In: *Kritische Justiz*, H. 1/2002, 111 ff.

– (2003): »Global Non-State. Ansätze für eine materialistische Theorie des globalen Rechts«. In: Dies./Regina-Maria Dackweiler/Ronald Noppe (Hg.), *Formen und Felder politischer Intervention. Zur Relevanz von Staat und Steuerung.* Münster, 50-69.

– (2006): »Neo-materialistische Rechtstheorie«. In: Dies./Ralph Christensen/Andreas Fischer-Lescano (Hg.). *Neue Theorien des Rechts.* Stuttgart, 117-138.

– (2007): »›Judge without a legislator‹ – Transnationalisierung der Rechtsform«. In: Hauke Brunkhorst/Rüdiger Voigt (Hg.), *Völkerrechtspolitik. Hans Kelsens Staatsverständnis,* Baden-Baden: Nomos (i. E.).

Buckel, Sonja/Fischer-Lescano Andreas (Hg.) (2007a): *Hegemonie gepanzert mit Zwang. Politik und Zivilgesellschaft im Staatsverständnis Antonio Gramscis.* Baden-Baden.

– (2007b): »Hegemonie im globalen Recht – Zur Aktualität der Gramscianischen Rechtstheorie«. In: Dies. *Hegemonie gepanzert mit Zwang. Politik und Zivilgesellschaft im Staatsverständnis Antonio Gramscis.* Baden-Baden, 85-104.

Buckel, Sonja/Christensen, Ralph/Fischer-Lescano, Andreas (Hg.) (2006): *Neue Theorien des Rechts.* Stuttgart.

Buckel, Sonja/Kannankulam, John (2002): »Zur Kritik der Anti-Terror-Gesetze nach dem ›11. September‹. ›Sicherheit‹ im postfordistischen Präventionsstaat«. In: *Das Argument, Zeitschrift für Philosophie und Sozialwissenschaften,* H. 244/2002, 34-50.

Buckel, Sonja/Wissel, Jens (2002): »Im Namen des Empire: Sie sind Biomacht!« In: *ak analyse & kritik,* 462 , 17.5.2002.

Bührmann, Andrea (2004): *Der Kampf um weibliche Individualität. Zur Transformation moderner Subjektivierungsweisen in Deutschland um 1900.* Münster.

Butler, Judith (1991): *Das Unbehagen der Geschlechter.* Frankfurt am Main.

– (1993): »Kontingente Grundlagen: Der Feminismus und die Frage der ›Postmoderne‹«. In: Seyla Benhabib/Judith Butler/Drucilla Cornell/Nancy Fraser (Hg.), *Der Streit um Differenz.* Frankfurt am Main, 31-58.

– (2001): *Psyche der Macht.* Frankfurt am Main.

Calliess, Christian (2001): »Die Charta der Grundrechte der Europäischen Union – Fragen der Konzeption, Kompetenz und Verbindlichkeit«. In: *Europäische Zeitung für Wirtschaftsrecht,* H. 9, 261-268.

– (2005): »Grundlagen, Grenzen und Perspektiven europäischen Richterrechts«. In: *Neue Juristische Wochenschrift,* H. 14, 929-933.

Calliess, Gralf-Peter (2006): »Systemtheorie. Luhmann/Teubner«. In: Sonja Buckel/Ralph Christensen/Andreas Fischer-Lescano (Hg.), *Neue Theorien des Rechts.* Stuttgart, 57-75.

Caspar, Johannes (2000): »Nationale Grundrechtsgarantien und sekundäres Gemeinschaftsrecht«. In: *Die öffentliche Verwaltung,* H. 9, 349-361.

Charim, Isolde (2002): *Der Althusser-Effekt. Entwurf einer Ideologietheorie.* Wien.

Chichowsi, Rachel/Stone Sweet, Alec (2004): »Sex Equality«. In: Alec Stone Sweet (Hg.), *The Judicial Construction of Europe.* Oxford, 109-146.

Christensen, Ralph/Müller, Friedrich (2003): *Juristische Methodik, Bd. II Europarecht.* Berlin.

Cohen, Jean L. (1995): »Critical Social Theory and Feminist Critiques: The Debate with Jürgen Habermas«. In: Johanna Meehan (Hg.), *Feminists read Habermas. Gendering the Subject of Discourse.* New York u.a., 21-56.

Cole, Mark C./Haus, Florian C. (2003): »Grundfälle zum Europarecht. 6. Teil. Rechtsstaatlichkeit in der EG«. In: *Juristische Schulung*, 8/2003, 760-769.

Cox, Robert W. (1998): *Weltordnung und Hegemonie – Grundlagen der ›Internationalen Politischen Ökonomie‹. FEG-Papier, Nr. 11:* Marburg.

– (2002): »Civil Society at the Turn of the Millennium. Prospects for an Alternative World Order«. In: Robert W. Cox/Michael G. Schechter (Hg.), *The Political Economy of a Plural World. Critical Reflections on Power, Morals and Civilization.* New York, 96-117.

Crenshaw, Kimberlé (1989): »Demarginalizing the Intersection of Race and Sex: A Black Feminist Critique of Anti-Discrimination Doctrine, Feminist Theory and Antiracist Politics«. In: *Feminist Theory and Antiracist Politics, 139 University of Chicago Legal Forum*, 139-167.

Cutler, A. Claire (2005): »Gramsci, Law, and the Culture of Global Capitalism«. In: *Critical Review of International Social and Political Philosophy*, 8, H. 4, 527-542.

Dackweiler, Regina (1995): *Ausgegrenzt und Eingemeindet. Die neue Frauenbewegung im Blick der Sozialwissenschaften.* Münster.

Dackweiler, Regina-Maria (2002): »Staatliche Rechtspolitik als geschlechterpolitische Handlungs- und Diskursarena. Zum Verrechtlichungsprozess von Vergewaltigung in der Ehe«. In: Dies./Schäfer, Reinhild (Hg.): *Gewalt-Verhältnisse. Feministische Perspektiven auf Geschlecht und Gewalt,* Frankfurt am Main/New York, 107-131.

– (2003): »Zur Analyse wohlfahrtsstaatlicher Geschlechterregime«. In: Sonja Buckel/Regina-Maria Dackweiler/Ronald Noppe (Hg.). *Formen und Felder politischer Intervention. Zur Relevanz von Staat und Steuerung.* Münster, 88-106.

Daniel, Claus (1983): *Hegel verstehen. Eine Einführung in sein Denken.* Frankfurt am Main u.a.

Demirović, Alex (1987): *Nicos Poulantzas. Eine kritische Auseinandersetzung.* Berlin.

– (1997): »Zivilgesellschaft, Öffentlichkeit, Demokratie«. In: Ders. (Hg.). *Demokratie und Herrschaft. Aspekte kritischer Gesellschaftstheorie.* Münster, 148-164.

– (2001a): »Hegemoniale Projekte und die Rolle der Intellektuellen«. In: *Das Argument Zeitschrift für Philosophie und Sozialwissenschaften, H. 239/2001*, 59-65.

– (2001b): »Komplexität und Emanzipation«. In: Ders. (Hg.), *Komplexität und Emanzipation. Kritische Gesellschaftstheorie und die Herausforderung der Systemtheorie Niklas Luhmanns.* Münster, 13-52.

– (2003): »Demokratie, Politik und Staat in der transformistischen Gesellschaft. Vergleichende Anmerkungen zu den Gesellschaftstheorien Niklas

Luhmanns und Jürgen Habermas'«. In: Kai-Uwe Hellmann/Karsten Fischer/Harald Bluhm (Hg.), *Das System der Politik. Niklas Luhmanns politische Theorie*. Wiesbaden, 336-358.

Derrida, Jacques (1991): *Gesetzeskraft, der ›mystische Grund der Autorität‹*. Frankfurt am Main.

– (1995): *Marx' Gespenster. Der verschuldete Staat, die Trauerarbeit und die neue Internationale*. Frankfurt am Main.

Dosse, François (1999a): *Geschichte des Strukturalismus. Band 1: Das Feld des Zeichens 1945-1966*. Frankfurt am Main.

– (1999b): *Geschichte des Strukturalismus. Band 2: Die Zeichen der Zeit 1967-1991*. Frankfurt am Main.

Dreier, Ralf (2002): »Niklas Luhmanns Rechtsbegriff«. In: *Archiv für Rechts- und Sozialphilosophie*, 88, H. 3, 305-322.

Dreyfus, Hubert L./Rabinow, Paul (1994): *Michel Foucault. Jenseits von Strukturalismus und Hermeneutik*. Weinheim.

Düx, Henry (1972): »Zur Subjekt-Objekt Dialektik in der Rechts- und Staatstheorie der DDR«. In: *Kritische Justiz*, 349 ff.

Ehlers, Dirk (2005): »Die Grundrechte der Europäischen Union«. In: Ders. (Hg.), *Europäische Grundrechte und Grundfreiheiten*. Berlin, 2. Aufl., 383-401.

Ehrlich, Eugen (1913): *Grundlegung der Soziologie des Rechts*. München.

Elsig, Manfred (2002): *The EU's Common Commercial Policy: Institutions, Interests and Ideas*. Burlington, VT.

Elsuni, Sarah (2006): »Feministische Rechtstheorie«. In: Sonja Buckel/Ralph Christensen/Andreas Fischer-Lescano (Hg.). *Neue Theorien des Rechts*. Stuttgart, 163-186.

Engel, Antke/Schulz, Nina/Wedl, Juliette (2005): »Queere Politik: Analysen, Kritik, Perspektiven. Kreuzweise queer: Eine Einleitung«. In: *femina politica*, H. 1, 9-23.

Esser, Josef (1975): *Einführung in die materialistische Staatsanalyse*. Frankfurt am Main.

– (1999): »Der kooperative Nationalstaat im Zeitalter der ›Globalisierung‹«. In: Diether Döring (Hg.), *Sozialstaat in der Globalisierung*. Frankfurt am Main, 117-144.

– (2005): »Kommunen und Länder im Sog der europäischen Mehrebenenverflechtung«. In: *Deutsche Zeitschrift für Kommunalwissenschaften*, H. 2, 20-37.

Esser, Josef/Fach, Wolfgang/Väth, Werner (1983): *Krisenregulierung. Zur politischen Durchsetzung ökonomischer Zwänge*. Frankfurt am Main.

Esser, Josef/Hirsch, Joachim/Görg, Christoph (1994): *Politik, Institutionen und Staat. Zur Kritik der Regulationstheorie*. Hamburg.

Ewald, François (1991): »Norms, Discipline, and the Law«. In: R. Post (Hg.), *Law and the Order of Culture*, 138-161.

Fetscher, Iring (1975): *Rousseaus politische Philosophie. Zur Geschichte des demokratischen Freiheitsbegriffs*. Frankfurt an Main.

Fisahn, Andreas (1993): *Eine Kritische Theorie des Rechts – Zur Diskussion der Staats- und Rechtstheorie von Franz L. Neumann.* Aachen.

Fischer-Lescano, Andreas (2003): »Die Emergenz der Globalverfassung«. In: *Zeitschrift für ausländisches öffentliches Recht und Völkerrecht*, 63, H. 3, 717-760.

– (2005): *Globalverfassung. Die Geltungsbegründung der Menschenrechte.* Weilerswist.

Fischer-Lescano, Andreas/Christensen, Ralph (2005): »Auctoritatis interpositio. Die Dekonstruktion des Dezisionismus durch die Systemtheorie«. In: *Der Staat. Zeitschrift für Staatslehre und Verfassungsgeschichte, deutsches und europäisches öffentliches Recht*, H. 2, 213-241.

Fischer-Lescano, Andreas/Teubner, Gunther (2006a): »Prozedurale Rechtstheorie: Wiethölter«. In: Sonja Buckel/Ralph Christensen/Andreas Fischer-Lescano (Hg.). *Neue Theorien des Rechts.* Stuttgart, 79-96.

– (2006b): *Regime-Kollisionen. Zur Fragmentierung des globalen Rechts.* Frankfurt am Main.

Foucault, Michel (1976a): »Die fröhliche Wissenschaft des Judo. Ein Gespräch mit Jean-Luis Ezine«. In: Ders. *Mikrophysik der Macht. Über Strafjustiz, Psychiatrie und Medizin.* Berlin. Franz.: »Sur la sellette«. In: *Les Nouvelles littéraires*, Nr. 2477, 1975.

– (1976b): »Räderwerke des Überwachens und Strafens. Ein Gespräch mit J.-J. Brochier«. In: *Mikrophysik der Macht. Über Strafjustiz, Psychiatrie und Medizin.* Berlin. Franz.: »Entretien sur la prison: le lire et sa méthode«. In: *Magazine littéraire*, Nr. 101, 1975.

– (1978): *Dispositive der Macht. Über Sexualität, Wissen und Wahrheit.* Berlin.

– (1993): »About the Beginning of the Hermeneutics of the Self: Two Lectures at Dartmouth«. In: *Political Theory*, 21, H. 2, 198-227.

– (1994 {1982}), »Das Subjekt und die Macht«. In: Hubert L. Dreyfus/Rabinow Paul (Hg.). *Michel Foucault. Jenseits von Strukturalismus und Hermeneutik.* Weinheim, 2. Aufl. 243-261.

– (1994 {1977}): *Überwachen und Strafen. Die Geburt des Gefängnisses.* Frankfurt am Main. Franz. Originalausgabe: *Surveillir et punir. Naissance de la prison.* Paris, 1975.

– (1997 {1974}): *Die Ordnung der Dinge. Eine Archäologie der Humanwissenschaften.* Frankfurt am Main. Franz. Originalausgabe: *Les Mots et les Choses. Une archéologie des sciences humaines*, Paris, 1966.

– (1998 {1977}): *Der Wille zum Wissen. Sexualität und Wahrheit* 1. 10. Aufl. Frankfurt am Main. Franz. Originalausgabe: *La volonté de savoir. Histoire de la sexualité*, tome 1. Paris, 1976.

– (1999): *In Verteidigung der Gesellschaft. Vorlesungen am Collège de France (1975-76).* 1. Aufl. Frankfurt am Main.

– (2000): »Die Gouvernementalität«. In: Ulrich Bröckling/Susanne Krasmann/Thomas Lemke (Hg.). *Gouvernementalität der Gegenwart. Studien zur Ökonomisierung des Sozialen.* Frankfurt am Main, 41-67.

– (2003a): »Die Disziplinargesellschaft in der Krise (1978)«. In: Daniel

Defert/François Ewald (Hg.), *Schriften in vier Bänden. Dits et Ecrits. Band III. 1976-1979.* Frankfurt am Main, 671-674.
– (2003b {1974}): *Die Wahrheit und die juristischen Formen.* Frankfurt am Main. Zuerst publiziert als: »A verdad e as formas juridicas«. In: *Cardernos da P.U.C.*, Nr. 16, 1974.
– (2003c): »Man muss die Gesellschaft verteidigen (1976)«. In: Daniel Defert/François Ewald (Hg.), *Schriften in vier Bänden. Dits et écrits. Band III, 1976-1979.* Frankfurt am Main, 165-173.
– (2003d): »Methodologie zur Erkenntnis der Welt: Wie man sich vom Marxismus befreien kann (1978)«. In: Daniel Defert/François Ewald (Hg.), *Schriften in vier Bänden. Dits et Ecrits. Band III. 1976-1979.* Frankfurt am Main, 748-775.
– (2004a): *Geschichte der Gouvernementalität I. Sicherheit, Territorium, Bevölkerung. Vorlesung am Collège de France 1977-1978.* Frankfurt am Main.
– (2004b): *Geschichte der Gouvernementalität II. Die Geburt der Biopolitik. Vorlesung am Collège de France 1978-1979.* Frankfurt am Main.
– (2004c): *Hermeneutik des Subjekts. Vorlesung am Collège de France (1981/82).* Frankfurt am Main.
Frankenberg, Günter (2003): *Autorität und Integration. Zur Grammatik von Recht und Verfassung.* Frankfurt am Main.
– (2006): »Partisanen der Rechtskritik. Critical Legal Studies etc.« In: Sonja Buckel/Ralph Christensen/Andreas Fischer-Lescano (Hg.). *Neue Theorien des Rechts.* Stuttgart, 97-116.
Fraser, Nancy (1989): *Unruly Practices. Power, Discourse, and Gender in Contemporary Social Theory.* Minneapolis.
– (2003): »Von der Disziplin zur Flexibilisierung? Foucault im Spiegel der Globalisierung«. In: Axel Honneth/Martin Saar (Hg.), *Michel Foucault. Zwischenbilanz einer Rezeption.* Frankfurt am Main, 239-258.
Giddens, Anthony (1992): *Die Konstitution der Gesellschaft. Grundzüge einer Theorie der Strukturierung.* Frankfurt am Main u. a.
Gill, Stephen (Hg.) (1993): *Gramsci, Historical Materialism and International Relations.* Cambridge.
– (2000): »Theoretische Grundlagen einer neo-gramsicanischen Analyse der europäischen Integration«. In: Hans-Jürgen Bieling/Jochen Steinhilber (Hg.), *Die Konfiguration Europas. Dimensionen einer kritischen Integrationstheorie.* Münster, 23-50.
– (2003): »Übermacht und Überwachungsmacht im globalen Kapitalismus«. In: *Das Argument Zeitschrift für Philosophie und Sozialwissenschaften*, 55, H. 249, 21-33.
Görg, Christoph (1994): Der Institutionenbegriff in der ›Theorie der Strukturierung‹. In: Josef Esser/Christoph Görg/Joachim Hirsch (Hg.), *Politik, Institutionen und Staat. Zur Kritik der Regulationstheorie.* Hamburg, 31-84.
Gorz, André (2000): *Arbeit zwischen Misere und Utopie.* Frankfurt am Main.

Grabenwarter, Christoph (2004): »Auf dem Weg in die Grundrechtsgemeinschaft?« In: *Europäische Grundrechte-Zeitschrift*, 563-570.
Gramsci, Antonio (1967): *Philosophie der Praxis*. Hrsg. v. Christian Riechers. Frankfurt am Main.
– (1992 ff.), *Gefängnishefte. Kritische Gesamtausgabe*. Hrsg. v. Klaus Bochmann/ Wolfgang Fritz Haug. Hamburg/Berlin (abgek. GH, Bd., H.).
Günther, Klaus (1992): »Ohne weiteres und ganz automatisch. Zur Wiederentdeckung der Privatrechtsgesellschaft«. In: *Rechtshistorisches Journal*, 11, 473-500.
– (1994): »Diskurstheorie des Rechts oder liberales Naturrecht in diskurstheoretischem Gewande?« In: *Kritische Justiz*, 470 ff.
Günther, Klaus/Randeria, Shalini (2001): *Recht, Kultur und Gesellschaft im Prozess der Globalisierung*. Werner Reimers Konferenzen, Heft Nr. 4. Bad Homburg.
Gutiérrez Rodríguez, Encarnación (1999): *Intellektuelle Migrantinnen – Subjektivitäten im Zeitalter von Globalisierung. Eine postkoloniale dekonstruktive Analyse von Biographien im Spannungsverhältnis von Ethnisierung und Vergeschlechtlichung*. Opladen.
Habermas, Jürgen (1971): »Theorie der Gesellschaft oder Sozialtechnologie? Eine Auseinandersetzung mit Niklas Luhmann«. In: Ders./Niklas Luhmann, *Theorie der Gesellschaft oder Sozialtechnologie*. Frankfurt am Main, 142 ff.
– (1976): »Was heißt Universalpragmatik?« In: Karl-Otto Apel (Hg.), *Sprachpragmatik und Philosophie*. Frankfurt am Main, 174-272.
– (1976): *Zur Rekonstruktion des Historischen Materialismus*. Frankfurt am Main.
– (1984): *Vorstudien und Ergänzungen zur Theorie des Kommunikativen Handelns*. Frankfurt am Main.
– (1994): *Faktizität und Geltung. Beiträge zur Diskurstheorie des Rechts und des demokratischen Rechtsstaats*. 4. Auflage. Frankfurt am Main.
– (1995 {1981}-a): *Theorie des kommunikativen Handelns. Bd. I. Handlungsrationalität und gesellschaftliche Rationalisierung*. Frankfurt am Main.
– (1995 {1981}-b): *Theorie des kommunikativen Handelns. Bd. II. Zur Kritik der funktionalistischen Vernunft*. Frankfurt am Main.
– (2004): *Der gespaltene Westen. Kleine politische Schriften X*. Frankfurt Main.
Hanschmann, Felix (2006): »Theorie transnationaler Rechtsprozesse«. In: Sonja Buckel/Andreas Fischer-Lescano/Ralph Christensen (Hg.). *Neue Theorien des Rechts*. Stuttgart, 347-369.
Hardt, Michael/Negri, Antonio (1997): *Die Arbeit des Dionysos. Materialistische Staatskritik in der Postmoderne*. Berlin – Amsterdam.
– (2000): *Empire*. Cambridge/London.
– (2002): *Empire. Die neue Weltordnung*. Frankfurt am Main.

– (2004): *Multitude. War and Democracy in the Age of Empire.* New York.
Hark, Sabine (1999): *Deviante Subjekte. Die paradoxe Politik der Identität.* 2. Aufl. Opladen.
Harms, Andreas (2000): *Warenform und Rechtsform. Zur Rechtstheorie von Eugen Paschukanis.* Baden-Baden.
Hartmann, Eva (2006): *Zur Rolle der UNESCO in der globalen Wissensökonomie.* Dissertation am Fachbereich Politikwissenschaft der Universität Kassel.
Hegel, Georg Wilhelm Friedrich (1969): *Jenaer Realphilosophie.* Hrsg. v. Johannes Hoffmeister. Hamburg.
– (1995 {1821}): *Grundlinien der Philosophie des Rechts.* 4. Auflage, Frankfurt am Main.
Heinrich, Michael (1999): *Die Wissenschaft vom Wert. Die Marxsche Kritik der politischen Ökonomie zwischen wissenschaftlicher Revolution und klassischer Tradition.* Münster.
Hellmann, Kai-Uwe (2004): »1988 – und was nun? Eine Zwischenbilanz zum Verhältnis von Systemtheorie und Gender Studies«. In: Sabine Kampmann/Alexandra Karentzos/Thomas Küpper (Hg.). *Gender Studies und Systemtheorie. Studien zu einem Theorietransfer.* Bielefeld, 17-46.
Hilf/Schorkopf (2005): »Art. 6 EUV«. In: Grabitz/Hilf (Hg.), *Das Recht der Europäischen Union. Kommentar.* München, (27. EL März 2005).
Hirsch, Günter (1996): »Europäischer Gerichtshof und Bundesverfassungsgericht – Kooperation oder Konfrontation?« In: *Neue Juristische Wochenschrift, H.* 38, 2457-2466.
Hirsch, Joachim (1976): »Bemerkungen zum theoretischen Ansatz einer Analyse des bürgerlichen Staates«. In: Hans-Georg u. a. Backhaus (Hg.), *Gesellschaft. Beiträge zur Marxschen Theorie 8/9.* Frankfurt am Main, 99-149.
– (1994): »Politische Form, politische Institutionen und Staat«. In: Josef Esser/Christoph Görg/Joachim Hirsch (Hg.), *Politik, Institutionen und Staat.* Hamburg, 157-212.
– (1995): *Der nationale Wettbewerbsstaat. Staat, Demokratie und Politik im globalen Kapitalismus.* Berlin.
– (2005): *Materialistische Staatstheorie.* Hamburg.
Holland-Cunz, Barbara (2003): *Die alte neue Frauenfrage.* Frankfurt am Main.
Holloway, John (2002): *Die Welt verändern, ohne die Macht zu übernehmen.* Münster.
Holloway, John/Picciotto, Sol (1978): »Introduction: Towards a Materialist Theory of the State«. In: Dies. (Hg.). *State and Capital. A Marxist Debate.* Austin, 1-31.
Honneth, Axel (1989): »Moralische Entwicklung und sozialer Kampf. Sozialphilosophische Lehren aus dem Frühwerk Hegels«. In: Ders./Thomas McCarthy/Claus Offe/Albrecht Wellmer (Hg.), *Zwischenbetrachtungen*

im Prozeß der Aufklärung. Festschrift für Jürgen Habermas. Frankfurt am Main, 549-573.
– (1994): *Kampf um Anerkennung. Zur moralischen Grammatik sozialer Konflikte.* Frankfurt am Main.
– (2005): *Verdinglichung. Eine anerkennungstheoretische Studie.* Frankfurt am Main.
Höreth, Marcus (1999): *Die Europäische Union im Legitimationstrilemma. Zur Rechtfertigung des Regierens jenseits der Staatlichkeit.* Baden-Baden.
Horkheimer, Max (1937): »Traditionelle und kritische Theorie«. In: *Zeitschrift für Sozialforschung*, Jg. VI, H. 2, 245-294.
Horster, Detlef (1990): *Habermas zur Einführung.* Hamburg.
Hunt, Alan/Wickham, Gary (1994): *Foucault and Law. Towards a Sociology of Law as Governance.* London u. a.
Hunter, Rosemary (2006): »Law's (Masculine) Violence: Reshaping Jurisprudence«. In: *Law and Critique*, 17, 27-46.
Hutchinson, Allan C./Monahan, Patrick J. (1984): »Law, Politics, and the Critical Legal Scholars: The Unfolding Drama of American Legal Thought«. In: *Stanford Law Review*, 36, 199-245.
Jarass, Hans D./Beljin, Saša (2004): »Die Bedeutung von Vorrang und Durchführung des EG-Rechts für die nationale Rechtsetzung und Rechtsanwendung«. In: *Neue Zeitschrift für Verwaltungsrecht*, H. 01, 1-11.
Jessop, Bob (1985): *Nicos Poulantzas: Marxist Theory and Political Strategy.* New York.
– (1990): *State Theory. Putting the Capitalist State in its Place.* Cambridge u. a.
– (1997): »Die Zukunft des Nationalstaates: Erosion oder Reorganisation?« In: Steffen Becker/Thomas Sablowski/Wilhelm Schumm (Hg.), *Jenseits der Nationalökonomie?* Berlin, Hamburg, 50-92.
– (2001): »Die geschlechtsspezifischen Selektivitäten«. In: Eva Kreisky/Sabine Lang/Birgit Sauer (Hg.). *EU. Geschlecht. Staat.* Wien, 55-85.
– (2002): *The future of the capitalist state.* Cambridge.
Joerges, Christian (2002): »Das Recht im Prozess der Konstitutionalisierung Europas«. In: *Arbeitspapiere – Mannheimer Zentrum für Europäische Sozialforschung*, H. 52, 1-37.
Joerges, Christian/Trubek, David M. (1989): *Critical legal thought. An American-German debate.* Baden-Baden.
jour-fixe-inititative-berlin (1999): »Einleitung«. In: Dies. (Hg.), *Kritische Theorie und Poststrukturalismus. Theoretische Lockerungsübungen.* Berlin, Hamburg, 5-12.
Kampmann, Sabine/Karentzos, Alexandra/Küpper, Thomas (Hg.) (2004): *Gender Studies und Systemtheorie. Studien zu einem Theorietransfer.* Bielefeld.
Kannankulam, John (2000): *Zwischen Staatsableitung und strukturalem Marxismus. Zur Rekonstruktion der staatstheoretischen Debatten der*

siebziger Jahre. Magisterarbeit Fachbereich Gesellschaftswissenschaften. Frankfurt am Main.
– (2006): *Autoritärer Neoliberalismus*. Dissertation am Fachbereich Gesellschaftswissenschaften der Johann Wolfgang-Goethe Universität. Frankfurt am Main.
Kant, Immanuel (1993 {1797}): *Die Metaphysik der Sitten*. 10. Aufl. Frankfurt am Main.
– (1995 {1781}): *Kritik der reinen Vernunft*. Hrsg. v. Wilhem Weischedel. Frankfurt am Main.
Kaufmann, Erich (1991): *Das Wesen des Völkerrechts und die Clausula rebus sic stantibus. Rechtsphilosophische Studie zum Rechts-, Staats- und Vertragsbegriff*. Tübingen.
Kelsen, Hans (1915): »Eine Grundlegung der Rechtssoziologie«. In: Edgar Jaffé/Werner Sombart/Max Weber (Hg.). *Archiv für Sozialwissenschaft und Sozialpolitik*, Bd. 39, 839-876.
– (1941): »International Peace – By Court or Government?« In: *The American Journal of Sociology*, 46, H. 4, 571-581.
– (1955): *The Communist Theory of Law*. New York.
– (1960): *Reine Rechtslehre*. 2. Aufl. Wien.
– (1967): »Allgemeine Rechtslehre im Lichte materialistischer Geschichtsauffassung (1931)«. In: *Demokratie und Sozialismus. Ausgewählte Aufsätze*. Wien, 69 ff.
– (1981): *Der soziologische und der juristische Staatsbegriff*. 2. Aufl. Tübingen.
Kennedy, Duncan (1982): »Antonio Gramsci and the Legal System«. In: *American Legal Studies Association (ALSA) Forum*, 6, H. 1, 32-37.
Kingreen, Thorsten (2004): »Theorie und Dogmatik der Grundrechte im europäischen Verfassungsrecht«. In: *Europäische Grundrechte-Zeitschrift*, 570-576.
Kirchheimer, Otto (1964 {1930}): »Weimar und was dann? Analyse einer Verfassung«. In: *Politik und Verfassung*. Frankfurt am Main, 9-56.
– (1976 {1928}): »Zur Staatslehre des Sozialismus und Bolscheswismus«. In: *Von der Weimarer Republik zum Faschismus*: Die Auflösung der demokratischen Rechtsordnung. Frankfurt am Main.
– (1976 {1930}): »Artikel 48 und die Wandlungen des Verfassungssystems. Auch ein Beitrag zum Verfassungsstag«. In: *Von der Weimarer Republik zum Faschismus: Die Auflösung der demokratischen Rechtsordnung*. Frankfurt am Main, 91-95.
– (1976 {1932}): »Die Verfassungsreform«. In: *Von der Weimarer Republik zum Faschismus: Die Auflösung der demokratischen Rechtsordnung*. Frankfurt am Main, 96-111.
Knapp, Gudrun-Axeli (1992): »Macht und Geschlecht. Neuere Entwicklungen in der feministischen Macht- und Herrschaftsdiskussion«. In: Dies./Angelika Wetterer (Hg.), *Traditionen Brüche. Entwicklungen feministischer Theorie*. Freiburg, 287-325.
– (2004): »Grundlagenkritik und stille Post. Zur Debatte um einen Bedeu-

tungsverlust der Kategorie Geschlecht«. In: Ines Weinrich (Hg.), *Strukturierung von Wissen und der symbolischen Ordnung der Geschlechter. Gender Tagung Bamberg 2003*. Münster, 29-58.
– (2005): »›Intersectionality‹ – ein neues Paradigma feministischer Theorie? Zur transatlantischen Reise von ›Race, Class, Gender‹«. In: *Feministische Studien*, H. 1/05, 68-81.
Knapp, Gudrun-Axeli/Wetterer, Angelika (2003): »Vorwort«. In: Dies. (Hg.), *Achsen der Differenz. Gesellschaftstheorie und feministische Kritik II*. Münster, 7-12.
Kneer, Georg/Nassehi, Armin (2000): *Niklas Luhmanns Theorie sozialer Systeme*. 4. unveränderte Aufl. München.
Knieper, Rolf (1996): *Gesetz und Geschichte. Ein Beitrag zu Bestand und Veränderung des Bürgerlichen Gesetzbuches*. Baden-Baden.
Kohlmorgen, Lars (2004): *Regulation, Klasse, Geschlecht. Die Konstituierung der Sozialstruktur im Fordismus und Postfordismus*. Münster.
Kokott, Juliane (1998): »Report on Germany«. In: Anne-Marie Slaughter/Alec Stone Sweet/J. H. H. Weiler (Hg.), *The European Court and National Courts – Doctrine and Jurisprudence. Legal Change in its Social Context*. Oxford, 77-131.
Korsch, Karl (1970 {1930}): »Einleitung«. In: Eugen Paschukanis. *Allgemeine Rechtslehre und Marxismus*. Frankfurt am Main, 3. Aufl., I-XI.
Krahl, Hans-Jürgen (1985): »Zur Wesenslogik der Marxschen Warenanalyse«. In: *Konstitution und Klassenkampf, Schriften und Reden 1966-1970*. Frankfurt, 4. Auflage, 31-55.
Kramer, Annegret (1975): »Gramscis Interpretation des Marxismus«. In: Hans-Georg Backhaus (Hg.), *Gesellschaft. Beiträge zur Marxschen Theorie 4*. Frankfurt am Main.
Krasmann, Susanne (2003): *Die Kriminalität der Gesellschaft. Zur Gouvernementalität der Gegenwart*. Konstanz.
Kühling, Jürgen (2003): »Grundrechte«. In: Armin v. Bogdandy (Hg.), *Europäisches Verfassungsrecht*. Berlin/Heidelberg/New York, 583-630.
Laclau, Ernesto (1982): »Diskurs, Hegemonie und Politik«. In: *Argument Zeitschrift für Philosophie und Sozialwissenschaften*, Sonderband, H. 78 Neue soziale Bewegungen und Marxismus, 6-22.
Laclau, Ernesto/Mouffe, Chantal (2000): *Hegemonie und radikale Demokratie. Zur Dekonstruktion des Marxismus*. Wien.
Lamla, Jörn (2003): »Kopplung versus Dualität. Ein Vergleich der Strukturbegriffe von Niklas Luhmann und Athony Giddens«. In: Kai-Uwe Hellmann (Hg.), *Das System der Politik. Niklas Luhmanns politische Theorie*. Wiesbaden, 255-269.
Lazzarato, Maurizio (1998): »Immaterielle Arbeit. Gesellschaftliche Tätigkeit unter den Bedingungen des Postfordismus«. In: Ders./Antonio Negri/Paolo Virno (Hg.), *Umherschweifende Produzenten. Immaterielle Arbeit und Subversion*. Hrsg. v. Thomas Atzert. Berlin, 39-51.
Lecheler, Helmut (2003): »Der Beitrag der allgemeinen Rechtsgrundsätze

zur europäischen Integration – Rückblick und Ausblick«. In: *Zeitschrift für Europarechtliche Studien*, H. 3, 337-352.

Lemke, Thomas (1997): *Eine Kritik der politischen Vernunft. Foucaults Analyse der modernen Gouvernementalität.* Berlin u. a.

– (2003): »Andere Affirmationen. Gesellschaftsanalyse und Kritik im Postfordismus«. In: Axel Honneth/Martin Saar (Hg.), *Michel Foucault. Zwischenbilanz einer Rezeption. Frankfurter Foucault-Konferenz 2001.* Frankfurt am Main, 259-276.

Lemke, Thomas/Krasmann, Susanne/Bröckling, Ulrich (2000): »Gouvernementalität, Neoliberalismus und Selbsttechnologien. Eine Einleitung«. In: Dies. (Hg.), *Gouvernementalität der Gegenwart. Studien zur Ökonomisierung der Sozialen.* Frankfurt am Main, 7-40.

Lenin, Wladimir Iljitsch Uljanow (1976 {1917}): *Staat und Revolution. Die Lehre des Marxismus vom Staat und die Aufgaben des Proletariats in der Revolution.* Peking (1. russische Aufl. 1917).

Lenz, Ilse (1996): »Grenzziehung und Öffnungen: Zum Verhältnis von Geschlecht und Ethnizität zu Zeiten der Globalisierung«. In: Dies./Andrea Germer/Brigitte Hasenjürgen. *Wechselnde Blicke. Frauenforschung in internationaler Perspektive.* Opladen, 200-228.

Lipietz, Alain (1992): »Vom Althusserismus zur ›Theorie der Regulation‹«. In: Alex Demirović/Hans-Peter Krebs/Thomas Sablowski (Hg.), *Hegemonie und Staat. Kapitalistische Regulation als Projekt und Prozess.* Münster, 9-54.

– (1998): »Kette, Schuss und die Regulation: ein Werkzeug für die Sozialwissenschaften«. In: *Nach dem Ende des ›Goldenen Zeitalter‹ Regulation und Transformation kapitalistischer Gesellschaften. Ausgewählte Schriften.* Argument-Sonderband. Hrsg. v. Hans-Peter Krebs. Hamburg, 77-115.

Litowitz, Douglas (1997): *Postmodern Philosophy and Law. Rorty, Nietzsche, Lyotard, Derrida, Foucault.* Lawrence.

– (2000): »Gramsci, Hegemony, and the Law«. In: *Brigham Young University Law Review*, H. 2, 515-551.

Löwenthal, Richard (1997): *Jenseits des Kapitalismus. Ein Beitrag zur sozialistischen Neuorientierung*; Berlin u. a.

Lorey, Isabell (1996): *Immer Ärger mit dem Subjekt. Theoretische und politische Konsequenzen eines juridischen Machtmodells: Judith Butler.* Tübingen.

Luhmann, Niklas (1969): *Legitimation durch Verfahren.* Neuwied/Berlin.

– (1974): *Grundrechte als Institution. Ein Beitrag zur politischen Soziologie.* Berlin.

– (1995): *Das Recht der Gesellschaft.* Frankfurt am Main.

– (1998): *Die Gesellschaft der Gesellschaft.* Frankfurt am Main.

– (2003): »Frauen, Männer und George Spencer Brown [1988]«. In: Ursula Pasero/Christine Weinbach (Hg.), *Frauen, Männer, Gender Trouble. Systemtheoretische Essays.* Frankfurt am Main, 15-63.

Lukács, Georg (1968): »Die Verdinglichung und das Bewusstsein des Proletariats«. In: Werke Bd. 2: *Geschichte und Klassenbewusstsein.* Neuwied/Berlin.
– (1973): *Der junge Hegel.* Bd. 2. Frankfurt am Main.
Luthardt, Wolfgang (1976): »Bemerkungen zu Otto Kirchheimers Arbeiten bis 1933«. In: Otto Kirchheimer. *Von der Weimarer Republik zum Faschismus: Die Auflösung der demokratischen Rechtsordnung.* Frankfurt am Main, 7-31.
MacKinnon, Catharine A. (1989): *Toward a Feminist Theory of the State.* Cambridge, Mass.
Maihofer, Andrea (1992): *Das Recht bei Marx: zur dialektischen Struktur von Gerechtigkeit, Menschenrechten und Recht.* Baden-Baden.
– (1995): *Geschlecht als Existenzweise. Macht, Moral, Recht und Geschlechterdifferenz.* Frankfurt am Main.
– (2004): »Geschlecht als soziale Konstruktion – eine Zwischenbetrachtung«. In: Katharina Pühl/Tanja Paulitz/Daniela Marx/Urte Helduser (Hg.), *Under construction? Konstruktivistische Perspektiven in feministischer Theorie und Forschungspraxis.* Frankfurt am Main/New York, 33-43.
Mancini, Frederico G. (1989): »The Making of a Constitution for Europe«. In: *Common Market Law Review*, 26, H. 4, 595-614.
Mangabeira Unger, Roberto (1986): *The Critical Legal Studies Movement.* Cambridge, Mass.
Marcuse, Herbert (1962): *Vernunft und Revolution.* 2. Aufl. Neuwied am Rhein.
Marx, Karl (1989 {1852}): »Der achtzehnte Brumaire des Louis Bonaparte«. In: Ders./Friedrich Engels. *Ausgewählte Schriften I.* Berlin.
Marx, Karl/Engels, Friedrich (1958): *Marx-Engels-Werke.* Bd. 1- 40 (zit. MEW). Berlin.
Maus, Ingeborg (1976): *Bürgerliche Rechtstheorie und Faschismus. Zur sozialen Funktion und aktuellen Wirkung der Theorie Carl Schmitts.* München.
– (1986a): »Entwicklung und Funktionswandel der Theorie des bürgerlichen Rechtsstaats«. In: *Rechtstheorie und politische Theorie im Industriekapitalismus.* München, 11-82.
– (1986b): »Hermann Heller und die Staatsrechtslehre der Bundesrepublik«. In: *Rechtstheorie und politische Theorie im Industriekapitalismus.* München, 173-188.
– (1986c): »Verrechtlichung, Entrechtlichung und der Funktionswandel von Institutionen«. In: *Rechtstheorie und Politische Theorie im Industriekapitalismus.* München, 227-331.
– (1992a): »Von der Metaphysik des Widerstandsrechts zum nachmetaphysischen Prinzip der Volkssouveränität: die Demokratietheorie Kants«. In: *Zur Aufklärung der Demokratietheorie.* Frankfurt am Main, 15-246.
– (1992b): *Zur Aufklärung der Demokratietheorie.* Frankfurt am Main.
– (1995): »Freiheitsrechte und Volkssouveränität. Zu Jürgen Habermas'

Rekonstruktion des Systems der Rechte«. In: *Rechtstheorie*, Bd. 26 Heft 4, 507-562.
– (2002): »Vom Nationalstaat zum Globalstaat oder: der Niedergang der Demokratie«. In: Matthias Lutz-Bachmann/James Bohman (Hg.), *Weltstaat oder Staatenwelt?* Frankfurt am Main, 226-259.
Mestmäcker, Enrst-Joachim (1991): »Die Wiederkehr der bürgerlichen Gesellschaft und ihres Rechts«. In: *Rechtshistorisches Journal*, 10, 177-192.
Miéville, China (2005): *Between Equal Rights. A Marxist Theory of International Law.* Leiden u. a.
Mouffe, Chantal (2005): *On the Political.* London u. a.
Müller, Friedrich/Christensen, Ralph (2004): *Juristische Methodik, Band I, Grundlagen, Öffentliches Recht*, 9. Aufl. Berlin.
Müller-Tuckfeld, Jens Christian (1994): »Gesetz ist Gesetz. Anmerkungen zu einer Theorie der juridischen Anrufung«. In: Henning Böke/Jens Christian Müller/Sebastian Reinfeldt (Hg.), *Denk-Prozesse nach Althusser.* Hamburg, 182-205.
Munro, Vanessa E. (2001): »Legal Feminism and Foucault – A Critique of the Explusion of Law«. In: *Journal of Law and Society*, 28, H. 4, 546-567.
Narr, Wolf-Dieter (1994a): »Recht-Demokratie-Weltgesellschaft. Habermas, Luhmann und das systematische Versäumnis ihrer großen Theorien (Teil II)«. In: *Prokla*, 95, 326 ff.
– (1994b): »Recht-Demokratie-Weltgesellschaft. Überlegungen anlässlich der rechtstheoretischen Werke von Jürgen Habermas und Niklas Luhmann (Teil I)«. In: *Prokla*, 94, 87 ff.
Nassehi, Armin (2003a): »Geschlecht im System. Die Ontologisierung des Körpers und die Asymmetrie der Geschlechter«. In: Ursula Pasero/Christine Weinbach (Hg.), *Frauen, Männer, Gender Trouble. Systemtheoretische Essays.* Frankfurt am Main, 80-104.
– (2003b): »Die Differenz der Kommunikation und die Kommunikation der Differenz«. In: Hans-Joachim Giegel/Uwe Schimank (Hg.), *Beobachter der Moderne. Beiträge zu Niklas Luhmanns ›Die Gesellschaft der Gesellschaft‹*, Frankfurt am Main.
Negri, Antonio (2000): »Paschukanis lesen. Notizen anlässlich der erneuten Lektüre von Eugen Paschukanis' ›Allgemeine Rechtslehre und Marxismus‹ (1973)«. In: Joachim Bruhn/Manfred Dahlmann/Clemens Nachtmann (Hg.), *Kritik der Politik. Johannes Agnoli zum 75. Geburtstag.* Freiburg, 201-258.
Negt, Oskar (1975): »10 Thesen zur marxistischen Rechtstheorie«. In: Hubert Rottleuthner (Hg.), *Probleme der marxistischen Rechtstheorie.* Frankfurt am Main.
Nettesheim, Martin (2001): »Die Bananenmarkt-Entscheidung des BVerfG: Europarecht und nationaler Mindestgrundrechtsstandard«. In: *JURA*, 686 ff.
Neumann, Franz (1967 {1937}): »Der Funktionswandel des Gesetzes im

Recht der bürgerlichen Gesellschaft«. In: *Demokratischer und autoritärer Staat. Beiträge zur Soziologie der Politik.* Frankfurt am Main.

– (1977 {1942}): *Behemoth. Struktur und Praxis des Nationalsozialismus 1933-1944.* Hrsg. v. Gert Schäfer. Köln, Frankfurt am Main.

– (1978): »Zur marxistischen Staatstheorie«. In: *Wirtschaft, Staat, Demokratie. Aufsätze 1930-1954.* Hrsg. v. Alfons Söllner. Frankfurt am Main, 134-144.

– (1980 {1936}), *Die Herrschaft des Gesetzes.* Frankfurt am Main.

Neves, Marcelo (2001): »From the Autopoiesis to the Allopoisesis of Law«, In: *Journal of Law and Society,* 28 Nr. 2, 242-264.

– (2000): *Zwischen Themis und Leviathan: eine schwierige Beziehung. Eine Rekonstruktion des demokratischen Rechtsstaates in Auseinandersetzung mit Luhmann und Habermas.* Baden-Baden.

Niesen, Peter (2002): »Legitimität ohne Moralität. Habermas und Maus über das Verhältnis zwischen Recht und Moral«. In: Ders./René von Schomberg (Hg.), *Zwischen Recht und Moral. Neuere Ansätze der Rechts- und Demokratietheorie.* Münster, 16-60.

Niesen, Peter/Eberl, Oliver (2006): »Demokratischer Positivismus: Habermas und Maus«. In: Sonja Buckel/Ralph Christensen/Andreas Fischer-Lescano (Hg.), *Neue Theorien des Rechts.* Stuttgart, 3-28.

Niesen, Peter/von Schomberg, René (2002): »Einleitung«. In: Dies. (Hg.), *Zwischen Recht und Moral. Neuere Ansätze der Rechts- und Demokratietheorie.* Münster, 1-15.

Ott, Cornelia (1998): *Die Spur der Lüste. Sexualität, Geschlecht und Macht.* Opladen.

Paech, Norman/Stuby, Gerhard (2001): *Völkerrecht und Machtpolitik in den internationalen Beziehungen. Ein Studienbuch.* Hamburg.

Paschukanis, Eugen (1970 {1924}): *Allgemeine Rechtslehre und Marxismus. Versuch einer Kritik der juristischen Grundbegriffe,* 3. Auflage. Frankfurt am Main. Russische Erstausgabe, 1924, hrsg. von der Kommunistischen Akademie der Gesellschaftswissenschaften, Moskau.

– (1972 {1931}): »Für eine marxistisch-leninistische Staats- und Rechtstheorie«. In: Norbert Reich (Hg.), *Marxistische und sozialistische Rechtstheorie.* Frankfurt am Main, 107-111.

Pasero, Ursula (2003): »Gender, Individualität, Diversity«. In: Dies./ Christine Weinbach (Hg.), *Frauen, Männer, Gender Trouble. Systemtheoretische Essays.* Frankfurt am Main, 105-124.

Pasero, Ursula/Weinbach, Christine (Hg.) (2003): *Frauen, Männer, Gender Trouble. Systemtheoretische Essays.* Frankfurt am Main.

Perels, Joachim (1973): *Kapitalismus und politische Demokratie. Privatrechtssystem und Gesellschaftsstruktur in der Weimarer Republik.* Frankfurt am Main.

Picciotto, Sol (1982): »The Theory of the State, Class Struggle and the Rule of Law«. In: P. Beirne/R. Quinney (Hg.), *Marxism and Law.* New York, 169-180.

Pieper, Marianne/Gutiérrez Rodríguez, Encarnación (2003): »Einleitung«.

In: Dies. (Hg.), Gouvernementalität. Ein sozialwissenschaftliches Konzept in Anschluss an Foucault. Frankfurt am Main/New York, 7-21.

Postone, Moishe (1982): »Nationalsozialismus und Antisemitismus. Ein theoretischer Versuch«. In: *Merkur*, H. 1, 13-25.

– (2003): *Zeit, Arbeit und gesellschaftliche Herrschaft. Eine neue Interpretation der kritischen Theorie von Marx*. Freiburg.

Poulantzas, Nicos (1972): »Aus Anlass der marxistischen Rechtstheorie«. In: Norbert Reich (Hg.), *Marxistische und sozialistische Rechtstheorie.* Frankfurt am Main, 181 – 199.

– (1973): *Faschismus und Diktatur. Die Kommunistische Internationale und der Faschismus*. München.

– (1975): *Politische Macht und gesellschaftliche Klassen*. Frankfurt am Main.

– (1978): *Staatstheorie: politischer Überbau, Ideologie, sozialistische Demok*ratie. 1. Aufl. Hamburg. (Neuauflage 2002).

Priester, Karin (1981): *Studien zur Staatstheorie des italienischen Marxismus: Gramsci und Della Volpe*. Frankfurt am Main u. a.

Pühl, Katharina/Paulitz, Tanja/Marx, Daniela/Helduser, Ute (2004): »Einführung«. In: Dies. (Hg.). *under construction? Konstruktivistische Perspektiven in feministischer Theorie und Forschungspraxis*. Frankfurt am Main/New York, 11-30.

Pühl, Katharina/Sauer, Birgit (2004): »Geschlechterverhältnisse im Neoliberalismus. Konstruktion, Transformation und feministisch-politische Perspektiven«. In: Urte Helduser/Daniela Marx/Tanja Paulitz/Katharina Pühl (Hg.). *under construction? Konstruktivistische Perspektiven in feministischer Theorie und Forschungspraxis*. Frankfurt am Main/New York, 165-179.

Puntscher Riekmann, Sonja (1998): *Die kommissarische Neuordnung Europas. Das Dispositiv der Integration*. Wien u. a.

Rehmann, Jan (2003): »Vom Gefängnis zur modernen Seele. Foucaults ›Überwachen und Strafen‹ neu besichtigt«. In: *Das Argument, Zeitschrift für Philosophie und Sozialwissenschaften, H.* 249, 63-81.

Reich, Norbert (1972a): »Marxistische und sozialistische Rechtstheorie – Subjekt und Objekt von Wissenschaft«. In: Ders. (Hg.), *Marxistische und sozialistische Rechtstheorie*, Frankfurt am Main, 7-23.

– (1972b): »Marxistische Rechtstheorie zwischen Revolution und Stalinismus. Das Beispiel Paschukanis«. In: *Kritische Justiz*, H. 2, 154-162.

– (1972c): (Hg.) *Marxistische und sozialistische Rechtstheorie*. Frankfurt am Main.

– (1973): »Marxistische Rechtstheorie«. In: *Recht und Staat*, H. 420/421.

Reichelt, Helmut (1973): *Zur logischen Struktur des Kapitalbegriffs bei Karl Marx*. 4. durchges. Aufl. Frankfurt am Main.

– (2002): »Die Marxsche Kritik ökonomischer Kategorien. Überlegungen zum Problem der Geltung in der dialektischen Darstellungsmethode im ›Kapital‹«. In: Iring Fetscher/Alfred Schmidt (Hg.), *Emanzipation als*

Versöhnung. Zu Adornos Kritik der ›Warentausch‹-Gesellschaft und Perspektiven der Transformation. Frankfurt am Main, 142-189.

Revelli, Marco (1997): *Vom ›Fordismus‹ zum ›Toyotismus‹. Das kapitalistische Wirtschafts- und Sozialmodell im Übergang*. Hamburg.

Ridder, Helmut (1975): *Die soziale Ordnung des Grundgesetzes. Leitfaden zu den Grundrechten einer demokratischen Verfassung*. Opladen.

Ritsert, Jürgen (1988): *Der Kampf um das Surplusprodukt. Einführung in den klassischen Klassenbegriff*. Frankfurt am Main/New York.

– (1998): »Realabstraktion. Ein zu Recht abgewertetes Thema der kritischen Theorie?« In: Christoph Görg/Roland Roth (Hg.), *Kein Staat zu machen. Zur Kritik der Sozialwissenschaften*. Münster, 324-348.

Rödel, Ulrich/Frankenberg, Günter/Dubiel, Helmut (1989): *Die demokratische Frage*. Frankfurt am Main.

Rottleuthner, Hubert (Hg.) (1975): *Probleme der marxitischen Rechtstheorie*. Frankfurt am Main.

Rousseau, Jean-Jacques (1994 {1762}), *Vom Gesellschaftsvertrag oder Grundsätze des Staatsrechts*. Stuttgart.

Rüthers, Bernd (2005). *Die unbegrenzte Auslegung. Zum Wandel der Privatrechtsordnung im Nationalsozialismus*. Tübingen.

Santos, Boaventura de Sousa (1995a): »The Postmodern Transition: Law and Politics«. In: Austin Sarat/Thomas R. Kearns (Hg.), *The Fate of Law*. Ann Arbor, 79-118.

– (1995b): *Toward a New Common Sense. Law, Science and Politics in the Paradigmatic Transition*. New York, London.

Schäfer, Gert (1984): »Ein Intellektueller an der Seite der Arbeiterbewegung. Über einige Motive im politischen Denken von Franz L. Neumann«. In: Joachim Perels (Hg.), *Recht, Demokratie und Kapitalismus. Aktualität und Probleme der Theorie Franz L. Neumanns*. Baden-Baden, 13-63.

Scherrer, Christoph (2003): »Das Ende von Bretton Woods – Strategisches Handeln und weltwirtschaftliche Strukturen«. In: Sonja Buckel/Regina-Maria Dackweiler/Ronald Noppe (Hg.), *Formen und Felder politischer Intervention. Zur Relevanz von Staat und Steuerung*. Münster, 108-125.

Scheuerman, William E. (1997): *Between the Norm and the Exception. The Frankfurt School and the Rule of Law*. Cambridge.

– (2002): »Franz Neumann – Legal Theorist of Globalization?« In: *Kritische Justiz*, 2002, H. 1, 79-89.

Scheuing, Dieter H. (2005): »Zur Grundrechtsbindung der EU-Mitgliedsstaaten«. In: *Europarecht*, H. 2, 162-191.

Schmidt, Alfred (1993): *Der Begriff der Natur in der Lehre von Marx*. Hamburg.

Schmitt, Carl (1987): *Der Begriff des Politischen*. Berlin.

– (1993): *Legalität und Legitimität*. Berlin.

Schneider, Wolfgang Ludwig (2003). »Handlung – Motiv – Interesse – Situation«. In: Hans-Joachim Giegel/Uwe Schimank (Hg.), *Beobachter der*

Moderne. Beiträge zu Niklas Luhmanns ›Die Gesellschaft der Gesellschaft‹, Frankfurt am Main, 42-70.

Seifert, Jürgen (1984): »Einführung«. In: Joachim Perels (Hg.), *Recht, Demokratie und Kapitalismus. Aktualität und Probleme der Theorie Franz L. Neumanns*. Baden-Baden, 9-11.

Shaw, Martin (2000): *Theory of the Global State. Globality as Unfinished Revolution*. Cambridge.

Slaughter, Anne-Marie (2000): »Judicial Globalization«. In: *Virginia Journal of International Law*, Vol. 40, No. 4, 1103 ff.

Smart, Carol (1989): *Feminism and the Power of Law*. London/New York.

Sohn-Rethel, Alfred (1970): *Geistige und körperliche Arbeit. Zur Theorie der gesellschaftlichen Synthesis*. Frankfurt am Main.

Söllner, Alfons (1978): »Franz L. Neumann – Skizzen zu einer intellektuellen und politischen Biographie«. In: Franz L. Neumann. *Wirtschaft, Staat, Demokratie*. Aufsätze 1930-1954. Frankfurt am Main, 7-56.

– (1980): »Franz Neumanns ›Die Herrschaft des Gesetzes‹. Versuch einer wissenschaftsgeschichtlichen und wissenschaftspolitischen Einordnung. Nachwort«. In: Ders. (Hg.), *Franz Neumann. Die Herrschaft des Gesetzes*, Frankfurt am Main.

Staff, Ilse (1985): »Staatslehre in der Weimarer Republik. Herman Heller zu Ehren.« In: Christoph Müller/Ilse Staff (Hg.), *Staatslehre in der Weimarer Republik*. Frankfurt am Main, 7-23.

Stäheli, Urs (2000a): *Poststrukturalistische Soziologien*. Bielefeld.

– (2000b): *Sinnzusammenbrüche. Eine dekonstruktive Lektüre von Niklas Luhmanns Systemtheorie*. Weilerswist.

– (2001): »Die politische Theorie der Hegemonie: Ernesto Laclau und Chantal Mouffe«. In: André Brodocz/Gary S. Schaal (Hg.), *Politische Theorien der Gegenwart II*, Opladen.

Strecker, David/Gary S. Schaal, (2001): »Die politische Theorie der Deliberation: Jürgen Habermas«. In: André Brodocz/Gary S. Schaal (Hg.), *Politische Theorien der Gegenwart II*. Opladen, 89-128.

Streinz, Rudolf (2001): *Europarecht*. 5. völl. neuberarb. Aufl. Heidelberg.

Tadros, Victor (1998): »Between Governance and Discipline: The Law and Michel Foucault«. In: *Oxford Journal of Legal Studies*, 18: Spring, 75-103.

Teubner, Gunther (1982): »Reflexives Recht. Entwicklungsmodelle des Rechts in vergleichender Perspektive«. In: *Archiv für Rechts- und Sozialphilosophie*, 68, 13-59.

– (1989): *Recht als autopoietisches System*. Frankfurt am Main.

– (1993): »›Man schritt auf allen Gebieten zur Verrechtlichung‹. Rechtssoziologische Theorie im Werk Otto Kirchheimers«. In: Marcus Lutter/Ernst C. Stiefel/Michael H. Hoeflich (Hg.), *Der Einfluss deutscher Emigranten auf die Rechtsentwicklung in den USA und in Deutschland*. Tübingen.

– (1996): »Globale Bukowina – Zur Emergenz eines transnationalen Rechtspluralismus«. In: *Rechtshistorisches Journal*, 15, 255 ff.
– (1997): *Global Law without a State*. Aldershot u. a.
– (1998): »Vertragswelten: Das Recht in der Fragmentierung von Private Governance Regimes«. In: *Rechtshistorisches Journal*, 17, 234 ff.
– (2000a): »Privatregimes: Neo-Spontanes Recht und duale Sozialverfassung in der Weltgesellschaft?« In: Dieter Simon/Manfred Weiss (Hg.), *Zur Autonomie des Individuums*. Baden-Baden, 437 ff.
– (2000b): »Ein Fall von struktureller Korruption? Die Familienbürgschaft in der Kollision unverträglicher Handlungslogiken (BVerfGE 89. 214 ff.)«. In: *Kritische Vierteljahreschrift für Gesetzgebung und Rechtswissenschaft*, 83, 388-404.
– (2002): »Breaking Frames. Economic Globalization and the Emergence of lex mercatoria«. In: *European Journal of Social Theory*, 5, H. 2, 199-217.
– (2003): »Der Umgang mit den Rechtsparadoxien: Derrida, Luhmann, Wiethölter«. In: Ders./Christian Joerges (Hg.), *Rechtsverfassungsrecht. Recht-Fertigung zwischen Privatrechtsdogmatik und Gesellschaftstheorie*. Baden-Baden, 25-46.
– (2006): »Die anonyme Matrix: Zu Menschenrechtsverletzungen durch ›private‹ transnationale Akteure«. In: *Der Staat*. Bd. 45, H. 2, 161-187.
Teubner, Ulrike (2001): »Soziale Ungleichheit zwischen den Geschlechtern – kein Thema innerhalb der Systemtheorie?« In: Gudrun-Axeli Knapp/Angelika Wetterer (Hg.), *Soziale Verortung der Geschlechter: Gesellschaftstheorie und feministische Kritik*. Münster, 288-316.
Tuschling, Burkhard (1976): *Rechtsform und Produktionsverhältnisse: Zur materialistischen Theorie des Rechtstaates*. Köln.
– (1977): »Aspekte einer materialistischen Theorie des Rechts und des Staats«. In: Abendroth-Forum (Hg.), *Marburger Gespräche aus Anlaß des 70. Geburtstages von Wolfgang Abendroth*. Marburg, 269-288.
van Appeldoorn, Bastiaan (2000): »Transnationale Klassen und europäisches Regieren: Der European Round Table of Industrialists«. In: Hans-Jürgen Bieling/Jochen Steinhilber (Hg.), *Die Konfiguration Europas. Dimensionen einer kritischen Integrationstheorie*. Münster, 189-222.
Villa, Paula-Irene (2003): *Judith Butler*. Frankfurt am Main u. a.
Virno, Paolo (2005): *Grammatik der Multitude. Öffentlichkeit, Intellekt und Arbeit als Lebensformen*. Wien.
von Bogdandy, Armin (2000): »The European Union as a Human Rights Organization? Human Rights and the Core of the European Union«. In: *Common Market Law Review*, 37, 1207-1338.
Wallrabenstein, Astrid (2002): »Die Grundrechte, der EuGH und die Charta«. In: *Kritische Justiz*, H. 4, 382-397.
Walter, Christian (2005): »§ 1 Geschichte und Entwicklung der Europäischen Grundrechte und Grundfreiheiten«. In: Dirk Ehlers (Hg.), *Europäische Grundrechte und Grundfreiheiten*. Berlin, 2. Aufl.

Wassermann, Rudolf (1969): *Erziehung zum Establishment. Juristenausbildung in kritischer Sicht*. Karlsruhe.
Weber, Andreas (2005): *Subjektlos. Zur Kritik der Systemtheorie*. Konstanz.
Weber, Max (1980 {1921}), *Wirtschaft und Gesellschaft*. 5. rev. Aufl. Studienausgabe. Tübingen.
– (1991 {1904}), *Die protestantische Ethik I. Eine Aufsatzsammlung*. München u.a.
Weiler, J.HH. (1991): »The Transformation of Europe«. In: *Yale Law Journal*, H. June, 2403-2483.
Weinbach, Christine (2003): »Die systemtheoretische Alternative zum Sex-Gender-Konzept: Gender als geschlechtsstereotypisierte Form der ›Person‹«. In: Dies./Pasero, Ursula (Hg.), *Frauen, Männer, Gender Trouble. Systemtheoretische Essays*, Frankfurt am Main 2003, 144-170.
– (2004a): *Systemtheorie und Gender. Das Geschlecht im Netz der Systeme*. Wiesbaden.
– (2004b): »Systemtheorie und Gender: Geschlechtliche Ungleichheit in der funktional differenzierten Gesellschaft«. In: Sabine Kampmann/Alexandra Karentzos/Thomas Küpper (Hg.), *Gender Studies und Systemtheorie. Studien zu einem Theorietransfer*. Bielefeld, 47-76.
Weingarten, Michael (2001): »System – Entwicklung – Evolution. Warum Luhmanns Theorie sozialer Systeme keine Entwicklungstheorie ist«. In: Alex Demirović (Hg.), *Komplexität und Emanzipation. Kritische Gesellschaftstheorie und die Herausforderung der Systemtheorie Niklas Luhmanns*. Münster, 288-313.
Wetterer, Angelika (2002): *Arbeitsteilung und Geschlechterkonstruktion. ›Gender at Work‹ in theoretischer und historischer Perspektive*. Konstanz.
– (2003): »Rhetorische Modernisierung: Das Verschwinden der Ungleichheit aus dem zeitgenössischen Differenzwissen«. In: Gudrun-Axeli Knapp/Angelika Wetterer (Hg.), *Achsen der Differenz. Gesellschaftstheorie und feministische Kritik. Münster*, 286-319.
Whitehead, Jason E. (1999): »From Criticism to Critique: Preserving the Radical Potential of Critical Legal Studies Through a Reexamination of Frankfurt School Critical Theory«. In: *Florida State University Law Review*, 26, 701-742.
Wiethölter, Rudolf (1968): *Rechtswissenschaft*. Frankfurt a.M.
– (1970): »Zur politischen Funktion des Rechts am eingerichteten und ausgeübten Gewerbebetrieb«. In: *Kritische Justiz*, H. 3, 121-139.
– (2003): »Recht-Fertigungen eines Gesellschafts-Rechts«. In: Gunther Teubner/Christian Joerges (Hg.), *Rechtsverfassungsrecht. Recht-Fertigung zwischen Privatrechtsdogmatik und Gesellschaftstheorie*. Baden-Baden, 13-21.
Wiggershaus, Rolf (1993): *Die Frankfurter Schule. Geschichte. Theoretische Entwicklung. Politische Bedeutung*. 4. Aufl. (1. Aufl. 1988). München.
Wissel, Jens (2002): »Naming the Beast. Nicos Poulantzas und das Empire«.

In: *Das Argument, Zeitschrift für Philosophie und Sozialwissenschaften*, H. 248, 791-801.
– (2007): *Die Transnationalisierung der Herrschaftsverhältnisse. Zur Aktualität von Nicos Poulantzas' Staatstheorie*. Baden-Baden.
Young, Iris Marion (1990): *Justice and the Politics of Difference*. Princeton.
– (2003): »Europa, leerer Mittelpunkt – Widerstand gegen die US-Politik kann nur eine Dezentrierung der Demokratie leisten«. In: *Frankfurter Rundschau v. 22.7.2003*.
Ziltener, Patrick (1999): *Strukturwandel der europäischen Integration. Die Europäische Union und die Veränderung von Staatlichkeit*. Münster.
Zürn, Michael/Wolf, Dieter (2000): »Europarecht und internationale Regime: Zu den Merkmalen von Recht jenseits des Nationalstaats«. In: Edgar Grande/Markus Jachtenfuchs (Hg.), *Wie problemlösungsfähig ist die EU? Regieren im europäischen Mehrebenensystem*. Baden-Baden, 113-140.

Ausführliches Inhaltsverzeichnis

B REKONSTRUKTION MATERIALISTISCHER RECHTSTHEORIE 75

C REKONSTRUKTION: SUBJEKTIVIERUNG UND KOHÄSION 211

D RECHTSAPPARATE JENSEITS DES NATIONALSTAATS 261

E SELBSTREGIERUNG 309

Namenregister

Sachregister

FSC
www.fsc.org
MIX
Papier | Fördert
gute Waldnutzung
FSC® C083411

Kolibri 360 GmbH
Ferdinand-Jühlke-Straße 7
99095 Erfurt, Deutschland
produktsicherheit@kolibri360.de